法律和社会科学

LAW AND SOCIAL SCIENCES

第17卷　第2辑（2018）　苏力 主编　侯猛 执行主编

法律出版社
LAW PRESS·CHINA

法律和社会科学　　第17卷第2辑（2018）

投稿信箱： lss_2006@yeah.net
本刊微信号： LSS_2014
主办单位： 中南财经政法大学基层法治研究所
　　　　　北京大学比较法和法律社会学研究所

法律和社会科学　　第17卷第2辑(2018)

目　录

“刑事法的社会科学”专号

论文

评论

LAW AND SOCIAL SCIENCES

Volume 17 Number 2 2018

Contents

Symposium: Social Sciences of Criminal Law

Articles

Comments

Dialogue

《法律和社会科学》(2018)
第 17 卷第 2 辑,第 1 ~26 页

电信诈骗是如何“组装”的
——对犯罪组织及其形成机理的考察

孙少石*

摘要:任何一起电信诈骗,都可以视为三个相对独立却又彼此协同的部分之合成:拨打诈骗电话、通讯流和资金流。但这三个部分的组织方式不尽相同:拨打诈骗电话与传统的犯罪组织结构类似,属于一种纪律型的组织形态。通讯流和资金流则表现出一种松散、开放、以客户为名义连接在一起的组织属性。之所以三者能够合为一体,与互联网高度相关,从中可以管窥互联网对传统犯罪的改造。

关键词:电信诈骗　组织形态　互联网

一、涌现与电信诈骗

得益于互联网技术的崛起和演化,社会正在经受系统性的改造。作为社会的阴暗面,犯罪没有置身事外。传统犯罪的手法、组织形态在这股技术变

---

* 西南政法大学行政法学院讲师。本文获得西南政法大学青年项目“网络犯罪协同治理实证研究”的资助。

革浪潮的波及下,也在更新迭代。与传统犯罪相对比,新型犯罪已经显露出不容小觑的社会危害性。

作为新型犯罪的一支,近十年来,电信诈骗可谓风头抢尽。从发案数量上说,在重大暴力犯罪得到全面控制、传统"盗抢骗"犯罪基本平稳的态势下,电信诈骗的发案率一度以每年20% ~30%的速度飙升。从一开始的纤芥之疾,逐步恶化,到2015年,占全国刑事案件立案总数的约15%,"直接左右着全国刑事案件发案走势""直接关系着社会治安大局稳定"。① 而从经济损失上说,根据公开的数据,2014年全国总共被骗107亿元,到了2015年,这一数字被刷新为222亿元。令人咋舌的是,贵州都匀"2015.12.20"案的单笔损失达到了1.17亿元之巨。2016年8月又连续发生三起学生因电信诈骗猝死或自杀的事件,更是把事态引向几近失控的境地。可以说,电信诈骗已经触碰了天怒人怨的底线,此时,国家必须重拳出击。

解决问题意味着实践,但是如果不对问题加以深入、细致的观察,缺乏对问题的性质、结构、与周边事物的关系、发展历程、未来可能走势的规律性把握,即使在执行上杀伐决断,结果也不免差强人意。本着法理基于事理的方法论理念,②本文对电信诈骗的研究是从犯罪现象本身切入,试图回答一个看似不很起眼但又是所有打防措施的基础:电信诈骗究竟是何种形态的犯罪?

在介入正文之前,有必要阐明本文相比于既有的研究有何不同,以及在什么方面可能有所推进。长期以来,对电信诈骗的关注主要来自侦查学、犯罪学等学科。③ 应当说,这些研究无论是从材料反映的真实

---

① 郭声琨:《在国务院打击治理电信网络新型违法犯罪工作部际联席会议第三次会议上的讲话》,公安部文件,2016年9月23日。

② 参见陈柏峰:《事理、法理与社科法学》,载《武汉大学学报》(哲学社会科学版)2017年第1期。

③ 参见胡向阳、刘祥伟、彭魏:《电信诈骗犯罪防控对策研究》,载《中国人民公安大学学报》(社会科学版)2010年第5期;顾伟:《电信诈骗犯罪案件的规律、特点及打防对策》,载《政法学刊》2013年第1期;吴朝平:《"互联网+"背景下电信诈骗的发展变化及其防控》,载《中国人民公安大学学报》(社会科学版)2015年第6期;董邦俊、王法:《"互联网+"背景下电信诈骗侦防对策研究》,载《理论月刊》2016年第8期。

性，还是从业务操作的针对性上讲，对于涉足电信诈骗研究，都具有破题示范的作用。但又不可否认，受制于学术分工的限制，这类对策研究的视野较为单一、封闭。虽然它们展示、梳理了公安机关打击电信诈骗在侦查业务上遭遇的诸多挑战，但也基本停留于对现象的罗列阶段，至于为什么会产生这样的现象，这样的现象与社会整体之间有怎样的内在关系，反映了何种社会规律，则较少关注，更缺乏系统性的理论思考，因此即使是从对策研究的角度看，给出的对策也是“头疼医头，脚疼医脚”，如果再从追求智识的角度来说，更是给人意兴阑珊之感。

这种体现为研究在数量上片面堆砌，却在知识贡献上乏善可陈的状态，是与电信诈骗犯罪愈演愈烈，亟须学界给出病理诊断的现状不相般配的。从这个角度来说，公安机关在打防电信诈骗问题上长期处在应激反应、低迷被动的状态，本身也是我们对电信诈骗这一犯罪现象的研究不够深刻的表现。

既然我们应对的是一种新型犯罪，那么对这种犯罪的认识也要有升级的必要。但是切不可仅仅把它看作单纯的学术创新。因为看问题角度一变，得出的思路结论也就跟着变，针对问题采取的对策也会随之调整。考虑到在复杂社会背景下研究新型犯罪势必对跨学科知识有更大的需求，专注于法律与社会现象之间错综复杂关系的法律社会学可以而且应当在这个问题上做出贡献。

在笔者看来，要从社会内生的角度分析电信诈骗——推而广之到网络犯罪——一个来自复杂性理论的概念值得推敲：“涌现”（emergence）。什么是“涌现”呢？当一个特定环境中有足够多的个体时，即使这些个体间只不过奉行着一些极简的行为准则，但是最终合成的结果却是一个超乎个体简单加总的复杂结构和系统，这就好比蚂蚁和蚁群。[①] 除了自然现象，这个主要用来分析有机体成长的思路还指向了互联网和全球经济。“涌现”意味着事物之间不全是线性的、决定论意义的关系，也可能是随着互动频次、范围、深度上的推进，产生越来越多非线性

① 参见［美］约翰·霍兰：《涌现：从混沌到有序》，陈禹等译，方美琪校，上海科学技术出版社2006年版，第1～3页。

的、出其不意的关系和后果,就像人们常说的"由小变大,由简入繁"。但如果我们思考得再深入一层,这还不只是把生活常识提炼为一个学术概念那么简单。由于认知对象和方式也是社会经济环境建构的产物,我们之所以能够感知到这些在大规模社会经济层面发生的问题,本身也意味着社会协作方式、组织形态、技术条件等方面正在发生着某种剧烈的改变,是因为首先有了这套社会实践的非话语机制,"涌现"作为话语才得以成立。从这个角度来说,从"涌现"或者复杂性理论切入电信诈骗,这个视角的运用本身就包含对问题及其所处社会背景的理解。

了解理论固然重要,至少意味着研究有了一定的方向,但是对于经验研究为导向的法律社会学来说,这还不够,①它要力求让理论从实践中"长"出来,水乳交融。这就要求研究者不能只是空对空地抛出理论,而必须全面深入问题,匠心独运地处理、架构、分析大量鲜活的第一手资料,无论是与当事人的访谈,还是调取卷宗,在事实分析的基础上"推"出理论。而坦率地说,对事实的分析在既有的电信诈骗研究之中的也很少。不可否认,那些研究者大多都有警察的职业背景,触碰过相当多的案例,但是在他们的研究中,电信诈骗这个现象是以一个笼统的、无所谓结构的形式呈现的。如果仅仅归纳特征,这倒也不影响最后结论,但问题在于并不只有这一种研究的路数,之所以存在这种视角受限,理论"瓶颈"是一个方面,但是受制于理论瓶颈对事实的细节敏感不够又是另一个方面。所以,对我而言,挑战不仅仅或者主要不在于理论的刻意求新,而主要是并首先是能否打开犯罪的黑盒子,是后者在支撑、定义前者。

本文依托的材料主干是四川省Y市公安局2012年、2016年侦破的两例电信诈骗案。② 虽然是两个独立的案件,而且时隔五年,但这并不妨碍,其实恰好成全我们可以将其视为电信诈骗的生发与成熟两个阶

① 参见[美]黄宗智:《连接经验与理论:建立中国的现代学术》,载《开放时代》2007年第4期。

② 本文出现的人名均为化名。

段的缩影,进而从演化的角度对问题予以历时性的重构。申言之,本文关心的不是某一种特定类型的诈骗手法——那是枚举,而是将诈骗手法模式化,建构出电信诈骗犯罪模式的“理想型”,然后分析塑造这种模式的社会的结构性力量——这是论证。

得益于材料的详实、细腻,使本文可以尽其所能地扫描犯罪内部,从诈骗犯的视角复盘犯罪的流程与门道,揭示其中各个环节是如何相互作用,而“相互作用”正是“涌现”的要义所在。[①] 本文将以犯罪组织内部结构的分工关系作为起点,逐步外推到与之互动的、在通讯和资金两个板块提供支持的其他关节,由点到线,由线到面,全息、立体地展现电信诈骗犯罪,这是对本文线索和目标的交代。

二、电信诈骗的核心:纪律型组织

2012 年 4 月中旬,家住 Y 市 CP 区的邓桦榕收到一条关于办理手机窃听卡的短信,短信末尾还留下一个 183 开头的号码。公安询问笔录是这么写的:邓桦榕在当地的一家运输公司管理财务,因为发现前段时间公司账目有出入,她想如果能办一张与银行绑定的手机号码相同的手机卡,自己这边就能悄悄掌握资金的去向。于是,4 月 22 日,她拨通了那个号码,接电话的是一个自称小林的女子,在向邓桦榕介绍了窃听卡办理流程后,邓桦榕决定购买,双方谈妥的价格是 1800 元,小林承诺第二天把卡做好。

23 日上午,小林打来电话,说窃听卡已经做好,正在由一个叫作阿龙的人给邓桦榕送来,小林让邓桦榕拨打一个 182 的电话与阿龙联系。在邓桦榕给阿龙打去电话后,这个叫阿龙的男人为了证明窃听卡确实存在,说待会儿他会用这个被复制号码的手机卡回拨电话,阿龙的电话很快打来,邓桦榕手机的确显示的是她想要复制的那个号码。既然验

---

① 参见[美]约翰·霍兰:《涌现:从混沌到有序》,陈禹等译,方美琪校,上海科学技术出版社 2006 年版,第 15~16 页。

货成功,根据约定,邓桦榕向阿龙指定的银行卡汇去1800 元。

但是接下去发生的事情则让邓桦榕有些措手不及:阿龙说窃听卡只能在一种特殊的手机上使用,邓桦榕思前想后,最后还是按照阿龙的要求汇过去了 19,800 元。又过了几分钟,阿龙说自己正在送货的路上,但由于制作这种卡是违法生意,为了预防邓桦榕通知公安,还需要交 8 万元的"保证金",邓桦榕第三次汇款。阿龙的电话又一次打来,他说 8 万元是一个送货员的"保证金",他们一共来的是两人,因此还差一笔 8 万元,邓桦榕又照办。阿龙第五个电话打来,他这次说之前 16 万元的"保证金"会通过他们的会计分文不差地退给邓桦榕,但是在此之前,为了会计的安全起见,邓桦榕还需要付一笔 20 万元的"保证金",面对这样的狮子大开口,邓桦榕开始犹豫,阿龙在电话那边威胁道如果不交这笔钱就把邓桦榕制作窃听卡的事告诉她想窃听的人,毕竟邓桦榕把要窃听的人的手机号给了他们,被掐住"七寸"的邓桦榕只好硬着头皮再次转账。此时,她转账已经超过 38 万元。

"转完钱后,那个阿龙又打电话来说保证金不够,还需要 60 万元保证金。在我不同意后,另一名自称和阿龙准备给我送卡过来的男子便打电话过来威胁我,说他是黑社会的,是一个亡命徒,如果不把钱给他们汇过去,他就要来杀我。"(邓桦榕,询问笔录)

这就是 Y 市"4・23"电信诈骗案的发案经过。几天以后,这样的剧情几乎原封不动地又发生在广东省河源市张冬彪的身上。七通电话,他陆陆续续给对方汇去了 184,800 元。除了邓桦榕和张冬彪,贵州、湖北、安徽、江苏、浙江、辽宁等地也有人遭遇了这种像无底深渊一样的窃听卡骗局。不会有谁一开始想到,各地的汇款其实殊途同归,最终在湖南省长沙市被一个叫作胡佳辉的人提现。对于胡佳辉而言,他每天的工作就是背着书包穿梭于长沙的 ATM 之间,如果有时提现的资金太大,或是入账的笔数太多,他一个人还忙不过来,需要他的小舅子贺健来帮忙,每次提现他们从中直接抽成 3%。在电信诈骗的犯罪分工中,像胡佳辉、贺健这样的角色有一个专有称谓:车手。他们并不直接参与诈骗实施,只是听命于犯罪的组织者,一旦有钱转入,迅速取走。

所以自然我们会有疑问：谁是犯罪的组织者？那些打给邓桦榕等人的电话又从何而来？这时让我们把目光移向云南，在位于中缅边境的瑞丽市，那里有一家云锦宾馆，整个第5层，6个房间，住着29个人，正是这群人拨响了发往全国的电话。在这29人中，夫妻关系的有十对，亲兄弟姐妹关系的有六对，堂兄弟姐妹关系的更多，有八对，此外，还有姨甥三对，剩下的人，如果没有血缘的，起码也是同学关系，所有人当中除了两个人是外地女婿，其余人无一例外都是湖南省双峰县人。图1反映的是在瑞丽市的这部分人的关系结构：

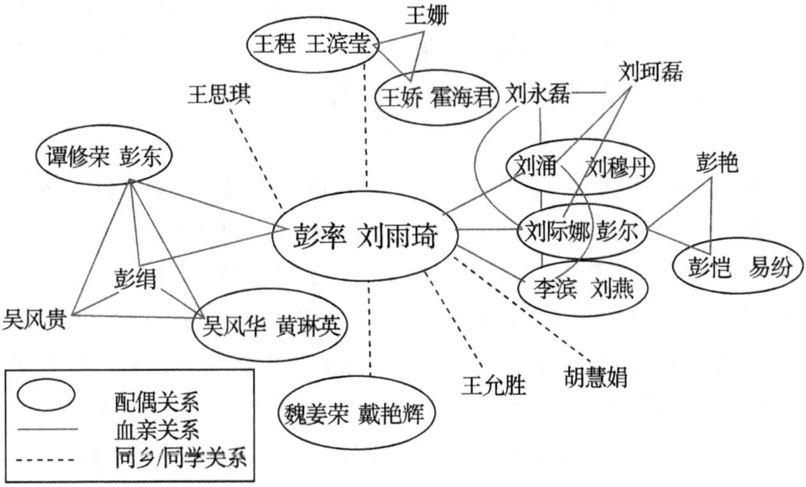

图1 “4·23”电信诈骗案诈骗犯的人员关系结构

可以看出，这个犯罪团伙的组成基础是基于血缘、亲缘、地缘的熟人关系，因此盘根错节，但是他们关系的浓度又不均衡。就局部而言，其实可以分为若干个并没有直接两两相连，而是相对独立的集群(clustering)。但是彭率、刘雨琦这对夫妻明显是一个例外，他们是所有集群的交际，尤其是刘雨琦，她已经搭载了7条人际关系线，而由于彭率不在瑞丽市常住，他身上的三条线实际上也为刘雨琦挪用，这等于刘雨琦的关系触角可以延伸到每一个集群中的每一个人，而且也只有通过她作为枢纽，这些集群的关系才得以搭建，所以刘雨琦当之无愧是这个关系网络的唯一的中心节点(hub),①这个犯罪团伙的组织者、管理者就是她。

但是对于其他人来说,虽然从2011年开始就在瑞丽市从事电信诈骗,而且同吃同住了将近一年的时间,但是每天几乎就只在自己房间接打电话,与其他集群的人互动很少,因此相互间并不熟悉,甚至连名字都叫不全。但这不能仅仅用人情冷漠来解释,因为不允许相互打听,更不允许串门是刘雨琦立下的规矩,管理比较严格是这伙人的一个共识。除此以外,这里的规矩还包括:每天从上午9点到晚上9点都要工作,没有双休日,不允许离开宾馆,除非得到刘雨琦批准。他们看似简单、无情,但实际上是一个电信诈骗犯罪团伙生存下去的内在需要和理性选择。对于双峰县的这一伙人,电信诈骗意味着的是身家性命。由于追求打电话广撒网的覆盖面更大,因此如果只是零零星星几个人必定成不了气候。换言之,必须足够数量的人聚到一起,开足马力、一天不歇地对外打电话,才有更大的被害人基数,撞大运也才有更大可能。但是伴随着人员的增加,犯罪团伙内部的管理问题就会越发凸显,而且如果留在家乡,看上去各方面关系更好协调,但“亲则不逊”,熟人关系衍生的有人中途进进出出也为团伙的稳定埋下隐患,所以从避人耳目和对团伙加以更好控制的角度综合考虑,在异地犯罪都更为合适。而之所以选择瑞丽市,除了国边境这个特殊位置有助于逃离现场,另一个理由是开这家宾馆的也是一个双峰人。

但是不管怎样,既然拉出去了将近30个人的队伍,那他们基本的生活起居无一不需要刘雨琦操心——这些人在瑞丽市是包吃包住的——但现在毕竟人生地不熟,为了避免节外生枝,刘雨琦势必会限制他们的活动范围与方式。这就是为什么在瑞丽市的所有人都大门不出,二门不迈,因为只有这样才能屏蔽他们与外界的全部联系,这既是一种提高工作效率的手段,每天只需要心无旁骛地打电话推销窃听卡,其他事务全部于我如浮云,同时也是一种对注意力极致的管理与保护,

① 参见[美]梅拉妮·米歇尔:《复杂》,唐璐译,湖南科学技术出版社2011年版,第293~296页。

相当于为这个犯罪团伙启动了一种低能耗的静默模式。此外,我们还要看到,这种近乎于人身拘禁的方式是以刘雨琦在整个犯罪团伙当中个人权威的存在为前提的,而这种全方位的管控又在无形中进一步强化了她的权威。

尽管不必要的环节被尽力排除,但并不必然意味着节约下来的注意力就一定能转化到他们的诈骗“业务”上,因此还需要后续制度予以跟进。我们看到,在邓桦榕被骗过程当中,她先后两天分别接触到一个扮演接单员的女性和一个自称送货员的男性,电信诈骗的分工模式在此就已经呼之欲出:“一线接单员/二线送货员”。模式一旦确定下来,接下去就是由谁充当、如何充当这些角色的问题。在刘雨琦看来,由于介绍窃听卡是全部骗术的起点,而女性相对机灵,有一定口才,所以她把除她以外的13个女性全部安排到接单员这个环节,每个人发5~6部手机专门用于接听电话。接单员如果揣摩出客户有购买的意向,就将客户相关信息记下来交给刘雨琦,由刘雨琦决定是否安排接下去的送货环节。还是回到邓桦榕的经历,阿龙对她的恐吓其实流露出对送货员这个角色的一个需求,即这个步骤一般由声音足够粗狠的男性负责。事实也是如此,送货员一共有9人,都是男性。再有,从接单员到送货员的配送分流也不是任意的,刘雨琦的办法是“妻子接单,丈夫送货”,一一对应,之所以如此仍然是恪守各个集群之间保持距离的原则。当然这种夫妻搭配也不绝对,毕竟男多女少,因此对于四个单身的男性,则是接单、送货两项工作一并承担。我们将这些人在犯罪中的角色定义为“直接诈骗”,这是电信诈骗犯罪的核心组件。

作为一个专业型的电信诈骗犯罪团伙,尽管专注于诈骗,但不意味着所有人都在实施诈骗,除这些构成核心组件的人外,犯罪团伙内部还有其他分工,围绕并支撑着前者安全、顺利、持续地运作,我们将他们定义为“辅助诈骗”。

首先,留意一个事实:一开始并不是刘雨琦他们打出的电话,而是邓桦榕这些受害者在收到一条短信后,主动联系上了犯罪团伙。这些短信显然与刘雨琦他们脱不了关系,是犯罪的组成部分,但这二者到底是什么关系?邓桦榕等人能够收到这些短信,前提之一在于诈骗犯掌握了他们的手机号码,那么号码从何而来?在犯罪团伙中,专门有一个人——吴风华,负责在网上购买手机号码数据包。先选定城市,再以1000元对应100万个号码的标准下单,这样的交易差不多3~4天就有一次。在电子邮箱查收这些号码后,吴风华把这100万个号码拆分为3万/个的小数据包。当一段时间,接单员感到打给自己的电话越来越少时,就会要求吴风华编辑好窃听卡广告,通过短信群发器投放一个包含3万个手机号码的小数据包——他们将这称为"炸"——"就是说,短信像'炸弹'一样发给全国不同地方的很多客户"(刘泳磊,讯问笔录),"有时候一天发几个,多的时候一天有10多个"(吴风华,讯问笔录),这种不停的"炸"是他们确保每天都有潜在受害者打入电话的必要手段。

其次,对于作为作案工具的手机,有专人负责收回。对于一线接单员,如果接单成功,手机就要收回,否则还可以继续使用;而对于二线送货员,只要用了手机,就要一律收回。这条看上去有所差异的规则,其实内在道理是一致的:接单没有成功的人,相当于只是做一次无关痛痒的窃听卡咨询服务,但是一旦成功,接单员的性质就发生改变,他和后续跟进的送货员,不管最后骗得的金额大小,都会被受害者和公安机关以诈骗犯对待。为了避免这些接单员、送货员处理不善,未能及时切断联系方式以至于暴露团伙踪迹,同时也是为了保证他们"工作"紧凑、连贯,刘雨琦安排李滨除送货以外,还要在诈骗得手的第一时间把手机收回,交到她那里,再由她区分不同的情形,或者暂时保管,或者直接销毁。也是担心出现纰漏,每晚所有人的手机都要上收,这也是由李滨负责的。

再次,这些诈骗犯的"工资"是每月3000元的底薪,加上每次对诈骗所得的按比例提成(扣除车手的部分,接单员、送货员的分配比例大致是50%和5%)。尽管只要有人诈骗成功,刘雨琦当天就要和他对账,但是为了防止他们中途退出,刘雨琦又选择了年终统一分赃的形式,因此账目必须小心细致。而平时,如果这些人要用钱或者给家里寄钱,也可以从年底工资当中预支出来,显然这又增加了记账的复杂。以及不能忽略的是,住在瑞丽市的全部生活花销都是在刘雨琦这里支取。所有这些林林总总费用的记录,刘雨琦一个人处理起来显得力不从心,所以和她同住一个房间的、彭率的堂妹彭东也分担了一部分工作,相当于是会计。

最后,这样一伙人从正常的社会关系中断裂、漂移出去,这个过程已经表明或者决定了他们对社会环境的依存方式、程度与普通人是大有不同的。他们与外界只能形成,也只需要形成基于电信诈骗、与相对固定的人发展的网上交易关系,极为单调,而他们其他的生活方面基本是自给自足的,包括伙食,也是由刘雨琦安排的谭修荣等 6 人,两人一组每天轮班负责做饭。

借助对刘雨琦诈骗团伙这个标本的聚焦和解剖(见图 2),我们看到,麻雀虽小,五脏俱全,在它内部存在一个封闭的、自给自足的分工机制。从大的方面说,是分属两地的诈骗与取款,再深入犯罪的主体,即诈骗环节内部,又可以继续分解为直接实施诈骗与对诈骗进行的辅助两个部分,而更加细致的分工还可以在这两个方面的基础上进一步细化,直到落实到具体人的身上。这样的分工安排满足了让犯罪团伙高效率地运作,以及在社会上“隐身”的两个基本需求。

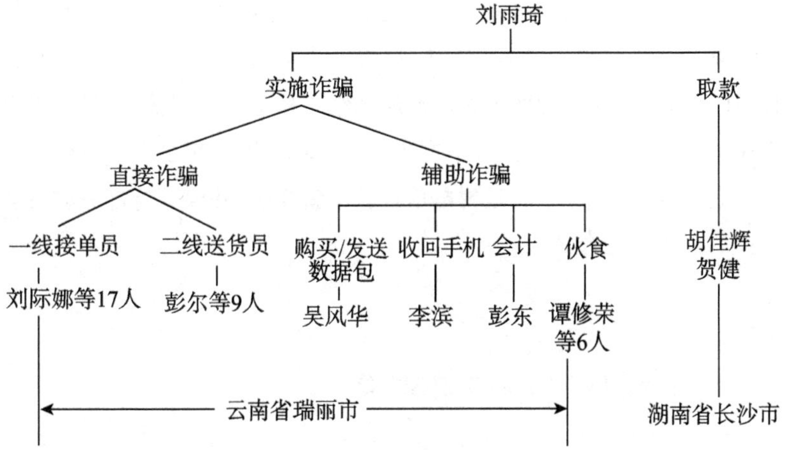

图 2 “4·23”电信诈骗案诈骗团伙的组织、分工

而能够达成这一点,熟人关系的存在不可否认是一个有利因素,这也是为什么我们看到的诈骗团伙大多是“夫妻店”“兄弟连”“姐妹坊”。但这充其量只是必要而非充分条件。实际上,在当中起主导性作用的就是像刘雨琦这种能动员、整合先天性社会关系资源向电信诈骗这条道路聚拢的人,并用纪律、制度加以管束,最后形成的是以她为塔尖、金字塔形状的组织形式和权力结构。

因为有刘雨琦这种人物的存在,当地的社会生态已经被搅浑。在车手贺健的讯问笔录中,警察问他是否知道什么是电信诈骗,他是这么回答的:“我只知道,我老家湖南娄底市双峰县,那里的人大多都在搞电信诈骗。在我们那里这是很普遍的,所以当初我小舅子胡佳辉搞这个,我觉得没什么,才帮助他。”(贺健,讯问笔录)在另一份讯问材料当中,贺健交代他的妹妹、妹夫也在另一伙电信诈骗团伙当中。当年参与侦办“4·23”案并到过双峰的警察回忆,一个村子里至少一半的人在做电信诈骗。

虽然时过境迁,但刘雨琦团伙包含的这种形式的分工结构,直到今天,在与受害者直接发生联系的电信诈骗团伙中也没有实质性改变。但是我们必须敏锐地意识到,即使是在早期的电信诈骗中,诸如号码数据包这类表面上与诈骗无关的隐性力量已经显露出涌动的端倪。而事实上,正是因为这些力量的日益强健,才使近些年电信诈骗不断变异、日趋复杂。如果我们把电信诈骗视为一个具有自我扩展能力的有机体,那么如今显露它野蛮力量的已经从结构稳定的内部基核,让位于令人眼花缭乱的外部器官。在下文中,我以2016年Y市公安机关侦办的另一起电信诈骗案为例,呈现电信诈骗的新样态,并揭示与这一改变相伴生的组织与社会意义。

三、电信诈骗的辅翼:松散型组织

2016年的这个案子情况大致如下:2016年11月15日上午11时

左右，家住 LG 区的胡琼芳收到一条短信，内容提示胡琼芳的农业银行卡被扣 1200 元。与邓桦榕经历相仿，短信末尾也留下一个联系号码，但要注意细节的差异：这次留下的不是一个手机号码，而是一个座机号码，更重要的是，不是外地的座机号码，正是 Y 市本地。

一头雾水的胡琼芳按照短信回拨电话过去，接电话的人告诉胡琼芳，在她名下有一张办理于 Y 市马掌街 24 号农业银行①的 10 万元额度的信用卡，现在已经透支 5 万元。胡琼芳一听更加疑惑，马上问对方应该怎么办，对方给胡琼芳一个电话号码，让她联系公安局的一位陈姓警官。

电话拨通后，这位陈姓警官首先自报家门，不仅说出自己来自 Y 市公安局 CP 区分局，而且也告诉胡琼芳他的警号——尽管这些信息要么唾手可得，要么随意捏造，但在当时的情境下却使胡琼芳不断加深对他的信任——在听完胡琼芳的叙述之后，“陈警官”一开始以确认账户是否是胡琼芳本人使用为由，让胡琼芳在输入一个银行卡号后又输一个所谓的验证码：“49989”（直到三天以后，胡琼芳才反应过来这其实是她的第一笔转款）。尔后“陈警官”又说为了追回那笔被透支的 5 万元，办法只有一个：通过转账激活指定账户。也许确实是 5 万元那件事绑架了胡琼芳全部的注意力，在“陈警官”一步一步地指挥下，她将银行存款 41 万元一并取出，“我就和老公去附近工商银行柜员机上一万一万地存，存到第 13 万元的时候，我老公就在旁边说不对头，可能被骗了。”（胡琼芳，询问笔录）就这样，胡琼芳一共被诈骗 18 万元。

这伙诈骗胡琼芳的人盘踞在福建省南安市的农村，从他们的组织结构来说，其实与上文中刘雨琦等人大同小异，家族式、等级分明、严密分工是共同的特点，所以不再重复。正是如此，这个案子仍然有讨论的必要，因为分析重点放在了从诈骗团伙当中功能逐渐剥离出来、具有相对独立性的支撑系统。具体言之，要借助这个案子剖析通讯流、资金流这两条电信诈骗的主动脉的形成与结构，在与“4·23”案比较中理解

① Y 市城区的确有这条街道，这个位置也确实是一家农业银行。

电信诈骗的进化。

(一)通讯流的形成

我们的分析从通讯流开始。电信诈骗之所以有别于传统犯罪,首要特征在于诈骗犯与受害者之间的非接触性,而要能实现这种非接触,离不开现代通讯技术手段,那么这条从诈骗犯到受害者基于通讯联系形成的线索,在侦查电信诈骗中被称为通讯流。在“4·23”案中,诈骗犯用的是手机,把话术“递”给了受害者,在这个过程中,手机发挥的只是一般性的通讯工具用途,所以如果公安以手机为线索,顺藤摸瓜,在技术上锁定诈骗犯其实不是太难,也正因为如此,我们才能理解为什么刘雨琦要集中保管或销毁手机。但是在“11·15”电信诈骗案中,电话的角色变得不那么单纯。

第一,胡琼芳收到的诈骗短信发自一个171开头的手机号码,但是诈骗犯显然不会傻到真的用手机发诈骗短信,事后查实用的也不是邓桦榕案中的短信群发器,而是一个伪基站。相比于短信群发器,伪基站的厉害之处在于能把周围正常基站屏蔽掉,形成一个以它为圆心,半径2~3公里的扇面。手机一旦落入这个扇面,伪基站就能抓取它们的IMSI、IMEI号,在不通过营运商,也不需要支付费用的前提下,排他性地强制发送事先编辑好的短信。尽管它的功能更加强大,但是由于辐射范围是有限的,所以使用它的人必须自己不断移动才能将更多手机“拉入”其中。这表明就在胡琼芳收到短信的时间前后,有人正背着伪基站在Y市大街小巷游串,这种人被警察称为“背包客”。背包客本人并没有诈骗,但却是诈骗的马前卒。除了四川Y市,山东烟台、河南焦作和鹤壁都发现了与南安市这伙诈骗犯有关的其他背包客的足迹。

但是,这就引出第二点:对于胡琼芳来说,伪基站的危害是隐性、遥远的,而伪基站发出的这条短信,更确切地说是短信留下的Y市座机号码,才是诱使她受骗的直接原因。既然是Y市座机号码,按道理,逃得了和尚逃不了庙,接电话的人势必也在Y市,这不只是胡琼芳的判断,而几乎是所有人面对同样情境的本能反应。但既然是骗局,越是人们认为的理所当然,就越是诈骗犯处心积虑布置的陷阱,诈骗犯反其道而行之，也就是说，他们诱使胡琼芳拨了一个看上去只可能在Y市使用的号码，但接听电话的人却身在外地。

这是天方夜谭吗，还是利用了什么高深莫测的通讯技术？都不是，实际上只不过是通讯营运商的呼叫转移业务。具体在“11·15”案之中，是中国电信的“一号通”。它的工作原理并不复杂，通俗地说，客户首先花大致300元的价格办一台无线座机，同时拿到一张归属地为本地的座机卡，这张座机卡只能专机专用，插入无线座机里。这台无线座机在日常使用中与一般座机无异，但是一旦插上这张座机卡，这台电话就摇身一变，只要输入“#57#”，后面再任意添加一个手机号——在本案中是一个南昌电信号码——就可以呼叫转移。也就是说，虽然被叫的是这个座机号，但接入通讯的却可以是一部手机，而使用手机就可以挣脱空间的限制。

这个原理一旦明确，我们就会得出两个推论：第一，Y市座机号码的出现，说明必定有人到过Y市办“一号通”，因为Y市的业务是无法在异地的电信营业厅办理的；第二，从降低成本与风险的角度考虑，这个人几乎不可能是诈骗犯本人，但是这个人一定通过某个渠道与在南安市的诈骗犯形成了上下游关联。至此，我们通过犯罪在技术上的前期准备逐步摸到犯罪的组织脉络，这既是一个思维上的沙盘推演，也是案件侦查的步骤过程，它显然比5年前的“4·23”案迂回。如今电信诈骗犯罪中的通讯已经不仅仅是为了通讯，它本身就是骗局的一部分。但是，这条通讯流的完整形态究竟是怎样的？

这时，一个叫刘勇兴的Y市人进入我们的视线，这个人的工作用他自己的话说就是“搞私人通讯业务”（刘勇兴，讯问笔录），比如：贩卖手机靓号、出售和维修手机，以及帮人办呼叫转移业务。2016年7月，他的确在Y市办过六个“一号通”，其中就包含了胡琼芳拨打的那个号码。但是在这个过程中，刘勇兴与南安人之间并未发生任何直接的往来，那么这些“一号通”是如何从刘勇兴手中流向诈骗犯的呢？“中间商”的环节不可缺少，又一个关键人物出现：一个名叫张再平的重庆人。

2013 年,张再平就在淘宝网出售各种手机卡,后来她的网店被封,卖不了商品,于是转而做起中间商生意。根据客户的需求,她到网上去找批发手机卡的下线。手机卡的进价,号码开头为 170、171 的卡 20 ~ 30 元/张,中国电信的卡 100 ~ 200 元/张,然后张再平再转手赚取每张卡 5 ~ 100 元不等的差价。张再平说,她联系密切的下线有几十个,分布在全国各地。买卖手机卡这还算是规范的生意,但是找张再平的绝大多数人点名就是要“一号通”。“有些人是为了去贷款,就向贷款公司虚拟了一个自己的身份信息以及工作单位,然后就购买一张异地的座机卡留成公司的电话,当贷款公司打电话去核实的时候,他们就可以自己接这个电话来作假;还有一些就是公司的网站需要留座机号码的,因为一般情况下大家都知道座机号码会有公司地址,那么客户就在我这里买一个异地的座机号码作为公司座机,然后我再将这个座机号转接到客户手机上。客户的目的,一是用座机号让和他做生意的人放心,二是如果出事,也不会找到他们。”(张再平,讯问笔录)而下线显然嗅到了市场对“一号通”异常的需求,报价高得离谱,几乎到了 1000 元/张的地步,张再平的差价自然也水涨船高,买那 6 张 Y 市的卡,她一共花了整整 5000 元,再按 12,000 元的总价倒手给南安人,中间赚了 7000 元。

我们将整个通讯流进行复盘:南安市的诈骗犯作为上线,在网上找到中间商张再平,指明需要 Y 市的“一号通”,并将事先准备好的南昌电信号发给张再平。张再平再联系她的下线刘勇兴,等到刘勇兴将办好的“一号通”寄回重庆,张再平再完成最后一步,即呼叫转移。一个通讯线路,表面上是 Y 市的座机号码,但绑定了一个南昌的手机号码,而接听电话的那个人却在南安市,就这样天马行空地搭建起来了。

这种搭建的成功,它折射的面向是丰富的,有本身的技术因素,但也有组织维度,而且技术因素必须通过组织维度才能得到实现。要看到,这时的组织形式明显有别于传统纪律型的组织框架,它表现出了一种零散、非目的、边界模糊的性质,成员的数量、范围都不那么确定,甚至我们还可以再深究一层,这些人是“成员”吗?因为从某种意义上说，这样的组织并非局中人事先圈定的，而是当结果发生以后，局外人向上倒推建构出来的，这就埋下一个理解上的悖论：无组织的组织力量（克莱·舍基一书名）。即便这不是一种颠覆，但也至少说明，“组织”“集体行动”这些概念正在从一个具有解释力的常量，变成一个有待解释的变量。

（二）资金流的形成

这一组织逻辑在“11·15”案的资金流环节得到进一步的彰显。所谓资金流，参照对通讯流的理解，指的是资金从受害者被骗到诈骗犯提现之间的在金融系统中流动的全部过程。以“4·23”案为例，瑞丽市的诈骗犯一得手，长沙市的胡佳辉、贺健马上提现，资金流因此可以视作从受害者汇款地的银行到长沙市提款银行这一段。由于“4·23”案的资金流只是在这两地银行之间进行周转，直截了当，所以警察一旦侦查，必定锁定长沙市。但胡佳辉、贺健岂会坐以待毙？兵来将挡，水来土掩，他们也会反侦查，办法就是提现时使用的是非本人办理的银行卡，用一个假身份达到迷惑警察的目的。虽然与如今相比，当年的这种手法实在是太过简单、简陋，但它已经勾勒了诈骗犯反侦查的实质，如今只不过在此基础上深耕细作。最突出的表现是，诈骗犯手里的银行卡数量越来越多，并且这些银行卡涉及的开户地、开户行越来越杂。虽说万变不离其宗，但毕竟被骗资金的走向早已不像“4·23”案那样明朗，“乾坤大挪移”更加没有头绪。[①] 于是，问题来了：这些天南海北的银行卡到底是如何“跑”到诈骗犯这里的？

回到胡琼芳的被骗，她那 18 万元资金首先进入两个账户：第一笔的 5 万元进入位于合肥市的邮政储蓄银行的一个开户人叫作马海冬的人的账户，第二笔的 13 万元进入同样位于合肥市的中国工商银行的一个开户人叫作高梅峰的人的账户。警察调取银行的监控视频以后，盯上了这两个人，但是抓捕以后发现这两个开户人与诈骗没有直接关系，

① ［美］布里提：《计算机取证与网络犯罪导论》（第 3 版），戴鹏等译，电子工业出版社 2016 年版，第 102 页。

然而他们一定是找到诈骗犯的切入口。但是警察万万想不到这场“寻宝图之旅”如此曲折、漫长:接手马海冬、高梅峰银行卡的人名叫公董存,他仍然与诈骗没有关系,警察只好硬着头皮继续往下追,又抓到公董存的上线,一个叫作李鑫坤的人,再度扑个空,直到抓住李鑫坤的上线,一个名叫王健丰的人,正是这个人把银行卡寄到南安市,警察这才搞清楚诈骗犯的老巢。

尽管银行卡的来龙去脉勾勒出来了,但我们还有好奇,是怎样的人际互动才塑造了这样诡异的银行卡走向?我们把镜头拉得再近一点,这一次从银行卡供应链最顶端的王健丰自上而下梳理。王健丰,安徽淮北人,从2016年5月开始就一直失业,而且他还欠了银行10多万元的贷款,为了找工作他加了很多QQ群,王健丰在这些群里经常看到一种贷款广告,内容是:“黑白户贷款,招中介或客户,黑户可包装,走大额流水背债操作,100万元到客户手上60万元,中介费返10万元,只需客户提供一张指定银行卡(开通U盾)并绑定手机号,以及身份证复印件,30~50天下款。”贷款心切的王健丰没有想到,这个广告只是骗银行卡的幌子。但是,王健丰转念一想,既然自己被骗了,为什么不如法炮制,以此骗别人呢?他试了一次,居然还真的收到了几套银行卡,更神奇的是,王健丰发现这些银行卡是可以卖钱的。“当时我一直没找到工作,我仔细算了下这个业务还是可以赚到钱。”(王健丰,讯问笔录)莫名其妙尝到甜头的王健丰越来越积极,生意也越做越开阔,“不断有陌生的外地号码主动打到我手机上,他们都说是朋友介绍找到我的,要买我手中的客户银行卡配套资料……他们的口音都像广东、福建那带的……好处费都是200~400元不等”(王健丰,讯问笔录)。而李鑫坤,王健丰的邻居,悄悄地知道王健丰在做买卖客户信息的事情,也是因为被缺钱逼急了,就主动找到王健丰搭伙,“王健丰答应每个完整的客户资料给我250元,之后我就通过手机微信和QQ大量发布了贷款信息”(李鑫坤,讯问笔录)。

山东临沂的公董存就是众多在网上收到信息并和他们接洽的人中的一员。李鑫坤告诉公董存,只要按他们的要求寄来开通网上银行的银行卡以及其他证件资料，就能贷到35万元。不仅如此，李鑫坤还答应公董存，只要他能发展到客户，每新增一个他就有一笔5万元的佣金。所以一旦公董存相信通过寄银行卡等资料就能贷款这件事，他就不知不觉地成为王健丰和李鑫坤一个无需成本的广播站、一个自带流量的银行卡输出端。为了拿到更多的佣金，公董存势必要经手更多的客户，他就会让这个佣金逻辑以分成的形式挪到他的下一层，并鼓励他的下层依葫芦画瓢再去拓展，“我对他们说，叫他们去发展客户，每个人有1万元到2.5万元的佣金提成，他们也可以发展下线，提成他们自己定，我不管”（公董存，讯问笔录）。这样一来，一个具有自我繁衍、复制能力的银行卡供应链末梢，同时也是一场庞氏骗局就此成型。而王健丰、李鑫坤不仅相当于甩手掌柜，而且经营着无本买卖，“从来没有支付给中介或客户任何钱……只有到最后他们一直拿不到放款才发觉被骗了”（王健丰，讯问笔录）。

图3展示的是2016年8月27日、9月22日，公董存两次向李鑫坤的寄卡情况，胡琼芳其中一笔被骗5万元转入的马海冬的卡就在其中。

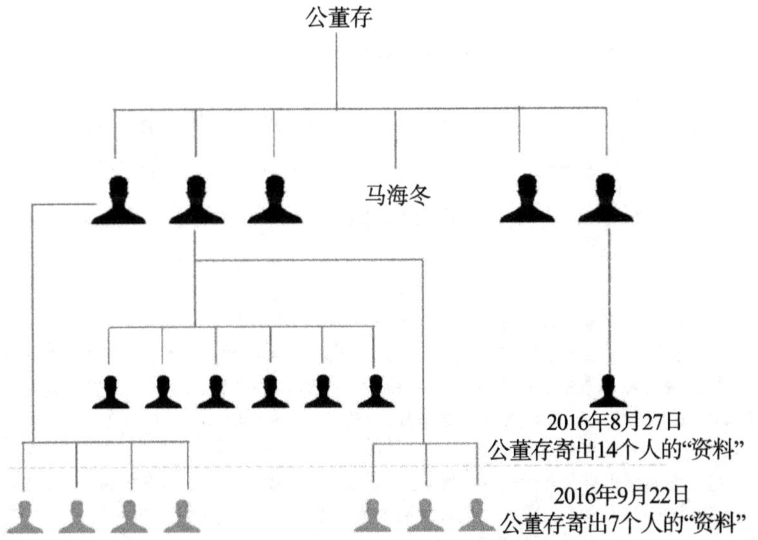

图3　2016年8月、9月，公董存两次寄出银行卡的情况

除了这两次,公董存还寄了四次,①他一共寄出了75个人的银行卡。作为公董存的上线,李鑫坤还收到来自河北、甘肃、山东等地其他下线发来的银行卡。这个类似于百川到海的逻辑在王健丰那里又被继续放大,使王健丰有更多的"库存"满足全国各地的需要。对王健丰来说,南安市这伙人只是他的一个买家,云南、广东等地也有人和他联系,而对于这些买银行卡的人来说,王健丰也只是他们诸多卖家中的一员。②基于银行卡转手,他们彼此之间建立了一点对多点的连接,从而在整体上呈现出多点对多点的网状关系(见图4)。

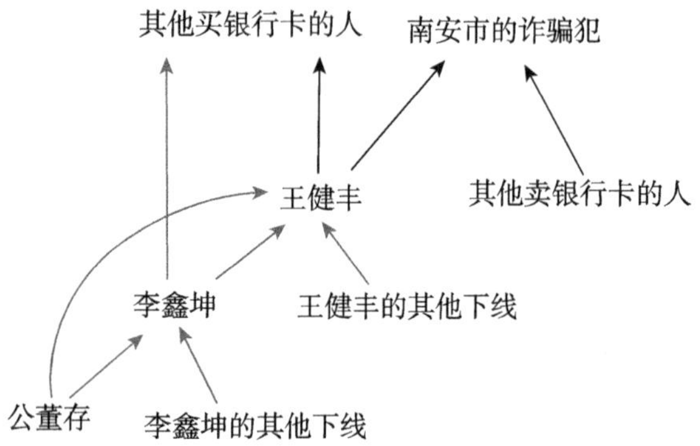

图4 "11·15"电信诈骗案中的银行卡供应链一端

尽管资金流仍然是把"非核心业务"层层外包,但相比于前面的通讯流,它将外包的精髓又提升了一步,因为在这一过程中,波及的人数更多了,人员组成更复杂了,更远离诈骗犯的控制了,表现出了众包的特征。③

① 这6次寄卡的时间与涉及的人数分别是:2016年8月27日,14人;9月22日,7人;9月22日,10人;9月23日,20人;9月24日,10人;9月27日,14人。需要说明的有两点:第一,高梅峰的卡是在9月23日经别的"中介"给的公董存;第二,公董存有两次绕开李鑫坤,直接寄给了王健丰,时间是在9月22日(10人份)与9月27日。这再次佐证了他们之间没有固定的组织结构。

② 李鑫坤也有独立于王健丰的、他自己的下线:"我收到的这些资料一共给了王健丰大概50个左右,另外我还给QQ上联系的另外一个收银行卡、手机卡的人寄过去大概50个客户资料。"(李鑫坤,讯问笔录)

③ 参见[美]杰夫·豪:《众包——大众力量缘何推动商业未来》,牛文静译,中信出版社2009年版,第5~22页。

“11·15”案提供了一种众包的方案，那就是以贷款为名义，骗到大量陌生人的银行卡。虽然我们很难说得清楚这种方案在电信诈骗当中占有多大的份额，更难以断言它是否为主流，但重要的是，我们应当理解这一方案背后折射的众包原则与电信诈骗的内在关系。和其他犯罪一样，为了降低风险，电信诈骗犯也必须把不法所得洗干净才行，至少也要使警察查不清楚这笔钱的去向，所以诈骗犯必定对洗钱工具——最常见的就是银行卡——有异乎寻常的需求。问题在于，他如何实现这一需求？在诈骗犯面前，难题有二：首先，他不可能亲自去开银行卡；其次，就算诈骗犯亲自去开，也开不到数量如此之多的银行卡。但是，为什么他要亲自出马，或者反过来思考，如果不是诈骗犯自己去开银行卡，结果会如何？大量的银行卡需求，如果可以从诈骗犯这里剥离出去，再不断拆解，化整为零，诈骗犯自己办卡的成本和风险就会分摊到大量陌生人身上，而对于后者，开一两张银行卡，甚至更多，实在是一件无足轻重的事，在利益诱惑的情况下就更是如此。反之，又正是因为大量陌生人离散地去开银行卡，从一开始就注定了这些银行卡的开户地与开户行是多样的、不确定的，然而对诈骗犯来说，银行卡这种漫无章法又恰好与洗钱时模糊交易结构的需要不谋而合。

我们看到，是众包让闲置、裂碎的社会资源被动员并集中起来，而且它一箭双雕，在降低犯罪风险的同时也提升了犯罪效率。尽管大多数时候，众包是作为一种互联网时代的商业模式被人们提及，但这并不妨碍当它拓展到犯罪领域上时也能大放异彩。① 我之蜜糖，彼之毒药，在这种情况下，上门追查的警察就像闯入一个假面舞会，首先只可能抓到像马海冬、高梅峰这些与诈骗毫无关系的人，诈骗犯趁机金蝉脱壳。模仿马克思总结金银与货币关系的一句话：众包并非天然地服务于电信诈骗，但电信诈骗天然地会被打上众包的烙印。

公安部副部长李伟将提供通讯线路、买卖银行卡的环节与实施诈骗之间的关系用“相对独立、互不相识、时分时合”加以描述，这些人的

① 参见[美]马克·古德曼：《未来的犯罪》，林俊宏译，木马文化2016年版，第247～248页、第255～261页。

关系,李伟的定性是“客户”,这显然有别于传统犯罪组织中的金字塔形态。随着电信诈骗的“繁荣”,这种关系还会向其他环节迁移。除了上文里的两种手段,第三方支付、POS机套现、开发网络改号平台、制作手机木马程序、买卖公民个人信息也已经被电信诈骗染指。而所有的环节都可以继续按照经济分工的逻辑不断细化,从而派生出新的外包或众包。形象地说,它们就像缭绕的烟雾,将打电话诈骗这一核心组件笼罩其中。

尽管这些周边的资源、因素只是游离于合法与非法地带,并不必然指向电信诈骗,但恰恰是这一点,才使电信诈骗好比堆积木,[①]是通过各个模块之间的任意搭配、动态重组实现,它的手段、涉案人员、组织结构、地理分布、受害者随之飘忽不定,即使是诈骗犯本人也说不清楚下一刻要调动的资源具体是什么。虽然人们常说世界上没有完全相同的两片树叶,但重要的不在于事物本身,而是人们能否采取有效的行为对策。对于警察来说,由于电信诈骗这种没有自性、随形而化的特点,犯罪变得捉摸不定,侦查成本之高让他们陷入困境。

四、互联网对犯罪组织形态的改造

知己知彼,从来都是对策的前提。本文集中注意力在犯罪内部,过经过脉地剖析了两个结构非常完整的电信诈骗案例,梳理各个环节的特点,揭示其运作机理。由于电信诈骗的出现和泛滥不是偶然、孤立的,因此理解这些现象的发生就不能脱离社会总体的条件约束,在清理内部细节的同时也要与外部其他方面连接起来,形成整体、宏观的关照(见图5)。

或许是由于电信诈骗这个概念本身的缘故,使人们容易造成一种认识上的盲点,仅仅抓住直接与受害者发生接触的、类似于案例中

① 参见王煜全、薛兆丰:《全球风口:积木式创新与中国新机遇》,浙江人民出版社2016年版,第9页。

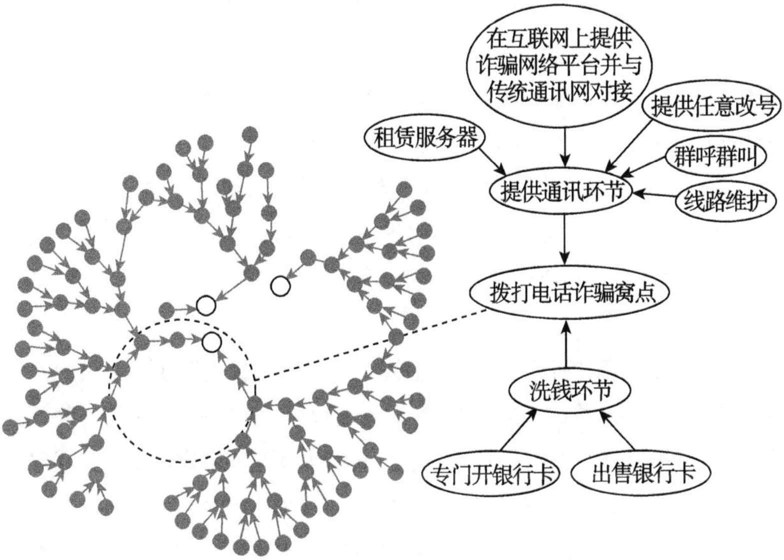

图5　电信诈骗中拨打电话诈骗窝点、提供通讯环节、洗钱环节的关系结构

邓桦榕、胡琼芳遭遇的打电话诈骗环节。但通过案例说明,那只是犯罪的终端产品,我们要意识到在它背后其实还隐藏着一套日趋壮大的生产系统,正是这明暗两部分的共生、合作才成就一个完整的电信诈骗犯罪。而这两部分从形态变迁的角度看,有所不同。大体而言,前者借用凯文·凯利对传统公司形式的概括,“紧密耦合的、被严格约束的机体”,[①]内部的分工以及建立在这套分工机制之上的组织形式具有较强的稳定性;但是后者却相反,它的表现形式在于外包或者众包,同样来自凯文·凯利的话,就像他预言的公司未来形态那样,“松散耦合、松散约束”。[②] 随着时间的积累,后一种形态的势能不断壮大,形成灰色产业生态。风起水涌,诈骗犯身处其间,自然大鱼皆出。而“诈骗红利”又会反过来刺激灰色产业细分出更多的层次和领域,

① [美]凯文·凯利:《失控:全人类的最终命运和结局》,张行舟等译,电子工业出版社2016年版,第304页。

② 同上。

更多的人或明或暗地卷入这个生态当中。而驱动这一灰色产业生态的,除了人的贪婪,更在于技术,技术越是夯实迅速,就越能给诈骗犯提供更前沿、犀利的工具。一来一往,就像滚雪球,电信诈骗作为一个整体进入共同进化的正反馈轨道。如果将电信诈骗视为网络犯罪的一种范本,那么我们有必要调整对犯罪组织的旧有理解:它已经不再局限于传统的老大、大哥、小弟这种科层化结构,而走向了与“在地化、即时生产、外包处理、临时应因”的偏平化组织阡陌交错的蛛网结构。①

而电信诈骗之所以能够以这种方式野蛮生长,我们不能忽视互联网在其中扮演的举足轻重的作用。尽管只是在案例中间穿梭,却不是点缀,如果没有即时社交软件的QQ和微信,诈骗犯孤掌难鸣。互联网作为一个信息交流平台,让完全陌生的双方在无需当面的情况下实现供需的精准匹配,大大降低了交易中的搜索成本,但问题也恰恰出在这里。“4·23”案中,吴风华一直以为卖给他数据包的是广东人,但其实是内蒙古人,“11·15”案中,公董存从来都称呼他的上线是“刘君成”“周磊”,结果他们真正的名字是“李鑫坤”“王健丰”。因为不需要见面,只是以网上的虚拟身份示人,社交软件的半匿名机制就可以遮蔽,乃至扭曲现实,即使是普通人,也完全可以在网上不同领域内自我创设多个相互之间没有交集的虚拟身份,不同的虚拟身份对应着互不重叠的社交圈子和行为模式。指出这一点并不在于从道德的角度指责这些人——其实,未必只有这类人——两面三刀,而只是想说,相比于传统媒体,互联网让现代社会的精神分裂症又一次加剧了。② 这些社交软件的应用并不全是对现实生活中社交活动的一种镜像复刻,它们可以不以现实生活的社交活动为基础,也不必然促成线上的社交关系走向现实。现在问题的麻烦之处,也是深刻之处在于互联网无中生有地开辟了一个对于局内人,可谓热火朝天,但对于局外人,却又静水流深的

① 参见[美]马克·古德曼:《未来的犯罪》,林俊宏译,木马文化2016年版,第239页。

② 参见苏力:《制度是如何形成的》(增订版),北京大学出版社2007年版,第34页。

平行时空。[①]

从国家控制的角度来说,任何一个社会领域重大的事实如果掌握不清,底数不明,都会为国家治理埋下隐患,[②]更何况现在是包括通讯、金融等多个系统由于业务管理上的跑冒滴漏导致的身份失实,[③]在互联网互联互通的作用下放大成一个带有跨系统性质的犯罪问题,公安机关难以查清是谁在犯罪,它暴露的是国家控制出现了权力的真空地带。这时,问题已经不再仅仅指向犯罪自身的形式与演化了,它转而拷问国家治理体系和治理能力能否适应新的社会形势对财产安全保护的要求。

在这样一个源于互联网的推动而社会分工细化、交易费用降低、经济效率倍增的总基调下,我们再看电信诈骗,无论是它的运作,还是它的泛滥,都显得那么自然、必然。我们不妨想象这样一个场景:当你的手机响起时,打给你电话的那个人是在南美洲的秘鲁,很快,你被骗的资金就会进入一个台湾人账户,然后层层分解到300多张银行卡,最后有人在日本东京和中国东北几个城市的ATM上卷款而逃。[④] 这是一种何等的行云流水!我们也许还会感叹这仿佛“快闪”(Flash Mob)的行动里包含了一种别样的美——如果这不是犯罪的话。比起亚当·斯密的扣针、伦纳德·里德的铅笔,这个故事显然更挑战人们基于小型社会的长期生活而产生的朴素想象力。没有谁,也不可能有谁,即使是直接实施诈骗的人,有过对这一复杂局面管理、支配的经验,发号施令更是无从谈起,而且这个“复杂局面”是什么、自己在整个过程中究竟处在怎样的位置,这些问题统统不清楚,让人拍案叫绝的是,也不需要清楚。这些从未,也不可能谋面,或者即使谋面也互不相识的人,在没有

---

① 参见于志刚:《“双层社会”中传统刑法的适用空间——以“两高”〈网络诽谤解释〉的发布为背景》,载《法学》2013年第10期。

② 参见欧树军:《国家基础能力的基础》,中国社会科学出版社2013年版,第16~18页。

③ 参见李伟:《关于当前我国电信网络新型违法犯罪情况和加强打击防范治理工作意见和建议》,公安部文件,2016年9月7日。

④ 这个案子的情节并不是虚构的:2015年重庆市渝北区一女子被骗2000万元,从她转款到车手提现,全过程约40分钟。此案未破。

一纸合约的情况下,只是在网上以类似打招呼的形式就启动并完成了他们的协作。每一个活跃在犯罪黑网上的节点只是根据它周围局部信息采取微小的动作,但是经过一连串、环环相扣的长程协作,最终在聚合层面就会迸发出惊人的能量,这就回到文章一开始说的“涌现”。所以,电信诈骗并不只是发生于互联网时代,而是发轫于互联网时代,这就是为什么我们将电信诈骗界定为“新型犯罪”的理由,它是时代变迁的新物种。

《法律和社会科学》(2018)
第17卷第2辑,第27~57页

行贿罪量刑的实证检验与反思

钱文杰[*]

摘要:量刑整体趋轻,是我国当前行贿罪刑罚规制的基本样态。相关实证分析和回归模型的结果显示,整体趋轻的刑罚规制符合刑事司法的一般理性,是与针对行贿行为的个罪评价标准相适应的。在诸如行贿数额、行贿人数、行贿次数、行贿事由、律师辩护、刑事政策和地区差异等规范化或非规范化的多元量刑影响因素的作用下,计赃量刑仍是其最本质的特征,从严从重的刑事政策和刑事立法亦切实有效,行贿次数、行贿事由等也与行贿罪的刑罚规制密切相关。进一步检验发现,也存在诸如行贿人数、有无自首等部分量刑影响因素的功能"缺省",以及地区差异、有无数罪等部分量刑影响因素的功能"溢出"问题。

关键词:行贿罪　量刑规制　量刑影响因素　司法理性

---

* 浙江大学光华法学院博士研究生。本文获国家社科基金青年项目"未成年人刑事特别程序的理论、模式与完善路径研究"(项目编号:18CFX039)的资助。

一、引言

在党和国家重拳反腐,铁腕治贪的反腐败持续斗争中,我们尚且能抛开行贿罪立法和政策调整背后的理论纷争,①却抹不去从"重受贿轻行贿"向"行贿与受贿并重惩罚"刑事政策和法制调整的时代印记,"坚持受贿行贿一起查"已成为夺取反腐败斗争压倒性胜利的关键。

2015年,最高人民检察院、最高人民法院就对"重受贿轻行贿""打击行贿服务于查处受贿"等贿赂犯罪治理策略进行纠偏。② 同年,《刑法修正案(九)》新增行贿罪的罚金刑,进一步严格行贿罪从轻、减轻和免除处罚的适用条件,限定行贿犯罪特别自首制度的从宽幅度等。③ 2016年,最高人民法院、最高人民检察院联合发布《关于办理贪污贿赂刑事案件适用法律若干问题的解释》对"谋取不正当利益"的实质化解释,以及"通过行贿谋取职务提拔、调整的""向负有食品、药品、安全生产、环境保护等监督管理职责的国家工作人员行贿,实施非法活动的"和"向司法工作人员行贿,影响司法公正的"等定罪量刑情节的具体化,在避免单一数额的僵化性的同时,也为司法实践提供了可操作性的

---

① 例如,有学者批评"重受贿轻行贿"观念导向下的行贿犯罪惩治不力,主张大力倡导"惩办行贿与惩办受贿并重"的方针。参见李少平:《行贿犯罪执法困局及其对策》,载《中国法学》2015年第1期。但也有学者指出"行贿与受贿并重惩罚"的法治逻辑悖论,并主张"重受贿轻行贿"的传统政策应继续坚持。参见何荣功:《"行贿与受贿并重惩罚"的法治逻辑悖论》,载《法学》2015年第10期。甚至有学者主张废除行贿罪,认为以"立法效果论"为依据将行贿行为非罪化会使行贿人与受贿人之间产生"囚徒困境",从而有助于提高处罚受贿罪的概率并达到预防受贿罪之目的。参见姜涛:《废除行贿罪之思考》,载《法商研究》2015年第3期。

② 2015年1月15日,时任最高人民检察院的曹建明检察长主持召开最高检党组会议,明确要求"坚决打击行贿犯罪";2015年3月5日,在第十二届全国人大第三次会议上,周强院长在最高人民法院工作报告中指出:"在严厉打击受贿犯罪的同时,进一步加大对行贿犯罪的惩治力度,减少腐败犯罪。"

③ 参见刘仁文:《惩办行贿与惩办受贿应并重》,载《人民法院报》2018年7月18日。

标准。①

现阶段，有学者基于实证研究而得出了“从行贿罪刑罚处罚结构看，我国行贿罪的量刑趋轻”“定性分析：我国行贿犯罪刑事政策成效不彰”“定量分析：我国行贿犯罪刑事政策司法乏力”等的初步论断。②但是，前述实证研究在样本选取、变量控制和模型设计等研究进路不乏争议，科学研究所倡导的“在前人研究的基础上检验、批评、对话或者改进”有待继续，③而这也是法学实证研究科学化、规范化和精致化的必然要求。特别是在国家惩治行贿修法和政策转向之下，行贿罪刑事处罚司法实践的新动向、新问题等，都有赖于实证分析下的理性发现，进而克服偏执于规范讨论的价值纷争，以促进规范与事实间的良性互动。

刑种、刑期以及是否适用缓刑等，是量刑轻重的客观写实，背后是受规范化和非规范化的多元量刑影响因素规制。④ 其实，单从刑法和相关司法解释出发，⑤立法层面已经规定了行贿罪诸如“行贿数额”、“行贿人数”、“行贿次数”、“行贿事由”和“造成损失”等确定型，以及“自首”、“立功”、“认罪”和“累犯”等裁量型的规范化量刑因素。与此同时，也存在法律规定以外的“地区差异”、“有无数罪”、“律师辩护”

---

① 参见陈兴良：《贪污贿赂犯罪司法解释：刑法教义学的阐释》，载《法学》2016 年第 5 期。

② 董桂文：《行贿罪量刑规制的实证分析》，载《法学》2013 年第 1 期；高诚刚：《实证研究视角下“行贿从轻”的实效》，载《政治与法律》2016 年第 5 期。

③ See Thomas S. Ulen, “A Nobel Prize in Legal Science: Theory, Empirical Work, and the Scientific Method in the Study of Law,” *University of Illinois Law Review*, Vol. 2002, No. 4, pp. 875 – 920.

④ 在法律形式主义的司法场域中，规范化量刑影响因素应当全面有效，非规范化量刑因素应当全面克制；而在法律现实主义的司法场域中，强调在刑事司法裁判中适用利益权衡，重视经验归纳而不拘泥于简单的演绎推理，非规范化量刑因素有其合理性和必要性。因此，在一个十分开放的量刑情节体系内，社会科学就更容易进入中国的量刑体系之中。参见侯猛：《司法中的社会科学判断》，载《中国法学》2015 年第 6 期。

⑤ 除《刑法》以外，主要还有 2016 年的《最高人民法院、最高人民检察院关于办理贪污贿赂刑事案件适用法律若干问题的解释》，2012 年的《最高人民法院、最高人民检察院关于办理行贿刑事案件具体应用法律若干问题的解释》，1999 年的《最高人民法院、最高人民检察院关于在办理受贿犯罪大要案的同时要严肃查处严重行贿犯罪分子的通知》等。

和“刑事政策”等潜在的非规范化影响因素。① 但在行贿罪量刑的具体实践中,刑事处罚是否主要参考行贿数额的高低?而其他多元影响因素是否就不产生效力?或者又能产生多大效力?以及相互间的轻重主次序列如何?此类等等,都有基于对行贿罪量刑裁判实践归纳上的整理、比较和分析,而对行贿犯罪多元量刑影响因素的实效考评,既是起点,亦是归宿。

二、样本筛选与初始数据

样本和数据是实证研究方法科学和结论严谨的重要保障,而实证分析所追求的客观真实,则是来自符合科学抽样程序性、规模性和可重复性要求的样本。② 本文分析的482份判决书、578个量刑裁决,皆源自中国裁判文书网的“示范性案例”,只是因公开文书数量与办结案件之间50%左右比例的客观实际,③所以也只能是一种建立在有限样本基础之上的抽样实证。关于样本筛选和初始数据的说明如下:

(一)样本筛选

为了尽可能实现规范层面的严格随机抽样,笔者选择了系统筛选和人工筛选的“两步走”方略,并严格遵守随机、双盲、对照和试验等规范要求,以期客观、真实地观察行贿罪刑罚规制的司法实践。

① 例如以“律师辩护”为例,有学者从职业律师参与案件审理的有罪、无罪结果展开实证研究,得出“只要有职业律师的参与,案件审理出现无罪结果的概率就显著高于没有律师参与的案件”的基本判断。参见白建军:《司法潜见对定罪过程的影响》,载《中国社会科学》2013年第1期。又如以“地区差异”为例,有学者就我国受贿罪量刑地区差异问题展开实证研究,并且基于模型回归结果,发现“我国部分地区对受贿罪的量刑存在显著差异”。参见王剑波:《我国受贿罪量刑地区差异问题实证研究》,载《中国法学》2016年第4期。

② 参见白建军:《大数据对法学研究的些许影响》,载《中外法学》2015年第1期。

③ 参见马超、于晓虹、何海波:《大数据分析:中国司法裁判文书上网公开报告》,载《中国法律评论》2016年第4期。

1. 系统筛选

登录中国裁判文书网(http://wenshu.court.gov.cn/),选择"高级筛选"功能,并在可选择的5个选项中输入检索条件,系统共筛选出了7765份判决书。① 具体操作如下:

第一是全文检索,选择"判决结果",并输入"行贿罪"。因为"判决结果"的选项,较之于"全文""事实""理由"等,更贴近行贿罪的司法裁判要旨,当然其中也会包含诸如"前犯行贿罪""向非国家工作人员行贿罪"等"无效"样本,而剔除它们则是第二步人工筛选的主要工作。第二是审判程序,选择"一审"。因为无论是在审级的功能、证据的可靠性、信息的全面性等方面,一审程序在事实审理方面都有其天然优势,②也是行贿罪刑罚规制受诸多影响因素影响最为明显的阶段。第三是案由,选择"刑事案由";案件类型,选择"刑事案件";文书内容,选择"判决书":以此来尽可能地压缩样本总量。需要补充说明的是,本项实证并未设定"基层法院"或"中级法院"等法院层级的检索条件,因为行贿罪本身的法定刑就可能达到"无期徒刑",中级法院也享有行贿罪的一审管辖权。

2. 随机抽样

裁判文书网为法学实证研究提供了极大的便利,且其总访问量业已突破百亿,③但是却缺乏诸如中国知网(CNKI)检索系统中"在结果中检索"等人性化功能,导致一些诸如"单位行贿罪""对有影响力的人行贿罪""对非国家工作人员行贿罪""前犯行贿罪"等"无效"样本无法通过系统自动剔除,而且裁判文书网还存在裁判文书重复上网的问题,导致系统筛选出的7765份判决书存在一定的样本"掺假"和数据"水分"。为消除这些问题,后期经人工筛选,紧扣行贿罪之核心命题,共筛选出4812份"有效"判决书,再按地区随机选取,选出了482份判决书作为最终的

① 案例的最后访问日期为2017年12月12日。

② 参见龙宗智:《论建立以一审庭审为中心的事实认定机制》,载《中国法学》2010年第2期。

③ 参见罗书臻:《中国裁判文书网总访问量突破百亿》,载《人民法院报》2017年8月25日。

分析样本。① 其中,分析样本涵盖了我国的7个地理区划和32个司法区划(见表1),能够较为客观、全面、有效地反映行贿罪量刑实践。

表1 有效行贿罪判决书筛选汇总统计

区划	地区	系统筛选	人工筛选	抽样	区划	地区	系统筛选	人工筛选	抽样
华北地区代码=0	北京	48	28	3	华东地区代码=4	上海	135	56	6
	天津	36	14	1		江苏	404	228	23
	河北	413	219	22		浙江	326	189	19
	山西	100	67	7		安徽	500	294	29
	内蒙古	183	115	12		福建	260	173	17
东北地区代码=1	辽宁	248	171	17		江西	78	44	4
	吉林	396	242	24		山东	360	243	24
	黑龙江	392	197	19	华南地区代码=5	广东	500	281	28
华中地区代码=2	河南	500	307	31		广西	310	213	21
	湖北	500	275	28		海南	36	29	3
	湖南	331	241	24	西北地区代码=6	陕西	98	78	8
西南地区代码=3	重庆	108	71	7		甘肃	84	52	5
	四川	283	196	20		青海	29	26	3
	贵州	329	274	27		宁夏	194	109	11
	云南	371	280	28		新疆	87	75	8
	西藏	5	4	1		新疆兵团	21	21	2
数据汇总		系统筛选		人工筛选			随机抽样		
		7765		4812			482		

① 笔者组建专门的裁判文书筛选团队,共由10名硕士、博士研究生组成,进行统一培训和任务分解,在历时15天的时间范围内,逐份查阅判决书,共筛选出了4812份"有效"判决书和482份分析样本。其中,2009年1份,2010年2份,2011年4份,2012年8份,2013年18份,2014年118份,2015年105份,2016年121份,2017年105份。从体量上来看,2014年作为分界点,主要是因为2013年11月最高法院通过《最高人民法院关于人民法院在互联网公布裁判文书的规定》,于2014年1月1日实施,由最高法院设立中国裁判文书网统一公布各级法院的生效裁判文书,自此确立了我国裁判文书上网制度,裁判文书上网日趋规范化和常态化。

(二)总体情况

因为存在共同犯罪的情形,所以在482份判决书中,共有578个量刑裁决。其中,被判决有罪而免予刑事处罚的有87名,判处管制的有1名,拘役的有41名,有期徒刑的有449名,并且只对207名被告人并处附加刑。

1.行贿罪量刑结果的整体趋轻

在449份有期徒刑的量刑裁判中,3年以上(不含本数)至5年以下的16人,所占比例为2.8%;5年以上(不含本数)至10年以下的7人,所占比例为1.2%,其中就包括了3个被判10年有期徒刑的;但也未见行贿罪最高量刑的无期徒刑(见表2)。在467名刑事责任可以适用缓刑的被告人中,①共对401名被告人适用了缓刑,缓刑适用率为85.87%,而在2012年以前甚至高达100%,其后虽有明显下降,但也都维持在82.00%以上(见表3)。一定程度上,校正了学者2013年"从法院判决情况看,判处缓刑、免刑比例高,有的时候缓免率高达80%以上"②的简单论断。但是,也多少与"近年来,随着国家反腐败工作的深入开展,行贿行为所具有的严重社会危害性受到了越来越多的关注,处罚的范围与力度也愈发加强"相冲突,特别是在《刑法修正案(九)》和《关于办理贪污贿赂刑事案件适用法律若干问题的解释》等顺应国家反腐败潮流,在立法上对行贿罪的定罪规制、刑罚配置等方面作出调整的大背景之下。③

① 《刑法》第72条规定"对于被判处拘役、三年以下有期徒刑的犯罪分子",符合其他条件的可以适用缓刑,而在578名被告人的量刑裁决中,被判处拘役、三年以下有期徒刑的共467名。

② 董桂文:《行贿罪量刑规制的实证分析》,载《法学》2013年第1期。

③ 参见黄明儒:《行贿罪刑法规制之检视——以H省2016年各级法院所办理的一审行贿案件为切入》,载《法学论坛》2018年第2期。

表2 行贿罪刑期适用汇总统计

刑期	频率	百分比	备注
定罪免罚	87	15.1%	免罚
1年及以下	273	47.2%	其中包括1个管制,41个拘役和231个有期徒刑
3年及以下	195	33.7%	有期徒刑
5年及以下	16	2.8%	有期徒刑
10年以下	4	0.7%	有期徒刑
10年以上	3	0.5%	有期徒刑
无期徒刑	0	0%	无期徒刑
合计	578	100.0%	—

表3 历年缓刑适用率汇总统计①

时间	2009	2010	2011	2012	2013	2014	2015	2016	2017
可以适用缓刑数	2	2	3	8	17	108	104	125	98
实际适用缓刑数	2	2	3	7	14	89	91	105	88
缓刑适应率	100.00%	100.00%	100.00%	87.50%	82.35%	82.40%	87.50%	84.00%	89.80%

2. 行贿罪量刑影响因素的类型划分

有关量刑的影响因素,有学者作出了"一类用于确定基准"和"一类用于基准确定后调节刑罚",②或者"一类是定罪情节"和"一类是量刑情节"的功能划分。③ 这其实就是从行贿罪立法和相关司法解释出发,在

① 特别需要说明的是,由于2014年以前缺乏规范化的裁判文书公开制度,有效样本量较小,2014年以前相应的推断可能并不具备科学意义上的典型性和代表性。

② 李安:《量刑实证研究的方法论检视——从实证观念到实证技术》,载《中外法学》2009年第6期。

③ 理论上,虽然有学者指出作为定罪情节的事实不能再作为量刑情节使用。参见陈兴良主编:《刑法总论精释》,人民法院出版社2010年版,第798页。但基于实证,发现定罪情节也切实影响量刑,量刑情节甚至只是量刑的"辅料"。参见白建军:《法律实证研究方法》(第2版),北京大学出版社2014年版,第291~294页。

具体个罪的规范性量刑影响因素中对确定型量刑因素和裁量型量刑因素所作的界分。除此以外,还存在与之相对应的、潜在的非规范性量刑因素。

首先是确定型量刑因素,主要是指立法条文明确规定,并要求法官在对具体个罪量刑时应当考虑的量刑因素。行贿罪的确定型量刑因素,主要是指“行贿数额”“行贿人数”“行贿次数”“行贿事由”“造成损失”等,并确定与之相适应的拘役、有期徒刑和无期徒刑等基本主刑,以及罚金、没收财产等附加刑。例如,2015 年的《刑法修正案(九)》以立法形式调整了贪污贿赂犯罪的定罪量刑标准,从“数额”的单一标准到正式确立“数额 + 情节”的复合标准,因为“数额与情节都是衡量贪污贿赂犯罪社会危害性程度的基本依据”。[①] 2016 年的《关于办理贪污贿赂刑事案件适用法律若干问题的解释》也从行贿次数、行贿资金来源、行贿对象、行贿后果等方面做了规定,为全面考察行贿罪的法益侵害程度提供了法律根据。[②]

其次是裁量型量刑因素,主要是指立法条文明确规定,但适用于不同罪名,并要求法官在量刑时普遍考虑的量刑因素,表现为刑事实体法和程序法中规定的“自首”“立功”“认罪”“共犯”等。例如,《刑法》第 67 条规定“对于自首的犯罪分子,可以从轻或者减轻处罚。其中,犯罪较轻的,可以免除处罚。”《最高人民法院、最高人民检察院、公安部、国家安全部、司法部关于在部分地区开展刑事案件认罪认罚从宽制度试点工作的办法》第 22 条规定“对不具有法定减轻处罚情节的认罪认罚案件,应当在法定刑的限度以内从轻判处刑罚。”

最后是潜在的非规范性量刑因素,主要是指在立法上虽然对其未作规定,但是却在行贿罪量刑司法实践中客观存在的诸如律师辩护、地区差异、有无数罪和刑事政策等,[③]而且部分都有相应的实证研究相佐证。

---

① 赵秉志:《贪污受贿犯罪定罪量刑标准问题研究》,载《中国法学》2015 年第 1 期。

② 参见陈兴良:《〈关于办理贪污贿赂刑事案件适用法律若干问题的解释〉总置评》,载《浙江社会科学》2016 年第 8 期。

③ 参见孙国祥:《受贿罪量刑中的宽严失据问题——基于 2010 年省部级高官受贿案件的研析》,载《法学》2011 年第 8 期。

三、行贿罪多元量刑影响因素的多重检验

行贿罪刑罚与多元量刑因素的分类比较,依赖于统计学上的相关性分析,本项实证研究使用了 SPSS19.0 统计软件。其中,反映变量之间关系紧密程度的指标主要通过相关系数 r,相关系数取值范围为 $0\leq|r|\leq1$,r 的数值不同,则是反映变量相关的方向和程度的差异。[①] 在进行假设检验时,选取 $\alpha=0.05$ 水准,若得出 $P\leq\alpha$,则结论的基本意义是"按误差不超过 5% 的条件拒绝 H0,接受 H1,差异有统计学意义",反之则无统计学意义。

在规范化和非规范化多元量刑影响因素的统摄下,将"行贿数额""行贿人数""行贿次数""行贿事由"等确定型量刑因素,"有无自首""有无立功""是否认罪""共同犯罪"等裁量型量刑因素,以及"地区差异""有无数罪""律师辩护""刑事政策"等其他潜在的量刑因素分别作为自变量,而把"刑种"、"刑期"和"是否适用缓刑"分别作为因变量建立模型,并进行了逻辑回归分析,分层全局性检验的 P 值均为 0.000,具备统计学上的讨论意义(见表4)。

表4 行贿罪量刑模型系数的分层回归检验

模型	因变量	卡方	df	Sig
模型1	刑种	219.243	30	0.000
模型2	刑期	346.904	30	0.000
模型3	是否适用缓刑	92.807	30	0.000

(一)行贿罪刑罚与确定型量刑因素

1. 预先假设

假设 A1:"计赃为罪"是行贿罪的典型特征,行贿数额自然是行贿情

① r=1,表示完全正线性相关;r>0,表示正线性相关;r=0,表示不存在线性相关;r<0,表示负线性相关,r=−1,表示完全负线性相关。参见谢汉龙、蔡思祺编著:《SPSS 统计分析与数据挖掘》(第3版),电子工业出版社2017年版,第215~218页。

节严重程度的重要标志,那么行贿数额应当是与行贿罪的刑罚规制成立显著的相关关系,具体包括了刑种、刑期、是否适用缓刑。从图1行贿数额的分布来看,行贿数额多集中在3万元至50万元区间,共计466人,这也符合了一般行贿入罪3万元的数额要求,而设定50万元则是因为其是“情节严重”和“刑罚加重”的数额起点。行贿数额50万元以下的合计519人,占总人数的89.79%,而与之相对应的法定刑是“处五年以下有期徒刑或者拘役,并处罚金”,这与行贿罪量刑的整体趋轻吻合。

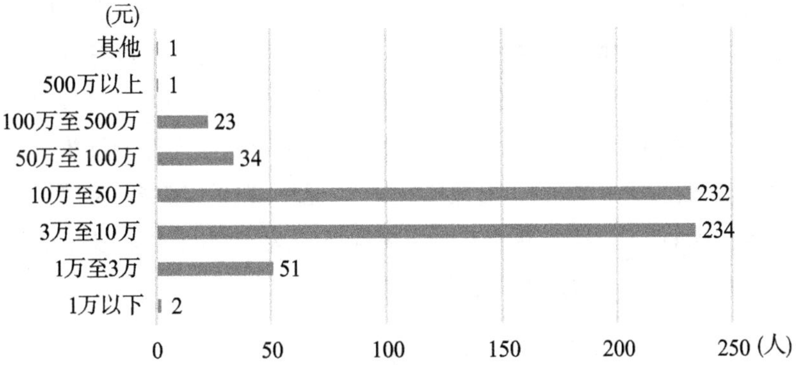

图1　行贿数额分布

假设A2:1999年《最高人民法院、最高人民检察院关于在办理受贿犯罪大要案的同时要严肃查处严重行贿犯罪分子的通知》明确规定要依法严肃惩处“多次行贿或者向多人行贿”,行贿次数和行贿人数早已是评价行贿行为情节恶劣的重要指标,也应当是与行贿罪的刑罚规制成立显著的相关关系,具体也应包括刑种、刑期、是否适用缓刑。

假设A3:2016年《关于办理贪污贿赂刑事案件适用法律若干问题的解释》突出强调“行贿事由”在行贿罪构成要件中的重要性,并列举出了为“职务调整”、“司法工作”和“民生项目”等的三类特殊事由,①以及“造成经济损失数额”的入罪评定事由。考虑到上述司法解释的生效期

① 根据司法解释,将“通过行贿谋取职务提拔、调整的”归纳为“职务调整”,“向负有食品、药品、安全生产、环境保护等监督管理职责的国家工作人员行贿,实施非法活动的”归纳为“民生项目”,“向司法工作人员行贿,影响司法公正的”归纳为“司法工作”。

是2016年4月18日,为了统计和讨论的方便,假设"行贿事由"在2016年以前对行贿罪的刑罚规制不成立显著的相关关系,而仅在2016年以后对行贿罪的刑罚规制成立显著的相关关系,且具体是针对行贿罪的刑种、刑期、是否适用缓刑。

从表5来看,向1人行贿的占大多数,向3人及3人以上行贿的共计82人,占比14.19%,行贿次数为1次的虽然有184人,但是3次及3次以上行贿的合计282人,占比48.79%,而且多次行贿的比率甚至高达68.17%,即表明多次行贿是行贿罪的基本常态。而且,将"行贿事由"作为自变量,分析样本在2016年前后保持相对均衡,有利于展开纵向比较。虽然"造成经济损失数额"是2016年司法解释增加规定的内容,旨在校正行贿罪数额认定唯"行贿数额"的实践偏向,从而保持行贿罪司法评价"行为+后果"的全面性和科学性,但是"造成经济损失数额"却实为沉睡的法律条款。因为从判决内容来看,法院、法官鲜有从正面回答和评价行贿行为的"造成经济损失数额"。

表5 行贿人数、行贿次数和行贿事由分布

行贿人数	频数(占比)	行贿次数	频数(占比)	行贿事由	2016年前(占比)	2016年后(占比)
1人	403(69.72%)	1次	184(31.83%)	司法工作	20(71.43%)	8(28.56%)
2人	93(16.09%)	2次	112(19.38%)	职务调整	15(37.5%)	25(62.5%)
3人	44(7.61%)	3至5次	147(25.43%)	民生项目	8(50%)	8(50%)
4人	15(2.60%)	6至10次	36(6.23%)	其他	266(53.85%)	228(46.15%)
其他	23(3.98%)	其他	99(17.13%)	合计	309(53.46%)	269(46.54%)

2. 假设检验

考虑到行贿罪量刑影响因素多元的客观实际,为了更加科学地检验行贿数额、行贿人数、行贿次数和行贿事由等各个因素与刑种、刑期,以及是否适用缓刑之间的相关性,笔者将选择偏相关(Partial)分析的实证路径。例如,为了检验行贿数额与刑种、刑期,以及是否适用缓刑之间的相关性,选择控制行贿事由、行贿人数、行贿次数、是否自首、有无立功、有无认罪、有无数罪和刑事政策等"第三者"变量,进而获得两者之间的"净"相关系数。①

从表6来看,行贿数额与刑种之间的相关系数呈现较强的正相关($r = 0.328$),而且该相关系数的显著水平 $P = 0.000 < \alpha$ 值0.05,显著性较强,即行贿数额越高,刑事责任"免罚→管制→拘役→有期徒刑→无期徒刑"的刑种升格越明显。行贿数额与刑期和是否适用缓刑之间的相关系数分别是0.531和0.093,显著性水平值P也都小于 α 值0.05,即行贿数额越高,相应的刑期越长,也越不能适用缓刑,因为其越来越偏离作为缓刑适用条件之一的"犯罪情节较轻",即验证了假设A1的全部成立。

同理检验作为自变量影响因素的行贿次数和行贿人数,但只有行贿次数与刑种、刑期之间的显著性水平值 $P = 0.016$ 和0.002(均 $< \alpha$ 值0.05),具有统计学上的相关性意义。除此以外,行贿次数与是否适用缓刑,行贿人数与刑种、刑期和是否适用缓刑等的显著性水平值P都大于 α 值0.05,不能检验是否存在统计学上的相关性关系。验证了假设A2的部分成立,即只有行贿次数与行贿罪刑罚规制中的刑种选择和刑期长短呈正相关关系,而且行贿次数和行贿人数与实刑和缓刑的选择适用,在司法实践中均未反映出应然的相关性。

那么,行贿事由呢?在2016年以前,行贿事由与刑种、刑期和是否适用缓刑的显著性水平值P都大于 α 值0.05,即无统计学上的相关性,假设A3的前半句完全成立;但在2016年以后,行贿事由与刑种、刑期的显著性水平值P分别为0.010和0.002(均小于 α 值0.05),只是与是否适用缓刑的显著性水平值 $P > \alpha$ 值0.05,即表明行贿事由与行贿罪的刑种选择、刑期长短相关,而与是否适用缓刑不相关,假设A3的后半句部分成立。通过检验行贿事由在2016年前后样本中的数据差异,发现其

① 参见阮桂海主编:《数据统计与分析——SPSS应用教程》,北京大学出版社2012年版,第149页。

是行贿罪刑罚的重要影响因素。

表6　确定型量刑因素与刑种、刑期、是否适用缓刑的偏相关检验

恒定控制	调整控制	变量	内容	刑种	刑期	是否适用缓刑
是否自首 有无立功 有无认罪 共同犯罪 律师辩护 地区差异 有无数罪 刑事政策	行贿次数 行贿人数 行贿事由	行贿数额	相关性	0.328	0.531	0.093
			显著性（双侧）	0.000	0.000	0.028
	行贿数额 行贿人数 行贿事由	行贿次数	相关性	0.102	0.134	0.063
			显著性（双侧）	0.016	0.002	0.140
	行贿数额 行贿次数 行贿事由	行贿人数	相关性	0.059	0.066	0.034
			显著性（双侧）	0.168	0.121	0.420
	行贿数额 行贿次数 行贿人数	行贿事由（2016年前）	相关性	-0.010	0.053	0.092
			显著性（双侧）	0.861	0.364	0.117
		行贿事由（2016年后）	相关性	0.160	0.194	0.099
			显著性（双侧）	0.010	0.002	0.112

3. 基本结论

基于上述检验，可以发现：（1）“计赃为罪”是行贿罪定罪和量刑的基本特征，行贿数额与行贿罪刑罚规制呈显著的正相关关系，即行贿数额越高，刑种越严，刑期越长和越排斥适用缓刑。（2）虽然行贿次数多和行贿人数多，是评价行贿行为严重程度的重要理论依据，①但行贿次数和行贿人数与行贿罪的刑罚规制基本无关，只是在行贿次数与刑种选择和刑期长短之间呈较弱的正相关关系，部分否定了“行贿罪量刑与行贿人数、行贿数额存在低度相关性”，印证了“行贿人数对是否适用

① 参见戴佳：《检察机关将加大惩治行贿犯罪力度》，载《检察日报》2014年4月25日。

有期徒刑缓刑没有显著影响"等的前期论断。① (3)行贿事由与行贿罪刑种和刑期之间的相关关系,经历了一个从无到有的过程演变,但与是否适用缓刑则历来无关,司法解释明确列举的为职务调整、司法工作和民生项目等的加重处罚事由基本能够付诸实践。但是,也存在其对"是否适用缓刑"影响的不足,以及对"造成经济损失数额"立法的忽视等问题,一定程度上反映了司法解释在实践中的功能受制,②加剧了现阶段行贿罪"立法趋重"而"司法趋轻"的两极分化。在这当中,部分可能是因为"从旧兼从轻"法律原则适用的限制,但更多可能是对新法学习、消化和适用等的滞后,以及行贿犯罪从轻规制固有模式的束缚等。

(二)行贿罪刑罚与裁量型量刑因素

1. 预先假设

假设B1:《刑法》第390条第2款确立了行贿罪的特别自首制度,③规定"行贿人在被追诉前主动交代行贿行为的,可以从轻或者减轻处罚其中,犯罪较轻的,对侦破重大案件起关键作用的,或者有重大立功表现的,可以减轻或者免除处罚",以致有学者称"特别是第390条第2款,导致大量的行贿犯罪案件游离于刑事追究之外。"④其实从理论层面出发,作为酌定量刑情节的自首,应当是与行贿罪的刑种、刑期成立相关关系,而且也应当与是否适用缓刑呈相关关系,因为自首本身即是"有悔罪表现"的重要指标之一。

假设B2:法院定罪量刑节点上的立功,是指刑法规定的、行为人

---

① 参见董桂文:《行贿罪量刑规制的实证分析》,载《法学》2013年第1期。

② 其实主流的观点是认为"法官过于依赖司法解释,离开了司法解释就无法办案"。参见陈兴良:《司法解释功过之议》,载《法学》2003年第8期;梁根林:《罪刑法定视域中的刑法适用解释》,载《中国法学》2004年第3期;白建军:《论不作为犯的法定性与相似性》,载《中国法学》2012年第2期;顾培东:《判例自发性运用现象的生成与效应》,载《法学研究》2018年第2期。

③ 参见张明楷:《受贿罪中收受财物后及时退交的问题分析》,载《法学》2012年第4期。

④ 张建、俞小海:《行贿犯罪的司法实践反思与优化应对》,载《中国刑事法杂志》2015年第3期。

在着手犯罪以后到判决作出之前所做的对国家和社会有益的行为,是刑法减刑意义之立功的下位概念,[①]并且是以“检举揭发本人罪行以外的其他罪行”、“提供侦破案件的线索”和“协助司法机关缉捕罪犯”等为表征。在行贿罪与受贿罪这组对合犯中,行贿罪的立功主要表现为对受贿案件的侦破提供实质帮助。同样,立功应当是与行贿罪的刑种、刑期呈相关关系,而且不应当与是否适用缓刑相关。因为,即使犯罪分子具有立功表现,也不一定具有悔罪表现,立功不是减少预防刑的情节。[②]

假设B3:认罪是指被追诉人自愿承认其被指控的行为构成犯罪,相关规定散见于刑事实体法和程序法之中。认罪态度在量刑因素中所占比重较大,而且尤以认罪态度好所占比例最高,[③]认罪应当是与行贿罪的刑种、刑期成立相关关系,而且也应当与是否适用缓刑呈相关关系,因为认罪与“有悔罪表现”和“没有再犯罪的危险”等紧密相关。正如学者统计所示,在法院生效判决中由于认罪而适用缓刑的被告人达31.32%。[④]

假设B4:共同犯罪是行贿罪中的常见现象,例如“行为人受行贿人之托所实施的行为,是促成行贿得以实现的行为,其主观上也当然认识到自己是在帮助行贿人实施行贿行为[⑤]”。在行贿罪的共同犯罪内部,应当区分主犯、从犯等,并具体设置相应的刑种、刑期,即承认共同犯罪对内的量刑相关性,但与是否适用缓刑无关;而在行贿罪

① 刑法减刑意义上的立功,不仅是指法院判决作出前,还包括在服刑期间的“揭发、检举监狱内外犯罪活动”、“制止他人犯罪活动的”和“在生产、科研中进行技术革新,成绩突出的”等。

② 参见张明楷:《论犯罪后的态度对量刑的影响》,载《法学杂志》2015年第2期。

③ 参见贺小军:《认罪态度对量刑的影响实证研究》,载《政治与法律》2015年第12期。例如,在胡铭教授和冯娇博士合作的《认罪态度对法官判决影响的实证分析》一文中,分类抽样的案件中涉及认罪态度的一共有234个,其中有232个是认罪态度较好的。

④ 参见顾永忠:《以审判为中心背景下的刑事辩护突出问题研究》,载《中国法学》2016年第2期。

⑤ 张明楷:《受贿罪的共犯》,载《法学研究》2002年第1期。

的共同犯罪外部，即是否共同犯罪与行贿罪的量刑本身无关，即应当保持418名无共同犯罪的和160名有共同犯罪的相互间的量刑无差。

2. 假设检验

从图2来看，有认罪和无立功是行贿罪司法实践中的基本样态，共计576人有认罪，564人无立功，分别占比为99.65%和97.58%，这也符合刑事司法普遍性的“被告人不认罪或作无罪辩护的案件只占极小的比例”，[①]以及“普通刑事案件4%左右的立功比例”等司法实际。[②] 有自首的共计191人，占比为33.04%，这也与自首认定和适用比例较高的推测相符，[③]背后则多受行贿受贿对合，多人多次行贿与受贿牵连等因素使然，但自首是否能造成行贿罪量刑的轻刑化则有待进一步检验。与此同时，在图3被认定为有共同犯罪的160人中，被认定为从犯的仅15人，而除此以外的134名不作区分和11名被认定为主犯的皆应当是按主犯定罪量刑。

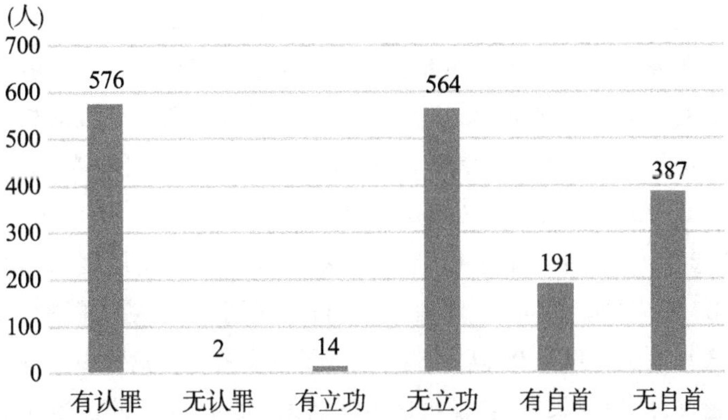

图2　认罪、立功和自首分布

① 参见汪海燕：《论刑事庭审实质化》，载《中国社会科学》2015年第2期。

② 李克勤、卢金有：《立功制度的现实困境与完善》，载《国家检察官学院学报》2009年第1期。

③ 参见庞旭、宋飞：《职务犯罪轻刑化的检察视角》，载《中国刑事法杂志》2011年第9期。

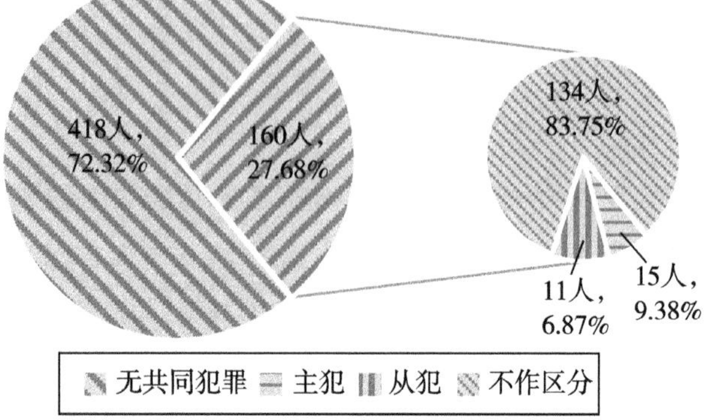

图 3　共同犯罪情况汇总分布

同样是采取控制变量的偏相关分析，分别计算是否自首、有无立功、有无认罪和共同犯罪与刑种、刑期和是否适用缓刑间的相关系数。由表 7 可见：是否自首与行贿罪刑种、刑期和是否适用缓刑之间的显著性水平值 P 均大于 α 值 0.05，无法检验是否存在统计学上的相关性关系，验证了假设 B1 的不成立。有无立功与行贿罪刑种、刑期和是否适用缓刑之间的显著性水平值 P 也都大于 α 值 0.05，无法检验是否存在统计学上的相关性关系，即假设 B2 仅在"立功不应该与是否适用缓刑相关"的部分成立。有无认罪与行贿罪刑种、刑期和是否适用缓刑之间的显著性水平值 P 分别为 0.024、0.029 和 0.048(均小于 α 值 0.05)，显著性较强，即选择认罪，则刑种越轻，刑期越短，以及越可能适用缓刑，验证了假设 B3 的成立。共同犯罪(内部)与行贿罪刑种、刑期之间的显著性水平值 P 大于 α 值 0.05，显著性较强，即如果是共同犯罪中的主犯，则刑种越重，刑期越长，但与是否适用缓刑无关，假设 B4 的前半句成立；共同犯罪(外部)与行贿罪刑种、刑期和是否适用缓刑之间的显著性水平值 P 都大于 α 值 0.05，即表明行贿罪共同犯罪与否的外部量刑无差，假设 B4 的后半句也成立。

表7　裁量刑因素与刑种、刑期、是否适用缓刑的偏相关检验

<table>
<tr><th>恒定控制</th><th>调整控制</th><th>变量</th><th>内容</th><th>刑种</th><th>刑期</th><th>是否适用缓刑</th></tr>
<tr><td rowspan="10">行贿数额
行贿次数
行贿人数
行贿事由
律师辩护
地区差异
有无数罪
刑事政策</td><td rowspan="2">有无立功
是否认罪
共同犯罪</td><td rowspan="2">是否自首</td><td>相关性</td><td>-0.059</td><td>-0.057</td><td>-0.013</td></tr>
<tr><td>显著性(双侧)</td><td>0.168</td><td>0.178</td><td>0.759</td></tr>
<tr><td rowspan="2">是否自首
有无认罪
共同犯罪</td><td rowspan="2">有无立功</td><td>相关性</td><td>-0.029</td><td>-0.033</td><td>0.007</td></tr>
<tr><td>显著性(双侧)</td><td>0.499</td><td>0.434</td><td>0.867</td></tr>
<tr><td rowspan="2">有无自首
有无立功
共同犯罪</td><td rowspan="2">有无认罪</td><td>相关性</td><td>-0.045</td><td>-0.093</td><td>0.071</td></tr>
<tr><td>显著性(双侧)</td><td>0.024</td><td>0.029</td><td>0.048</td></tr>
<tr><td rowspan="4">是否自首
有无立功
有无认罪</td><td rowspan="2">共同犯罪
(内部)</td><td>相关性</td><td>-0.170</td><td>-0.168</td><td>-0.090</td></tr>
<tr><td>显著性(双侧)</td><td>0.032</td><td>034</td><td>0.258</td></tr>
<tr><td rowspan="2">共同犯罪
(外部)</td><td>相关性</td><td>0.043</td><td>-0.007</td><td>0.047</td></tr>
<tr><td>显著性(双侧)</td><td>0.316</td><td>0.861</td><td>0.271</td></tr>
</table>

3. 基本结论

基于上述检验,可以发现:(1)虽然立法上确立了行贿罪的特别自首制度,并且在司法实践中的适用率也相对较高,但自首在行贿案件定罪量刑中的实际效用却并不明显,特别自首制度并未减少行贿人的行贿成本和风险。① (2)行贿罪的立功认定趋于普通刑事案件,并未出现类似于"职务犯罪认定立功比例偏高"等失衡,②但是在少有的立功案件中,也未发现其对行贿罪的刑种和刑期产生实质影响,而其与是否适用缓刑间的无关倒是契合了刑事司法的应然要求。(3)认罪是裁量型因素中全面发挥效用的量刑因素,对行贿罪的刑种、刑期和是否适用都能

① 参见刘仁文、黄云波:《行贿犯罪的刑法规制与完善》,载《政法论丛》2014年第5期。

② 参见李克勤、卢金有:《立功制度的现实困境与完善》,载《国家检察官学院学报》2009年第1期。

产生实质影响,是当前行贿罪刑罚规制轻刑化的重要影响因素。但又因“认罪是指被追诉人自愿承认其被指控的行为构成犯罪”,[①]这也可能造成认罪吸收自首的实践倾向。(4)是否共同犯罪对行贿罪的量刑并无影响,这与学者就贪污贿赂案“共同犯罪对量刑并不产生本质影响”的早期论断相吻合,[②]但是在共同犯罪的内部却能体现出主犯与从犯之间的量刑差异,并且能够根据各自在共同犯罪中所起的作用大小给予轻重不同的处罚,这也符合刑事司法的一般理性。

(三)行贿罪刑罚与其他潜在的量刑因素

1. 预先假设

假设C1:律师辩护对于实体公正、程序公正的实现和保证诉讼效率都有重要意义,[③]而且考虑到当前“律师的活动主要集中在法庭辩论阶段,而在法庭调查过程中的举证质证活动则明显不足,律师辩护的效果主要体现在量刑上”的客观实际。[④] 假设律师辩护是与行贿罪的刑罚规制成立显著的相关关系,具体包括刑种和刑期,而与是否适用缓刑无关,因为有无律师辩护并不是被告人社会危险性的评价要素。

假设C2:在单一制国家的统一法域里,理想的司法场域中应当保持法律适用的统一性。但是,在司法实践量刑不均衡现象的背后,存在较为明显的地区差异,[⑤]例如体现在已被实证的诸如抢劫、受贿和危险驾驶等案件当中。[⑥] 行贿案件量刑是否亦受地区差异影响有待检验,我们

---

① 钱文杰:《论认罪认罚从宽中的程序正义及其实现》,载《北京理工大学学报》(社会科学版)2018年第3期。

② 参见李本森:《法律中的二八定理——基于被告人认罪案件审理的定量分析》,载《中国社会科学》2013年第3期。

③ 参见陈卫东主编:《“3R”视角下的律师法制建设》,中国检察出版社2004年版,第295~313页。

④ 参见左卫民:《“印证”证明模式反思与重塑:基于中国刑事错案的反思》,载《中国法学》2016年第1期。

⑤ 参见左卫民:《中国量刑程序改革:误区与正道》,载《法学研究》2010年第4期。

⑥ 抢劫案件量刑的地区差异分析,参见白建军:《罪刑均衡实证研究》,法律出版社2004年版,第376页;受贿案件量刑的地区差异分析,参见王剑波:《我国受贿罪量刑地区差异问题实证研究》,载《中国法学》2016年第4期;危险驾驶案件量刑的地区差异分析,参见文姬:《醉酒型危险驾驶罪量刑影响因素实证研究》,载《法学研究》2016年第1期。

暂且假设地区差异对行贿罪量刑并无影响。

假设C3：数罪并罚宣告刑的刑罚总和，是个罪评价结果的叠加，有无数罪并未改变具体行为的个罪评价标准，①那么，有无数罪应当是与行贿个罪的刑种和刑期不相关。当前对数罪并罚能否适用缓刑的意见大致有三类：否定说、肯定说和折中说。但基于法无禁止规定和有利于被告人解释等的实质判断，②假设有无数罪不影响是否适用缓刑。

假设C4：刑事案件的定罪与量刑应当体现"宽严相济"的刑事政策，③而且从"受贿罪和行贿罪的被告人数变化情况来看，行贿犯罪案件数逐年增升，'并重惩治'刑事政策初显成效"。④ 以2015年最高人民法院、最高人民检察院"惩办行贿与惩办受贿并重"的立场表态为起点，规制行贿的刑事政策正经历"从宽→从严"的转变，⑤行贿罪的量刑亦应反映刑事政策，表现出与量刑"从轻→从重"的基本一致，但与是否适用缓刑的刑罚执行无关。正是因为"刑事立法是刑事政策的法律化"，⑥透过行贿罪量刑与刑事政策转向之间的关系，我们亦能观察《刑法修正案（九）》及相关司法解释等的现实功效。

2. 假设检验

在578名被告人中，只有297名被告人有律师辩护。如表8所示：律师辩护率为51.38%，显然是超过了普通刑事案件中30%左右的律师

① 参见刘宪权、王丽珂：《我国〈刑法修正案（八）〉时间效力司法解释规定评析》，载《法学杂志》2011年第8期。

② 《最高人民检察院法律政策研究室关于对数罪并罚决定执行刑期为三年以下有期徒刑的犯罪分子能否适用缓刑问题的复函》（〔1998〕高检研发第16号）明确有无数罪并不影响缓刑适用，缓刑"条件是根据犯罪分子的犯罪情节和悔罪表现，适用缓刑确实不致再危害社会。"

③ 参见陈光中、葛琳：《刑事和解初探》，载《中国法学》2006年第5期。

④ 张勇：《"行贿与受贿并重惩治"刑事政策的根据及模式》，载《法学》2017年第12期。

⑤ 本文将选取2016年作为刑事政策实效观察的时间节点，主要是因为政策从中央到地方，从理论到实践都需要经历一个过程。而且，考虑《刑法修正案（九）》自2015年11月1日起施行，《关于办理贪污贿赂刑事案件适用法律若干问题的解释》自2016年4月18日起施行，2016年的时间节点，也有助于观察和测量修法和司法解释等的实效。

⑥ 陈兴良：《刑事政策视野中的刑罚结构调整》，载《法学研究》1998年第6期。

辩护率,①但是地区差异与律师辩护双变量间的显著性水平值 $P=0.001<\alpha$ 值0.05,即地区差异与律师辩护存在较强的相关关系。不难发现,行贿案件中的律师辩护存在明显的地区差异,高如华南地区69.49%的律师辩护率,低如华北地区37.7%的律师辩护率。

表8 地区差异与律师辩护的相关检验及律师辩护率汇总

变量	内容	律师辩护	华南	律师辩护:37.70%	西南	律师辩护:60.42%
地区差异	相关性	0.135	东北	律师辩护:44.00%	西北	律师辩护:60.87%
	显著性(双侧)	0.001	华东	律师辩护:46.81%	华南	律师辩护:69.49%
	N	578	华中	律师辩护:48.00%	合计	律师辩护:51.38%

同理展开行贿罪刑罚与其他可能的量刑因素之间的偏相关检验,如表9所示:律师辩护与行贿罪刑种、刑期之间的显著性水平值 $P>\alpha$ 值0.05,无法检验是否存在统计学上的相关性关系,而其与是否适用缓刑间的显著性水平值 $P=0.041<\alpha$ 值0.05,即律师辩护与是否适用缓刑相关,验证了假设C1的不成立。地区差异与行贿罪刑种、刑期之间的显著性水平值 $P<\alpha$ 值0.05,即表明行贿罪量刑同样存在较强的地区差异,但是其与是否适用缓刑之间无统计学上的相关性,验证了假设C2的部分成立。有无数罪与行贿罪刑种、刑期之间的显著性水平值 $P>\alpha$ 值0.05,无法检验是否存在统计学上的相关性关系,表明有无数罪并未改变针对行贿行为的个罪评价标准,假设C3的前半句成立。但是有无数罪与是否适用缓刑间的显著性水平值 $P<\alpha$ 值0.05和 $r=-0.101$,表明

① 参见魏晓娜:《以审判为中心的刑事诉讼制度改革》,载《法学研究》2015年第4期。这主要是因为在诸如行贿罪等的财产类犯罪中,被告人的身份或经济地位等相对占优。

越有数罪，越不可能适用缓刑，假设 C3 的后半句不成立。刑事政策与行贿罪刑种、刑期之间的显著性水平值 $P < \alpha$ 值 0.05，分别成立正相关关系，符合“政策从宽，量刑从轻→政策从严，量刑从重”的前期预测，也能反映立法和司法解释等切实影响行贿罪量刑。而且刑事政策与是否适用缓刑间的显著性水平值 $P > \alpha$ 值 0.05，即表明刑事政策与是否适用缓刑无关，验证了假设 C4 的成立。

表 9　其他可能的量刑因素与刑种、刑期、是否适用缓刑的偏相关检验

<table>
<tr><th>恒定控制</th><th>调整控制</th><th>变量</th><th>内容</th><th>刑种</th><th>刑期</th><th>是否适用缓刑</th></tr>
<tr><td rowspan="8">行贿数额
行贿次数
行贿人数
行贿事由
是否自首
有无立功
有无认罪
共同犯罪</td><td rowspan="2">地区差异
有无数罪
刑事政策</td><td rowspan="2">律师辩护</td><td>相关性</td><td>0.015</td><td>0.043</td><td>0.087</td></tr>
<tr><td>显著性(双侧)</td><td>0.726</td><td>0.312</td><td>0.041</td></tr>
<tr><td rowspan="2">律师辩护
有无数罪
刑事政策</td><td rowspan="2">地区差异</td><td>相关性</td><td>0.144</td><td>0.099</td><td>0.047</td></tr>
<tr><td>显著性(双侧)</td><td>0.001</td><td>0.020</td><td>0.268</td></tr>
<tr><td rowspan="2">律师辩护
地区差异
刑事政策</td><td rowspan="2">有无数罪</td><td>相关性</td><td>0.078</td><td>0.075</td><td>-0.101</td></tr>
<tr><td>显著性(双侧)</td><td>0.068</td><td>0.076</td><td>0.017</td></tr>
<tr><td rowspan="2">律师辩护
地区差异
有无数罪</td><td rowspan="2">刑事政策</td><td>相关性</td><td>0.125</td><td>0.312</td><td>0.019</td></tr>
<tr><td>显著性(双侧)</td><td>0.003</td><td>0.000</td><td>0.653</td></tr>
</table>

3. 基本结论

基于上述检验，可以发现：(1)虽然行贿案件中的律师辩护率高于普通刑事案件，但也存在明显的地区发展失衡现象，并且律师辩护与行贿罪刑罚规制间的相关关系并不明显，反映出了当前“律师辩护意见被采纳难”的客观实际，[①]这也体现在裁判文书对辩护律师实体性辩护意见回应的避而不谈和语焉不详，对辩护律师的辩护意见采纳、

① 张中：《论侦查阶段的有效辩护》，载《当代法学》2017 年第 6 期。

部分采纳或者不采纳的理由论证不充分。① (2)行贿罪量刑存在明显的地区差异,可能与各地区间经济、文化、习俗等“社会不平等”不无关系,也可能与“我国对行贿罪的自由裁量权很大”的司法惯性密切相关。② 但是,为了尽可能消解“同案异判”的量刑失衡感和增强“同案同判”的司法公信力,③有必要将这类差异控制在最小范围内。(3)针对数罪并罚中的行贿罪审判,法院审判能够秉持各个击破和逐个评价的一般司法理性,行贿罪的个罪评价标准并未因数罪而变。但是,有无数罪却对是否适用缓刑实质有效,造成了法无禁止规定不适用理论与法无明确授权可适用实践上的二元对立。(4)刑事政策作为一种隐性的量刑因素,能够对行贿罪的量刑实践产生实质影响,表现为行贿罪“政策从宽,量刑从轻→政策从严,量刑从重”的相互适应。当然,这主要也是因为在刑事政策从严调整的同时,立法和司法解释的配套衔接。

(四)行贿罪量刑影响因素的相对重要性排序

表10 行贿罪刑种、刑期和是否适用缓刑的线性回归模型

刑种的线性回归模型④	非标	标准	刑期的线性回归模型	非标	标准	是否适用缓刑的线性回归模型	非标	标准
(常量)	2.607	—	(常量)	0.035	—	(常量)	0.016	—
行贿数额	0.291	0.364	行贿数额	0.480	0.558	行贿数额	0.053	0.107

---

① 参见陈卫东:《以审判为中心:当代中国刑事司法改革的基点》,载《法学家》2016年第4期。

② 陈国权:《严惩行贿:净化政治空间——论行贿罪的危害与惩治》,载《政治与法律》1999年第3期。

③ 司法公信力,是指对司法的判断和评价不是个别人或少数人作出的,而是社会公众的集合性判断与评价。参见胡铭:《司法公信力的理性解释与建构》,载《中国社会科学》2015年第4期。其中,“同案同判”则是司法公信力、量刑公信力最直观、最有力的表现。

④ 这里的模型用数学式表达即为:刑种=2.607+0.291×(行贿数额)+0.057×(地区差异)+(-0.172)×(刑事政策)+0.054×(行贿次数)+0.237×(有无数罪)+0.046×(行贿人数)+(-0.085)×(有无自首)+0.065×(共同犯罪)+(-0.331)×(有无认罪)+(-0.125)×(有无立功)+0.022×(律师辩护)+0.003×(行贿事由)。即因变量等于常量项加上非标准化系数乘以相应自变量的连和,刑期和是否适用缓刑的线性回归模型数学表达式亦是如此。

续表

刑种的线性回归模型	非标	标准	刑期的线性回归模型	非标	标准	是否适用缓刑的线性回归模型	非标	标准
地区差异	0.057	0.135	刑事政策	-0.410	-0.256	有无数罪	-0.210	-0.100
刑事政策	-0.172	-0.115	行贿次数	0.066	0.116	行贿事由	-0.023	-0.097
行贿次数	0.054	0.103	地区差异	0.036	0.078	律师辩护	-0.085	-0.093
有无数罪	0.237	0.070	有无认罪	-0.595	-0.060	有无认罪	0.464	0.081
行贿人数	0.046	0.057	有无数罪	0.210	0.058	行贿次数	0.023	0.069
有无自首	-0.085	-0.053	行贿人数	0.048	0.055	地区差异	0.013	0.048
共同犯罪	0.065	0.039	有无自首	-0.075	-0.044	共同犯罪	0.049	0.047
有无认罪	-0.331	-0.036	律师辩护	0.057	0.036	行贿人数	0.018	0.036
有无立功	-0.125	-0.026	有无立功	-0.132	-0.026	刑事政策	0.018	0.019
律师辩护	0.022	0.015	行贿事由	-0.010	-0.025	有无自首	-0.013	-0.013
行贿事由	0.003	0.008	共同犯罪	-0.010	-0.006	有无立功	0.021	0.007
调整后决定系数 R^2	0.200		调整后决定系数 R^2	0.423		调整后决定系数 R^2	0.164	

如表10所示,将筛选出的12种量刑影响因素分别与刑种、刑期和是否适用缓刑进行线性回归分析。其中,"—"表示没有被纳入相应的模型,"非标"表示非标准化系数,"标准"是指标准化系数,而"R^2"则被称为决定系数,是验证线性模型拟合优度的常用参数。① 例如在"刑期的线性回归模型"中,调整后决定系数 $R^2=0.423$,即表示只能解释不同案件之间42.30%的刑期差异。所以,还存在其他的因素影响判决,因为在独立量刑程序改革中,往往是鼓励量刑活动需要诉讼当事人乃至社会各界的多方参与,②但这并不影响我们对于上述量刑影响因素相对重要

① 在行贿罪量刑实证的前述研究中,虽然有学者用到T检验讨论自变量对因变量是否存在影响,但这并不能说明自变量影响程度的大小,也不能说明模型的预测准确率。参见朱恒伟:《行贿罪量刑实证分析——基于227件刑事判决的展开》,载《甘肃理论学刊》2017年第2期。

② 参见闵春雷:《论量刑证明》,载《吉林大学学报》(社会科学版)2011年第1期。

性的分析。[①] 线性回归分析中,通过比较各自变量标准化系数的绝对值大小来预测其相对重要性,[②]绘制出了行贿罪量刑影响因素相对重要性的排序表(见表11)。

表11 行贿罪刑种、刑期和是否适用缓刑影响因素的相对重要性排序

排序	1	2	3	4	5	6	7	8	9	10	11	12
刑种	行贿数额	地区差异	刑事政策	行贿次数	有无数罪	行贿人数	有无自首	共同犯罪	有无认罪	有无立功	律师辩护	行贿事由
刑期	行贿数额	刑事政策	行贿次数	地区差异	有无认罪	有无数罪	行贿人数	有无自首	律师辩护	有无立功	行贿事由	共同犯罪
缓刑	行贿数额	有无数罪	行贿事由	律师辩护	有无认罪	行贿次数	地区差异	共同犯罪	行贿人数	刑事政策	有无自首	有无立功

可以发现:(1)行贿数额是刑种选择、刑期长短和缓刑适用考量最为重要的影响因素,记赃量刑是行贿罪量刑最本质的特征。(2)刑种和刑期影响因素的相对重要性排序存在高度的拟合性,例如在第1序列和第10序列影响因素上的个体拟合,第1至第4序列影响因素的区间拟合,这可能是与刑种和刑期之间本身就具备较强的相关性有关。[③](3)除了在行贿数额排序上的重合之外,缓刑适用考量影响因素的相对重要性排序与刑种和刑期存在较为明显的差异,排序相对靠前的诸如"行贿数额""有无数罪""行贿事由"等影响因素,多是法官围绕犯罪情节和再犯风险等展开。

---

① 参见文姬:《醉酒型危险驾驶罪量刑影响因素实证研究》,载《法学研究》2016年第1期。

② 标准化系数越大,说明此自变量对因变量的影响越大;标准化系数越小,说明此自变量对因变量的影响越小。

③ 因为刑种与刑期之间的相关系数呈现较强的正相关($r = 0.778$),而且该相关系数的显著水平 $P = 0.000 < \alpha$ 值0.05。

四、行贿罪量刑影响因素的理论反思

纵览行贿罪在我国刑法中“依附→独立”的制度变迁，以及与之相适应的构成要件、量刑规范等“粗糙→细致”的转型升级，实质是以行贿犯罪从严处罚的立法“加法”为改革动向。① 但是，将制度付诸实践的司法仍显滞后，在坚持行贿犯罪个罪评价和计赃量刑等一般理性的背后，虽然刑事政策和刑事立法等能够反馈于实践，但仍存在诸如行贿人数、有无自首、律师辩护等部分量刑影响因素的功能“缺省”，以及地区差异等部分量刑影响因素的功能“溢出”问题。

（一）符合行贿罪刑罚规制的一般理性

利用相关分析和回归模型检验，探索性地尝试行贿犯罪量刑影响因素的实证研究，可以发现当前行贿罪的刑罚规制符合一般理性。首先是行贿罪量刑保持了经济犯罪记赃量刑最本质的特征，行贿数额与行贿罪的刑种选择、刑期长短和是否适用缓刑等密切相关，而且是其中最为重要的影响因素，这就构成了对前述研究“量刑结果与行贿数额之间不存在相关性”，或者“相关性不强”等基本判断的有效证伪。② 与此同时，司法实践也存在诸如“不正当利益”数额计算难，③“造成经济损失”数额评价难等问题。因为在裁判文书中，少见对“不正当利益”和“造成经济损失”等数额的说明，行贿犯罪“行为 +

---

① 参见周光权：《转型时期刑法立法的思路与方法》，载《中国社会科学》2016 年第 3 期。

② 因为前期有学者在分析量刑结果与行贿罪数额之间的相关性时，采取了将行贿数额 <1 万、1 ~ 10 万、10 ~ 20 万、20 ~ 50 万、50 ~ 100 万和 ≥100 万的简单分类，进行了与量刑结果之间的简单比对（而非相关性检验），得出的是行贿罪中的量刑结果与行贿数额之间“并不存在正相关性”和“相关性不强”的基本判断。参见张建、俞小海：《行贿犯罪的司法实践反思与优化应对》，载《中国刑事法杂志》2015 年第 3 期；刘霜、石阳媚：《行贿罪处罚的实证分析及其优化——以某省 103 个行贿罪判决为研究范本》，载《河南社会科学》2018 年第 6 期。

③ 李少平：《行贿犯罪执法困局及其对策》，载《中国法学》2015 年第 1 期。

后果”的司法评价模式有待进一步落实。其次是行贿犯罪刑罚规制能够保持与“从宽从轻”向“从严从重”刑事政策调整的相一致,行贿犯罪的最新立法和司法解释等亦能反馈于实践。虽然尚不能检验“实务界论者对行贿与受贿应当并重处罚的‘并重论’”,①但“重受贿轻行贿”的习惯性思维正渐被抛弃,表现为行贿犯罪加重处罚的转向调整。最后是行贿次数、行贿事由等规范化量刑影响因素与行贿罪刑罚规制之间的切实相关,例如司法解释所明确列举的为职务调整、司法工作和民生项目等加重处罚的行贿事由,基本能够付诸司法实践。而有无数罪、共同犯罪等非规范化量刑影响因素与行贿罪刑罚规制之间的不相关,例如有无数罪、共同犯罪并未改变行贿行为的个罪评价标准,也并未影响行贿罪的刑种选择和刑期长短等。

(二)部分量刑影响因素的功能“缺省”

部分量刑影响因素的功能“缺省”,主要是指量刑实践对行贿罪应然制度的实然规避,突出表现为行贿人数、有无自首、律师辩护等量刑影响因素与行贿罪量刑在统计学意义上的不相关性。

作为财产犯罪的行贿罪,对象人数的影响力虽然不及其在故意杀人、故意伤害等人身犯罪当中,但其也是评价行贿行为社会危害性的重要指标,而且在2014年的全国检察机关反贪部门电视电话会议中也突出强调“严肃查办行贿人数多的案件”,②那么行贿罪的刑罚规制又该如何体现行贿人数的应然影响?一方面是考虑到司法实践中向1人行贿(69.72%)和向2人行贿(16.09%)占绝大多数的实际情况,而司法解释中对“向三人以上行贿”的二分立法模式大大限缩了法官对向多人行贿的裁量空间,因此建议将“向三人以上行贿”调整为“向多人行贿”。另一方面是建议法官在裁判文书的说理中,明确被告人向1人行贿、向2人行贿或向3人行贿等的具体说明,③以期更好地引导法官自由裁量和量刑规范。

---

① 张明楷:《行贿罪的量刑》,载《现代法学》2018年第3期。

② 参见蒋小平:《重拳出击行贿　实现反腐良效》,载《检察日报》2014年5月13日。

③ 现阶段的裁判文书,仅是在犯罪事实部分列出向赵某某、钱某某或孙某某等的行贿事实,未见向几人行贿的明确列举,本项实证研究中向1人、2人、3人、4人或其他的概括,则是基于后期的数据整理。

不仅是因为量刑说理是打开量刑“黑箱”的重要方式,而且有助于加强裁判的可接受性,①更重要的则是因为裁判文书说理本身即是通过语言、措辞等体现的法官态度、认知和价值,是法官内心世界的真实记录。

自首制度并未从实质上减轻行贿犯罪的刑事处罚,司法实践存在将“主动交代行贿行为与自首相同的理解”之倾向,②而且前期的实证研究也表明了“认罪态度这一酌定情节比自首对法官的量刑影响力大”。③在可能是符合“认罪”或“主动交代行贿行为”的情形中,法官裁判未能有效评价自首,尚未形成“认罪并自首”的制度合力。④ 对于认罪和自首等刑法边界问题的模糊界定,可能会招致刑法扩张所带来的负面后果,显然是不利于惩治腐败,不利于节约司法成本,不利于提高查处腐败的效率。因此,建议从法律上细化自首制度的认定,以及明确其对刑事量刑的影响,以鼓励犯罪分子积极主动交代自己的犯罪行为,及早改正不法行为。⑤

律师辩护与行贿罪刑罚规制间的不相关,恰与前述研究中“从财产案件中可以看出有律师辩护的被告人的刑期变短,具有统计上微弱的显著性”的论断相反。⑥ 这无疑是对律师刑事辩护“无用论”的强化,但又因律师辩护与是否适用缓刑之间成立相关关系,即律师辩护确实对被告人是否适用缓刑的裁决产生积极的影响,决定了律师辩护于行贿罪刑罚规制的相对无用。在刑事律师尽职尽责“有效辩护”的图景中,考虑到中国式独立量刑程序的渐进改革,⑦以及未来可期的行贿案件律师辩护

---

① 参见熊秋红:《中国量刑改革:理论、规范与经验》,载《法学家》2011 年第 5 期。

② 参见张明楷:《行贿罪的量刑》,载《现代法学》2018 年第 3 期。

③ 参见李安:《司法过程的直觉及其偏差控制》,载《中国社会科学》2013 年第 5 期。

④ 在 578 名被告人的判决书中,“主动交代行贿行为”的共计 552 人,与选择认罪的 586 人高度重合,也囊括了其中选择自首的 191 人,而且自首与认罪双变量间的显著性水平值 $P=0.037<\alpha$ 值 0.05,有较强的相关性,导致自首制度对行贿罪量刑的实际效用被无形消解。

⑤ 参见过勇、李松锋:《贪污受贿案件刑事量刑的实证研究》,载《经济社会体制比较》2018 年第 1 期。

⑥ 参见李本森:《法律中的二八定理——基于被告人认罪案件审理的定量分析》,载《中国社会科学》2013 年第 3 期。

⑦ 参见陈瑞华:《论量刑程序的独立性——一种以量刑控制为中心的程序理论》,载《中国法学》2009 年第 1 期。

全覆盖,①应当要求从法庭审判和法官说理等方面着力,强化律师辩护与法官裁判间的实质互动,切实发挥律师辩护对行贿罪刑种、刑期等的应然效用。

(三)部分量刑影响因素的功能“溢出”

与上述部分量刑影响因素的功能“缺省”相反,功能“溢出”主要是指量刑实践对行贿罪立法的突破,突出表现为地区差异与行贿罪刑罚规制、有无数罪与是否适用缓刑等之间较强的相关性。而且在这当中,地区差异构成了影响行贿罪刑种选择和刑期长短的相对重要的影响因素,这就可能导致在不同地区的行贿罪量刑结果上呈现显性差异,造成民众强烈的量刑失衡感。

地区差异影响行贿罪量刑,实质是指在法官量刑具备相对较大自由裁量权的范畴内,对经济、文化和社会等发展不平衡的不同地区的相似行贿行为危害性的差异评价。诚然,我们承认和允许司法实践存在一定的地区差异,②但这也应当是一种保持相对统一的有限差异。面对地区差异对行贿罪量刑影响畸重的客观实际,改革的面向可参照在财产类犯罪中,实施差别化的具体数额标准和构建统一化的量刑指导意见。③例如,允许不同地区在行贿50万元至100万元、300万元至500万元区间设定司法解释相应“情节严重”和“情节特别严重”的具体标准,从而避免现行立法将100万元和500万元作为分界点而带来的较为宽泛的裁量。

作为行刑社会化基本方式之一的缓刑制度,④是以促使罪犯再社会

① 2017年11月,最高人民法院、司法部联合出台了《关于开展刑事案件律师辩护全覆盖试点工作的办法》,要求在北京、上海、浙江、安徽、河南、广东、四川、陕西等地先行试点,这对于充分发挥律师在刑事案件中的辩护职能作用意义重大。

② 在一向注重刑法精密化的德国,经历了长期追求“量刑统一”的未果失败后,也承认不同地区间的量刑差异不仅是合理的,而且还是法律和公正所追求的目标之一。参见[德]汉斯·海因里希·耶赛克、托马斯·魏根特:《德国刑法教科书》,徐久生译,中国法制出版社2001年版,第1045~1047页。

③ 参见王剑波:《我国受贿罪量刑地区差异问题实证研究》,载《中国法学》2016年第4期。

④ 参见刘守芬、丁鹏:《现代缓刑类型与中国的选择》,载《现代法学》2005年第6期。

化为目的,在法律规范内有其严苛的适用条件,而有无数罪显然不应当影响缓刑适用。但是,行贿罪量刑实践中有无数罪影响因素的功能"溢出",不仅是突破了法无禁止之规定,更是背离了有利于被告人的从宽解释之立场。透过裁判文书的客观记载,以及法官座谈的主观表达等,发现法官多倾向于将犯有数罪解释为"情节严重"或"情节恶劣",并与累犯、再犯等实质关联,进而排斥适用缓刑。这其实是突破了个罪评价的行为逻辑,有违刑法的谦抑性精神。

五、结语

诚如学者所言:"突破贪污贿赂犯罪法治实践困境的现实出路,不在于频繁制定司法解释,而在于切实提高法律适用技术",①而提高法律适用技术的关键则在于能否有效把握司法实践中的"真问题",以及问题背后的"真症结"。有鉴于此,本文坚持以问题为导向,并以社科法学研究范式为依托,既是"以实用主义的态度重视法条",又是"从后果出发而不是从法条出发"。② 从裁判文书网中的行贿罪判决出发,遵守随机、双盲、对照和试验等规范要求,展开行贿罪量刑规制的实证研究,发现在诸如行贿数额、行贿人数、行贿次数、行贿事由、律师辩护、刑事政策和地区差异等规范化或非规范化多元量刑影响因素的作用下,我国行贿罪的刑罚规制能够保持一定的司法理性。例如,计赃量刑仍是其本质特征,从严从重的刑事政策和刑事立法也切实有效,表现为刑事司法实践对行贿次数、行贿事由等的现实回应。但是,在部分量刑影响因素的功能"缺省",以及部分量刑影响因素的功能"溢出"等的法律现实之下,司法实践偏向也有待进一步的纠正。

---

① 刘宪权:《贪污贿赂犯罪最新定罪量刑标准体系化评析》,载《法学》2016 年第 5 期。

② 参见侯猛:《社科法学的传统与挑战》,载《法商研究》2014 年第 5 期。

《法律和社会科学》(2018)
第17卷第2辑，第58～84页

贿选刑事制裁的经验研究

童　策*

摘要：司法实践中贿选的刑事制裁存在受贿人极少定破坏选举罪，某些情形对贿选只定破坏选举罪违背充分评价原则，贿选量刑偏轻、未适用财产刑、极少适用剥夺政治权利等问题。这些问题的产生在宏观上受到政法体制、宽严相济刑事政策的影响，在微观上与刑法贿选规制的显性规定不足、行贿罪和受贿罪特殊的从宽事由有关。在现行法律框架内解决上述问题：一是要完善破坏选举罪的适用，它既可适用于行贿人，也可适用于受贿人；二是要强化行贿罪和受贿罪对贿选的适用，在符合相应条件的情况下，贿选受贿人可成立受贿罪，行贿人可成立行贿罪，受贿人应按受贿罪和破坏选举罪数罪并罚，行贿人则成立行贿罪与破坏选举罪的想象竞合，应从一重罪处断。

关键词：贿选　破坏选举罪　受贿罪　行贿罪

近年来，我国发生了湖南衡阳贿选案、辽宁贿选案等触目惊心的贿选案件。这些案件对人民代

---

* 中国人民大学法学院博士研究生，中国人民大学刑事法律科学研究中心研究人员。

表大会制度、对国家治理的正当性造成了巨大冲击，一定程度上消解了人民群众对国家治理公信力的信任。对于贿选的发生原因，有学者认为一方面在于我国选举制度不完备，另一方面则在于惩治贿选的规则体系不完善。① 对于如何完善选举制度，学者们提出了规范候选人提名制度、引入选举竞争机制、完善监督和罢免制度，②改变选举法的行政管理思维，采取代议法思维，设置求选人主导的选举程序等建议。③对于如何完善惩治贿选的规则体系，学者们提出了修改《刑法》第256条，加重刑罚力度，增加贿选者违法成本，惩戒参与贿选的选民等建议，④甚至有学者建议在《刑法》第256条破坏选举罪里专门增加一款规定贿选的刑事责任。⑤

贿选的治理是一个系统、复杂的工程。基于专业视角的关系，本文并不探讨如何完善选举制度，只是针对学者们提出的修改《刑法》第256条等完善贿选的刑事责任的建议提出一些浅见。对于如何完善贿选刑事制裁，首先需要了解我国司法实践中贿选的刑事制裁现状，然后分析这种现状存在什么问题，以及产生这些问题的原因，最后再对如何完善贿选刑事制裁提供解决方案。

一、贿选刑事制裁的现状

(一)贿选刑事裁判概况

截至2018年8月28日，笔者先后以“贿赂”“破坏选举”为一套关

---

① 参见钱锦宇：《选贤举能、良法之治与国家治理的现代化——治理理论视域中的贿选及其规制》，载《东方法学》2017年第1期。

② 参见王连花：《从衡阳贿选案看地方人大选举制度的改革与完善》，载《人大研究》2014年第6期。

③ 参见蒋劲松：《人大代表贿选案的代议法学反思》，载《法学》2017年第4期。

④ 参见钱锦宇：《选贤举能、良法之治与国家治理的现代化——治理理论视域中的贿选及其规制》，载《东方法学》2017年第1期。

⑤ 参见周珩：《贿选的界定及其立法完善》，载《昆明理工大学学报》(社会科学版)2008年第11期。

键词,“贿选”为一套关键词,分别在中国裁判文书网、北大法律信息网检索,共收集涉及这些关键词的案件125个,经过逐个分析,涉及贿选刑事制裁的有效刑事案例17个,具体案件名、来源以及裁判情况详见表1。①

一些案件中,对各级人大代表选举或者各级国家机关领导人员选举具有监督职责的责任人员,在收到存在贿选举报或者发现存在贿选后,不予重视、不采取有效措施及时制止贿选,致使贿选案件发生,造成恶劣社会影响的,可能成立玩忽职守罪,例如童名谦案、②辽宁省委原书记王珉玩忽职守案等,鉴于对贿选的监督过失而产生的刑事责任并不与贿选直接有关,因此本文并不探讨。

辽宁贿选案中有45名当选的全国人大代表拉票贿选,共有523名辽宁省人大代表牵涉其中。据媒体报道,2017年3月28日到30日,其中有41名拉票贿选全国人大代表被判处破坏选举罪,其中的9名被告人还涉及贪污罪、受贿罪、行贿罪等。③ 此外,判处破坏选举罪还有辽宁省人大常委会原副主任郑玉焯、辽宁省人大常委会原副主任王阳等案。由于上述案件没有公开的裁判文书予以查阅,因此不纳入本文贿选刑事裁判文书情况的分析,有关情况将在本文第二部分予以说明。

表1 贿选裁判文书情况

序号	案件名及来源	定罪	量刑
1	岑某等破坏选举案[《最高人民法院公报》1995年第4期]	破坏选举罪	岑某甲有期徒刑2年;岑某乙有期徒刑1年

① 司法实践中处理的贿选案件应该比笔者能够查到的案件多。例如媒体曾报道湖南衡阳贿选案中涉及刑事裁判的被告人达68人,除以玩忽职守罪等定罪处理的部分责任人外,涉及破坏选举罪定罪处理的人应该在表1所列举的案例7、8、9的3人以上,但是这些案件的法律文书在中国裁判文书网以及北大法律信息网中并未找到,因此也没有纳入刑事裁判文书的情况分析之中。

② 参见北京市第二中级人民法院(2014)二中刑初字第873号刑事判决书。

③ 参见李铮:《辽宁41名涉拉票贿选人员被依法惩处》,载《人民日报》2017年4月2日。

续表

序号	案件名及来源	定罪	量刑
2	张华破坏选举案［贵州省贵阳市中级人民法院刑事判决书（北大法律信息网未注明案号）］	一审破坏选举罪，二审改判无罪	—
3	钟某破坏选举案［广东省河源市中级人民法院（2001）河中刑初字第57号刑事判决书］	破坏选举罪	钟某有期徒刑2年
4	孙某等破坏选举案［浙江省台州市路桥区人民法院（2007）路刑初字第184号刑事判决书］	破坏选举罪	孙某有期徒刑9个月；朱某甲有期徒刑9个月；郝某犯判处拘役5个月；朱某乙拘役5个月；丁某有期徒刑9个月，缓刑1年
5	玉某等破坏选举案［广西壮族自治区来宾市中级人民法院（2007）来刑一终字第38号刑事判决书］	破坏选举罪	玉某有期徒刑1年；韦某甲拘役6个月，缓刑6个月；覃某剥夺政治权利1年；韦某乙剥夺政治权利1年
6	陈某甲等破坏选举案［浙江省浦江县人民法院（2013）金浦刑初字第880号刑事判决书］	破坏选举罪	陈某甲有期徒刑1年，缓刑1年6个月；陈某乙有期徒刑1年6个月，缓刑2年
7	贺某受贿、破坏选举案［湖南省岳阳市中级人民法院（2014）岳中刑二终字第76号刑事裁定书］	受贿罪、破坏选举罪	犯受贿罪，判处有期徒刑2年6个月；犯破坏选举罪，判处有期徒刑1年6个月。决定执行有期徒刑3年
8	王某破坏选举案［湖南省岳阳市中级人民法院（2014）岳中刑二终字第74号刑事裁定书］	破坏选举罪	有期徒刑3年，缓刑5年
9	周某破坏选举案［湖南省岳阳市中级人民法院（2014）岳中刑二终字第75号刑事裁定书］	破坏选举罪	有期徒刑2年3个月

续表

序号	案件名及来源	定罪	量刑
10	钱某等破坏选举案[浙江省临海市人民法院(2015)台临刑初字第 1027 号刑事判决书]	破坏选举罪	钱某有期徒刑 6 个月;金某甲有期徒刑 6 个月
11	应某等破坏选举案[浙江省台州市中级人民法院(2016)浙 10 刑终 608 号刑事裁定书]	破坏选举罪	应某免于刑事处罚;刘某免于刑事处罚
12	赵某海等破坏选举案[湖南省娄底市中级人民法院(2017)湘 13 刑终 3 号刑事裁定书]	破坏选举罪	赵某海有期徒刑 9 个月,王某某有期徒刑 9 个月,贺某仁有期徒刑 9 个月
13	陈某破坏选举案[广东省湛江市霞山区人民法院(2017)粤 0803 刑初 249 号刑事判决书]	破坏选举罪	陈某有期徒刑 9 个月
14	陈某等破坏选举案[浙江省宁波市中级人民法院(2017)浙 02 刑终 470 号刑事裁定书]	破坏选举罪	有期徒刑 6 个月
15	李某、金某破坏选举案[浙江省义乌市人民法院(2017)浙 0782 刑初 586 号刑事判决书]	破坏选举罪	李某、金某、贺某都被判处有期徒刑 6 个月,缓刑 1 年
16	王某某破坏选举案[浙江省玉环市人民法院(2017)浙 1021 刑初 658 号刑事判决书]	破坏选举罪	拘役 5 个月,缓刑 6 个月
17	叶某等破坏选举案[浙江省天台县人民法院(2017)浙 1023 刑初 50 号刑事判决书]	破坏选举罪	叶某 1 有期徒刑 1 年,叶某 2 有期徒刑 6 个月,叶某 3 拘役 5 个月

(二)贿选刑事裁判的分析

1. 贿选的发生领域和时间

从上述贿选案件来看,贿选既有发生在基层自治组织选举时的(案例2发生在村民委员会选举时),也有发生在选举各级人民代表大会代表时的(案例4、6、7、8、9、10、11、13、14、15、16、17),还有发生在选举各级国家机关领导人员时的(案例1、3、5、12)。我国《刑法》(无论是1979年《刑法》还是1997年《刑法》)对于以贿赂手段破坏村民委员会选举的行为并未规定为犯罪,因此本文讨论的贿选刑事制裁案例并不包括基层自治组织选举中的贿选。《最高人民法院公报》指导案例(案例2)曾明确这种行为无罪,案例2适用的是1979年《刑法》,1979年《刑法》第142条破坏选举罪规定的是“违反选举法的规定”,并未明确规定“在选举各级人民代表大会代表和国家机关领导人员时”。尽管如此,学界和实务界一般都认为“这里的选举是指各级人民代表的选举”。[①] 案例2一审法院曾认为张华成立破坏选举罪,判处有期徒刑1年。经被告人上诉后,二审法院认为张华在村民委员会主任换届选举期间的贿选应当按照《村民委员会组织法》的规定进行调整和处分,不属于《全国人民代表大会和地方各级人民代表大会选举法》的适用范围,不应该适用《选举法》和《刑法》的有关规定,因此改判无罪。

从定罪贿选的发生领域来看,发生在选举各级人大代表时的占75%,其中县、乡镇两级人大代表的选举(直接选举)的占56.25%(案例4、6、10、11、13、14、15、16、17),设区的市级以上人大代表的选举(间接选举)的占18.75%,且实际上是一个窝案,即湖南衡阳贿选案(案例7、8、9),发生在选举各级国家机关领导人员时的贿选占25%,且都为县级以下国家机关的领导人员(案例1、5、12为乡镇长的选举,案例3为县长的选举)。可见,我国定罪处理的贿选多发生在各级人大代表的选举中,且以直接选举中较多,定罪的贿选发生在选举国家机关领导人员时较少,即使发生也主要发生在县或乡一级。

① 高铭暄:《中华人民共和国刑法的孕育诞生和发展完善》,北京大学出版社2012年版,第120页。

2. 贿选的行为主体、对象及方式

成立犯罪的贿选的行为主体是一般主体,对身份并没有特殊要求。从实践来看,以人大代表或者国家机关领导人员候选人为主,兼有候选人亲友等,与候选人无关的他人也有可能成为贿选的行为主体,例如案例5玉某等破坏选举案中,玉某等人并不是乡长候选人,他们贿选的目的是让人大代表选本地人莫某当乡长,而莫某本人对此并不知情。此外,由于共同犯罪的原因,因贿选成立犯罪受到处罚的行为人更加广泛,并没有特殊限制。

贿选的行为对象,在县、乡两级人大代表选举过程中,贿选的对象一般是选民和选举工作人员,在设区的市级以上人大代表的选举、各级国家机关领导人员选举中,贿选的对象一般是各级人大代表以及相应的选举工作人员。此外,贿选的对象还有可能是人大代表或者国家机关领导人员候选人,例如案例6、10、15,都涉及一方人大代表候选人贿选另一方人大代表候选人,让其退出竞争的贿选方式。

贿选的行为方式既有金钱贿赂的方式,也有以请吃喝、送礼物等其他财物贿赂方式。案例1、3、4、7、8、9、10、11、13、15、17涉及金钱贿赂,案例5、6、12、14、16涉及宴请吃饭、送礼物的方式。贿赂的数额大小不一,既有几十万、上百万的大数额,也有50元、100元等小数额贿赂。

3. 贿选的定罪

对贿选行贿人定的都是破坏选举罪,并无对贿选行贿人定其他罪的案例。对贿选受贿人,也有以破坏选举罪定罪的案例,例如案例6陈某甲、案例10金某甲、案例15金某(均为收受财物退出竞争的候选人)、案例7贺某(贺某为选举机构工作人员),但是并没有判处接受财物的(受贿的)选民或人大代表破坏选举罪的案例。其中案例7,贺某是国家机关工作人员,其还收受他人财物,并以选举机构工作人员身份帮助他人贿选的实施,贺某不仅有破坏选举的行为,而且还有收受他人财物的行为,其实施了数个犯罪行为,因此贺某不仅成立受贿罪,而且成立破坏选举罪,法院对其进行了数罪并罚。

4.贿选的量刑

定罪处理的16个贿选案例共涉及被告人33人,判处有期徒刑的为24人,比例为73%;判处拘役的为5人,比例为15%;独立适用剥夺政治权利的为2人,比例为6%;定罪但免予刑事处罚为2人,比例为6%。判处缓刑的有9人,在判处拘役和有期徒刑的被告人中,缓刑适用率为31%。根据上述量刑情况,可见对被告人不予关押的(包括缓刑、单处剥夺政治权利、免予刑事处罚)有13人,比例为39%。综上可见,对于贿选的犯罪人的量刑整体较为轻缓,缓刑适用率较高。

从适用的量刑情节来看,适用从轻处罚情节的有37人/次,其中法定量刑情节从犯的有9人,自首的有7人,坦白的有4人,适用酌定量刑情节"认罪态度好"或"自愿认罪"的有17人。适用从重处罚量刑情节的只有2人,案例1岑某等破坏选举案中的岑某甲是主犯(根据1979年《刑法》第23条,主犯应当从重处罚,但是1997年《刑法》并无主犯从重处罚规定),案例4孙某等破坏选举案中的朱某甲是累犯。案例5玉某等破坏选举案,玉某曾在一审因认罪态度较差,法院认为应从重处罚,但是二审法院认为量刑过重,予以改判。由此可见,贿选案件对被告人适用从轻处罚量刑情节的比例非常高。

二、现状存在的问题

除了上述能够公开查阅的贿选刑事裁判文书,新华社、人民日报等权威媒体对影响巨大的辽宁贿选案的有关裁判亦有报道,尽管没有公开的裁判文书,但下面论述有关问题时也会将相关情况列入。通过对贿选刑事裁判结果的分析,本文认为现阶段贿选的刑事裁判存在如下问题:

(一)贿选受贿人极少按破坏选举罪处理

上述贿选案件绝大部分都是对贿选行贿人以破坏选举罪定罪处理,对贿选受贿人按破坏选举罪定罪的案例非常少,即使有,基本上也是收受财物退出竞争的人大代表候选人(案例6、10、15)和选举机构工作人员(案例7贺某),并没有对受贿的选民和人大代表按破坏选举罪处理的案例。

例如,湖南衡阳贿选案中有56名当选的省级人大代表存在拉票送钱贿选行为,涉案金额多达1.1亿多元,有518名市人大代表和68名选举工作人员收受财物,但是总共只有69人受到了刑事制裁,[①]从查阅到的案例(案例7、8、9)和公开报道中来看,并无受贿的人大代表以破坏选举罪处理,“大多数收受红包的人大代表,尽管收受金额总计可能高达20万元,但清退红包后只受纪律处分,而免于追究刑责”。[②] 又如,辽宁贿选案中按破坏选举罪处理的都是当选全国人大代表的拉票贿选人员(行贿人),[③]同样没有受贿的省级人大代表以破坏选举罪处理的案例。

(二)某些情形下对贿选行贿人、受贿人只定破坏选举罪,违背充分评价原则

在选举各级人大代表或国家机关领导人员时,若贿选对象是国家工作人员,行贿人贿选是为了谋取选举中的竞争优势,而这个优势属于不正当利益,此时行贿人、受贿人不仅涉嫌成立破坏选举罪,行贿人还涉嫌成立行贿罪,接受贿赂的国家工作人员则涉嫌成立受贿罪。但是,从公开的刑事裁判文书和媒体报道来看,对贿选行贿人、受贿人都是只定破坏选举罪,对贿选并没有以行贿罪、受贿罪进行处理的案例。例如,辽宁省人大常委会原副主任郑玉焯受贿、破坏选举案中,郑玉焯以向省人大常委会有关领导送手机等贿赂方式破坏选举的行为只定了破坏选举罪,并没有以行贿罪对贿选行为进行处理,其受贿罪处理的行为是为实施贿选,利用职权向他人索要手机的行为,与单纯贿选行为的处理并不相关。[④]

---

① 参见郭焕庆、陈文广、丁文杰:《湖南衡阳破坏选举案一审宣判》,载《检察日报》2014年8月19日。

② 张卓明:《民主机制完善之道:湖南衡阳人大贿选案的启示》,载《中国法律评论》2015年第1期。

③ 参见李铮:《辽宁41名涉拉票贿选人员被依法惩处》,载《人民日报》2017年4月2日。

④ 参见:《郑玉焯破坏选举、受贿案一审宣判》,载《中国纪检监察报》2017年5月9日。

行贿罪和受贿罪的保护法益是国家工作人员职务行为的不可收买性,破坏选举罪的保护法益是公民的选举权和被选举权,在贿选对象是国家工作人员时,对贿选行贿人、受贿人只定破坏选举罪,没有评价贿选对国家工作人员职务行为不可收买性的侵害。贿选表面上只是破坏选举秩序,侵犯公民选举权和被选举权,实质上还侵害了国家公权力的不可收买性,"破坏选举罪本身并不能充分体现贿选的危害本质①"。如果一个构成要件无法把所有不法构成要件要素完全包含,此时必须再适用其他构成要件来评价,否则就违背了充分评价原则。②

(三)贿选社会危害性严重,量刑却普遍较轻

人民代表大会制度是我国根本的政治制度,公民依法行使选举权和被选举权是人民当家作主的重要形式。保障选民和代表自由、充分、民主地行使选举权和被选举权,不受他人的干涉和支配,是保障人民当家作主的基本要求。贿选造成候选人机会不平等,违反选举的平等原则,事实上剥夺了公民选举权和被选举权,干涉了我国民主政治生活的法则,增加公民对公权力的不信任,使选举变成了"金钱游戏",导致更多腐败滋生。③ 贿选社会危害性非常严重,它是对我国根本政治制度(人民代表大会制度)的严重破坏,是对我国民主政治的严重挑战。

尽管贿选社会危害性严重,但是从表1可看出,司法实践对贿选行贿人、受贿人的量刑最高也只有3年有期徒刑。例如,对构成"三大挑战"的湖南衡阳贿选案的行贿人(案例8、9),在行贿金额达200多万元,在全国造成恶劣影响时,行贿人的刑罚也没有超过3年有期徒刑。又如,辽宁贿选案中的省人大常委会原副主任郑玉焯涉及向76名省级人大代表拉票贿选,虽然其最终决定执行有期徒刑3年6个月,但是贿选行为的刑罚也只有2年有期徒刑,3年6个月是其破坏选举罪和受贿罪两罪并罚的结果。贿选的违法成本太低,而贿选所带来的收益很高,正

---

① 王春燕:《贿选罪名之分析》,载《行政与法》2007年第4期。

② 参见游伟、谢锡美:《双重评价禁止与充分评价原则剖析:关于刑法中牵连犯处断的思考》,载《法律适用》2007年第11期。

③ 参见许志永:《贿选的危害及其法律规制》,载《北京邮电大学学报》(社会科学版)2004年第1期。

是贿选泛滥的一个重要原因,正如诺贝尔经济学奖获得者加里·S.贝克尔所言:"如果一个人违法的预期收益大于他花时间和资源在其他活动上的收益,那么这个人就会从事违法犯罪行为。因此,一些人成为'罪犯'不是因为他们的基本动机和他人不同,而是因为他们的利益和成本的不同①。"

(四)贿选实质为权钱交易,但是却并未适用财产刑

贿选行贿人用金钱或其他财物的方式购买选票,受贿人接受贿赂,出卖自己的选票。"贿选是一种简单的经济交换,候选者购买选票、选民出卖选票,就像他们买卖苹果、鞋子或电视机一样②"。尽管贿选的实质是权钱交易,但是司法实践中对贿选的行贿人、受贿人的量刑并无判处财产刑的案例。

一般来说,对破坏选举行为的刑事制裁中,贿选的量刑会有财产刑的规定,而对其他破坏选举的行为则不规定财产刑。例如,我国台湾地区《刑法》第六章"妨害投票罪",第143条受贿投票罪、第144条行贿投票罪有"得并科罚金"的规定,而第142条妨害自由投票罪、第145条诱惑投票罪、第146条妨害投票结果正确罪等则没有罚金刑。我国《刑法》将贿选与暴力、威胁、欺骗、伪造选举文件、虚报选举票数等手段规定在同一法条中,没有注意到贿选与财产利益的关联性,从而没有财产刑的规定。

(五)贿选侵犯公民选举权和被选举权,但是却极少适用剥夺政治权利

贿选的实质是以财物换取选民或人大代表选票的权钱交易,这毫无疑问地侵犯了公民的选举权和被选举权。但是,从贿选案件裁判情况来看,定罪的33个被告人适用剥夺政治权利的只有2人(比例为6%),且为独立适用,并无附加适用的案例。

由于独立适用剥夺政治权利是对于罪行较轻、不需要判处主刑的行

① Gary S. Becker, Crime and Punishment: An Economic Approach, *Journal of Political Economy*, Vol. 76, No. 2, 1968, pp. 169 – 217.

② Frederic Charles Schaffer, Andreas Schedler, "What is Vote Buying?" in Frederic Charles Schaffer (ed.), *Elections for Sale: The Causes and Consequences of Vote Buying*, Lynne Rienner Publishers, 2007, p. 17.

为人,而对于罪行较重的贿选人,因为没有附加剥夺政治权利却有可能在刑罚执行期间或者执行完毕之后的很短期间内再次成为选举权人和被选举权人,这就造成了剥夺政治权利适用上的矛盾,违反罪责刑相适应原则,不利于实现预防犯罪的目的。1997 年《刑法》对破坏选举罪增加独立适用剥夺政治权利的刑罚,本身是考虑到破坏选举罪侵犯的是公民选举权和被选举权,旨在通过增加剥夺政治权利实现刑法预防犯罪的目的。①

三、贿选刑事制裁问题的原因分析

我国司法实践中贿选刑事裁判出现的上述问题,在宏观上,受到现行政法体制下党组织对贿选案处理的结果和宽严相济刑事政策的影响,在微观上,刑法规制贿选的显性规定不足和受贿罪、行贿罪特殊的从宽事由等,对上述问题的产生也有重要的影响。

(一)受到现行政法体制下党组织对贿选案处理的影响

中国特色的社会主义法治道路要求把党的领导落实到依法治国的全过程,政法体制就是党领导依法治国的重要工作机制,“在条块关系方面,形成了以块块管理为主的同级党委领导体制。在党内的央地关系方面,形成了党内分级归口管理和实现中央集中统一领导的体制②”。人民代表大会制度是我国的根本政治制度,贿选案件发生后,各级党委必然高度重视,极有可能对贿选案件的处理作出重要的指示,这些指示必然会对贿选案件的刑事处理带来一定的影响。当然,这绝不是意味着党要干涉各级政法机关的工作,习近平总书记特别强调:“我们有些事情要提交党委把握,但这种把握不是私情插手,不是包庇性的插手,而是一种

① 参见高铭暄:《中华人民共和国刑法的孕育诞生和发展完善》,北京大学出版社 2012 年版,第 479 页。

② 侯猛:《当代中国政法体制的形成及意义》,载《法学研究》2016 年第 6 期。

政治性的、程序性的、职责性的把握[①]”。“各级党组织和领导干部要支持政法系统各单位依照宪法法律独立负责、协调一致开展工作[②]”。

例如,对于辽宁贿选案,中共中央2016年8月28日印发《中共中央关于辽宁拉票贿选案查处情况及其教训警示的通报》,这个通报对于后续处理辽宁贿选案具有纲领性的作用。虽然中央的通报和指示具有原则性,不会干预具体的案件,但是对司法机关如何运用宽严相济刑事政策,在法律范围内如何有效地处理贿选案件具有指导意义。2016年9月13日,第十二届全国人大常委会临时召开第二十三次会议,确定贿选产生的45名全国人大代表当选无效。2016年9月17日,辽宁省十二届人大七次会议筹备组发布公告,涉案的523名省人大代表,有452名省人大代表辞去代表职务,加上之前辞职的1名代表和被罢免的1名代表,共有454名省人大代表资格终止,其他涉案代表此前或已辞职,或已调离,代表资格已经终止。2017年3月28日到30日,41名靠贿选当选的原人大代表被判处破坏选举罪,其中,高某等9名被告人还被判处贪污罪、受贿罪、行贿罪等。[③] 辽宁贿选案中受贿的523名省人大代表,代表资格都已终止,并受到相应的党纪政纪处分,但并没有按照破坏选举罪进行处理。这些处理结果无疑是贯彻党中央查处辽宁拉票贿选案指示的结果。

(二)宽严相济刑事政策的宏观影响

宽严相济刑事政策是我国的基本刑事政策,最初提出时具有司法刑事政策的属性,尔后逐渐完成了向基本刑事政策的转变,成为贯穿立法、司法、执行全过程的刑事政策。[④] 宽严相济要求根据犯罪具体情况,区

---

① 习近平:《在省部级主要领导干部学习贯彻党的十八届四中全会精神全面推进依法治国专题研讨班上的讲话》,载中共中央文献研究室编:《习近平关于全面依法治国论述摘编》,中央文献出版社2015年版,第37页。

② 习近平:《促进社会公平正义,保障人民安居乐业》,载《习近平谈治国理政》,外文出版社2014年版,第148页。

③ 参见李铮:《辽宁41名涉拉票贿选人员被依法惩处》,载《人民日报》2017年4月2日。

④ 参见孙万怀:《宽严相济刑事政策应回归为司法政策》,载《法学研究》2014年第4期。

别对待,既要考虑行为的法益侵害性,也要考虑行为人的主观恶性,该宽则宽,该严则严,打击和孤立极少数,教育和挽救大多数,注重法律效果和社会效果的统一,从而最大限度地减少社会对立面,促进社会和谐稳定。最高人民法院《关于贯彻宽严相济刑事政策的若干意见》指出,对被告人认罪、悔罪,对其从宽处罚会更有利于社会和谐稳定的,依法可以从宽处理。

贿选案的行贿人要达到成功当选的目的,必然会向众多的选民或人大代表行贿,这就造成行贿人的行贿数额较大、贿选人数较多,容易造成较大影响,从而容易达到构成破坏选举罪的起点。而受贿选民或人大代表收受的礼物、现金等财物一般数额较小,法益侵害较小,如案例 3 中 12 名人大代表平分 6000 元,案例 17 中贿选选民的是 100 元一张选票等,不能达到破坏选举罪的入罪标准。同时,受贿选民或人大代表多是被动收受财物,对收受贿赂投票行为的社会危害性认识不足,主观恶性相对较小。贿选案发生后,他们对收受财物投票的行为一般都会表示忏悔,并上交收受的财物,具有对其从宽处理的基础,因此贿选受贿人极少按照破坏选举罪进行处理。这是宽严相济刑事政策“宽”的表现。另一方面,不按照破坏选举罪处理,根据贿选的性质、情节,仍然可以根据《治安管理处罚法》第 23 条“破坏依法进行的选举秩序的”的规定,对贿选参与者进行治安管理处罚,对参与贿选的党员干部和国家工作人员,还要进行相应的党纪和政务处分。这些体现了对拉票贿选行为的“零容忍”,是“严”的体现,这样既能整肃纪律、防止贿选再度发生,又能教育各方,尤其是民众,体现法律面前人人平等和我国依法治国的决心。

受贿人人数众多的贿选案件中,除了贿选受贿人行为法益侵害较小、主观恶性不大,具有忏悔、退赃等行为外,“法不责众”的传统理念也会对影响对贿选受贿人的处理结果。例如,衡阳贿选案中出席人大会议的 527 名人大代表中有 518 名人大代表收受贿赂,此外还有 68 名选举工作人员受贿,除了极少数选举工作人员(如案例 7)判处破坏选举罪和受贿罪,极少有人处以刑事制裁。衡阳贿选案中的与会人大代表不接受贿赂似乎反倒成了异类,在多数人越轨的情况下,行为人个人实施越轨行为会受到群体心理效应和从众心理的影响,“有时偏离群体的巨大代价会使人违心地附和群体,或至少压抑自己的反对性意见①”。当这种不合法或者犯罪行为被发现后,行为人常常会以“但每个人都那样做”(But everyone does that)为由进行抗辩。② 但是,“法不责众”理念是对行为规范的一种损害,这种理念导致民众对规范应当遵守的社会态度被引入歧途,损害法治的威信。③ 这种理念的存在也是导致贿选经常产生的原因,“近年,在查处一系列破坏选举案之初,不少送钱的代表候选人和收钱的人大代表都不以为然,认为大家都送、都拿,最多就是接受批评教育④”。可见,对待贿选,必须坚持零容忍,绝不姑息,不能因为人数众多就法外开恩,否则对贿选的制裁将形同虚设。

(三)刑法规制贿选的显性规定不足

我国《刑法》明确规制贿选行为的显性规定是《刑法》第256条关于破坏选举罪的规定,其中对手段行为的描述包括“贿赂”手段。由于刑法中只有这一条明确规定了贿选,所以我国学界和实务界普遍认为对贿选行为只能适用破坏选举罪进行惩治,“我国目前对于贿选的惩治,在《刑法》之中只有第256条对其作出了规定⑤”。并且,学界普遍认为破坏选举罪只处罚贿选行贿人,不处罚受贿人。⑥ 这就导致司法实践中几乎没有贿选受贿人被判处破坏选举罪。

此外,根据第256条规定,破坏选举罪的刑罚为“三年以下有期徒刑、拘役或者剥夺政治权利”,可见,破坏选举罪的法定最高刑为3年有期徒刑,不能判处财产刑,也不能附加适用剥夺政治权利,只能独立适用,因为破坏选举罪既不属于危害国家安全罪和死刑、无期徒刑罪犯应

---

① [美]迈尔斯:《社会心理学》,侯玉波等译,人民邮电出版社2016年版,第212页。

② See Douglas Husak, *The Philosophy of Criminal Law: Selected Essays*, New York, Oxford University Press, 2010, p. 338.

③ 参见王立峰、潘博:《“法不责众”的博弈心理与法治对策》,载《国家检察官学院学报》2016年第3期。

④ 丁爱萍:《坚决查处辽宁拉票贿选案的警示意义》,载《人大建设》2016年第10期。

⑤ 钱锦宇:《选贤举能、良法之治与国家治理的现代化——治理理论视域中的贿选及其规制》,载《东方法学》2017年第1期。

⑥ 参见王春燕:《贿选罪名之分析》,载《行政与法》2007年第4期。

当附加剥夺政治权利的情形,也不满足可以附加刑故意杀人、强奸、放火、爆炸、抢劫等严重破坏社会秩序犯罪的要求(司法实践中多以3年以上有期徒刑作为可以附加刑的基本刑期要求)。据此,当贿选具有严重的社会危害性时,像衡阳贿选案、辽宁贿选案,对贿选的制裁,刑罚也不能超过3年有期徒刑,也不能判处财产刑,还不能附加剥夺政治权利。

(四)行贿罪、受贿罪特殊的从宽事由

在宽严相济刑事政策的宏观影响下,行贿罪、受贿罪具有的特殊从宽事由为贿选行贿人、受贿人只定破坏选举罪,而不适用行贿罪、受贿罪的处理方式找到了规范依据。就行贿罪而言,成立行贿罪不仅要求"谋取不正当利益",《刑法》第389条第3款还规定了特殊的出罪事由:"因被勒索给予国家工作人员以财物,没有获得不正当利益的,不是行贿。"此外,《刑法》第390条第2款还有特殊的从宽处罚条款。① 正是由于这些特殊的从宽处罚条款,大多数行贿人得以免除追究行贿罪的刑事责任。根据《关于办理行贿刑事案件具体应用法律若干问题的解释》第13条规定,《刑法》第390条第2款"被追诉前"是指检察机关对行贿人的行贿行为立案前。贿选案件往往先由纪检监察机关进行调查,只要行贿人此时主动交代行贿事实,行贿人往往就有被免除行贿罪处罚的可能,"上述从宽处罚条款在实践中往往被作为不追究刑事责任的依据,而不仅是减轻或免除处罚的依据②"。在贿选案曝光后,贿选案行贿人为了获得责任的减轻,往往在纪检监察机关调查时主动交代行贿行为,这就给司法机关适用《刑法》第390条第2款减轻或者免除行贿人的行贿罪处罚提供了空间。

就受贿罪而言,刑法中虽然没有特殊的法定从宽事由,但是《关于办理受贿刑事案件适用法律若干问题的意见》(以下简称《受贿意见》)第9条第1款有规定:"国家工作人员收受请托人财物后及时退还或者上

① 《刑法》第390条第2款规定:行贿人在被追诉前主动交代行贿行为的,可以从轻或者减轻处罚。其中,犯罪较轻的,对侦破重大案件起关键作用的,或者有重大立功表现的,可以减轻或者免除处罚。《刑法修正案(九)》之前该款规定为:行贿人在被追诉前主动交代行贿行为的,可以减轻处罚或者免除处罚。

② 李少平:《行贿犯罪执法困局及其对策》,载《中国法学》2015年第1期。

交的,不是受贿"。正是由于这条规定的存在,贿选案中受贿的人大代表在收受财物后及时退还或者上交,就能够不以受贿罪论处。这也为贿选当时没意识到自己收受了行贿人财物,或者拒绝收受财物但未成功的受贿人大代表纠正自身错误的机会。这条规定的存在还有可能导致司法机关对已经构成受贿罪的受贿人,在及时退还或上交收受的财物后不以受贿罪论处。有学者就指出,司法解释的上述规定也适用于收受财物时就有受贿故意,行为已经构成受贿罪的情形。司法解释如此规定是以非犯罪化处置来鼓励受贿人及时改正错误,也是宽严相济刑事政策的具体体现。① 这种观点就给贿选受贿人不处以受贿罪提供了可以操作的空间,但是这种观点并不合理,下文会具体分析。

四、法教义学视角下贿选刑事制裁的出路

尽管造成贿选刑事制裁问题的原因在宏观上受到政法体制和宽严相济刑事政策的影响,但是这些影响无法逾越宪法和法律规定的界限。无论是党组织对贿选案的指示还是宽严相济的刑事政策都是要求司法机关在宪法和法律规定范围内严格执法、公正司法。那么,在现行法律框架范围内,上述问题是否可以避免?贿选刑事制裁的解决之道何在?

(一)完善破坏选举罪的适用

如前文所述,实践中未见以破坏选举罪处理贿选中受贿的选民和人大代表的案例,理论上也认为不能对受贿的选民和人大代表按照破坏选举罪定罪处理。这种观点和做法的蔓延,放纵了贿选中受贿的选民和人大代表,不利于预防贿选的发生。其实这是对我国《刑法》破坏选举罪的误解,根据我国《刑法》规定和相关理论,贿选中受贿的选民或者人大代表,也能够成立破坏选举罪。

一方面,从条文用语来看,破坏选举罪中使用的是"贿赂"一词,并

---

① 参见李建明:《收受他人财物后退还或者上交对受贿罪构成的影响》,载《人民检察》2007年第16期。

没有像行贿罪那样使用"给予财物"的表述,而"贿赂"包括行贿和受贿双方,对于受贿的选民或者人大代表而言,也属于以贿赂手段破坏选举。另一方面,贿赂犯罪属于对向犯,对向犯可分为三种情形:一是双方罪名和法定刑相同,如代替考试罪;二是双方罪名与法定刑都不同,如行贿罪与受贿罪;三是片面的对向犯(只处罚一方的对向犯),如贩卖淫秽物品牟利罪。[①] "贿赂"型的破坏选举罪属于双方罪名和法定刑相同的对向犯,而不是像行贿罪与受贿罪那样罪名和法定刑不同的对向犯,在行贿方成立破坏选举罪的情况下,受贿方若无违法和责任阻却事由,也应成立破坏选举罪。此外,司法实践中贿选受贿的选举机构工作人员和退出竞争的代表候选人可成立破坏选举罪,而受贿的选民和人大代表却不成立破坏选举罪,既没有刑法上的依据,又违背刑法面前人人平等原则。当然,受贿的选民和人大代表要成立破坏选举罪必须达到值得刑罚处罚的程度,具体的立案标准还有待司法解释予以明确,只有这样才能对受贿的选民和人大代表的行为进行更好的规制。

(二)强化行贿罪和受贿罪的适用

虽然《刑法》只有第256条对贿选有显性规定,但是《刑法》的其他规范也能规制贿选。贿选是选举中的贿赂行为,也是一种贿赂行为,当贿选对象是国家工作人员时,行贿罪和受贿罪也能规制贿选。"行为人使用贿买手段破坏选举的,可能会同时触犯行贿罪"。[②] 当贿选符合贿赂犯罪构罪标准时,行贿人成立行贿罪,受贿人成立受贿罪,这既可解决没有充分评价和量刑偏轻的问题,又可解决不能适用财产刑和不能附加适用剥夺政治权利的问题。其一,在行贿对象具有国家工作人员身份时,若认定成立行贿罪和受贿罪,既实现了对国家工作人员职务行为不可收买性的评价,又由于行贿罪、受贿罪具有几档量刑幅度,量刑最高可为无期徒刑或死刑,从而可以根据贿选行贿行为和受贿行为的违法和责任程度判处相应刑罚,实现罪责刑相适应,解决量刑偏轻问题。其二,对于贿选不能适用财产刑和不能附加适用剥夺政治权利的问题,行贿罪、

① 参见张明楷:《刑法学》,法律出版社2016年版,第386页。

② 阮齐林:《中国刑法各罪论》,中国政法大学出版社2016年版,第245页。

受贿罪的补位,使财产刑(行贿和受贿罪有罚金刑)和附加剥夺政治权利(行贿罪、受贿罪可判处3年以上有期徒刑,满足了可以附加剥夺政治权利"严重破坏社会秩序的犯罪"要求)成为可能,从而更好地实现对贿选犯罪的报应和预防。

行贿罪和受贿罪能够规制贿选行为,但是并不是所有的贿选行为都成立行贿罪和受贿罪。贿选行为是否成立行贿罪和受贿罪,关键在于判断贿选是否属于"谋取不正当利益"、①行贿对象是否属于"国家工作人员"以及贿赂的数额和情节。

1. 贿选属于"谋取不正当利益"

其一,人大代表或国家机关领导人员的选举旨在通过选举产生能够真正代表人民的代表,行为人通过贿选,让其不确定的得票权得以确定,让本应优胜劣汰的选举变成"价高者得",侵犯了其他候选人的被选举权,违反选举法的平等原则和选举的公平性。其二,人大代表和国家机关领导人员的选举属于组织人事管理活动。人大代表是我国人民代表大会的组成部分,人民代表大会具有选举和罢免国家机关领导人员等职权,在我国政治生活中发挥重要作用,其选举带有明显的组织性。其三,行为人谋取在选举中的竞选优势属于"谋取竞争优势"。竞选优势,是指在选举中优先于其他候选代表人或者其他国家机关领导人员候选人的当选机会。竞选优势本身并不是不正当利益,由于候选代表人在学识水平、工作能力、工作业绩等方面的不同,候选代表人之间存在一定的优、劣势是正常的。在选举中,符合规则的"优胜劣汰"的竞选有利于选出能够代表选民利益、为选民服务的人大代表。但是,通过不正当的手段去获得竞选优势,则使竞选优势变得不再正当。

2. 贿选行贿对象的身份认定

贿选行贿对象的国家工作人员身份直接决定了贿选能否成立行贿罪和受贿罪,而国家工作人员身份的核心内容是"依照法律从事公务"。

① 根据2012年《关于办理行贿刑事案件具体应用法律若干问题的解释》第12条第2款,违背公平、公正原则,在经济、组织人事管理等活动中,谋取竞争优势的,应当认定为"谋取不正当利益"。

贿选的对象主要包括选民(县级以下人大代表的直接选举)、人大代表(县级以上各级人大代表的间接选举和国家机关领导人员的选举)、选举机构工作人员和人大代表或国家机关领导人员候选人4种。

当贿选的对象是选民时,选民行使选举权是行使宪法和法律赋予公民的基本权利,并不是从事公务的活动,因此选民不属于国家工作人员。

当贿选的对象是人大代表时,人大代表是我国国家权力机关的组成人员,其本身虽不是人大工作人员,但其享有宪法和法律规定的出席人大会议,参与审议议题,发表意见,提出议案、质询案、罢免案,参加人大选举,参加人大表决等权利。人大代表依法执行代表职务,就是在依法从事公务活动。因此,人大代表在依法执行代表职务时属于"依照法律从事公务的人员"。2003年最高人民法院《全国法院审理经济犯罪案件工作座谈会纪要》(以下简称《纪要》)第1条第3款规定,依法履行职责的各级人民代表大会代表属于"其他依照法律从事公务的人员"。

当贿选的对象为选举机构的工作人员时,其认定为国家工作人员身份的依据依照选举类型(直接选举或间接选举)的不同而有所不同。在间接选举中,人大常委会主持本级人大代表的选举,选举机构工作人员是在人大常委会中从事公务的人员,因此选举机构工作人员属于国家机关工作人员并无问题。直接选举中,设立选举委员会主持本级人大代表的选举,选举委员会既不是权力机关,也不是行政机关、监察机关、司法机关和军事机关,其组成人员由人大常委会任命,并履行划分选区、分配名额、选民登记、主持选举、确定选举结果是否有效等一系列职责。选举委员会属于受国家权力机关(人大常委会)委托代表国家行使职权的组织。根据《纪要》第1条第1款,在受国家机关委托代表国家行使职权的组织中从事公务的人员视为国家机关工作人员。

当贿选的对象为人大代表或国家机关领导人员候选人时,虽然候选人可能具有国家工作人员身份,但是这种贿选中,候选人受贿并没有利用国家工作人员的职务便利,而是利用了候选人这种竞争身份,其国家工作人员职务与收受财物之间不存在对价关系,受贿人的职务行为与行贿人利益之间也缺乏制约关系,[1]因此,这种贿选并没有侵犯贿赂犯罪的法益(职务行为的不可收买性)。

3. 贿赂的数额和情节

行贿罪和受贿罪属于对向犯,但是两者具体成立犯罪的标准并不完全对向。例如,被勒索给予财物,没有获得不正当利益的,不成立行贿罪,但是国家工作人员索取贿赂的行为成立受贿罪。又如,行贿人谋取正当利益而给予国家工作人员财物的,不是行贿,但是相应国家工作人员接受的行为则成立受贿罪。

贿选中行贿人具有谋取不正当利益的主观意思,其给予人大代表或者选举机构工作人员财物的行为,达到入罪情节的,应成立行贿罪。贿选人大代表或选举机构工作人员,获得更高级别的人大代表身份或者国家机关领导人员职务,属于通过行贿谋取职务提拔、调整的情形,根据《关于办理贪污贿赂刑事案件适用法律若干问题的解释》(以下简称《贪污贿赂解释》)第7条,行贿数额在1万元以上就能成立行贿罪。因此,贿选行贿人的行贿数额在1万元以上的即可追究行贿罪的刑事责任。

对贿选受贿的人大代表或者选举机构工作人员而言,其利用选举人大代表或者国家机关领导人员时所享有的职务便利,索取他人财物,或者非法收受他人财物,为他人牟取选举中的不正当利益,达到入罪情节的,应成立受贿罪。根据《贪污贿赂解释》第1条第3款,受贿数额在1万元以上不满3万元,但具有为他人谋取职务提拔、调整的,成立受贿罪。因此,贿选受贿的人大代表或者选举机构工作人员受贿数额在1万元以上的即可追究受贿罪的刑事责任。

4. 关于行贿罪、受贿罪特殊从宽事由的适用

《刑法》第390条第2款规定的行贿罪特殊从宽事由,需要谨慎、严格依法适用。行贿人只是在被追诉前单纯主动交代行贿行为的,只是可以从轻或减轻处罚,不能免除处罚。要免除处罚,还需要同时满足“犯罪

① 参见孙国祥:《受贿罪“利用职务上的便利”新论》,载《法学论坛》2011年第6期。

较轻”和“对侦破案件起关键作用或者有重大立功表现”两个条件。根据《贪污贿赂解释》第14条,“犯罪较轻”是指根据行贿犯罪的事实和情节,可能被判处3年有期徒刑以下刑罚;而根据《贪污贿赂解释》第8条,行贿数额在50万元以上不满100万元,并且通过行贿谋取职务提拔、调整的,就属于行贿罪的“情节严重”,处5年以上10年以下有期徒刑。由此可见,贿选案行贿人要符合行贿罪免除处罚的条件,行贿数额不能超过50万元,而案例8、9中的贿选行贿人行贿数额多达200万元,明显不符合行贿罪免除处罚的条件。根据《刑事诉讼法》第173条规定,行贿人符合行贿罪免除刑罚条件的,人民检察院可以作出不起诉决定。这也就是说,贿选行贿人虽然构成行贿罪,但在符合免除刑罚条件时,可以经检察院酌定不起诉不进入审判程序,不追究行贿罪的刑事责任。但是,根据《刑事诉讼法》第174条,不起诉决定应当公开宣布。也就是说,贿选行贿人即使免除刑罚,也应该公开宣布对其不起诉决定。

《受贿意见》第9条第1款指的是行为人客观上收受了他人财物,但是没有受贿故意的情形,而不是指行为人有受贿故意但基于刑事政策而不以受贿罪论处。在实践中主要表现为:第一,行为人明确拒绝,但他人强行留下财物,行为人事后及时退还或上交;第二,行为人内心拒绝,但基于一些原因当时不方便拒绝或者不能作出拒绝的意思表示,行为人事后及时退还或上交;第三,在行为人不知情的情况下,他人暗中将财物置于行为人能够支配的场所,行为人发现后及时退还或上交。[①]《受贿意见》是司法解释,不能脱离刑法的规定去理解司法解释,也就是说对《受贿意见》第9条第1款的理解要以刑法关于受贿罪的犯罪构成为指导,在犯罪构成的范围内理解该条款,而不能认为行为人符合犯罪构成却基于刑事政策的理由予以出罪。国家工作人员客观上收受了他人财物,只有没有受贿故意的“及时退还或者上交”才能适用《受贿意见》第9条第1款。如果行为人主观上有受贿故意,在已经符合受贿罪的情况下,事后退还或上交并不影响受贿罪的认定,只能作为受贿罪的量刑情节予以

① 参见张明楷:《受贿罪中收受财物后及时退交的问题分析》,载《法学》2012年第4期。

考虑。

(三)贿选犯罪的竞合

贿选受贿人除了收受他人财物的行为外,还会实施(或者许诺实施)为他人谋取利益的行为,例如投票给行贿人(受贿人是人大代表时)、帮助实施贿选(受贿人是选举机构工作人员时)。由于受贿人收受财物和为他人谋取利益的行为是两个行为,如果追究受贿的人大代表或者选举机构工作人员刑事责任,一般会将破坏选举罪和受贿罪数罪并罚,例如案例7对贺某(选举机构工作人员)就是以受贿罪和破坏选举罪进行数罪并罚。虽然实践中并未出现以受贿罪处罚贿选中受贿人大代表的案例,但是在受贿人大代表符合受贿罪的犯罪构成时,应当予以追究刑事责任,上文已详细阐述。

当行贿人向人大代表或者选举机构工作人员贿选,行贿人既成立破坏选举罪又成立行贿罪时应如何处理,则存在不同观点:(1)数罪并罚说。贿选在构成破坏选举罪的同时亦构成行贿罪的,应当对破坏选举罪和行贿罪实行数罪并罚。原因有二:一是两罪侵犯的客体并不相同;二是《行贿案件解释》第6条规定,行贿人谋取不正当利益的行为构成犯罪的,应当与行贿犯罪实行数罪并罚。[①] (2)牵连犯说。实施破坏选举行为中,其手段可能又触犯其他罪名,例如贿赂行为可能构成行贿罪,因而同本罪形成牵连关系,应当从一重罪论处。[②] (3)法条竞合犯说。“用贿赂手段破坏选举,同时又触犯行贿罪条款,但鉴于破坏选举罪中包含有贿赂的方式,通常可理解为法条竞合犯,适用较为特殊专门的条款定罪处罚,即只需要以破坏选举罪一罪处罚,不需要数罪并罚[③]”。“行贿的行为在此属于破坏选举行为的组成部分,所以不需要另定行贿罪实行数罪并罚[④]”。(4)想象竞合犯说。“为破坏选举而故意杀害、伤害选民或者选举工作人员的,砸毁选举现场设备的,为收买选民而使用贿赂手段

① 参见王芳:《破坏选举罪中“贿选”若干法律问题探讨》,载《中国刑事法杂志》2014年第6期。

② 参见陈兴良主编:《刑法学》,复旦大学出版社2016年版,第258~259页。

③ 阮齐林、康瑛编著:《刑法案例研习教程》,高等教育出版社2005年版,第93页。

④ 阮齐林:《中国刑法各罪论》,中国政法大学出版社2016年版,第245页。

的，属于想象竞合犯，应从一重罪处断。”①本文认为，当行贿人的贿选既成立破坏选举罪，又成立行贿罪的，属于想象竞合犯，应当从一重罪论处。

首先，行为单复数的判断是区分上述不同观点的起点，“行为个数是单数或复数的判断，是整个刑法竞合论的起始点，也是竞合论的第一重心所在②”。贿选行贿人给予人大代表或选举机构工作人员财物的行为（行贿行为）和以贿赂手段破坏选举的行为，从犯罪构成的角度来看虽然分属两个不同的犯罪构成，但是从自然意义上看，只是一个贿选行为。此时，这个贿选既是行贿行为，又是破坏选举行为，两者完全重合。由于牵连犯要求手段行为或结果行为，与目的行为或原因行为触犯不同的罪名，其成立的基础是行为复数，行为标志是数个异质事实行为，③而行贿人的贿选实质是一个行为，缺乏牵连犯成立的基础。因此，牵连犯说不具有合理性。

由于行贿人贿选的实质是一个行为，对其数罪并罚会导致对同一行为进行重复评价，违背竞合论的宗旨。在贿选行贿行为成立行贿罪和破坏选举罪时，两罪在贿赂的手段、数额等方面相同，倘若分别量刑，必然造成对这些影响两罪不法程度的量刑情节进行重复评价。至于《行贿案件解释》第6条，指的是行贿人实施了两个行为的数罪并罚，即一个行贿行为，一个为谋取不正当利益的行为，此时行贿人的行为是行为复数，而不是行为单数，这与贿选行贿的行为单数是完全不同的。因此，数罪并罚说也不具有合理性。

其次，确定行贿人的贿选属于行为单数后，法条竞合还是想象竞合的判断成为关键。法条竞合和想象竞合的区分，学界有很大的争议和分歧，形成了形式区分法（法条关系说）、实质区分法（法益同一性说，又有学者称为全部评价说）、综合区分法、不必区分说等多种观点。④ 本文不

---

① 周光权：《刑法各论》，中国人民大学出版社2016年版，第76页。

② 林钰雄：《新刑法总则》，台北，台湾元照出版有限公司2014年版，第579页。

③ 参见张小虎：《论牵连犯的典型界标》，载《中国刑事法杂志》2013年第5期。

④ 参见张小虎：《想象竞合犯的理论探究》，载《法律科学》2005年第4期；王彦强：《犯罪竞合中的法益同一性判断》，载《法学家》2016年第2期；张明楷：《法条竞合与想象竞合的区分》，载《法学研究》2016年第1期；陈洪兵：《不必严格区分法条竞合与想象竞合——大竞合论之提倡》，载《清华法学》2012年第1期。

详细探讨法条竞合和想象竞合如何进行区分,仅就破坏选举罪和行贿罪两者的关系进行说明。

法条竞合说认为行贿罪和破坏选举罪是法条竞合中的特别关系,两者竞合时应按破坏选举罪定罪量刑。法条竞合只有一个法益侵害结果,是单纯一罪,只适用其中一个法条。① 但是,破坏选举罪的法益为选民或人大代表的选举权和被选举权,行贿罪的法益为国家工作人员职务行为的不可收买性,两者的法益并不同一。当贿选同时构成破坏选举罪和行贿罪时,如果认为是法条竞合并只适用破坏选举罪的规定,就不可能充分、全面评价贿选对国家工作人员职务行为不可收买性的侵害。

既然法条竞合说存在疑问,将其认定为想象竞合,是否就能做到全面评价?想象竞合的处罚虽然和法条竞合一样只是从一重罪处断,但是想象竞合具有明示功能,即法官在刑事判决书中应当将被告人所犯各罪一一列出,从而方便被告人和一般人从判决书中知道行为触犯的犯罪数量,从而得知成立犯罪的行为形态。② 想象竞合犯的这种明示功能"使在判决中对行为人侵害法益的行为进行全面的概括成为可能,无需因行为的不同刑法规定科处数个刑罚③"。

因此,当行贿人向人大代表或者选举机构工作人员贿选,达到入罪要求的,行贿人成立破坏选举罪和行贿罪的想象竞合,应从一重处断。因此,其最终的处理结果是在判决书中写明行贿人成立破坏选举罪和行贿罪,对行贿人以行贿罪来判处罪名,并以行贿罪的法定刑为基础来确定刑罚,同时对行为人的量刑不低于破坏选举罪的法定最低刑,这是想象竞合中轻法封锁效应的体现。④

---

① 参见[日]山口厚:《刑法总论》,付立庆译,中国人民大学出版社2011年版,第368页。

② 参见林山田:《刑法通论》(下册),北京大学出版社2012年版,第195页。

③ [德]汉斯·海因里希·耶赛克、托马斯·魏根特:《德国刑法教科书》,徐久生译,中国法制出版社2017年版,第979页。

④ 参见丁慧敏:《想象竞合的功能及其存在根据》,载《现代法学》2013年第3期。

五、结　语

面对不断发生的贿选案件，司法上合理、公正地问责是处理贿选案件的第一要务。只有合理、公正地处理贿选中的行贿人、受贿人，做到罪责刑相适应，才能真正发挥刑罚的威慑功能，进而达到预防贿选再次发生的目的。通过对贿选刑事制裁的现状、问题和原因的分析，在现行法律框架范围内，本文认为对贿选的刑事制裁可以按照以下思路进行。

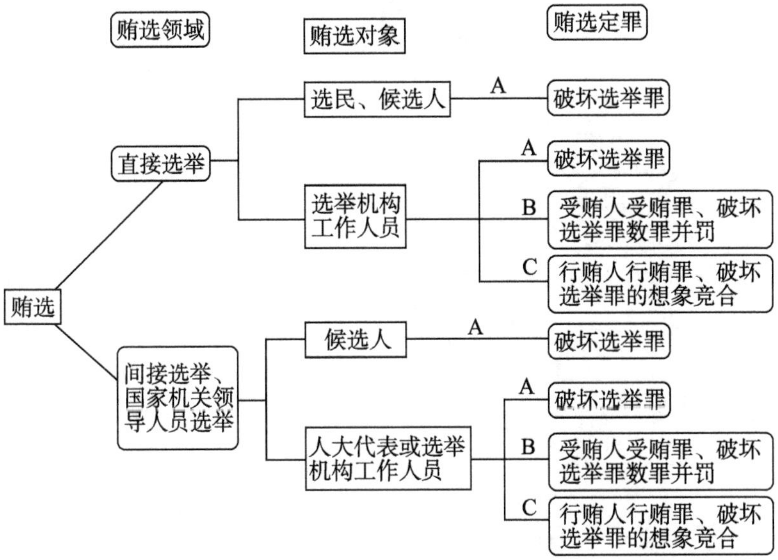

图1　贿选的刑事制裁

图1说明：A是指贿选破坏选举，达到情节严重的情形；B是指受贿人受贿金额在1万元以上；C是指行贿人行贿金额在1万元以上。

上述贿选刑事制裁解决思路的获得，得益于对司法实践中贿选刑事制裁现状的考察，得益于对贿选刑事制裁问题的原因分析。在法教义学眼里，法律不是被嘲笑的对象，“对刑法教义学者而言，现行刑法就是

《圣经》[①]”。然而,法律解释本身并不总是客观、中立的,它会随着解释的目的和条件发生变化。社科法学探讨法律的“外部”问题,提供一个反思解决方案的契机,而法教义学在“内部”通过解释寻求一个合理的解决方案。[②] 这应该就是社科法学和法教义学良性互动的一个体现。

① 冯军:《刑法教义学的立场和方法》,载《中外法学》2014年第1期。

② 参见陈柏峰:《社科法学及其功用》,载《法商研究》2014年第5期。

《法律和社会科学》(2018)
第17卷第2辑,第85~113页

阶层判断与实际判决的比较
——以“交通肇事逃逸致人死亡”为例

梁译如*

摘要:刑法阶层理论能将各种要素整合成具有逻辑相关性的基本范畴,并确立出逻辑顺序,分阶层构建体系,有助于法官严格论证一个行为构罪与否,能够助益于司法判决的公正。但在实务中,法官对阶层论的接受度还很低,其判决结果与阶层理论的体系性分析得到的定罪量刑结果差异很大。以交通肇事案件为例,当阶层判断行为人是一般交通肇事或无罪时,有66%的该类案件其真实量刑结果偏重,平均比交通肇事的最高法定刑高1.79年;当阶层判断行为人成立逃逸或逃逸致死时,70%该类案件的实际量刑结果偏轻,平均比交通肇事逃逸(致死)的法定最低刑低3.5年。此结果可能是司法裁量任意性的表现,但法官之所以能偏离立法的规制进行裁量,是因为现有法律论证方式不具备体系性,能够容忍法官缺乏内在逻辑性的无序推理,容忍其机械式和形式化地套用司法解释。总之,无

* 清华大学法学院博士研究生。

序的法律论证过程会助长法官裁量的任意性,与其他因素共同导致司法不公正。阶层体系提供的形式性框架既能限制法官对一般交通肇事者的处罚,又能对抗法官对“逃逸致人死亡”条款的虚置,有利于经由充分的论证与合理的解释,促进立法目的的实现。

关键词:刑法阶层理论　交通肇事逃逸　任意裁量　司法公正

一、问题的提出

在现代刑法教义学中,各种应受刑事惩罚的举止行为,都表现为一种符合行为构成的、违法的、有责的,并且可能需要满足其他刑事可罚性要件的行为。因此,上述基本范畴就为原先互不关联的法律材料提供了意义重大的整理标准。学术性和体系性的工作,包括具体确定各类范畴的条件以及明确它们之间的关系,这个工作也努力将具体犯罪范畴加以系统化,并根据这些范畴的内在联系,把大量正当化依据加以分类,或根据统一的基准点,对排除罪责的根据进行考察——罗克辛教授认为这种“体系性判断”的优点在于:(1)减少审查案件的难度,(2)是平等和有区别地适用法律的条件,(3)简化法律,有更好的操作性,(4)能够深化法学理论。① 车浩教授指出,目前在德、日等大陆法系国家普遍采用的阶层理论,将各种要素整合成具有逻辑相关性的基本范畴,并确立出逻辑始项、基项和终项,按照一定的顺序和阶层去构建体系,在认定犯罪时具有步骤性和历时性的特点。在这种阶层体系内部,构成要件阶层、违法性阶层与责任阶层之间,形成了明确的位阶关系,后一个阶层以前一个阶层的认定为前提条件,“第二步永远不能先于第一步”,因而可以称为一种“位阶体系”。② 陈兴良教授认为,“这种阶层性主要表现为以事实与价值为基础的形式与实质之间的位

---

① 参见[德]克劳斯·罗克辛:《德国刑法学总论》(第1卷),王世洲译,法律出版社2005年版,第118、第127页。

② 参见车浩:《阶层犯罪论的中国命运》,载《中国法律评论》2017年第6期。

阶关系和以客观与主观为基础的不法与责任之间的位阶关系。只有坚持刑法阶层理论,才能正确地解决司法实践中的疑难案件”。[①]

而传统的四要件理论在体系化程度方面,与阶层理论存在较大距离。陈兴良教授指出,“犯罪客体、犯罪客观方面、犯罪主体、犯罪主观方面”四个要件之间不存在位阶关系,客观方面和主观方面互相决定,是一种“耦合式的关系”,三阶层则是与四要件逻辑差异显著的“递进式的逻辑关系”。[②] 耦合式的关系相比于递进式的逻辑过程,显然不易于法官操作,会滋生逻辑上的混乱和裁量的恣意。笔者认同这一观点:刑法阶层理论的运用能够帮助法官更加有效地评价一个行为构成犯罪与否,指导其司法实践,助益于司法判决的公正性。然而在实务中,法官对阶层理论的接受度还很低,其判决结果与阶层理论分析得到的定罪量刑结果会有差异,但这个差异有多大以及主要体现在哪些方面,并未被主张阶层理论的研究者深入讨论过。实务中非阶层理论(主要是四要素理论)指导下的判决结果与阶层思路推导出的结果相比,可能会有哪些缺失?是否会因其“缺乏内在逻辑关系和明显的逻辑层次”而造成判决的不公正?这些问题都需要在对个案或样本进行实证研究后给出答案。

2000年以来,在裁判文书网[③]公布的全部264,134个交通肇事罪案件中,检索“逃逸”会输出4844个案件,“致人死亡”554个,“逃逸致人死亡”140个。本文以“交通肇事逃逸致人死亡”为例,是因为此类案件的复杂性及其在判决中的模糊性。其复杂性在于,交通肇事是过失犯罪,逃逸是不作为犯罪,交通肇事逃逸是加重犯还是结合犯存在理论争议,逃逸致人死亡则是这一结合犯或加重犯的结果加重形式。“致人死亡”作为一种法定刑升格条件,在本文中是作为控制变量的,也就是说我们研究的所有样本,虽然其最后的判决结果无论

---

① 陈兴良:《刑法阶层理论:三阶层与四要件的对比性考察》,载《清华法学》2017年第5期。

② 同上。

③ http://wenshu.court.gov.cn,最后访问日期:2018年4月30日。

从定罪还是量刑上来看都不尽相同,但每个样本的实害结果其实一样,均是"一人以上死亡",这一事实是客观明确的。与此同时,每个案件中行为人的基本行为也一样,都"违反交规"(负事故主要责任)、"肇事"和"逃跑"——其中"违反交规""负事故主要责任"是由公安交警部门认定的,其归责标准与刑法并不相同,但由于直接采用交通部门的认定结果已成为司法实务中的惯常做法,因此本文姑且承认140个行为人都违反了交规,"逃跑"也是客观发生过的基本事实,只是其构成刑法上的"逃逸"与否还有待进一步判断。由此本文把基本行为视为常量,即假定140个案件中行为人均"违反交规肇事"且"逃跑"。

在当下司法实务中,交通肇事逃逸致人死亡类案件的判决结果表现出明显的不确定性特征:对"裁判结果"进行检索,"逃逸致人死亡"的案件只出现13个,检索"交通肇事逃逸"的结果是30个,而在"全文内容"中检索"交通肇事逃逸致人死亡"所出现的全部140个案件,在定罪层面均存在争议,行为人的行为究竟应该如何定性,实际上各方争执不下,出现了如下多种情况:

(1)检院的起诉理由与法院的判决不一致,如以"逃逸致人死亡"为由起诉,法院认定可能为"交通肇事"、"交通肇事逃逸"或者"逃逸致人死亡"。少数案件中,检方控告"故意杀人",但法院认定为"逃逸致人死亡";(2)二审法院改判一审判决,将"逃逸致人死亡"改为"交通肇事";(3)辩护人在被告人不符合交通肇事罪构成要件的情况下作无罪辩护,法院判决为其为"交通肇事逃逸"甚至"逃逸致人死亡"。因此,选择这140个案件相当于选择了全部264,134个交通肇事类案中最为疑难的那部分。由于案由几乎都是"交通肇事"(只有2个故意杀人和其他),判决结果也多半是"交通肇事罪",也就是说即便法院认定被告人的行为是逃逸致人死亡,其判决结果可能仍写"交通肇事罪",亦即将逃逸致人死亡视为交通肇事罪的加重结果,在量刑上体现出来,而不在定罪上做明确界定。这在一定程度上反映了以往研究者指出的问题,即“逃逸致人死亡条款的虚置化”。[①]

二、研究盲区:“罪因—罪行—刑罚适用”

当实害结果和构成行为均不变,定罪量刑结果是随哪些因素的变化而变化的?对此问题的回答首先很容易被局限为“量刑情节”,白建军教授以数据库中交通肇事罪全部共147,229个案件为样本,考察包括“逃逸情节”在内的“量刑因素”对因变量“刑期”的影响发现:绝大多数法定情节对实际刑期的影响都满足统计显著性要求,但各个情节的作用有所不同。其中,行为人是否逃逸的影响力最大,标准回归系数高达0.627,其次还有法定致死人数0.372,致伤人数0.132,被害过错-0.109,涉案损失0.028,醉驾0.064,毒驾0.014,无证驾驶0.042,驾驶无牌号车辆0.007,报废车辆0.011,超载0.014,累犯0.023,自首-0.107。该研究还发现,运行多元线性回归方程来观察全部法定量刑情节对有期徒刑刑期的影响,回归确定系数R^2为0.305,即法定量刑情节只能解释大约30%的有期徒刑长短变化。只保留2014年和2015年两年的92,390个样本,回归确定系数由0.305提高到0.511,量刑情节能解释大约51%的有期徒刑长短变化。在此基础上控制样本离散性程度,可以将量刑确定性由51.1%进一步提高到73.4%。[②]

笔者对此有不同看法,最高人民法院《关于常见犯罪的量刑指导意见》(2017年4月1日实施)对于交通肇事罪规定:(1)构成交通肇事罪的,可以根据下列不同情形在相应的幅度内确定量刑起点:①致人重伤、死亡或者使公私财产遭受重大损失的,可以在二年以下有期徒刑、

① 参见陈洪兵:《“因逃逸致人死亡”条款虚置化的原因及其克服》,载《法学》2018年第2期。

② 参见白建军:《基于法官集体经验的量刑预测研究》,载《法学研究》2016年第6期。

拘役幅度内确定量刑起点。②交通运输肇事后逃逸或者有其他特别恶劣情节的,可以在三年至五年有期徒刑幅度内确定量刑起点。③因逃逸致一人死亡的,可以在七年至十年有期徒刑幅度内确定量刑起点。(2)在量刑起点的基础上,可以根据事故责任、致人重伤、死亡的人数或者财产损失的数额以及逃逸等其他影响犯罪构成的犯罪事实增加刑罚量,确定基准刑。据此而言,白建军教授提炼的变量没有问题,但问题是这些变量大多数不仅是量刑情节,而且是定罪要素,因此仅从量刑角度考察分析是不够的。

最高人民法院《关于审理交通肇事刑事案件具体应用法律若干问题的解释》(后文简称《司法解释》)规定:

“第二条　交通肇事具有下列情形之一的,处三年以下有期徒刑或者拘役:(一)死亡一人或者重伤三人以上,负事故全部或者主要责任的;(二)死亡三人以上,负事故同等责任的;(三)造成公共财产或者他人财产直接损失,负事故全部或者主要责任,无能力赔偿数额在三十万元以上的。

“交通肇事致一人以上重伤,负事故全部或者主要责任,并具有下列情形之一的,以交通肇事罪定罪处罚:(一)酒后、吸食毒品后驾驶机动车辆的;(二)无驾驶资格驾驶机动车辆的;(三)明知是安全装置不全或者安全机件失灵的机动车辆而驾驶的;(四)明知是无牌证或者已报废的机动车辆而驾驶的;(五)严重超载驾驶的;(六)为逃避法律追究逃离事故现场的。”

“第三条　交通运输肇事后逃逸,是指行为人具有本解释第二条第一款和第二款第(一)至(五)项规定的情形之一,在发生交通事故后,为逃避法律追究而逃跑的行为。

“第五条　‘因逃逸致人死亡’,是指行为人在交通肇事后为逃避法律追究而逃跑,致使被害人因得不到救助而死亡的情形。”

可见,以“重伤人数+违规情节(如醉驾)”为例,二者的结合影响的首先不是量刑轻重,而是能否构罪。其中,五种违反交规的情况是行为要件,伤亡人数和涉案金额是结果要件,责任类型和被害人过错是因果关系要件,也属于责任阶层,以上正是基本的犯罪构成要件。就逃逸行为而言,即便不将其看作独立的罪行,它也至少是交通肇事的加重犯的构成要件,而非单纯的量刑情节。

总之,量刑情节对现实的司法裁判固然影响巨大,但量刑的决定性因素和基础是定罪。实证研究注重考察影响司法裁量的量刑情节因素、法外因素、社会因素,具体到交通肇事案件,《司法解释》第二条规定,“交通肇事具有下列情形之一的,处三年以下有期徒刑或者拘役……造成公共财产或者他人财产直接损失,负事故全部或者主要责任,无能力赔偿数额在三十万元以上的”,由此可以看出上述因素的重要性。但是,就定罪而言,即便法官的裁量有任意性,也必须在犯罪构成要件要素内说理。换言之,在同一罪名之下,量刑的从轻或从重显然很大程度上取决于上述原因。但同样的行为和结果,现实中为什么会被判定为不同的罪名?经历阶层化、体系化判断的罪名往往能够具有较唯一的确定性,而四要件理论在逻辑上的无序则会宽容法官的恣意——如果说司法判决可能会结果先行,即法官先根据法外因素得出结论,再策略性地援引法条,那么其法律说理必然无法自洽——只有当逻辑不自洽、说理不严密的论证方式被普遍接纳时,法官的裁量才会恣意。由此可见,法官任意裁量的空间往往就在于其论证说理的不严密被普遍接受。法外因素孤掌难鸣,只有被允许的说理漏洞与之配合时,才能共同导致司法裁量的任意性。以上判断是本文的基本问题意识。

基于此笔者认为,对情节要素甚至法外因素的实证研究固然重要,对法教义学的逻辑体系的关注更加不可或缺,最重要的是对二者进行综合考察。如白建军教授所言,对犯罪之社会归因的研究一般被视为犯罪学研究,“这类研究已有许多成熟理论”,而“刑法学对刑罚适用的研究更是宏大精深”,然而刑法学与犯罪学“两家一向缺少对话,基于自由选择和个人责任假定,刑法研究一般不会过多纠缠犯罪的社会原因,同理基于自身的学科定位,犯罪学也不会越权研究刑罚的适用问题。这样一来,罪因—罪行—刑罚适用的关系便成为研究上的一个盲区”。[1] 白建军教授指出的也正是法外因素实证研究与规范法学研究之间的互不对话问题,而这一实证研究与法教义学之间缺乏沟通对话的宏观判断,正是笔者研究的重要起点,呈现司法中实然与应然之间的差异是本文的基本思路。对于应然的规范应该是什么,虽然教义学内部没有绝对统一的标准,但似乎不能因此而放弃选择某种确定的体系或立场作为研究的依据;而对于实然是什么,统计数据显然不能呈现其全貌,但能在很大程度上说明问题,因此也不能由于数据的局限性而放弃量化表达。总之,对实然和应然进行比较,应该是沟通教义学和实证研究的重要方式,法学研究者或可借此发现实然和应然各自的问题与局限。

回到本文的具体问题,同样的交通肇事逃跑行为、同样的致人死亡结果,为什么会被定为不同的罪名呢?笔者认为,量刑情节一般也只能在法定最低刑和最高刑之内影响量刑轻重,定罪则取决于法官的逻辑推理。法官的逻辑推理会受到实质和形式两方面的影响,实质方面受法外因素干扰,形式方面则受制于法条、司法解释和法教义学,刑法的阶层体系能够很好地制约法官裁量的任意性,同时增强解释论证的合理性,四要素理论则不能。

三、阶层体系构建、统计模型搭建及理论依据阐释

本文旨在研究非阶层论指导下的真实判决结果与阶层逻辑推导出的理论判决结果之间的差异,判决结果在刑法中表现为罪名和刑量,后者以真实判处的刑期来计量,前者按照法定刑从低到高排序分别为:交通肇事(3年以下),交通肇事+逃逸(3~7年),逃逸致人死亡(7年以上),故意杀人(10年以上),四类罪名分别标记为1、2、3、4。(依据:《刑法》第133条的规定:违反交通运输管理法规,因而发生重大事故,

---

① 参见白建军:《从中国犯罪率数据看罪因、罪行与刑罚的关系》,载《中国社会科学》2010年第2期。

致人重伤、死亡或者使公私财产遭受重大损失的,处三年以下有期徒刑或者拘役;交通运输肇事后逃逸或者有其他特别恶劣情节的,处三年以上七年以下有期徒刑;因逃逸致人死亡的,处七年以上有期徒刑。)

后文我们将会对每一个个案的实际量刑结果和理论定罪结果进行比较。应然的量刑结果在此不深究,因为量刑结果因时因地因情节轻重而变,难以给出确定的应然结果,并且阶层体系规制的主要是定罪结果,量刑不在其考察范围内;实际的定罪结果也不作重点观测,原因如上一节末尾所讲,法官在裁判文书中往往不对罪名做清晰的界定,文书中给出的罪名几乎都是泛泛的"交通肇事罪",其意义不及法官实际判处的刑期重要。换言之,本文中的实际定罪结果表现为实际判处的刑期,而非判决书中的一个笼统的说法。

需要说明的是,"理论定罪结果"是根据阶层理论对每一个案件的构成要件进行层层判断之后得出的结论。但即便是在阶层理论框架内部,学者也会因观点的差异(如行为无价值和结果无价值之争、法益保护论与规范保护论之争、实质解释与形式解释之争)而作出迥异的判断,因此为了使本文推导的"理论结果"尽可能客观地符合阶层理论的价值内核并且接受不同理论学派的检视,笔者会在数据呈现部分把每个案件的构成要件要素及关键事实都简单描述出来,读者可在实际案例样本中逐一检视。下面我们首先要讨论如何建构一个关于交通肇事逃逸致人死亡案件的三阶层犯罪模型:

(一)构成要件该当性

三阶层理论中的"构成要件该当性"是指符合刑法对于可罚行为的描述,交通肇事罪的构成要件即刑法描述的可罚行为有:第一,行为人违反交通运输管理法规,对事故负有责任。第二,交通肇事造成三种后果(《司法解释》第2条第1款:(1)死亡一人或者重伤三人以上,负事故全部或者主要责任的;(2)死亡三人以上,负事故同等责任的;(3)造成公共财产或者他人财产直接损失,负事故全部或者主要责任,无能力赔偿数额在三十万元以上的)。第三,在发生交通事故后,为逃避法律追究而逃跑。

本研究中的各个样本都满足上述三个要件(实务中对前两个条件的判定普遍以交通管理部门的认定为准,这是有待解决的问题,但本文权且以交通部门的认定为准),在满足此三点的基础上,进一步考察行为人违反交规的行为(如超速行驶)和被害人死亡的结果之间是否具有刑法意义上的因果关系,以及考察逃逸行为和被害人死亡之间是否具有因果关系——前者是判断交通肇事罪成立的要素,后者则是为了判断逃逸是否成立,二者是两个必须独立开来、逐一判断的问题,一旦混为一谈,会使逻辑过程边界不清、判决结果模棱两可——笔者认为这种逻辑层次上的区分与明晰,正是阶层理论和体系性思考的应有之义。

1. 行为

本研究所涉问题的复杂性在于肇事者的逃逸行为,肇事行为与逃逸行为之间的关系历来为学者所争论。张明楷教授认为,“因逃逸致人死亡”以逃逸前的行为已经构成交通肇事罪为前提。“行为人超速驾驶致一人重伤后逃逸,伤者未得到救治而死亡的,不能适用‘因逃逸致人死亡’的规定,只能认定为一般的交通肇事罪(处3年以下有期徒刑或拘役)①”。此种判断的依据首先是逃跑作为交通肇事罪成立的构成要件已经被评价过一次,不能重复评价为加重刑。为什么逃逸需作为此案中交通肇事罪的成立要件被评价呢?上述观点的逻辑是,因为逃逸时没有死亡结果发生,因此当时(没逃跑时)还不构成交通肇事罪,是逃跑行为让交通肇事罪成立了,但如果没有逃跑行为,交通肇事罪不成立,那么“逃逸”作为一种加重刑就无从谈起,因为“逃逸要以交通肇事罪成立为前提”(张明楷教授观点)。这一论断很可能会使“逃逸致人死亡”的立法目的落空,因为人没死时逃跑成不了“逃逸”。人死了再逃跑才能成立逃逸,但此种情况下,逃逸不再可能导致死亡结果,因此不会存在“逃逸致人死亡”,除非出现这种情况:交通肇事致多人死亡、重伤,行为人逃跑,因为逃跑时已经有被害人甲死亡,所以行为人构成交通肇事逃逸,逃逸后受重伤的乙由于没得到救助而死亡,此时

① 张明楷:《刑法学》,法律出版社2017年版,第723页。

行为人对乙成立“逃逸致人死亡”罪。这种情况恐怕并不常见,逃逸致人死亡条款的立法目的恐怕并非只为处理这类情况。因此“逃逸要以交通肇事罪成立为前提”的论断,或许是我们在数据中初步看到的“逃逸致人死亡条款虚置化”现象之所以存在的根源。可见实务的做法与部分学者的理论冲突时,会与另一些学者的吻合,但前文也已指出,即便是在阶层理论框架内部,学者也会因具体观点的差异而持有不同理论意见,因此本文尽量全面呈现数据并接受不同学者的检视。同时,本文不探讨具体理论的对错,只在某些理论争议会影响到阶层模型的建构时才对哪一种观点更加符合阶层理论和体系性思维模式进行判断和选择,从而将其采纳为本文的理论依据。对于逃逸成立的时间节点的判断,就是影响对交通肇事逃逸致死类案件的、完整的体系性建构的关键问题,所以在此要明确选择某些观点而拒绝另一些。

劳东燕教授就逃逸与交通肇事两种行为的关系指出四点:第一,逃逸行为无法为交通肇事罪的基本构成要件所包容,行为人违反交规致人死亡,一旦事故酿成,行为就已经定性,不会因逃逸与否而改变;第二,逃逸不能成立交通肇事罪的结果加重犯,因为在加重犯的场合下加重结果必须是由同一个犯罪行为所致,但逃逸与肇事是两个不同的行为,前者是行为人另起犯意实施的故意不救助被害人的行为;第三,二者之间并非转化关系,因为二者性质不同,前行为无法被后行为的构成所包容,因此对二者必须独立评价;第四,逃逸不是肇事的加重情节,二者之间是数罪的关系。① 就逃逸作为独立犯罪行为的性质而言,劳东燕教授指出,从救助伤者的规范保护目的出发,逃逸的核心问题是“不救助”——肇事后行为人因其先行行为而产生作为义务,其对陷入危险的被害人不予救助的行为就成立一种义务犯、危险犯,以存在生命健康法益的损害为前提,如果肇事者逃逸前被害人就已死亡,其便不构成逃逸。

综上所述,按照张明楷教授的观点,肇事后、逃逸前被害人没有死

① 参见劳东燕:《交通肇事逃逸的相关问题研究》,载《法学》2013 年第 6 期。

亡的场合,行为人不构成交通肇事罪,从而也不构成逃逸。这使在被害人需要救助的场合,行为人却无须承担救助被害人的义务。劳东燕教授的观点则是,肇事后逃逸前被害人就死亡的场合,行为人只构成交通肇事罪,不构成逃逸。原因在于被害人已经不需要救助,不存在需要保护的法益。本文采纳劳东燕教授“行为人因其先行行为而产生作为义务,其对陷入危险的被害人不予救助的行为成立一种义务犯、危险犯,即成立逃逸”的观点,认为行为人逃逸后,在被害人由于重伤不治而死亡的场合,行为人构成逃逸致人死亡,且认为这一判断是符合体系性逻辑和阶层理论的。原因是,从阶层论的视角来看,构成“交通肇事逃逸”或“逃逸致人死亡”的前提是“交通肇事”,而不是“交通肇事罪”已经成立,阶层体系中,每一步判断的依据都是具体的行为而非某一罪名成立,因为整个阶层体系的特点在于,只有对行为进行了逐层判断,到达最后一层时,才能在罪与非罪之间给行为定性。在此之前,哪怕一个行为是不法的,也不能成立某罪(还须考察有责性)。所以对逃逸(致死)的判决也应如此,其最终成立不必要求行为人已经成立交通肇事罪,因为“交通肇事”才是逃逸(致死)的构成要件,法律并没有规定逃逸(致死)的构成要件中有“成立交通肇事罪”(依据《司法解释》第2条、第3条、第5条)。

将逃逸的前提条件界定为构成交通肇事罪而不仅是交通肇事行为,会不会偏离体系性思考?对司法解释的适用会不会有失偏颇,未从实质层面考虑处罚逃逸所要保护的法益是受重伤后处于危险境地亟须救助的生命?《司法解释》确实规定,认定逃逸需要具备死亡一人或者重伤三人以上、造成公共财产或者他人财产直接损失且无能力赔偿数额在三十万元以上或者五种严重违反交规的情节。但是,《司法解释》并未要求在行为人肇事后、逃逸前就必须出现上述后果。换言之,如若最终没有严重后果发生,仍以逃逸的罪名苛责于行为人显然不妥,但如若最终确实发生了死亡结果,且与行为人肇事逃逸有因果关系,只是逃逸时此结果还未发生,那么认定逃逸何以非要以逃逸当时已致人死亡为前提,而不顾及最终的法益侵害结果?因此在阶层论和体系性逻辑下，判定行为人“逃逸”似乎不应以被害人已死亡（行为人已构成交通肇事罪）为前提。相反，由于加重处罚逃逸行为的目的是更好地救助被害人，所以判定行为人“逃逸”反而应以被害人还未死亡为前提，否则，如果被害人已死，就不存在救助的可能性，行为人也就无须承担避免死亡结果发生的义务，也就不成立逃逸致人死亡这一罪名。

当然需要说明的是，警惕对逃逸作重复评价是万分必要的，前文已提及司法实务中存在法官直接采纳交警部门责任认定的普遍做法，使得不论肇事者是否违反交规（有时无证可查），都要对事故负责，这无疑扩大了入罪范围。于是实务中法官往往乐于根据《司法解释》第2条第1款，把逃逸作为交通肇事罪的构成要件，因此逃逸致人死亡就不能被重复评价，从而也加剧了逃逸致人死亡条款的虚置化问题。实务中的这一处理方式看似是法官善意的自由裁量或说实践理性，实际上却可能导致不公正的结果——例如两个致人死亡的交通肇事者甲、乙，甲逃逸，乙未逃逸，交警部门认定二人均违反交规且负事故主要责任，法官发现二人是否违反交规的事实以及违反交规与被害人死亡之间的因果关系均无法认定。此时，法官根据甲逃逸的事实将其判为交通肇事罪，不认定逃逸，对乙，法官根据交警部门的认定，同样判定其构成交通肇事罪——是否公平？

因此本文认为，将逃逸的认定独立于交通肇事罪来评价是符合体系逻辑且不违背立法初衷的，并且也不违背司法解释。实务中以司法解释为由，虚置“逃逸致死”条款，实际上与体系性思考不足有关。当按照阶层逻辑，将肇事与逃逸、逃逸致死独立开来、逐级评判时，诸多纠缠不清的问题就能迎刃而解。

2. 故意过失

交通肇事是过失犯罪，而逃逸是故意的不作为，但行为人对逃逸致死的结果往往不一定持有故意心态，三者有明显的区别，因此对“交通肇事逃逸致死”类案件的主观构成要件的判定，也要分别逐层思考。陈洪兵教授指出，“逃逸”本身应是“故意”而为，不明知发生了交通事故和存在需要救助的被害人而“过失”逃逸的，不可能认定为“逃逸”致死。而所谓“明知”,并不需要确切知道,只要知道有可能发生了交通事故和存在需要救助的被害人即可(在下文构建的模型中,此要素被称为“情状认识可能性”)。如果根据案件当时的情况以及行为人的事后表现,确实表明行为人不知道发生了交通事故和存在需要救助的被害人的,不能认定为肇事“逃逸”和“逃逸”致死。理论界大多并不否认“逃逸”系“故意”而为,但逃逸者对于“逃逸致死”结果的心理态度则存在“过失说”“故意说”“间接故意说”“过失兼间接故意说”“故意或过失说”等分歧。混合罪过说则主张只要肇事者知道可能发生了交通事故却逃跑,且最终导致被害人因得不到及时救助而死亡的,无论其对死亡结果持希望、放任还是过失的态度,都不妨碍“逃逸致死”的成立。①

由此可见,就逃逸行为与死亡结果之间的因果关系而言,不必考察其主观心态,而应当考察其在客观上是否违反结果预见义务,即应当预见被害人的死亡结果,因疏忽大意而未预见,并且考察是否违反结果回避义务,即已经预见到危险而轻信能够避免,于是没有采取措施救助被害人。人死了就不存在该义务,因此在被害人当场死亡的场合无须考虑逃逸致死问题。如果行为人把被害人送到医院后才离开,也是尽到了注意义务,不构成逃逸。正常驾驶的司机对事故本身就不具有预见可能性,不能要求他履行任何结果预见的义务;但对于违反交通规则、对交通事故负一定责任的行为人而言,则必须履行预见义务,除非是在不具有结果避免可能性的场合——例如超速行驶的汽车紧急刹车也不能避免撞上行人,反而还会造成后车追尾。换言之,除非客观上不具备避免结果发生的可能性,否则本文所研究的案件的行为人都因其被默认违反了交通规则肇事,而须要履行结果预见和结果回避的义务,不履行义务则符合“逃逸(致死)”在构成要件该当性层面要求的主观过失要件。

3.因果关系

客观归责理论要求只有当行为人创设或提升了法不允许的风险,

---

① 参见陈洪兵:《“因逃逸致人死亡”条款虚置化的原因及其克服》,载《法学》2018年第2期。

并且因此导致危害结果时，才能归责于行为人。如果存在第三人介入，或特殊的因果流程，或被害人自陷风险等情况，则不能将危害结果归责于行为人。如果被害人横穿高速公路，那么行为人违反交规（如驾驶没有年检的车辆）与被害人死亡之间就可能没有因果关系，而属于被害人自陷风险；如果行为人肇事后逃走，但被害人并无大碍，自己起身继续过马路，却被后车撞死，这时前行为人逃走的行为与被害人的死亡之间，因果流程由于被害人自己的行为以及第三人的介入而中断，因此不能说前行为人逃逸致人死亡。

（二）违法性

三阶层理论中的"违法性"是指相应行为与整体法秩序相违背的性质，构成要件所描述的行为原则上是为法秩序所禁止的，但在某些特殊情况下，由于某些特殊理由，符合构成要件的行为被认为并不违法，那些特殊理由就是违法阻却事由，主要的违法阻却事由有正当防卫、紧急避险、义务冲突、被害人承诺等。就交通肇事逃逸案件而言，要将行为人是否交通肇事和是否逃逸区别开来判断，也就既要判断是否存在交通肇事的违法阻却事由，也要判断是否存在逃逸的违法阻却事由。例如，违反交规肇事的行为如果是出于紧急避险（如躲避泥石流）或义务冲突而作出的，则没有违法性，同样逃跑行为如果是出于正当防卫或紧急避险的目的（例如行为人一旦下车救助被害人，就会遭到被害人家属的殴打，于是行为人逃走），该行为就不构成交通肇事逃逸。

（三）有责性

三阶层犯罪构成体系的"责任阶层"，主要是判断行为人是否对符合构成要件且违法的行为具有"有责性"，其考虑的主要因素有：行为人是否具备责任能力或达到了责任年龄、是否有充分的辨认和控制能力？行为人是否有违法性认识错误问题、这种认识错误是否不可避免？对行为人的行为选择是否具备期待可能性？以及需要个别地考察行为人的主观过失或故意，例如一般人在同样的光线、路面等条件下能预见到危险结果，某个案的行为人却能够证明自己由于某种原因没有预见到,此类证据也能在责任阶层阻却其犯罪的成立。但本研究中不存在此类情形,虽然行为人声称自己"没意识到撞人"之类的陈述多次出现,但法官从未明确认定过成立。

上述三个阶层中的所有犯罪构成要件都需要经过"有""无"的判断,具体到交通肇事逃逸类案件,其完整判断过程如下(见图1)。

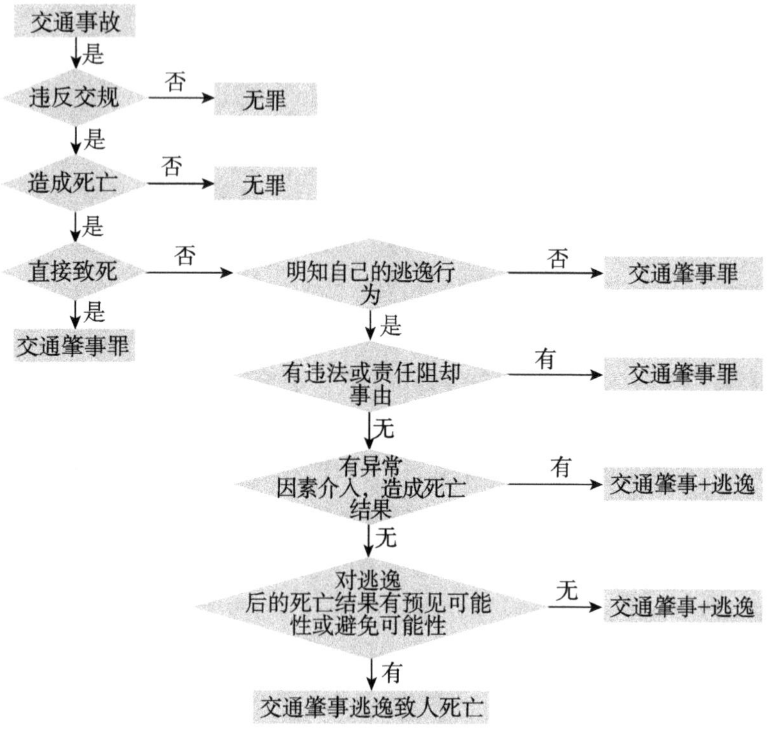

图1　阶层判断过程

此模型的意涵如下:

本研究涵盖的所有样本均满足发生交通事故且出现死亡结果的情形,在此基础上:

1. 我们首先要判断行为人"是否违反交通规则"(在下一节呈现的统计图表中,v1代表"是否违反交通规则","1"代表"是")。由于被检察院起诉的被告人实际上均被交管部门认定为"违反交规"以及"对事故负主要或全部责任”，但在大量案件中，被告人违反了什么交规、为什么应该负事故责任是非常不明确的，除了交警的认定之外不一定有证据支持，鉴于本文不讨论证据的认定，因此在录入数据时，只要法官认定被告人“违反交规”，本文就按“违反交规”处理。

2. 进一步判断“违反交规”与被害人死亡结果之间是否存在刑法上的因果关系，即判断“被害人的死亡是否由行为人违反交规造成”（v2），如果不是，则行为人无罪。

3. 反之，则继续判断“行为人违反交规肇事的行为是否直接导致被害人死亡”（v3），如果是直接导致，则行为可以被判定为“交通肇事（造成一人以上死亡）”，处三年以下有期徒刑。

4. 如果肇事行为没有直接造成被害人死亡，而是将其置于危险境地——此时如果行为人不可能知道自己的行为创设了风险，那么行为人不具备逃逸的主观故意，因此不构成逃逸，只构成交通肇事，处三年以下有期徒刑——行为人客观上有预见可能性时，还要在责任层面、从主观特殊性上判断该行为人是否没有预见可能性，本文不存在这类情况。

5. 如果行为人对创设风险的逃逸行为有认识可能性（v4），行为人一旦选择逃逸，就构成“交通肇事＋逃逸”，除非存在逃逸的“违法阻却事由”（v7），这就需要在“违法性”阶层，对是否存在违法阻却事由进行判断。如果存在紧急避险或正当防卫等阻却事由，则判定其行为是“交通肇事”而不构成“逃逸”，处三年以下有期徒刑。

6. 如果不存在阻却事由，则再在“有责性”阶层判断行为人是否达到责任年龄等，本文研究中的行为人均不存在责任阻却事由，从而可以判定行为人构成“交通肇事＋逃逸”，也就是说行为人要对自己的逃逸行为负责，处三年以上、七年以下有期徒刑。

7. 最后还需要判断逃逸行为与死亡结果之间是否有因果关系——这就要判断“逃逸后，有没有异常因素介入，阻断因果流程”（v8），有异常则死亡结果不能归责于行为人的逃逸，其行为仍旧只能被定性为“交通肇事＋逃逸”，处三年以上七年以下有期徒刑。

8.反之如果逃逸行为与死亡结果之间有因果关系,那么就要考虑主观问题,即创设风险的肇事者对可能的死亡结果有预见和回避的义务——除非肇事者主观上没有“预见到危险发生的可能性”(v5),或者客观上不存在“避免结果发生的可能性”(v6)——若非无法预见到危险的发生,或死亡结果在客观上不可避免,死亡结果就要归责于行为人的逃逸,即构成“交通肇事逃逸致人死亡”,处七年以上有期徒刑。

9.具体到本文研究,还要判断行为人“是否在交通肇事后遗弃、掩埋或杀害被害人”(v9),如果是,则行为人构成“故意杀人”,处十年以上有期徒刑。

依据以上模型,本文对140个样本分别进行判断,下一节将呈现并分析经过模型判断的数据。

四、实证数据的呈现、分析与本文结论

样本数据按照从1~140编号,各个阶层的判断语序从v1到v9排序,“0”代表“否”,“1”代表“是”。v10列是经过三阶层9个指标判断得出的从轻到重的定罪类型:交通肇事(3年),交通肇事致人死亡+逃逸(3~7年),交通肇事逃逸致人死亡(7年以上),故意杀人(10年以上),四类罪名分别标记为“1”“2”“3”“4”,“0”则代表“无罪”;v11列是实际量刑年数;v12是实际量刑与阶层论模型判断的最高或最低刑期之间的差异,若结果为“0”,则实际量刑结果在模型判断区间内,若结果为正,则实际量刑结果高于模型判断的最高刑,若结果为负,则实际量刑结果低于阶层论模型判断的最低刑。全部数据简要描述如下(见表1)。

表 1

Contains data from /Users/liangyiru/Downloads/cail_0518 2/交通肇事致死 3. dta

obs： 140

vars： 12 6 Jul 2018 19:24

size： 2520

variable name	storage type	display format	value label	variable label
v1	byte	%8.0g		违反交规
v2	byte	%8.0g		造成死亡
v3	byte	%8.0g		直接致死
v4	byte	%8.0g		对逃逸行为有认识
v5	byte	%8.0g		可能预见死亡结果
v6	byte	%8.0g		可能避免结果发生
v7	byte	%8.0g		异常因素介入
v8	byte	%8.0g		违法阻却事由
v9	byte	%8.0g		故意杀人
v10	byte	%8.0g		理论定罪类型
v11	float	%9.0g		实际置刑年数
v12	float	%9.0g		理论与实际置刑之差

Sorted by：v10

进一步分析数据发现：法官判定"被告人违反交通规则"却没有具体和明确事实依据（其依据的"事实"是交管部门的事故责任认定，该事实有很大的主观性）的情况在全部 140 个样本中出现了 62 次，这 62 个案件中，被告人所谓的"违反交通规则"行为与被害人的死亡结果之间是否存在刑法意义上的因果关系并不明确，如此一来，将近一半的行为人可以直接出罪。但实际情况是，仅在一个上诉案件中，上诉人主张被害人负事故主要责任（被害人自己躺在道路中央）时，法官在判决书中没有坚持一审法院"认为"的"被告人负事故主要责任"，但仍旧维持了一审的定罪结果，只是减轻了量刑。这种情况可以说是在"构成要件该当性"并不符合的情况下作出的有罪判决。张明楷教授指出，"交通肇事的结果必须由违反规范保护目的的行为所引起。换言之,行为虽然违反交通运输管理法规,也发生了危害结果,但倘若结果的发生超出规范保护目的,就不能认定为本罪”。① 然而“在实践中,交管部门对行为人责任的认定与对其是否违反交规及违反程度的认定几乎一致”,但交通管理法规与刑法的目的显然不同,确定交通管理法规责任不完全是为了确定刑事责任,因此刑事司法部门本不应该直接根据交管部门的责任认定书去认定刑事责任,但实务中却普遍存在这种做法。②

本文权且将没有明确违反交规及违反交规行为与死亡结果之间因果关系不明确的情况都视为行为人“违反交规造成一人以上死亡”,在承认这一现实的前提下,继续进行体系性思考。在被害人当场死亡的场合,认为行为人不具备不作为犯成立所需具备的违反注意义务的条件,不构成逃逸,因此无需对逃逸的构成要件要素进行判断,而直接判断有无违法阻却事由即可,无阻却事由则行为人构成交通肇事罪,法定刑为3年以下。

这种当场死亡的情况在140个样本中共出现9次,其中只有1次被判缓刑和1次被判2.5年,其余案件的平均量刑年数是4.86年(见表2)。可见此类情况在实务中普遍被认定为成立逃逸。

表2

. table v11 if v3 = = 1

实际量刑年数	Freq.
0	1
2.5	1
3.17	1
4	3
5	1
6.83	1
7	1

① 张明楷:《刑法学》(第5版),法律出版社2017年版,第719页。

② 参见张明楷:《交通肇事的刑事责任认定》,载《人民检察》2008年第2期。

在被害人没有当场死亡的场合,行为人因其先行行为而负有救助被害人的义务,即预见和避免结果发生的义务,其不救助是一种主观上对注意义务的违反。但在多个案件中出现行为人辩称自己并未意识到自己撞人或以为被害人已经死亡,此时就要判断客观上是否存在情状认识的可能性,以一般人在同等情况下的认识能力为评判标准,如果一般人都能够"明知"自己肇事,则客观上有认识的可能性,因此不作为能够成立(除非在主观责任阶层判断行为人有很大的特殊性)。

客观上不存在认识可能性的情况只出现了 5 次,即天特别黑以及行为人醉酒甚至睡着等情形,由于逃逸的故意被阻却,所以行为人理论上只成立交通肇事罪,在 3 年以下量刑。实际的量刑结果则是两次缓刑和 3.5 年、4 年、6 年(见表 3)。理论上讲,根据案件当时的情况以及行为人的事后表现,确实表明行为人不知道发生了交通事故和存在需要救助的被害人的,不能认定为肇事"逃逸"和"逃逸致死",但实际的判决表明,此类情况一般还是被法官认定为逃逸的。

表 3

. table v11 if v4 = = 0

实际量刑年数	Freq.
0	2
3.5	1
4	1
6	1

就"逃逸致人死亡"的成立来说,如果客观上存在对死亡结果的预见可能性和结果避免的可能性,但行为人却实施了不作为的行为,造成了被害人死亡,此时就要判断这一结果的实现是否是行为人造成的,即逃逸行为与被害人的死亡结果之间是否存在因果关系。此时需要判断有没有异常因素介入,阻断因果流程。例如是不是被害人自陷风险,或者有没有第三人介入等。异常因素在全部 140 个样本中出现了 15 次,其中大多数是被害人自陷风险的情况,比如被害人横穿高速路(但前车

肇事、后车碰撞致死被害人的情况虽然多发,却不属于此类,因为该种情况并不异常,前车不救助被害人、被害人躺在路上被后车碰撞是正常的因果流程,因此不能阻断前车的责任)。在其他没有异常因素介入的场合,被害人的死亡结果就要被归责于行为人,即行为人可能成立逃逸致人死亡。

此时还须判断的是在违法性阶层有没有违法性阻却事由?本文研究中只有 1 次这种情况,即行为人认为下车救助可能会引来被害人家属的殴打,此时行为人可能构成紧急避险——被害人家属确实会殴打行为人,也可能只是假想的紧急避险。但即便这个紧急避险行为是假想的,由于家属在场,所以行为人的逃逸实际上不会把被害人置于无人救治的危险境地,因此行为人不成立逃逸致人死亡,仅成立逃逸。

最后,在有责性层面,本文研究中不存在行为人不具备责任能力和未达责任年龄的情况。经历上述层层判断,阶层论模型判断出的大致结果与实际司法判决结果之间的差异如下。在图 2 - A 中,横轴代表阶层论模型判断的从轻到重的四种定罪类型和无罪(0),纵轴代表不同罪名下量刑年数的分布;在图 2 - B 中,横轴同图 2 - A,纵轴代表不同罪名下实际量刑年数与本文的阶层模型所判定之罪的法定最高刑或法定最低刑之差。高于最高刑为正数,低于最低刑为负数(以年为单位):

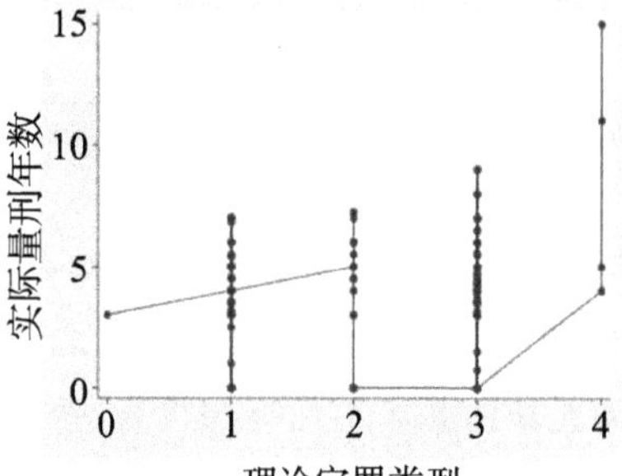

2-A 实际刑量图

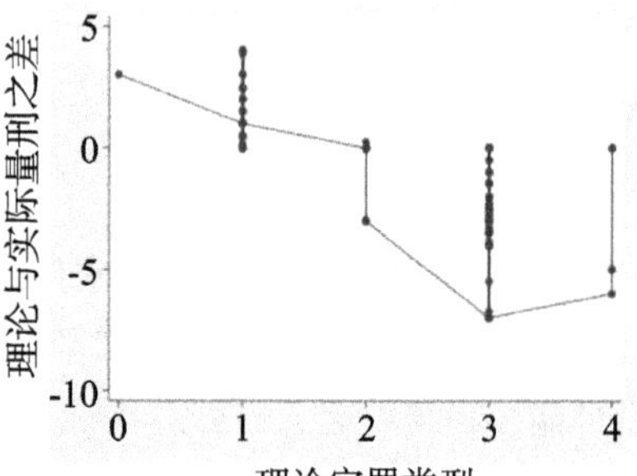

2-B 实际与理论刑量之差图

图 2

阶层论模型判断结果为“1”(交通肇事)的情况共出现了 55 次,其中实际量刑结果不在理论判断区间(小于 3 年)内的情况出现了 36 次,均为大于3年,平均高1.76年(见表4)。可见实际的定罪结果比阶层论的判断高了一档(见图2-B:当横轴“模型定罪”为1,“模型判断与实际量刑之差”集中分布在0以上,即实际均大于模型判断)。

表4

. summarize v12 if v10 = = 1 & v12 ! =0

Variable	Obs	Mean	Std. Dev.	Min	Max
v12	36	1.759444	1.179799	0.17	4

模型判断结果为“2”(交通肇事+逃逸)共出现了21次时,实际结果在模型判断的量刑区间(3~7年)内的情况出现了14次,不在区间内出现7次,其中6次是判缓刑,仅有1次实际量刑结果是7.25年(见表5),只高于理论最高刑3个月,可见实际定罪存在的主要问题是比理论模型低一档,低的原因已在上文有过论述,即实务中法官往往乐于把逃逸作为交通肇事罪的构成要件,不再单独评价,于是本来应该以逃逸定罪量刑的案件,频频出现缓刑结果。(见图2-B:当横轴“模型定罪”为2,“模型判断与实际量刑之差”集中分布在0和-3附近,即实际和理论要么一致,要么比理论低3年)。

表5

. table v12 if vie = = 2 & v12 ! =0

理论与实际量刑之差	Freq.
-3	6
0.25	1

模型判断结果为“3”(交通肇事逃逸致人死亡)的情况共出现59次,实际结果不在模型判断的量刑区间(大于7年)内的情况出现了51次,均低于模型判断的最低刑量7年,平均低3.56年(见表6),实际的定罪结果比阶层论的判断低了一档(见图2-B:当横轴“模型定罪”为3,“模型判断与实际量刑之差”集中分布在0以下,即实际均小于理论)。

表 6

. summarize v12 if v10 = = 3 & v12 ! =0

Variable	Obs	Mean	Std. Dev.	Min	Max
v12	51	-3.56	1.967815	-7	-0.5

模型判断结果为“4”(故意杀人)共出现了 4 次,实际量刑结果不在模型判断的区间(大于 10 年)内的情况出现了 2 次,分别是判 5 年和 6 年(见表 7),低于故意杀人最低刑 10 年,但刑法规定,“故意杀人罪情节较轻的,处三年以上十年以下有期徒刑”,因此也可以认为以上两案的实际结果符合理论判断。但当深入考察上述案件时,发现所定之罪并非故意杀人,而是“逃逸致人死亡”,可见其实际判决与阶层论的定罪结果是完全不同的,也比理论判断低了一档。

表 7

. table v12 if v10 = = 4 & v12 ! =0

理论与实际置刑之差	Freq.
-6	1
-5	1

综上所述,阶层论模型判断为交通肇事(轻罪)或无罪的,实际量刑结果偏重,模型判断成立逃逸或逃逸致死(重罪)时,实际量刑结果偏轻。我们已经反复分析过重罪偏轻的主要缘由,一是逃逸常常被当作交通肇事罪的成立要件使用,因此定罪时不再评价,二是把已经成立交通肇事罪(已经发生死亡结果)作为逃逸的前提条件,使被害人没死时行为人逃跑的场合无法成立逃逸。另一方面,当阶层论判断仅成立交通肇事(轻罪)或无罪时,量刑结果为什么反而加重?可能的原因也有二:一是法官司法时直接适用交警部门对事故责任的认定,不能践行刑法的客观归责理论和责任主义原则;二是把已经成立交通肇事罪(已经发生死亡结果)作为逃逸的前提条件,坚持在人没死时逃跑无法构成逃逸,而在人已经死亡,即使不逃逸也不能避免死亡结果发生时,却认定行为人逃逸,加重处罚。

最后,模型判断结果为“0”(无罪)的情况出现了1次,该案法院查明的事实是:

“2015年1月24日23时许,被告人Z某驾驶小轿车从D市S镇往Q方向行驶,途经××路段时,该车前横梁与侧卧在车道上的被害人无名氏发生接触、挤压并拖行,造成无名氏胸腹部多脏器损伤,后Z某倒车、绕过无名氏并驶离现场。随后,被告人W某驾驶重型搅拌车往Q方向行驶,该车在避让无名氏的过程中右前轮碾压其头部,造成当场死亡,后W某驶离现场。经调查,交警部门分别于2015年1月27日、28日将W某、Z某传唤至派出所,后于同年3月10日对二人执行刑事拘留。”

对于此案,若将其置于三阶层理论体系内,可作如下考察:

首先,在构成要件该当性层面,被告人Z某并未违反交规,不符合交通肇事罪的基本行为要件;其次,判决认为其“违反交通运输管理法规,驾驶机动车肇事后逃逸致一人死亡”,此判断似乎没有事实依据,即便行为人违反交规,其肇事行为与被害人的死亡之间只是条件因果关系,却不符合客观归责,因为被害人侧卧于车道上是自陷风险的行为。由此可见,行为人不能成立交通肇事罪,也不符合“违反交规肇事,造成三人以上重伤或一人以上死亡”,更不符合五种违反交规的加重情节,因此依照法律和司法解释规定,Z某无法成立交通肇事逃逸。

该判决还认为“被告人W某违反交通运输管理法规,驾驶机动车发生重大交通事故,致一人死亡,负事故主要责任,并在肇事后逃逸,其行为已经构成交通肇事罪”,判处有期徒刑二年。可见在推理过程中,此案裁判者对前后肇事的二人的行为判断几乎没有区别,并且均在无事实依据的条件下就机械引用“违反交通运输法规”这样的说辞,同时直接援引交通管理部门的责任认定,即“被告人负事故主要责任”,但对被告人的行为与事故之间的因果关系毫不追究。即便采纳交管部门的认定,也应根据被告人W某主观上积极承担避免结果发生的义务并且付诸行动而不苛责于他,因为法院已然查明“该车在避让无名氏的过程中右前轮碾压其头部,造成其当场死亡”,即行为人不但没有违反交规的过失,还在认识到危险后努力试图避免结果发生,因此在构成要件层面可以出罪,不能成立交通肇事罪。就其逃跑行为而言,即便将逃逸作为独立的不作为犯罪,也要以违反注意义务和存在结果避免可能性为前提,因为被害人已经死亡,Z某积极救助也不能避免被害人死亡,所以死亡结果不能归责于Z某的“逃逸”。实务中似乎存在只要出现死亡结果和逃跑行为,就不论其中因果关系如何、阻却事由有无等,一味按照存在逃逸情节的交通肇事罪处罚的现象,这必然降低交通肇事罪的入罪门槛。

现实司法判决中的无序推理一方面会以结果为导向,加重对合规范的行为人的处罚,另一方面又会造成对真正不合规范行事、不履行作为义务的行为人的量刑畸轻——本文判断为“交通肇事逃逸致人死亡”的59个案件中,肇事后逃逸行为经过理论模型的层层判断后仍能符合构成要件(行为和因果关系均明确无疑),且没有阻却违法或责任的事由,可以按照《刑法》第133条“因逃逸致人死亡的,处七年以上有期徒刑”进行判决。即便考虑到量刑情节,也不至于出现平均低于最低刑3.56年的量刑结果,除非每个案件都能达成刑事和解。《最高人民法院关于常见犯罪的量刑指导意见》对交通肇事特别规定:“因逃逸致一人死亡的,可以在七年至十年有期徒刑幅度内确定量刑起点。在量刑起点的基础上,可以根据事故责任、致人重伤、死亡的人数或者财产损失的数额以及逃逸等其他影响犯罪构成的犯罪事实增加刑罚量,确定基准刑。”因此交通肇事逃逸致死的基准刑不可能低于7年。

统观全部140个样本,现实司法判决结果与模型输出结果不同的情况一共出现了97次,占69%。理论定罪仅为交通肇事或无罪时,实际判决高于最高刑三年的有37次,占全部56次的66%,实际量刑比理论平均高1.79年;理论定罪为“交通肇事+逃逸”、“逃逸致人死亡”和“故意杀人”的有84次,实际判决低于理论模型判断结果的有59次(高于模型结果的有1次),占70%,实际量刑比模型结果平均低3.5年(见表8)。

表 8

. summarize v12 if (v10 = = 0| v10 = = 1) & v12 ! =0

Variable	Obs	Mean	Std. Dev.	Min	Max
v12	37	1.792973	1.18104	0.17	4

. summarize v12 if (v10 = = 2| v10 = = 3 | v10 = = 4) & v12 ! =0

Variable	Obs	Mean	Std. Dev.	Min	Max
v12	60	-3.505167	1.921596	-7	0.25

此外,在全部样本中共有17个二审案件,现实与阶层论模型判断结果不同的情况在17个案件中出现了11次,这11次同样存在前述问题,即轻罪高于理论最高刑,重罪低于理论最低刑。如果考虑量刑情节,尤其是自首与赔偿这类常见情节,其对量刑结果应当起到减轻作用;如果考虑立法原因,晚近刑法对危害公共安全类犯罪的处罚力度是增强的,但如陈洪兵教授所指出的,"1997年全面修订《刑法》时,在交通肇事罪条款中增加了因逃逸致人死亡处7年以上有期徒刑的规定,将交通业务过失犯罪的法定最高刑由7年升至15年有期徒刑,而将普通过失致人死亡罪的法定最高刑由15年降至7年有期徒刑。这种变化的原因在于当时恶性交通事故大增,尤其是极少数人肇事后逃逸,性质十分恶劣,应当予以严惩。但事实上,因逃逸致人死亡条款在我国司法实践中几近虚设,致使严惩交通肇事逃逸致人死亡现象的立法目的基本落空。虚置化的原因是立法本身存在缺陷,还是司法适用存在偏差,值得深思"。①

本文认为,司法适用中的偏差包括两方面,可能有法外因素(如赔偿金额大小、是否取得被害人谅解)的干扰,更可能是法官适用法律(包括司法解释)时逻辑上的偏差。法条本身确实或有意或无意地具有模糊性,黎宏教授就指出,"《刑法》第133条避开了争议巨大的交通肇事后逃逸是不是构成不真正不作为犯的争议,而笼统地规定为处7年以上有

① 参见陈洪兵:《"因逃逸致人死亡"条款虚置化的原因及其克服》,载《法学》2018年第2期。

期徒刑的交通肇事罪,是一个明智的做法,但这并不意味着现行《刑法》不认可交通肇事后逃逸可能成立不作为的杀人①"。但根据本文的统计结果可知,逃逸致人死亡很少被认定,这与本文开头的理论假设是一致的,即实务中裁判者对司法解释的形式化理解会导致实际判决结果相对于体系性逻辑的偏差。在阶层逻辑中,逃逸不必以"成立交通肇事罪"(已经造成被害人死亡)为起点,而是以有交通肇事的先行行为、有避免伤者死亡的可能性、有救助的义务、有对逃逸的明知等为必要条件。在此基础上,不管行为人对最终的死亡结果抱持的是追求、放任,还是疏忽大意的故意或过失,其都要对结果负责,即成立逃逸致人死亡。

因此,司法实务中法官之所以过于机械地受制于司法解释,或者说机械地理解司法解释,可能是司法人员自身体系性思维没有建立、逻辑序列不清所致。其次从数据上看,在59个理论判断为交通肇事逃逸致人死亡的案件中,有33个属于无证驾驶等五种只要致人重伤即可判处交通肇事罪的情形,此时不存在司法解释的限制,五种严重违反交规的情形足以支撑交通肇事罪的成立,认定逃逸不存在重复评价的问题。但实际上,33个案件中只有3个的量刑结果达到7年,其余均低于7年。可见司法解释的制约只是影响因素之一,法官在论证说理上体系性、逻辑性的全面缺失才是问题的关键。司法适用的偏差问题不在于司法解释,而在于法官的逻辑推理与解释论证不充分。

正如学者主张把交通肇事和逃逸两个行为独立看待、逐一判定一样,阶层理论或说体系性的思考方式就是要求并导向这样一种层级式、有阶序的司法裁判方法,使之能够对抗"逃逸致人死亡"这一法条因其复杂性而被现行司法实践虚置化的趋势。以往的裁判方式之所以不能对行为作出明确的定性,进而给行为人准确定罪,很大程度上是因为其推理裁量过程逻辑不清,不能确立出逻辑始项、基项和终项,不能按照一定的顺序和阶层去构建体系——构成要件该当性中的因果关系以及违法性阶层的阻却事由常常被法官忽略,其对主客观方面的判断往往混杂

① 黎宏:《刑法学》,法律出版社2012年版,第475页。

纠缠,这便是四要件理论的欠缺之处。在当下的司法实践中,法官认定犯罪时缺乏步骤性,一味机械式和形式化地套用法条或司法解释,从而使判决结果的不确定性升高,这可能导致司法不公正的产生。

现代社会法律的功能在于给国民提供稳定的规范性预期,而非以法外因素(如赔偿、和解)为导向解决纠纷。“阶层理论中诸如责任或构成要件这样的概念,不仅是对行为人主观情况或客观情况的事实性概括,而且具有规范评价和价值判断功能。在这种功能的指引下,它可以不断将下位要素吸纳整合,使理论保持一种常新的开放性。同时由于这些概念的价值内涵,使不法与责任之间,构成要件与违法性之间,形成了一种不能随意改变的逻辑关系”,能够确保法律判断的稳定性。“刑法理论成熟的标志就是体系化”,车浩教授总结道,“阶层理论的这种高度体系化,不仅是理论自身的要求,而且对于司法实践有重要意义——对司法人员有提供路标指引和检验清单的作用,对刑事法治建设有保障法律适用的正义性和安定性的作用,有限制司法恣意、使案件审查透明化的作用,对普通公民有评价其行为、呼吁其对法的忠诚的作用[①]”。

具体到本文研究的交通肇事逃逸致死案件,阶层体系提供的形式性框架能够限制法官对一般交通肇事者的处罚(如若不经过体系性逻辑推理过程,法官可能会由于出现了死亡结果及逃跑行为而直接降低行为人的入罪门槛或加重处罚行为人,但对其中的因果关系、阻却事由在所不问),阶层体系框架也能对抗法官对“逃逸致人死亡”条款的虚置,限制其在逃逸致人死亡案件中对法外因素如赔偿额度的过度考量,有利于实现预防风险和保障安全的立法目的。司法判决由此而能够更加透明公正,普通公民则更能理解和实践法律对其行为的期待,即遵守交通规范,更能在违反交规后履行对可能发生的结果的预见义务,在肇事后履行救助被害人的义务、履行避免更大危害结果发生的义务,对自己的不作为行为导致的社会危害结果负责。这些都是公民在现代风险社会应当承担的责任与义务,均能在阶层体系中得到规范性的评价。

① 参见车浩:《阶层犯罪论的中国命运》,载《中国法律评论》2017年第6期。

《法律和社会科学》(2018)
第17卷第2辑,第114~143页

教义学与刑事实践的关系
——从司法解释"参照适用"切入

刘 涛*

摘要:实践中,刑事司法解释的"参照适用"发生在同一或相似的分则罪名之间,遵循了行为类型化解释方法,体现了理论与实践的结构耦合。然而,"构成要件"类型的相似不等于具体案件之间的相似性,作为认知科学的刑法教义学无法涵盖作为规范实践的司法过程全貌。当下的刑法教义学往往将科学认知成果("刑法是什么")转化为法律的规范性主张("刑法应当是什么"),模糊了理论与实践的界限,助长了司法解释中的"自说自话",忽视了刑事司法的过程性。明确认知主义的分析视角和辨证综合的实践维度之间的差异,打破刑法教义学与刑事实践之间错位的结构耦合需要教义学吸收外部智识,注重研究"前构成要件行为"与规范违反说。司法则应当倾听诉讼参与各方意见,坚持价值判断中的互为主体性。

关键词:结构耦合　司法解释　经验过程性

* 南京师范大学法学院讲师。本文为笔者主持的2016年度中国法学会课题"社会结构视野下的口袋罪实证研究"(CLS 2016 Y03)的阶段性成果。

刑法教义学　认知主义

没有违法的构成要件，只有违法的实现构成要件的行为。

——汉斯·韦尔策尔①

引　言

在我国刑事司法实践中存在对司法解释进行“参照适用”，甚至“套用”的现象。这一现象是指针对特定的行为构成，现有司法解释并无规定，但是与其相似的犯罪构成，存在司法解释。② 在审理案件的过程中，司法机关“参照”或“套用”现有司法解释的定罪量刑标准。

在程序上，对“参照”司法解释的现象并无明文规定，实践中既有审理案件的司法人员与机关直接进行参照，也有根据司法机关内部“请示规程”上报，请求上级乃至最高司法机关以“批复”的方式审查其参照或套用司法解释行为的合法性与合理性。③ 理论上对此现象尚无深入的研究。

在本文看来，这一现象引起的理论思考可以从以下几个方面展开：

第一，以犯罪论体系来衡量司法实践中的司法解释参照，其是否受

---

① ［德］汉斯·韦尔策尔：《目的行为导论：刑法理论的新图景》（增补第 4 版），陈璇译，中国人民大学出版社 2015 年版，第 23 页。

② 也包括参照适用已失效的司法解释。例如在理解何为组织卖淫罪中的“组织”，不少法院依然参照适用已经失效的，最高人民法院、最高人民检察院于 1992 年 12 月 11 日印发的《关于执行〈全国人民代表大会常委会关于严禁卖淫嫖娼的决定〉的若干规定问题的解答》。参见中华人民共和国最高人民法院刑事审判第一、二、三、四、五庭主办：《张桂方、冯晓明组织卖淫案》，载《刑事审判参考》（总第 101 集），法律出版社 2015 年版，第 136 ~ 137 页。这一现象也可以在一定程度上说明，在 1979 年《刑法》的背景下制定的司法解释，在 1997 年之后，并非当然废除，这是否意味着“类推”，至少“类推思维”在刑事司法中通过参照适用司法解释得到延续？本文将在后述中尝试回答这一问题。

③ 这是笔者与 J 省 Z 市、S 省 L 市以及 Z 省 H 市法官以及检察官访谈中了解到的情况。特别需要说明的是，访谈的对象既有省级检察院司法人员，也有中级法院和基层法院司法人员，上述三省均地处我国华东地区。

到刑法学解释体系性和类型化的限制?这种实践中的做法是否吸收了刑法教义学的知识与方法?

第二,司法解释参照现象的存在基于我国刑事司法实践对司法解释制度的依赖,司法解释制度的功能及其流变决定了司法解释参照的实践意义。因此,探讨司法解释的参照,必须考察我国刑事司法解释体系的属性。

第三,上述理论思考又必然牵涉司法实践与刑法教义学关系这一更为根本的问题,需要回到"实践"与"研究"本身,并考察两者的社会意义与功能。

本文将从上述三个视角逐步展开,从司法解释"参照"现象出发,论证刑事司法实践与刑法教义学基于认知上的"结构耦合"。[①]系统论中的结构耦合,针对本文考察的对象,可以理解为司法实践与教义学分享,并且在一定程度上具有共生与共同演进趋势的结构,这些结构在不同的系统中,即在司法(法律)系统与研究(学术)系统中扮演不同的功能。也可以说,两者分享的结构,却支撑了两种系统不同的社会功能。结构相同或相似,不意味着功能的相似。在一定情况下,两种系统耦合形成的相同结构,或许不能恰切的促动两者以及两者之间关系的有序与共同演进。通过司法解释及其参照适用形成的刑事实践与教义学的互动,对两者的演进起到的抑制效果强于增益效果。由此形成两者的交融、结构的共享,其实是一种"错位的"结构耦合。

将抽象性的司法解释作为两者共同的知识体系,作为刑法"规范性"判断的依据,也正是刑法教义学研究中忽视司法解释参照现象,或者仅以"法条竞合"解读其属性的原因。本文认为,这种忽视以及对两

① 传统系统论将系统结构视为实现功能的组织基础,新一代系统论则将功能视为系统的基础,而相同的结构则可以被不同系统所分享。See Niklas Luhmann, Law as a Social System, Oxford University Press, 2004, p. 395. 学者区分了运作耦合(operational coupling)与结构耦合。运作耦合是共时(synchronization),短暂的,一次性的;而所谓的结构耦合则是在系统结构之间,通过某些特定结构的媒介,使不同功能系统能够在维持自身独立性的同时,保持较为紧密的联系。参见杜建荣:《自创生视域中的法律与社会——卢曼法律自创生理论研究》,载《中山大学法律评论》2011年第2辑,第14~15页。

者关系的错位构建,在一定程度上使刑法实践的过程性、立体性、辩证性被忽视,刑法教义学下的犯罪论体系成为判断具体案件情境下"刑法(评价)应当是什么"的充分条件,从而将存在于刑事司法场域的有关刑法规范性的竞争性判断转化为"描述性"的话语,将刑法实践的核心,也就是价值判断的多元性与过程的不确定性掩藏起来。

在此基础上,本文还将论证现有刑法教义学及其解释方法(法律适用思维),无法"拯救"刑法司法解释忽视刑法实践核心的弊端,当下的司法解释体制是刑法教义学认知主义模式的"简化版",缺乏过程性的教义学体系构建将会加深,而非缓解司法解释对"司法"本质的背离。重新反思刑事司法实践与刑法教义学的关系,在肯定认知模式下的教义学对刑法实践具有的积极的"激扰"效果的同时,注重教义学对现代刑事司法过程性的把握,是实现理论和实务良性互动的可行路径。

一、犯罪论体系对刑法解释"参照适用"的制约效果及其悖论

除去一些有关总则条文的司法解释可以直接参照甚至套用,①在其他司法解释参照适用的例证中,刑法教义学中犯罪论的类型化学说具有决定性的影响。多数"参照适用"发生在选择性罪名或相似罪名之间。

例如在"任尚太等三人食品监管渎职案"中,法院认为关于"重大食品安全事故"的具体认定标准,现有司法解释确实没有明确规定。从食品监管渎职罪与一般滥用职权罪和玩忽职守罪的关系来看,前者是从后者分离出来而单设的新罪名,两者是特殊罪名与一般罪名的关

① 例如2015年10月,最高人民法院《关于〈中华人民共和国刑法修正案(九)〉时间效力问题的解释》第6条对为他人组织考试作弊提供作弊器材等行为的法律适用问题作了明确规定。但是,仅就《刑法修正案(九)》的规定而言,类似的法律适用问题也很多,司法解释并未一一予以规定,直接参照适用这一条款是没有问题的。

系。从两者的法定刑配置来看,食品监管渎职罪与《刑法》第397条第2款规定的徇私舞弊情节下的滥用职权罪与玩忽职守罪的量刑幅度相同。因此,《最高人民检察院关于渎职侵权犯罪案件立案标准的规定》第1条是具有参考价值的。既然《立案标准》以玩忽职守"导致20人以上严重中毒"为刑事立案标准,那么,食品监管渎职导致79人中毒这一结果远远超过《立案标准》的20人以上的标准,当然就可以认定为"重大食品安全事故"。①

再如"马乐利用未公开信息交易再审案",由于"内幕交易、泄露内幕信息罪"与"利用未公开信息交易罪" 两罪的主要差别仅在于信息范围不同,其通过信息的未公开性和价格影响性获利的本质相同,均严重破坏金融管理秩序,损害公众投资利益,且被放置在第180条中分两款予以规定,亦是对两罪违法和责任程度相当的确认。因此在司法解释未对"利用未公开信息交易罪"中"情节特别严重"量刑作出规定的情形下,最高法院"参照"《关于办理内幕交易、泄露内幕信息刑事案件具体应用法律若干问题的解释》进行量刑也满足要件类型化与同质性解释原则。②

参照适用还可能"跨越"新旧法。例如,在1997年《刑法》颁布实施很长一段时间中,虚开增值税专用发票罪在司法实践中仍然参照适用1996年颁布的司法解释。此解释显然不能与经济社会发展水平相适应,2014年最高人民法院研究室作出了关于适用此司法解释问题的答复,但是此时依然没有针对虚开增值税专用发票罪颁布相对应的司法解释,而是参照适用有关骗取出口退税罪的司法解释。

此外,参照适用不仅限于实体法分则构成要件之间,而且包含了刑事诉讼法适用参照有关针对刑事实体法司法解释的例证。例如2010年颁布的《关于办理刑事案件排除非法证据若干问题的规定》没有对

---

① 参见中华人民共和国最高人民法院刑事审判第一、二、三、四、五庭主办:《刑事审判参考》(总第105集),法律出版社2016年版,第125页。

② 参见蒋慧岭、周光权:《"强拆老鼠仓"·马乐利用未公开信息交易再审案评析》,http://www.vccoo.com/v/7b0765,最后访问时间:2018年5月15日。

刑讯逼供的行为方式作出规定,而2006年颁布的《最高人民检察院关于渎职侵权犯罪案件》则对刑讯逼供罪的方式作出规定。实践中存认定证据法上的刑讯逼供参照实体法有关刑讯逼供罪相关司法解释的情况。[①]

从上述例证中可以总结出,司法者受到抽象罪名在构成要件理论上的区分性,无法将没有类型化关联的两个行为进行比较,并参照适用司法解释。[②] 虽然"参照适用"并非罕见,但在当下的司法实践中,司法者进行参照适用时,不可能不考虑刑法教义学上的法条竞合与想象竞合及其背后所反映的类型化思维。[③]进一步而言,融合了刑法教义学发展成果的司法解释制度本身就是一种对司法恣意的限制。因此,刑事司法实践对司法解释的依赖在一定程度上也起到了制约司法者对具体罪名构成要件的"创造性"解释。[④] 构成要件类型的同一性或相似性成为司法解释参照适用的前提条件。只有经过"类型相似性"检验,参照

---

① 参见韩旭:《非法证据排除规定的局限性及其实施面临的问题》,载陈兴良主编:《刑事法判解》(第11卷),人民法院出版社2012年版,第129页。

② 这里需要注意的问题是,基于刑法分则立法的罪名类型化司法判断并不是刑法学行为类型化研究的全部。我国刑法立法由于时代等各种因素,形成了一些不必要的"法条竞合",因此不仅要基于立法现状研究类型化的解释规则,也需要超越现有立法,从行为社会意义上分析现有立法类型化的优劣。正如梁根林教授所指出的,法条竞合问题的解决不仅需要在司法上确立一定的解释原则,而且在立法上也应当基于现有立法不合理的特殊条款进行调整,完成对不必要的"特殊"与"普通"法条的整合。参见梁根林:《刑法修正:维度、策略、评价与反思》,载《法学研究》2017年第1期。本文将在后述中指出,应当引入社会领域竞争性的规范(价值)评判以及生活视域下的规范违反学说,从而对包括司法解释"参照适用"在内的构成要件类型化问题进行反思和重构。

③ 也有学者将这种类型相似性检验进一步限缩为"行为同质性",从而凸显了行为构成对具体案件事实法律性质判断的指引功能。参见蔡道通:《经济犯罪"兜底条款"的限制解释》,载《国家检察官学院学报》2016年第3期。还有学者进一步论证,这种行为构成的同质性应当通过司法解释的"追认"予以明确,从而起到限制兜底条款适用的目的。参见李腾:《论民间高利贷不应司法犯罪化》,载《法学杂志》2017年第1期。

④ 例如在处理新出现的毒品类型时,司法机关在定罪量刑上往往基于构成要件类型化相似性难以确定,对新型毒品性质以及走私、制造、贩卖等行为上持较为谨慎的态度,等待司法解释的出台。具体可参见:《〈最高人民法院关于审理毒品犯罪案件适用法律若干问题的解释〉的理解与适用》,载《人民法院报》2016年4月8日,第3版。

适用的“安全系数”才会得到保证。①

问题是,这种看似“安全”的参照适用原则并非没有疑问。例如在对法条竞合问题进行研究时,有学者就指出“套用”普通盗窃罪的量刑标准对盗窃金融机构行为进行判定违反了立法将两者区隔开来的初衷,“刑法其实是将普通盗窃与盗窃金融机构分别进行评价并设置了相应的法定刑的。换言之,同样的盗窃数额,如果针对的是金融机构,与普通盗窃罪相比,在刑罚上的后果就是不一样的。因此,盗窃金融机构与普通盗窃就属于不同性质的行为类型,对象不同,盗窃金融机构的行为,其数额标准就不应当按照盗窃罪的标准处刑②”。

再如针对“想象竞合从一重”处断原则,最高人民法院、最高人民检察院《关于办理非法生产、销售烟草专卖品等刑事案件具体应用法律若干问题的解释》第 5 条规定:“行为人实施非法生产、销售烟草专卖品犯罪,同时构成生产、销售伪劣产品罪、侵犯知识产权犯罪、非法经营罪的,依照处罚较重的规定定罪处罚。”这一司法解释由于需要对一条分则的适用,启用属于总则的罪数解释规则,“参照”其规定对其他相似案件进行判断体现出对教义学解释规则的遵循。然而,这种司法解释体现出来的“从一重处断”解释规则并没有考察具体罪名之间的实质差异,③即使在同一或相似的分则行为构成之间,具体行为与案件

---

① 司法解释“参照适用”遵循构成要件类型化标准,在一定程度上还反映出司法机关在面对分则条文没有明确列举的行为时其解释能力的提升。从而可以避免刑法修正中类似于“注意规定”的立法(也就是行为修法前后其实都是犯罪的情形),间接上减少刑法修正的频率。有关构成要件上“非实质性”的刑法修正及其例证,可参见李岸曰、肖中华:《论刑法修正后适用的两个基本问题》,载《贵州大学学报》(社会科学版)2016 年第 4 期。

② 蔡道通:《经济犯罪“兜底条款”的限制解释》,载《国家检察官学院学报》2016 年第 3 期。

③ 参见刘涛:《区分刑法中的兜底条款与想象竞合犯的适用原则》,载《法律适用》2014 年第 10 期。上述司法解释中“从一重处断”解释规则是否可以被参照适用,不仅涉及司法过程中对待司法解释规定的问题,还在一定程度上涉及刑法规范中相似的犯罪竞合规定是否可以“参照适用”。例如《刑法》第 149 条第 2 款以及第 329 条第 2 款有关“从一重处断”的规定,在处理相似案件时是否可以被参照适用?我们将在后文的分析中指出,此种犯罪竞合问题的解释路径与司法过程性质之间的差异性,即不可参照适用有关竞合问题的法律规定与司法解释。

事实之间的差异性也会使得“参照适用”成疑。

司法解释“参照适用”除了会在刑法教义学内部产生法条竞合与想象竞合的理论争议,更为重要的是,此举和构成要件所具备的司法实践功能并不匹配。构成要件是刑法理论上对刑法分则罪名所包含的行为要素的总称,是对具体案件中行为人行为构成犯罪的必要条件的分析。但是,满足构成要件,并非等同于行为构成犯罪的充分条件。构成要件只是对现实的提取,其只是现实的横截面,与现实有着本质的不同。[①] 虽然,构成要件具有违法推定的机能,除了客观要素,现代刑法学构成要件理论还包括主观要素,除了形式判断,构成要件符合性也需要实质判断,但是,行为实质的违法性判断,并非全部囊括在根据构成要件及其要素进行评价的活动中,而必须在对分则构成要件考察结束之后,对具体行为进行个别化的判断。

这并非否认构成要件及其类型化思维对司法实践指引功能与认知工具。“一切机械决定而不留余地,人们就会失去兴趣;一切随心所欲而缺乏要件,人们则会失去信心[②]”。行为构成的类型化简了系统所要应对的环境复杂性,[③]是司法裁判的“决策前提”(decision premises),是吸收裁判不确定性的支撑。[④] 不过,因为构成要件类型化并非等同于司法判断的充分条件,适用构成要件不是刑事审判过程的全部环节,所以,基于构成要件类型化特点作出的司法解释“参照适用”也呈现对进入刑事司法的具体行为性质和具体行为人责任判断的误差。

抽象构成要件和具体行为司法认定之间的误差不仅在司法解释“参照适用”中呈现,也普遍性的存在于刑事司法实践中。司法参与

---

① 参见[德]克劳斯·罗克辛:《刑事政策与刑法体系》(第2版),蔡桂生译,中国人民大学出版社2011年版,第31~32页。

② 季卫东:《法治秩序的建构》(增补版),商务印书馆2014年版,第79页。

③ 参见劳东燕:《风险社会中的刑法:社会转型与刑法理论的变迁》,北京大学出版社2015年版,第148~149页。

④ 参见宾凯:《庭审制度改革的司法决策悖论》,载季卫东等:《中国的司法改革:制度变迁的路径依赖于顶层设计》,法律出版社2016年版,第334~335页。

者,特别是追诉机关与法院易将构成要件这种仅反映行为构成犯罪必要,而非充分条件的理论学说当成是确定犯罪与行为人责任的全部要素。司法解释的"参照适用"不过是这种误差的具体表现。

二、抽象司法解释为何难以破除:刑法教义学与刑事实践的结构耦合

从上文的分析中可以合理推断,司法解释之所以被"参照适用",且这种参照没有引起理论界的广泛关注,原因在于司法机关在多数"参照适用"中遵循了"构成要件"的类型化判断,符合现有刑法教义学理论对刑事司法过程的认知。但是,司法解释制度与刑法教义学理论实现了的结构耦合,却掩盖了真实刑事司法实践与作为认知活动的刑法教义学构建之间的差异。因此,对司法解释"参照适用"现象的解读不能仅停留在刑法教义学内部,而应对教义学的运作模式展开外部观察,从而发现其与刑法司法解释制度耦合所产生的消极效果。从刑法司法解释的参照适用问题出发,我们也能够发现司法改革的方向与目标和现有刑法教义学格局之间存在的固有冲突。"指导性案例"在内的一系列司法改革措施能否奏效,与能否对现有刑法教义学体系作出深刻反思紧密相关。

针对我国司法解释制度,学者多有批判性研究。学界的主流观点是,虽然司法解释对统一我国司法权实施具有积极意义,对"同案同判"目标下的司法公正实现起到推动作用,①对我国法院组织上下级关系的维持来说,司法解释也具有积极意义,这被学者称为成本最小的司法业

---

① "如果我们认同中国式司法解释的出现和发展有其历史合理性,就应该承认在转型变迁的当代中国,在相对僵化的立法无法回应现实需求时,最高法院作出司法解释可能就必须承担某种'立法'功能,其制定和实施当然也有其正当性与实效的一面"。艾佳慧:《公共政策视野的缺失及其制度风险》,载《法律和社会科学》第9卷,法律出版社,第287页。

务管理机制，[①]但是，由于司法解释以抽象性的规则为主要形式，更多体现了最高司法机关对下级法院的“行政指导”而非“司法指引”，因此其不利于案件亲历性在司法过程中的展现，也无助法官提高法律解释能力。在刑法司法解释中，由于检察机关与法院都严重依赖司法解释，因此现有的司法解释制度逻辑还会影响到当事人诉讼权利的实现，事实上形成“先定后审”、庭审走过场的局面。[②]学者尖锐地指出：“事实上，除了最高人民法院，许多高级人民法院、中级人民法院甚至基层人民法院都在以‘答复’‘会议纪要’‘指导意见’的名义制定实质上的司法解释——定罪量刑规范，法官只需要依葫芦画瓢就可以，不需要独立思考，不需要更新刑法理论知识，不需要说明判决理由，由此培养了一些日益懒惰、缺乏风格、毫无理论底蕴的法官。在这些法官看来，既然判决不需要说明理由，刑法理论拿来干什么[③]”？但是，“只要还需要由法官作出判断来解决刑事案件，就无法否认和剥夺涉入具体案件的法官事实上所拥有的刑事司法解释权[④]”。

由于司法解释制度存在的上述弊病，学者进一步提出改革建议，试

---

① 参见黄韬：《公共政策法院：中国金融法制变迁的司法维度》，法律出版社2013年版，第87页；刘忠：《四级两审制的发生和演化》，载《法学研究》2015年第4期。通过司法解释实现的组织管理功能，也表现在制度变迁的例证中。在劳教制度废止之后，有学者就提出建议，用政策杠杆促使最高人民法院重新调整相关司法解释，适度降低常见犯罪定量标准是可行的。最高人民法院择取那些重合于《刑法》《治安处罚法》规定的应受处罚的行为类型，框定定罪标准，省市法院根据地方治安和经济状况细化要求，并明确指令法官将那些犯罪未遂但有再犯之虞、有犯罪或前科记录的行为人、多次实施相同行为且有再犯之虞的人归属犯罪，侦检部门相对降低刑事立案和起诉标准，与之配套，应能分流劳动教养对象。参见王利荣：《〈违法行为教育矫治法〉法案理应搁置》，载《法学论坛》2009年第4期。通过司法解释实现的组织管理功能，或者说司法解释体现的我国司法机关运作特点，在此体现。

② 参见徐卫东等：《刑法谦抑在中国——四校刑法学高层论坛》，载《现代法学》2007年第1期。

③ 陈兴良、周光权：《刑法学的现代展开》，中国人民大学出版社2006年版，第11页。

④ 叶良芳、任志中：《刑法解释是一项技术，还是一种权力？——现行刑法解释体制合理性评判》，载《中国法学会刑法学研究会2003年学术年会论文集》，第270页。

图通过对“指导性案例”等制度的学理性构想形成对抽象司法解释的替代。[①] 例如有的学者认为应当限制,乃至逐步废除抽象司法解释的制定模式,从推行实质的指导性案例制度入手,实现统一全国司法裁判尺度的同时,增强法官适用法律的能力,从而应对社会变迁对司法运作提出的挑战,打破“机械司法”与群众对正义认知之间的隔膜。[②] 然而事与愿违,虽然被官方和学者抱有极高的期待,指导性案例制度在现阶段并未呈现理论设想的积极效果,延续了抽象司法解释的制度路径,成为抽象司法解释的延伸。这在一定程度上说明了刑事司法实践运作的变革不仅牵涉司法制度的变革,而与刑事司法依赖的实体性知识结构及其转型存在直接关联。

因此,如果将实体性的犯罪判断模式及其知识结构看作司法改革不可缺少的组成部分,那么刑法教义学在我国的发展无疑也隐含了学者对破除我国司法体制上“行政化”以及司法实践中司法解释“依赖症”的殷切期待。刑法研究者普遍认为,司法参与者,特别是法律共同体努力学习和掌握刑法教义学知识体系能够促动司法现状从微观层面展开的“自下而上”的变革,逐步扭转司法机关不注重具体案件论证和说理的现实,增强案件审理的“亲历性”,从而“倒逼”司法制度上的调整与创新,最终实现国家犯罪治理的法治化。

即使满载学者的愿景,现有刑法教义学作为知识体系是否能够肩负起推动上述司法改革目标实现的重担?

如前所述,作为犯罪论体系的重要组成部分,构成要件理论及其类型化学说已经影响到现实司法的运作,并在司法解释“参照适用”的问题上发挥了限制司法恣意的效果。但是上文在论证中也指出,这种理论与实践的“结构耦合”为现有司法解释制度提供了背书,而非批判性的

---

① 例如,苏力就透过对奸淫幼女司法解释的分析带出了其对最高法院的社会功能和政治功能的研究。很明显,苏力希望按照英美法系中上诉法院的角色定位去制度化我国最高法院的角色和功能,但是他的这种借鉴又不是纯粹的照搬,而是严格限定在我国现行的政治与宪制下的。参见苏力:《司法解释、公共政策和最高法院——从最高法院有关“奸淫幼女”的司法解释切入》,载《法学》2003年第8期。

② 参见宋晓:《裁判摘要的性质追问》,载《法学》2010年第2期。

反思。沿着这一进路我们将会发现刑法教义学的现有体系无法承担刑事司法制度改革在犯罪治理实体性上的知识需求。

通常对司法解释的质疑在于其抽象性,学者批判最高司法机关用一种近似“立法”的技术对具体司法中案件是否构成犯罪采取了一种近乎“独断”的评价与指示,从而也就忽视了法律规范效力形成所依赖的具体案件事实与情境,司法解释由此被视为一种“行政化”的命令。通过这种反思和批判,学者进一步认为,只有注重具体案件的特定情节,注重对案件事实反映的法律问题进行充分说理,才可能真正实现案件审理的“司法性”,丰富法官的裁判智慧,增强法官独立思考的能力。①

学者的上述论证具有合理性。然而,如果进一步将“司法过程”中的“说理”,或者说司法的“亲历性”置换为刑法教义学知识体系,则不但不能实现学者对司法实践改革的理论构想,还有可能加深司法环节的“独断专行”。

研究者必须注意理论在实践中的功能与定位。以构成要件理论为代表的刑法教义学毫无疑问能够指引司法者对案件中具体行为及其情境展开判断,在一定程度上简化司法者面对大量常规案件的工作流程,促进司法效率。② 因此,犯罪论体系必须以构成“要件”的形式展开,以便诉讼参与各方认定案件的基本事实与法律,其对司法过程的延续具有提供基础共识的功能。

然而,作为科学研究,或者说作为试图将刑法学研究纳入科学轨道的刑法教义学无法与实践中作为提升裁判效率、简化论证内容以及提供基础共识的工具性的知识体系实现同步化。正如波斯纳所指出的,因为在有限的时间以及其他一些外在与内在因素的限制下,法官不可能像法

① 参见储槐植:《刑事一体化论要》,北京大学出版社2007年版,第125页。

② 其实,部分刑法规定,部分司法解释也是在提示与指引司法参与者,加快司法效率,与这里的构成要件的指引功能相似。例如,有学者就指出刑法上的补充规定(“本法另有规定”)就是一种指引示的规定,意在提醒司法人员注意其他犯罪构成要件中也可能含有相似的情形。参见黄荣坚:《基础刑法学》(下),中国人民大学出版社2009年版,第587页;陈洪兵:《不必严格区分法条竞合与想象竞合——大竞合论之提倡》,载《清华法学》2012年第1期。

学教授那样对一个细小的问题查阅大量的案例和学术文献后,再进行宏观与微观相结合的司法判断。司法必须"有结果",必须有满足社会需求、基本符合当事人所提供的证据的法律论证。① 换言之,当法学产生疑问的时候,法律实践意在终结所有的不确定。②

将刑法"规范性"作为研究对象,而非实践目标的刑法教义学则包含对法律应当性的哲学认识论思考,其目的在于使刑法学无限接近"纯粹科学",并以此证立作为社会存在的刑法在本体论和认识论上的"自治"属性。阿列克西将这种描述有效现行法律的学科看作法学的本义,③川岛武宜将法视为意识形态的科学主义。④ 作为科学研究的刑法教义学反映了现代法学以实证主义为起点的自我观察,表达了刑法学在研究范畴和研究方法上力图与政治、宗教等传统社会本体论与知识论相分离的主张。易言之,作为科学的刑法教义学试图实现对"刑法是什么"的描述性研究。因此,其是一种认知性,而非实践性的活动。⑤

当然,从外部进行观察,作为科学认知活动的刑法教义学并非没有价值判断。正如学者指出,即使法律实证主义放任事实性的法律,而有意抛弃法律的有效性,或者说规范性维度,法律的有效性向度,依然存在。⑥可以说,对"刑法是什么"的科学描述本身就表明了现代科学与传统社会领域的价值差异。"所谓科学的价值中立和客观性问题,只有在社会性活动中通过相互主观性的争辩批判过程才能逐步加以解决,不可能一劳而永逸⑦"。社会学家塞尔比(Susan Silbey)指出,对刑法以及犯

① See Richard Allen Posner, *How Judges Think*, Cambridge, Harvard University Press, 2010.

② 参见[荷]扬·斯密茨:《法学的观念与方法》,魏磊杰、吴雅婷译,法律出版社2017年版,第91页。

③ 参见[德]阿列克西:《法律论证理论》,舒国滢译,中国法制出版社2002年版,第311页。

④ 参见季卫东:《法治秩序的建构》(增补版),商务印书馆2014年版,第393页。

⑤ 也有学者将刑法解释分为认知性的与表达性的,后者更加注重刑法解释的弹性,以及案件事实与法律规范之间的互动确认。参见石聚航:《利益法学立场下刑法目的解释的适用》,载《法学论坛》2017年第2期。

⑥ 参见高鸿钧:《心寄治邦:法理学论集》,法律出版社2015年版,第120页。

⑦ 季卫东:《法治秩序的建构》(增补版),商务印书馆2014年版,第397页。

罪的描述,本身就带有规范意义以及意识形态效果。① 作为科学的刑法教义学对刑法运作的“客观性”认知本身就具有型构现代刑法价值取向与规范性判断的效果,其深刻影响到刑法实践,促动了科学认知体系与司法实践系统的结构耦合。主观评价更是可以事实陈述的面貌出现。② 因此,构成要件是一种社会科学意义的构建,同时也是舒茨所谓社会世界意义上的构建。构成要件理论以一套概念体系同时作用于刑法教义学研究与刑事司法实践便是这种结构耦合的重要例证。

这种结构耦合带来了诸多正面效果。刑事司法实践中出现的问题,能够不断为科学的教义学体系的丰富提供信息激扰(irritation),而科学的刑法教义学体系在哲学本体论与知识论上的演进也会进一步夯实刑事司法实践的智识资源,从而使司法实践能够更好地拒斥来自体系外部的政治等非法律因素的干扰,极大地提升刑法运作的独立品格,彰显刑法的社会权威。教义学的“实践”面向,或者说教义学研究与法律实践的互动,使法律的评价趋于稳定,至少是变得可以反思并予以测定。

然而,在发挥正面效果的同时,科学认知主义下的刑法教义学与实践理性主义下的刑事司法运作的耦合也使两者间的体系性差异被严重忽视。这也是司法解释及其“参照适用”问题在实践中始终无法被化解,甚至得到刑法教义学中认知主义背书的原因所在。若要进一步探究司法解释“参照适用”背后的逻辑,需对刑法教义学与司法实践这两种社会体系[科学(学术)体系和法律体系]之间的差异进行更深入的分析。

---

① See Sunsan Silbey, “Mutual Engagement: Criminology and the Sociology of Law”, *Crime Law & Social Change*, Vol. 37, No. 2, 2002, pp. 163 – 175.

② 参见[德]埃里克·希尔根多夫:《德国刑法学:从传统到现代》,江溯等译,北京大学出版社2015年版,第76页。

三、错位的结构耦合:刑法实践与理论的系统性差异及其当下表现

刑事司法运作具有实践性,是一种由多方主体参与形成的法律运作;而作为科学认知体系的刑法教义学虽然也被研究者描述为一种对司法案件进行法律判断的活动,但是其演进的动力却非"法与非法"的判断。刑法教义学研究者在寻求更为合理的犯罪论构造时,其实际所遵循的系统符码乃是科学研究中"真与非真"的判断。①在对犯罪论体系进行不断革新的过程中,研究者不断尝试更为"科学"的进路对"刑法是什么"进行描述。正如学者所言,根据这种将法律视为一种体系的特殊观点,法学的重点在于描述,学者应当尽量避免对法律应当是什么作出规范性的表述。②但是,由于研究者并未能准确区分描述性研究与规范性实践,在对"是什么"进行科学描述的同时,刑法研究者往往将这种描述性的工作转化为规范性的话语,将对法律体系形式化、无矛盾的构建过程转化为规范性的法律意识形态。③法学研究通常以描述立法或司法判决为导向,伴之以对立法机关或法院决定正确与否的探讨。④或者说,由于法律系统化描述在影响着法律的实践,这就使法律描述总是规范性的,甚至这种转变没有被描述者意识到。⑤

---

① 社会科学的研究对象具有构建性,因此,包括法学在内的社会科学在判断真与非真的过程与自然科学有所不同,其必须关注对现象的"意义"。人类行动不再被描述为本体性的自然特征,而是通过"意义"来定义。参见[德]卢曼:《法社会学》,宾凯、赵春燕译,上海人民出版社2013年版,第59页。

② [荷]扬·斯密茨:《法学的观念与方法》,魏磊杰、吴雅婷译,法律出版社2017年版,第16页。

③ 参见[法]路易·阿尔都塞:《论"法"》,吴子枫译,载《马克思主义美学研究》第17卷第1期,中央编译出版社2014年版,第274页。

④ [荷]扬·斯密茨:《法学的观念与方法》,魏磊杰、吴雅婷译,法律出版社2017年版,第49页。

⑤ 参见[荷]扬·斯密茨:《法学的观念与方法》,魏磊杰、吴雅婷译,法律出版社2017年版,第20页。

当刑事"实践过程"被等同于"求知过程",当司法的"价值竞争"被"真理判断"掩盖时,[①]实践与理论错位的结构耦合形成了。也就是说,在实证法条件下,对"刑法规范性"这一核心问题进行描述的同时,刑法教义学研究者也将其视为"刑法规范性"本身,从而也就悄无声息地完成了从科学性认知向规范性价值判断的转化。如果说司法解释制度是这种转化显著的例证并对现实司法论证产生显著的"支配",那么刑法教义学则对司法论证产生"暗中支配"。[②]

由于价值判断与事实判断有着同样的语言形式,二者经常混杂在一起,此时,人们往往忽视二者背后迥异的基础。[③]毫无疑问,在"是"与"应当"之间存在巨大的鸿沟,两者之间不能产生直接的沟通与转化。[④]换言之,刑法理论与社会生活的距离虽然令人遗憾,但是"当我们试图通过对目的、价值和利益的强调拉近生活与科学、实践与理论距离时,一种普遍性的确定性的法律和真理又摇摇欲坠[⑤]"。刑法教义学研究中将价值与事实进行的转换混淆了描述性判断与规范性判断、科学系统符码与法律判断符码、法律的外部观察视角与法律实践的内部视角之间所具有的差异。

---

① 参见强世功、赵晓力:《双重结构化下的法律解释——对8名中国法官的调查》,载梁治平主编:《法律解释问题》,三联书店1998年版,第244页。也有学者指出,法律人的功能并不在于去创造或者生产法律,而是在于对社会规范进行选择,将其作为有约束性的法律,并且赋予其象征性地位。参见祁春轶:《国家治理中法律对期望结构的分辨和选择》,载《法学》2015年第12期。

② 法律论证的"暗中支配"概念来自阿列克西(Robert Alexy)的法学对话(论证)理论。在其看来,司法论证中的对话是否不受宰制,问题不在于公然限定主题或是公然限定讨论参与者的资格,也不在于公然地行使那些自始就会让对话因为不中立而折损信誉的支配与权威,而是在于暗中实施支配。参见[德]英格博格·普珀:《法学思维小学堂——法律人的6堂思维训练课》,蔡圣伟译,北京大学出版社2011年版,第169页。

③ [德]埃里克·希尔根多夫:《德国刑法学:从传统到现代》,江溯等译,北京大学出版社2015年版,第65页。

④ See Gunther Jakobs, Imputation in Criminal Law and the Conditions for Norm Validity, *Buffalo Criminal Law Review*, Vol. 7, No. 2, 2004, p. 493. 雅克布斯认为,"是"与"应当"的区分需放到社会沟通的视域下来考察,规范的有效性是指其对可能产生的社会沟通内容的支配意义,至于被理解为义务的规范是否有实效(effectiveness),对其效力(validity)并无影响。

⑤ 陈辉:《德国法教义学的结构与演变》,载《环球法律评论》2017年第1期。

刑事司法实践是对刑法规范性的法律判断与内部观察，其并不关心，或者在系统沟通上不以法学的科学性描述为连接点，其并不试图在科学认知的维度上对“刑法是什么”作出注解和论证；相反，刑事司法实践关注的是在过程性的系统沟通中，刑法应当如何对特定案件的法律属性与特定行为人的法律责任进行规制。正如学者所言，法律适用在概念上与法律教义学是可分离的，法律教义学仅限于分析性的、描述性的和体系性的活动与研究结论，其是价值无涉的，而法律适用没有适用者自己的评价就不可能进行，以至于它不尽符合价值无涉理论。①也可以说，描述与规范的视角是一种整体论与个别主义之间的区隔。②

当然，刑事司法实践中，对“应当性”的判断，必须借助外部知识。刑法教义学对刑法结构的认知成为实践的必要组成部分。但是，仅依靠科学认知无法完成刑法实践。卢曼将法律系统定位为社会的“免疫系统”（immune system），其稳定了一种通过合法/非法判断形成的规范期待，“法律科学”将这一功能装入理论，但也仅创造了司法裁判的前提条件。③ 进一步而言，对特定案件中“法律应当是什么”的判断无法简化为一种认知性的判断和描述性的话语。正如学者所言，通过法教义学给法官提供的这种“遮眼罩”，使法官可以忽略争议案件中各种具体行为所带来的各种可能和潜在的后果，从而大大降低了司法裁判的难度。④

然而，刑法教义学对法律规范的要件要素分析无法成为刑事司法个案的全部智识来源。法律思维，如果其具有实践性的面向，无法仅靠描

---

① 参见［德］埃里克·希尔根多夫：《德国刑法学：从传统到现代》，江溯等译，北京大学出版社2015年版，第73～74页。

② 参见［德］许迺曼：《批判德国刑法学思潮》，钟豪峰、彭文茂译，载许玉秀、陈志辉合编：《不移不惑献身法与正义——许迺曼教授刑事法论文选辑》，台北，新学林出版股份有限公司2006年版，第86页。

③ See Niklas, Luhmann *Social Systems*, Stanford, Stanford University Press, 1995, p. 374.

④ 参见泮伟江：《当代中国法治的分析与构建》（修订版），中国法制出版社2017年版，第27页。

述性的概念搭建起来。①作为科学认知的知识体系，刑法教义学仅为刑法实践体系，即法与非法的判断和系统纲要（刑法罪刑规范）的具体化展开提供了必要的外部信息，而不是刑法定罪量刑过程本身。作为多方主体，甚至是多种社会领域价值判断介入的刑事司法过程遵循司法实践机制，②必须在证据制度、庭审制度等特定的司法场域下展开，而刑法教义学认知活动展开的场域和认定"科学论证"的标准则与司法活动的过程性相去甚远。法官对案件法律性质的论证虽然在判决书中呈现认知性的特点，但判决书的论证仅是司法实践的尾声，我们不能将法官在判决书中的形式推理乃至实质价值判断等同于刑法教义学研究者对法律科学性的认知与描述。

如前所述，在司法过程中，不同的参与主体都会对"刑法应当是什么"呈现出价值判断上的差异，这种差异性正是现代社会复杂性与系统运作上的功能分化的必然结果，而刑法教义学作为多元社会中的一种系统运作，无法替代这种由于系统功能分化形成的价值差异与规范性表达的冲突。因此，在刑事实践中，面对这些相异的"应当性"判断，法官无法独享对司法过程及其结论的决定权，无法迫使诉讼参与各方接受科学认知模式下刑法教义学对法条的"自说自话"。③法官最终呈现在判决书中的论证与说理必须反映诉讼参与各方，乃至社会不同领域对具体案件

---

① See Richard Allen Posner, *The Federal Judiciary: Strengths and Weaknesses*, Cambridge, Harvard University Press, 2017, p. 377.

② 平面的刑法教义学与司法过程在规范性判断上的竞争也体现在近年来颇受学界关注的"媒体与司法关系"问题。抛开司法运作逻辑与媒体筛选信息机制的区别，刑法教义学对社会领域规范性表达的忽视在一定程度上制造了民众感受与司法知识的背离。See Benjamin L. Liebmean, "Watchdog or Demagogue? The Media in the Chinese Legal System", *Columbia Law Review*, Vol. 105, No. 1, 2005, p. 6.

③ 这种认知主义的观念也渗透到我国的"普法"活动中。其预设民众对法律近乎是无知的。有学者就指出，这种认知使得普者"独语"，与受众缺乏"对话"。参见王永杰：《从独语到对话——论当代中国法制宣传的转型》，载《复旦学报》2007 年第 4 期。我们在后述中将会指出，普法中展现的"沟通不畅"，在刑事司法过程中也有体现，并与这种认知主义息息相关。正如哈贝马斯对德沃金笔下的"独白式"的法官（解释）形象的批判。See Jürgen Habermas, *Between Facts and Norms: Contributions to a Discourse Theory of Law and Democracy*, NewYork, John Wiley & Sons, 2015, pp. 222 – 224.

法律规范性问题的表述,从而也就不可能将司法工作简化为认知活动。司法的论证结构无法单纯依据逻辑方法达成,而是要诉诸商谈、修辞等实践推理方法。①或者说,作为科学的法律在科学世界中所遵循的形式逻辑与社会世界中的经验基模相分离。②刑事司法的过程是以参与主体的"互动"(interaction)为取向的,在高度文字化与体系化的现代法律运作中,法律系统沟通的连接可能性与意义增殖非但不能脱离面对面的互动,甚至还愈发依赖这种最为基础的沟通模式。③吉登斯就认为,不同共同体或社会的成员之间的任何接触,无论涉及的范围多么广泛,都涉及了共同在场的情境。共同在场的情境总是互动的主要"承载情境",④也依赖于沟通主体之间对预先给予(pre-given)的世界所持的"理所当然"的理解。⑤ 正如从维特根斯坦哲学中的独我论中可以体会到,由于内在的特殊性,在关系结构中,在涉及个别关系的事实中,有些内容是可以言说的,而有些内容则是只能参悟而不可言说的。对于不可言说的部分的正义性的判断,很难按照外部的绝对标准来进行。承认有些事情是不可言说的,就等于承认在审判过程中法官不可能掌握案件的全部情节和信息(即使其法教义学功底深厚),也就不得不承认司法判断的局限性,不得不在相当程度上强调身处特殊情境中的当事人独立的感受、理解、承认以及心理满足。⑥ 易言之,作为实践的刑事司法无法通过犯罪论体系对分则罪名的"构成要件"的认知与分析完成。

当然,有人会提出意见,认为刑法教义学,特别是犯罪体系不仅包含

① 参见孙笑侠、褚国建:《论司法批复的解释论证功能及其局限》,载《浙江大学学报》(人文社会科学版)2009年第6期。

② 此处参考了舒茨对社会科学中经验基模的理解,具体可参见[奥]阿尔弗雷德·舒茨:《社会世界的意义构成》,游淙祺译,商务印书馆2012年版,第316~317页。

③ 参见[德]玛格特·博格豪斯:《鲁曼一点通:系统理论导引》,张锦慧译,台湾暖暖书屋文化事业股份有限公司2016年版,第405页。

④ 参见[英]安东尼·吉登斯:《社会的构成:结构化理论纲要》,李康、李猛译,中国人民大学出版社2016年版,第136页。

⑤ 参见刘剑涛:《现象学与日常生活世界的社会科学》,上海三联书店2017年版,第30页。

⑥ 参见季卫东:《法治秩序的建构》(增补版),商务印书馆2014年版,第116页。

“要件式”的成分,也具有“个别化“判断的违法性与责任阶层。但是,处于科学认知体系运作下的刑法教义学即使特别留意行为判断的不确定性与情境化,其依然不可能替代作为法律内部运作结构的“规范性判断”所具有的复杂性、多元性和过程性(实践性)。由于对犯罪“应当是什么”的规范判断必须结合具体案件的亲历,必须处于刑法运作的内部,任何非诉讼参与者与非利益相关者对司法活动的认知与描述都无法还原规范性判断的深层机制,刑法教义学无法“体会”,而仅仅能外部观察刑法实践。而在司法实践中,犯罪嫌疑人“有权要求判决要以他(对于重要事实)的看法作为判断的基础……行为人对于法律以及所侵害之法益的一般态度、其行为前后的态度,也都必须在判决时一并加以斟酌。唯有如此,才能达成一个合于个案与行为人人格的判决①”。这就进一步证实了刑法教义学将其对“刑法是什么”的描述性话语转化为“刑法应当是什么”的规范性话语时所忽视的两者之间的显著差异。

在这种不恰当的转化过程中形成的刑法教义学与司法实践的结构耦合也加深了司法机关在判定行为法律规范属性时对科学认知话语的依赖,确立了刑事司法解释制度在实践中的决定性影响,从而也就使最高司法机关向审理案件,而非仅仅制定司法解释的功能转变过程中,在实体性的刑法知识论上受到牵制。特别是在疑难案件的审理中,各级司法机关当下都面临所谓“法律效果”与“社会效果”如何统一的问题。从实践与理论两者间结构耦合的角度来看,疑难案件的审理恰恰暴露了现实司法实践没有储备充足的知识,仅仅依赖科学认知模式下的刑法教义学无法应对真实司法案件中必须予以衡量的各方利益与价值冲突。对分则构成要件中立性描述离开了教义学运作的科学场域,在刑事实践中,至多是一种规范性判断的信息依据,甚至有可能成为阻碍诉讼各方参与者表达自身规范判断的因素。特别是当这些描述性的话语进入司法解释运作机制,将司法机关的价值判断与规范性言说转变为看似“中立”的犯罪构成概念时,极有可能引起其他参与诉讼方乃至社会民众对

① [德]英格博格·普珀:《法学思维小学堂:法律人的6堂思维训练课》,蔡圣伟译,北京大学出版社2011年版,第175页。

教义学的反感。这并非否认教义学的科学性与研究者对真理的不懈追求,而是反映了司法过程的参与者对认知性话语进入司法体系时所呈现的"独断性"的排斥。

相似的情况也发生在实践性知识、经验乃至无法普遍化的个案信息进入刑法教义学体系时所遭到的批判。刑法教义学体系基于自身科学属性,本能的排斥实践性思维与智识进入科学体系运作,甚至将这些实践中产生的沟通视为破坏刑法"客观性"的因素,从而也就错失了借鉴其他系统资源丰富与革新自身认知结构的机会,变得越来越封闭,成为各种内部学说"自说自话"的代表,在一定程度上背离了现代实证科学范式革命的基本逻辑。有学者深刻地指出,刑法理论体系已经走上了自闭和孤立的道路,它与包含着政治过程、公共事务和政治文化等复杂要素的社会系统渐行渐远,甚至处于边缘化的地位,①正因如此,它在顾影自怜的同时所考虑的问题通常是它自己的问题,而不是社会提出来的、需要它予以积极回应的问题。它既不能感知社会的现实需要,也无法有效处理社会实践中的矛盾和冲突。②这显然不是法教义学对实践激扰的理想状态。因为当包括刑法在内的法律系统成为调整社会主要规范的时候,其与社会需要之间的内在联系,也就其应当具有的柔和与亲切的颜色需要被凸显出来。③

简而言之,刑法教义学与刑事实践在现阶段的结构耦合没有形成良性互动,不能够帮助我们破除司法解释对刑事实践活动的负面影响,也无法为刑法教义学体系更新提供源源不断的外部信息。相反,这种错位的结构耦合使司法制度层面的改革流于形式,多数学者的批判性研究并

---

① 刑法理论对社会生活的规避,在一定程度上,也辐射到刑法实践上。以正式的、制度化与组织化程度较高的正式司法与行政体系为参照系,未经制度化,即理性化程度较低的社会生活实践成为法律交往的边缘。See Jürgen Habermas, *Between Facts and Norms: Contributions to a Discourse Theory of Law and Democracy*, NewYork, John Wiley & Sons, 2015, pp. 168 – 193, 238 – 286.

② 参见童德华:《刑法理论体系的开放发展——基于民意的建构性论证》,载《法学评论》2014年第5期。

③ 参见胡水君:《法律与社会理论中的价值批判和理性建构》,载《清华法治论衡》第12辑,清华大学出版社2009年版,第357页。

没有看到刑法实践与刑法教义学在实体性知识结构层面存在的问题。这也进一步解释了刑法司法解释"参照适用"问题没有引起足够重视的深层原因。若错位的结构耦合持续发酵,必然影响"在每一个案件中实现公平正义"司法改革总体目标的实现进程,也必然阻碍我国刑法学转型的步伐。

四、从分析走向辩证综合:刑法实践与教义学关系的修正

这是否意味着在改革现有司法解释体制的过程中,为了避免理论与实践错位的结构耦合,需放弃现有刑法教义学体系,以经验性、情境化、全盘实质化的知识体系重塑科学系统对司法过程的描述,从而使刑法研究更好的促动司法实践,促进公平正义的实现?

这并不可行,也并非本文上述论证所要表达的观点。放弃现有刑法教义学知识体系,仅仅依靠实践经验与程序性的司法制度构建同样无法实现刑事司法的正义。庭审实质化不仅需要激活诉讼参与各方的程序性权利,也预设各方参与者针对特定案件的实体性、竞争性的法律规范性主张能够产生良性的互动和交锋。正如学者所指出的,如果说哲学和其他"科学"的主要目的是追求"真理"的话,法学的目的则是追求"理解"。①如果放弃现有刑法教义学为司法实践提供的外部信息与知识结构,即使在司法制度上构建了最佳的"对话"机制,参与主体之间对话的实质内容也将无法形成基本的共识,甚至无法分享各自的概念体系,当然更谈不上正义的过程性实现。②围绕"刑法应当是什么"进行的实体话语构建及其互动所需要的知识结构只能在现有刑法教义学体系下进行补充、修正和完善。

---

① 参见郑戈:《法律与现代人的命运:马克斯·韦伯法律思想研究导论》,法律出版社2006年版,第23页。

② 正义概念,或者说"正义感"(sense of justice)在实质内容上的不稳定性。See Max Weber, *Economy and Society: An Outline of Interpretive Sociology. Vol.* 2, Berkeley, University of California Press, 1978, p. 759.

在笔者看来,作为实践的定罪量刑过程一般需要具备三个阶段:初步综合判断、行为要件分析以及最终综合判断,也就是总—分—总的辩证综合过程。

在这一过程中,基于构成要件理论形成的对分则罪名的分析阶段不可舍弃,作为科学认知的刑法教义学体系与刑事实践之间的结构耦合,犯罪论体系对常规案件的处理有效率上的优势。此外,对于疑难案件,犯罪论体系的分析性认知也能在一定程度上凝聚各方诉讼参与者的共识。

不过,也正是在疑难案件中,当下理论与实践结构耦合之错位逐步显现出来。因此,必须依托辩证思维在犯罪论分析前后进行综合。对这些案件中行为是否构成犯罪的应当性判断,各方诉讼参与主体会根据自身掌握的证据,站在自身的价值判断立场,在犯罪论分析认知过程之前,首先作出对"犯罪概念"(或者说"何为犯罪")的综合性价值判断,在犯罪论体系分析之后,法官还需要根据各方主体的分析结论,综合判断,给出最终的司法结论。这一辩证综合的司法过程可以当下错位的结构耦合。

首先,确立刑法实践与刑法教义学的关系应当明确分析性的科学认知无法替代规范性的司法过程判断,将司法过程描绘为"文本解释"的刑法教义学不能实现刑法的动态与立体实践。①特别是在新型案件与疑难案件中,司法解释与平面化、认知主义的刑法教义学的结构耦合往往忽视了辩方对行为规范性判断的言说,使外部政策性因素更容易进入司法审判阶段。这还使司法中创造规范的行为非常接近政策性行为。②例如,我国首例将发放高利贷入刑惩治的涂汉江案,就是在相关法律、行政法规没有将发放高利贷行为的构成要件以及行为的违法性进行明确规定的前提下,由公安机关会同中国人民银行、最高人民法院刑二庭共同

① 这种例证很多,比如:"如果说'入户后抢劫'的表述读不出入户就是抢劫的意思,那么,我们完全可以从'入户抢劫'的表述中读出入户就是为了抢劫的含义。"参见张明楷:《刑法学》,法律出版社2016年版,第991页。

② 参见季卫东:《法治秩序的建构》(增补版),商务印书馆2014年版,第131页。

拟定的意见。① 而这种借助教义学认知主义的"解释"恰恰遮蔽了其背后司法场域权力竞争的局面及其后果,②"给规范原则非法的虚拟科学的幌子③。"

其次,必须正视现实司法的复杂性、不确定性与递归性,④这主要体现在前述司法过程的辩证统一(综合)判断之中。为了更好为这种司法过程提供智力资源,刑事司法运作不仅需要与作为科学系统的刑法教义学产生结构耦合,而且还需要不断接纳其他社会领域的激扰,构建可以容纳不同价值判断的开放性实践体系,将这些外部资源转化为刑法应当性判断的质料。正如罗克辛教授正确地指出,刑法教义学要探讨的是依特定的秩序原则而进行的"价值选择"。⑤魏德士教授也指出,从教义学法续造的功能上看,它不应当保持一种评价中立的分类系统。⑥这在一定程度上也会间接激扰刑法教义学体系的开放,帮助其走出"自说自

---

① 参见刘伟:《论民间高利贷的司法犯罪化的不合理性》,载《法学》2011 年第 9 期;2013 年 1 月 13 日最高人民法院刑二庭《关于涂汉江非法从事金融业务行为性质认定问题的复函》。即使相关机构在拟定意见时倾听了各利益主体的呼声,但由于以一种"权威性"的口吻替代了司法的过程,这种认知主义模式下的裁判意见无法反映出实际案件中各方主体规范性判断的模糊性与不确定性。

② 布迪厄的法律场域理论(juridical field)也认为,法律漏洞是司法实践者在司法场域竞争过程中通过对实践进行反思、重构以及形式化的过程中所要填补的实践中的空隙。See Pierre Bourdieu, "The Force of Law: Toward a Sociology of the Juridical Field", *Hastings Law Journal*, Vol. 38, No. 1, 1986, p. 825. 不过,这里的权力竞争与司法解释运作机制上的行政权力主导具有相当大的差异,前者包括了各种社会资源构成的权力,或者说是一种实践的技术,而后者更侧重于基于国家机构上行下达的权威。

③ [德]埃里克·希尔根多夫:《德国刑法学:从传统到现代》,江溯等译,北京大学出版社 2015 年版,第 76 页。

④ 司法过程的不确定性是由于参与各方对行为法律符码的判断存在价值差异,并不意味着司法活动的非透明性。恰恰相反,过程性的展现诉讼参与各方对规范性的差异,能够使得最终司法裁判变得可被观察。参见黄韬:《公共政策法院:中国金融法制变迁的司法维度》,法律出版社 2013 年版,第 63 页。正如泮伟江所指出的,如果我们将司法决策看作是一个过程,而不是最终的结果的话,那么我们也可以说,对司法决策进行评价的标准,主要不是从后果的"正确性"的角度进行评价,而必须是从决策过程的合理性的角度进行评价。泮伟江:《法律的二值代码性与复杂性化约》,载《环球法律评论》2017 年第 4 期。

⑤ 参见[德]克劳斯·罗克辛:《刑事政策与刑法体系》(第 2 版),蔡桂生译,中国人民大学出版社 2011 年版,第 53 页。

⑥ 参见[德]魏德士:《法理学》,丁晓春、吴越译,法律出版社 2013 年版,第 142 页。

话”的误区。

最后,刑法研究与刑事司法实践应当在对外部信息保持开放的同时,秉持自身符码判断与纲要构建的独立性。面对不同的系统运作,研究者与实践者必须明确两者之间在“可沟通性”(connectivity)组成要素上的本质差异。

基于上述反思,刑法教义学可以在以下几个方面进行自我调整,以适应变革社会对刑法学知识更新提出的要求,也在一定程度上加速修正其与刑法实践在当下错位的结构耦合:

第一,刑法教义学应当注重研究“前构成要件”的犯罪概念、行为概念与行为人概念。正如学者所指出的:“令人吃惊的是,很少有法哲学家对行为被判定为犯罪以前必须具备的条件提出过详细见解。评论家们对这一问题要么避而不谈,要么用陈词滥调来敷衍搪塞,或者不得不承认问题难以回答。由于解决这一问题没有可行性的理论,因此,刑法实践便步履艰难①。”对“前构成要件”环节的忽视,极易陷入抽象司法解释的框架中,无法为具体案件的实质论证与司法过程的辩证展开提供有益外部激扰。只要认识到构成要件符合性判断之前应有一个规范意义上的行为阶层,就不难理解司法解释“参照适用”问题应该发生于那些立基于统一行为规范之间的不同分则构成要件之间。② “前构成要件行为”概念应和“构成要件行为”概念分开。③ 前构成要件行为的研究必须围绕《刑法》第 13 条规定,将其作为控辩审三方规范性话语沟通的“共识背景”,也就是刑事司法过程的“定罪原则”,帮助我们理解犯罪罪质与罪量之间的关系,在构成要件判断之前考虑具体行为的具体情节与情境。④ 即使是在那些从构成要件上来看不包含定量因素的罪名,在具体

① [美]道格拉斯·N. 胡萨克:《刑法哲学》,谢望原等译,中国人民公安大学出版社 1994 年版,第 219 页。

② 这一观点来自和刘远教授的交流,特此感谢刘远教授。

③ 参见许玉秀:《主观与客观之间:故意理论与客观归责》,法律出版社 2008 年版,第 208 页。

④ 参见刘远:《规范 vs 法益:基于〈刑法〉第 13 条的司法逻辑分析》,载《甘肃政法学院学报》2011 年第 3 期。

案件的认定中，也需要将《刑法》第13条所体现的定罪原则植入司法过程。[①]“根据法官、起诉者、被告人之间的三角关系建立一个基于主体对话的体系结构[②]。”因为在传统教义学的认知模式中，辩护方如果不从“行为规范”进行说理，而仅仅围绕构成要件，很可能在司法过程中成为“弱势理论”。[③] 同时，这种研究应当充分借鉴社会各领域对其领域违反规范与法益侵害行为的规范性综合判断，在这里也就是要促进刑法教义学与其他社会认知与实践系统产生稳定的结构耦合。

同样，前构成要件的“行为人”构建同样重要，司法过程的参与者心目中对于构成要件包含的典型的行为人的形象或许并不一致，例如何为“持有枪支”的“持枪者”。即使行为人实施了符合构成要件的行为，但是，司法过程参与各方对何为典型的“持枪者”的理解依然可能存在差异，甚至是对立，而这种对典型的行为人形象的冲突，不是司法之外的事项，而是必须在司法过程中予以突出并充分沟通的。[④]

第二，在犯罪论实质化的演进过程中，对构成要件符合性之后的违法性与责任阶层判断应当更注重“规范违反说”的基本立场。行为的规范违反性将视角更多的投射在具体的情景与具体的行为人层面，其判断过程必须涉及刑法规范的意义能否被特定当事人认知。[⑤] 正如吉尔兹所言，“没有人比当事者更清楚自己，一个人必须有到溪流中游泳的经验

---

① 参见储槐植：《刑事一体化论要》，北京大学出版社2007年版，第101页。

② 童德华：《刑法理论体系的开放发展——基于民意的建构性论证》，载《法学评论》2014年第5期。

③ 弱势理论乃童德华教授提出的观点，其认为，按照主客体认识模式，法律事实与法律目的发现在很大程度上取决于裁判者，在公权力过于强大以致私权利严重萎缩的情景里，就会在裁判中形成强势理论和弱势理论，其中，被告一方的辩护意见和理由往往无发挥的余地，这是典型的弱势理论。参见童德华：《主体间性理论对刑法现代化的再造》，载《当代法学》2017年第3期。笔者认为，弱势理论的“弱”不仅仅体现在权力对比上，还体现在司法过程采取怎样的认知模式。

④ 对“规范性的行为人类型理论”，可参见车浩：《刑法教义的本土形塑》，法律出版社2017年版，第293页。但是笔者不同意车浩认为这种行为人形象的构建，能够依靠认知主义下的单一“解释者”完成，在司法逻辑中，对此问题的解决，必然通过一种主体间的沟通，而非认知模式实现。

⑤ 参见黄荣坚：《基础刑法学》(上)，人民大学出版社2009年版，第88页。

激情,随后他才能有这种幻觉经验[①]。”也正如雅科布斯所指出的,期待是角色的一部分,行为规范是对处于一定角色之中,作为角色承担者的相关行为者的要求,而不是与角色无关,只存在于其心理和生理的独特性之中的抽象行为人的要求。[②]也正如韦伯所言,科学分析无法穷尽现实世界的“具体性”(concreteness)。[③]在司法过程中,法官对案件的认知不再仅仅是判断行为是否符合社会行为规范,而是必须在系统二阶观察的层面上进行“法律判断”,从而使行为规范能够在法律系统中获得确认。相对于抽象的、普遍的,以及“局外人”视角的法益侵害说,规范违反说与具体刑事司法实践,特别是辩方的立场具有亲和性。这在一定程度上,能够拓宽较为薄弱的辩方话语在刑法司法过程中的展开。此外,除了案件参与主体外,行为规范沟通的对象也包括一般民众,其目的在给予其一种期待,使其可以安心地与其他市民进行社会沟通。[④]说得极端一点,“一部健全的法律第一个要求是它必须回应社会的实际感受与要求,无论这些感受与要求是对是错[⑤]。”所以行为规范是一种展望性的规范,具有未来的时间维度,[⑥]对于展示和维持刑法的社会功能具有“法益侵害”视角无法达成的功效。

---

① [美]吉尔兹:《地方性知识:阐释人类学论文集》,王海龙、张家宜译,中央编译出版社2000年版,第74页。

② 参见格吕恩特·雅科布斯:《行为 责任 刑法:机能性描述》,冯军译,中国政法大学出版社1997年版,第40~41页。

③ See Max Weber, *Economy and Society: An Outline of Interpretive Sociology. Vol.* 1, Berkeley, University of California Press, 1978, pp. 200-201, 211.

④ 按照高鸿钧老师的概括,法官必须面对双方当事人、一般社会大众和舆论以及法律共同体三种听众来论证判决的合理性。参见高鸿钧:《无话可说与有话可说之间——评张为人先生的〈中国传统的司法和法学〉》,载《政法论坛》2006年第5期。韦伯对法官裁决时,对公众的阐明义务也有阐释,See Max Weber, *Economy and Society: An Outline of Interpretive Sociology. Vol.* 2, Berkeley, University of California Press, 1978, p. 893. 季卫东也认为,“普遍的听众”是司法达成其最终效果:说服的最为关键的因素之一。而说服的技术不存在形式逻辑上的普遍性,而是一种互相作用,参加议论的各方必须有在被说服之后修改或放弃已见的思想准备。参见季卫东:《法治秩序的建构》(增补版),商务印书馆2014年版,第104~105、420页。

⑤ [美]小奥利弗·温德尔·霍姆斯:《霍姆斯读本:论文与公共演讲选集》,刘思达译,张芝梅校,上海三联书店2009年版,第113页。

⑥ 参见李茂生:《风险社会与规范论的世界》,载《月旦法学杂志》第173期,第151页。

第三,刑法教义学的革新不仅应当根据“目的理性”等原则构建教义学与刑事政策之间的互动,也应当将生活场域和经验性的知识纳入开放的刑法学体系构建。并非理论性的知识才是知识,知识在系谱学之下被视为一种话语争夺,是充满竞争和断裂的,知识在一定程度上也是一种实践。① 刑事政策的刑法化在本文看来就是传统认知主义的教义学与刑法实践(价值判断)之间关系重构的突出表现之一。只是这种革新的结构耦合,即刑法教义学的刑事政策化,仍然没有恰当地反映出双方对各自拥有的知识体系的相互需求。刑法教义学面对刑事政策的开放性在一定程度上说明了现代科学认知真理的标准也从绝对标准走向相对标准,从新康德主义哲学转向现象学。要进一步促成教义学认知标准的范式革命,不仅需要考察基于实证法“客观目的”所形成的犯罪论体系上的预防必要性、风险控制等功能刑法观,还需要借鉴现象学对生活世界的重构,将实践性、经验性、情境性乃至悖论性的话语纳入科学判断的纲要之中。

现象学抛弃了大而无当的结构假设,又承认了人们行动的既存意义。②这对于重新理解犯罪论的“结构”意义,具有颠覆效应。由现象学呈现的社会构建论认为,日常生活中的现实是一个互为主观的世界。个体与他人在持续不断地沟通,对同一个存在的诠释进行沟通。③ 每个目的都以生活世界为前提,就连那种企图在科学真实性中认识生活世界的普遍目的,也以生活世界为前提。④生活世界与分析世界是有距离的。一个是概念化的、简略的、静态式的关系描述,另一个是实践性的、复杂的、动态的生活过程。它们是不同的,但不是矛盾的,任何分析世界必须

---

① 参见刘北成编著:《福柯思想肖像》,中国人民大学出版社2012年版,第154页。

② 参见渠敬东:《缺席与断裂:有关失范的社会学研究》,商务印书馆2017年版,第96页。

③ 参见刘洋:《循庸问恶:庸常规则、道德无涉与国际法》,载《中国法律评论》2017年第3期。

④ 参见倪梁康:《现象学及其效应:胡塞尔与当代德国哲学》,三联书店1994年版,第131页。刑法教义学描述的方法可以被视为胡塞尔批判的“自然态度”,也就是一种“独断的态度”。当人们仍处于自然态度中时,是不能进行自我批判的。参见[美]维克多·维拉德-梅欧:《胡塞尔》,杨富斌译,中华书局2014年版,第74页。

以生活世界为基础。①但是,任何系统运作又都是在日常实践中完成的,刑事实践的日常性与系统性呈现交织状态。

法律的实际意义和最终形式产生于带有不同价值信念、知识结构及其他特殊主观独特性的解释者在这一场域的交流过程中。②正如法律现实主义者所言,这种法哲学观念不是相对主义,而是观点的交流与交锋。③即便解释可能被认为是发生在单个读者的意识活动,属于意识系统的运作,论证却无论如何是发生在多个行动者之间的沟通行为,属于社会系统内的运作。④ 日常生活意义构建的互为主体性⑤能够激扰过程性的刑事司法与事务性的行政活动(也包括行政化的抽象司法解释体制),对实现人民群众认可的刑事司法公平正义具有助益。例如,有的学者通过社会系统论将基本人权(fundamental rights)界定为生活世界与法律实践的结构耦合。⑥打破或者至少在一定程度上消解交往行为与目

---

① 参见张静:《"格雷瑞事件"引出的知识论问题》,载《清华社会学评论》2000 年第 2 期。这也和生活中的可预测性与不可预测性的交织及其对社会科学解释论的影响有关。See Alasdair Chalmers MacIntyre, *After Virtue*, Notre Dame, University of Notre Dame Press, 2003, p. 103.

② 参见郑戈:《法律解释的社会构造》,载梁治平编:《法律解释问题》,法律出版社 1998 年版,第 85 页。

③ See Allen Mendenhall, *Oliver Wendell Holmes Jr. , Pragmatism, and the Jurisprudence of Agon: Aesthetic Dissent and the Common Law*. NewYork, Bucknell University Press, 2016, p. 127.

④ 参见宾凯:《庭审制度改革的司法决策悖论》,载季卫东等:《中国的司法改革:制度变迁的路径依赖与顶层设计》,法律出版社 2016 年版,第 356 页。

⑤ 现象学通过对主体间性的考察,指出他者(直接或间接)的到场以及互动双方的意义构建并不具有绝对的确定性,目的动机与原因动机并不能完全相互匹配,意义只能以接近呈现的方式加以呈现,社会关系始终带有空隙和裂痕。渠敬东:《缺席与断裂:有关失范的社会学研究》,商务印书馆 2017 年版,第 2 页。

⑥ See Katayoun Baghai, "Privacy As a Human Right: A Sociological Theory", *Sociology*, Vol. 46, No. 5, 2012, pp. 951 – 965. 这种借助系统论的外部视角考察(反思)法教义学与刑法实践结构耦合的方法基于其对现代社会功能分化(functional differentiation)的定位,激活了法教义学与外部知识、法律实践与外部环境的互相干扰(interpenetration)。See Richard Nobles, and David Schiff, "Taking the evolution of legal doctrine seriously: Review of Katayoun Baghai, Social Systems Theory and Judicial Review: Taking Jurisprudence Seriously (Farnham: Ashgate, 2015)", *International Journal of Law in Context*, Vol. 13, No. 1, 2017, p. 116.

的/策略行为之间的矛盾。[1]这一洞见能够帮助我们改造比例原则(principles of proportionality),并植入司法过程与司法论证中,从而调整对法益评判与法益衡量的教义学规则。[2]

五、结语

抽象司法解释及其“参照适用”的现象,为我们重新理解刑法实践与刑法教义学关系提供了一个切入口。运用一种外部观察的视角以及系统思维的方法,我们通过这一切入口窥视了当下我国刑事司法实践与刑法教义学之间存在的错位结构耦合,并提出了一系列修正两者关系的建议。需要明确的是,本文并不是对刑法教义学知识论体系的否定,我国处于社会主义法治形成与发展的关键时期,刑法教义学是我们理解当下中国社会刑事法治结构与运作模式的重要参照。同样,本文对抽象刑事司法解释的批判也并非全然否认其存在的合理性。在一定程度上,没有司法解释制度,刑法教义学的积极功能及其法治意义在当下中国也难以实现。利用结构耦合这一外部理论视角,本文是在肯定上述知识体系的基础上,针对当下刑事司法在程序和实体改革目标,从理论上进一步展开分析,以求充分利用现有的制度与学术资源,实现变革社会中刑法理论与实践的良性互动。

---

① 参见车浩:《刑法教义的本土型塑》,法律出版社2017年版,第177页。

② 在系统论看来,司法论证中的利益衡量都是针对个案的,法律科学无法还原具体案件情境下的利益衡量,只能描述其外部社会结构因素。具体利益衡量中所得出的规则很难被一般化(generalized)。See Niklas Luhmann,“Legal Argumentation: An Analysis of Its Form”, *The Modern Law Review*, Vol. 58, No. 3, 1995, p. 297.

《法律和社会科学》(2018)
第17卷第2辑,第144~169页

刑事司法中的“文化抗辩”

张剑源*

摘要:文化抗辩是指特定个体在被提起刑事诉讼时,被告人及其辩护人提出抗辩以声明被告人的行为由于符合所属社群文化,乃是“事出有因”,进而向法院提出无罪从轻或减轻判罚请求的一种现象。在刑事诉讼中,被告人及其辩护人提出“文化抗辩”的情况并不鲜见。法官往往通过对此“文化抗辩”内容的真实性、被告人行为与文化和风俗习惯的关联性、被告人行为的社会危害性等,来综合考虑是否对其予以采纳。“文化抗辩”在刑事司法审判中的发生,与中国基层法院追求司法审判之社会效果密切相关,同时也与人民法院积极参与落实国家政策密切相关。

关键词:文化抗辩　刑事司法　风俗习惯　社会效果

---

* 云南大学法学院副教授。本文系国家社科基金项目“西南边疆民族事务治理法治化研究”(项目编号:15BFX043)、国家民委民族研究项目“加强各民族交往交流交融的司法保障研究”(项目编号:2018—GMI—003)阶段性成果,研究还受到云南大学“青年英才培育计划”资助。

一、导　论

(一)问题

2016年2月19日,79岁的河北省赵县南杨家庄村“古火会”会头、河北省非物质文化遗产项目“赵县五道古火会”代表性传承人杨风申老人在制作古火会上需要的“梨花瓶”(一种烟花)时被警方拘留,后被法院以非法制造爆炸物罪判处有期徒刑4年6个月。一审判决后,该案在社会上引发广泛关注和讨论,特别是该案中有关法律与民俗文化之间冲突的问题更是引人关注。有论者指出,赵县五道古火会属非遗项目,传承民俗文化,杨风申老人不应获此重刑;还有的认为,这“实际上反映的是一些古老民俗文化与现代秩序发生的激烈冲突①。”虽然二审作出了对杨风申免予刑事处罚的决定,然而二审依然认定了杨风申犯非法制造爆炸物罪。②可以说,当这些沿袭千百年的民俗文化与现代国家法律相遇的时候,司法审判又一次被推到了风口浪尖。民俗文化能否成为出罪、减轻或免予处罚的理由?法官对民俗文化的考量是否符合现代国家法治的精神?当国家法律在更大范围内与民俗文化、风俗习惯遭遇的时候,我们又该如何回应?

本文拟对这些问题展开讨论。此类现象——即特定个体在被提起刑事诉讼之时,被告人及其辩护人会提出抗辩,以声明被告人的行为由于符合所属社群文化,乃是“事出有因”,进而向法院提出无罪、从轻或减

① 参见李思辉:《正视传统文化与现代秩序的冲突》,载 http://guancha. gmw. cn/2017 - 06/06/content_24711247. htm,最后访问日期:2017年11月16日;宋超:《79岁非遗传承人制造“古火”烟花获刑风波》,载 http://www. chinanews. com/sh/2017/06 - 29/8264143. shtml,最后访问日期:2017年11月16日;《河北赵县五道古火会79岁非遗传承人获刑:涉非法制造爆炸物》,载 http://www. sohu. com/a/146188848_260616,最后访问日期:2017年11月16日;《如何看待河北五道古火会非遗传承人获刑?》,载 https://www. zhihu. com/question/60711380,最后访问日期:2017年11月16日。

② 参见《非遗传承人杨风申制造烟花案二审宣判 免于刑事处罚》,载 http://www. chinanews. com/sh/2017/12 - 29/ 8412278. shtml,最后访问日期:2018年8月22日。

轻判罚请求的一种现象,常常被称为是“文化抗辩”(Cultural Defense)。

“文化抗辩”在我们国家尚缺乏明确的法律依据。但是,在很多地方的刑事司法审判中,实际上是存在对这一问题的具体实践的。除了像“杨风申案”这类引发关注的案件外,根据在中国裁判文书网上的收集和不完全统计,至少有云南、四川、贵州、广东、湖南、广西、河南、浙江、黑龙江、河北近10个省区的司法实践中出现过涉及“文化抗辩”的刑事司法案件。这些案件涉及非法持有枪支罪、寻衅滋事罪、故意杀人罪等20余个罪名。“文化抗辩”在一些案件中被法院采纳,有些未被采纳,各个地方的法院认定标准并不统一。另外,在实践当中,还存在当事人以文化为借口而为非法之目的的情况,形成更为隐蔽的犯罪形式及其抗辩方式。可以说,由“文化抗辩”而引出的问题已经日益凸显,给国家刑法适用、少数民族地区和更大范围内基层社会的秩序建构提出了新的课题。这一问题亟须得到进一步的梳理和解释,这将有利于司法实践在面对这一问题时候的具体策略回应,同时也将在学术研究层面上助益于刑法理论、法律和社会科学理论等研究领域的发展。

(二)文献综述

“文化抗辩”是一个交叉学科概念,透过这个概念,我们可以看到刑法学与人类学交叉研究的可能。当然,它也会涉及民族学、社会学、心理学,以及政治学等学科的知识背景。关于这个问题的研究成果并不多见。但在此之前,学者对与此问题相关一些领域的研究和引荐,还是为本研究的开展奠定了重要基础。比如,高其才、杜宇、苏永生等对国家刑事法律与习惯的交叉研究,“打通”了刑法与习惯两个领域之间沟通的桥梁,使我们能够较为顺畅地开始对这一问题的讨论。①刘星、何海波、李拥军等的研究揭示了国家正式司法与社会生活之间所可能存在的紧张

① 参见高其才主编:《当代中国的刑事习惯法》,中国政法大学出版社2016年版;杜宇:《重拾一种被放逐的知识传统——刑法视域中“习惯法”的初步考察》,北京大学出版社2005年版;苏永生:《国家刑事制定法对少数民族刑事习惯法的渗透与整合——以藏族“赔命价”习惯法为视角》,载《法学研究》2007年第6期。

关系。[1]赖早兴、陈磊、卜亚琼、王皇玉等对“文化抗辩”制度的引荐和讨论，为我们较为直观地认识和理解这一制度奠定了基础。[2]冯志伟等基于历史事实，对古代处理涉少数民族案件在政治、司法和制度层面的内涵和特色的考察提供了历史层面的经验。[3]张明楷、曾文科等有关罪刑法定与刑法解释、免除刑罚与制裁多元化等研究则提供了重要的刑法部门法理论基础。[4]

在英美国家，由于“文化抗辩”在普通法司法审判中已有较多实践，因此在学界产生出了一些相关研究成果。比如美国学者 Renteln 早在 2005 年就出版过一本名为《文化抗辩》(The Cultural Defense)的著作，系统讨论了刑事司法审判中有关“文化抗辩”的争论，并提出对“文化抗辩”予以正式承认(be given formal recognition)的主张；[5] James C. Fisher 则以德沃金理论为基础，讨论了有关“文化抗辩”司法案例中少数族群的地位及相关问题。[6]还有一些研究成果对普通法系不同国家(比如英国、加拿大、澳大利亚等)司法过程中有关“文化抗辩”的案例

① 参见刘星：《法律解释中的大众话语与精英话语——法律现代性引出的一个问题》，载《比较法研究》1998 年第 1 期；何海波：《何以合法？对“二奶继承案”的追问》，载《中外法学》2009 年第 3 期；李拥军：《合法律还是合情理：“掏鸟窝案”背后的司法冲突与调和》，载《法学》2017 年第 11 期。

② 参见赖早兴：《美国刑法中的文化辩护及其启示》，载《现代法学》2016 年第 3 期；陈磊：《美国刑法中的文化辩护研究》，载《中国刑事法杂志》2009 年第 9 期；卜亚琼：《文化辩护在刑事司法中适用情况的实证研究——以青海省为例》，载《福建警察学院学报》2014 年第 2 期；王皇玉：《原住民犯罪的文化抗辩及其实践》，载《台湾原住民族法学》2016 年第 1 期。

③ 参见冯志伟、柏桦：《清王朝涉藏刑事案件处理问题研究》，社会科学文献出版社 2016 年版；张剑源：《治边西南：历史经验与当代启示》，载苏力主编：《法律和社会科学》第 13 卷第 2 辑，法律出版社 2014 年版。

④ 参见张明楷：《罪刑法定与刑罚解释》，北京大学出版社 2009 年版；张明楷：《行为无价值论和结果无价值论》，北京大学出版社 2012 年版；曾文科：《免除刑罚制度的比较考察》，载《法学研究》2017 年第 6 期。

⑤ See Renteln, *The Cultural Defense*, Oxford University Press, 2005.

⑥ James C. Fisher, Role Of Morality In Cultural Defense Cases: Insights From A Dworkinian Analysis, *Birkeck Law Review*, Vol. 1, 2013, pp. 281 – 302.

和争论进行了系统介绍和讨论。①另外,这一问题在“法律和社会科学”研究框架中也占有着重要的地位。②

(三)理论基础

1.刑法与风俗习惯

综观过往研究成果发现,以文化和文化多元视角切入,是这一研究领域最为常见的一种研究进路。比如,Naomi Mendelsohn 就认为:承认“文化抗辩”是美国保持文化多元必不可少的。通过保持少数民族的重要价值,“文化抗辩”有助于维护文化的多元性。③国内学者的研究中也有很多相类似的讨论。然而,若仔细审视这一问题会发现,文化和文化多元视角可能会由于过分强调文化群体的独特性,进而容易导向个体主义和自由主义。当然,导向个体主义与自由主义本身并不存在本质性的问题,但关键得看“争议双方关系的性质”。④在那些发生在邻里,以及更大范围的平等主体之间的大量纠纷中,我们看到了个体之间重复互动和博弈对纠纷解决的积极作用。⑤因此,国家法律对民事领域个体自由的肯认不无道理。但是,当问题来到刑事领域,问题要显得更为复杂。

首先,由于刑法在所秉持的国家主义和整体主义的立场,以及对法

① See Renteln, Cultural Rights and Culture Defense: Cultural Concerns, *International Encyclopedia of the Social & Behavioral Sciences (Second Edition)*, 2015, pp. 491 - 497; Charmaine M. Wong, Good Intentions, Troublesome Applications: The Cultural Defence and Other Uses of Cultural Evidence in Canada, *Criminal Law Quarterly*, Vol. 42, 1999, pp. 367 - 396; M. Demian, Fictions of Intention in the "Cultural Defense", *American Anthropologist*, Vol. 110, 2008, pp. 432 - 442.

② 参见[美]约翰·莫纳什、劳伦斯·沃克:《法律中的社会科学》(第6版),何美欢等译,法律出版社2007年版,第450~576页。

③ 参见赖早兴:《美国刑法中的文化辩护及其启示》,载《现代法学》2016年第3期。

④ 参见[美]埃里克森:《无需法律的秩序——相邻者如何解决纠纷》,苏力译,中国政法大学出版社2016年版,第272页。

⑤ 同上。

益、社会危害性等的强调,[①]使法官在刑事案件审理过程中——当面对“文化抗辩”的时候——不仅仅需要将视角放置于文化因素和差异,也不仅仅只是需要在国家法律和习惯之间做出一个可能的取舍,[②]法官还需要考虑的是被告人的行为所造成的后果、影响及其恢复的可能,同时必须考虑刑法适用在保障社会整体秩序实现过程中的重要作用。其次,在理论层面上,从文化视角切入的研究很多都默认了“法律多元”等西方意义上的概念在分析中国问题上的合法性。但是,基于中国社会现实,“法律多元”概念并非一个不言自明的概念。在民事领域,《民法总则》第10条有关“处理民事纠纷,应当依照法律;法律没有规定的,可以适用习惯,但是不得违背公序良俗”的规定,确定了“习惯”的次级法源地位,法院可以在司法审判中对习惯予以“适用”。然而,在刑事法律领域,由于“罪刑法定”原则的“铁则”性质,[③]在刑法没有明文规定的情况下,司法机关不可能简单地通过“适用”习惯而进行刑事司法审判,因此也就不可能存在所谓“法律多元”的现象。也因此,对刑事司法中有关“文化抗辩”的讨论,必须从根本上超越“法律多元”概念的预设,使其能够在中国社会和中国司法的结构中得到更为整体性的解释。

---

① 周光权教授指出,“行为无价值论认为个人必须依照国家确立的行为规范去行动,才能有效地参与社会生活,才能使自己的生活有意义,因此,其尊崇整体主义和社会连带主义的价值理念,并试图发挥刑法在规范秩序形成、社会治理过程中的作用”。张明楷教授也曾指出,“应当将哪些危害行为纳入刑法的处罚范围呢?……如果说这个标准就是社会危害性或者严重的社会危害性,则过于抽象;而将社会危害性具体化便是法益的侵害与威胁(值得追究刑事责任程度的),即立法者应当根据行为是否侵犯了值得由刑法来保护的生活利益来确定处罚范围”。虽然两者的侧重点不同,但是,在这里都具有重要的启发意义。参见周光权:《行为无价值论的法益观》,载《中外法学》2011年第5期;张明楷:《法益初论》,中国政法大学出版社2000年版,第200页。

② 正如埃里克森所说的,“在习惯规则比法律规则就内容而言更可能福利最大化的语境中,讲求效用的法官适用习惯规则是明智的”。参见[美]埃里克森:《无需法律的秩序——相邻者如何解决纠纷》,苏力译,中国政法大学出版社2016年版,第270页。

③ 参见张明楷:《行为无价值论和结果无价值论》,北京大学出版社2012年版,第51页。

2. 有限的犯罪化理论

有限的犯罪化理论以“禁止处罚不当罚的行为”为基础,但又特别强调“不能走向另一极端,以为刑法的处罚范围越窄越好”。[①]

禁止处罚不当罚的行为,是指刑罚法规只能将具有处罚根据或者说值得科处刑罚的行为规定为犯罪。这一理论及其实践的产生,与社会的日益复杂性、法律的局限性、刑法的谦抑性等密切相关。“所以,能够不使用刑罚,而以其他手段也能达到保护法益的目的时,则务必放弃刑罚手段[②]。”而对于涉及“文化抗辩”案件来说,大部分与此理论相关。因为大部分“文化抗辩”都意在向法院请求出罪或请求从轻、减轻处罚。而我们国家的正式司法在多民族地区的实践和经验也证明了这种倾向存在的可能。[③]

然而,也正如张明楷所说的,“不能走向另一极端,以为刑法的处罚范围越窄越好”。这一观点对于更好地处理中国司法实践中的“文化抗辩”问题同样重要。在中国广大少数民族地区,往往是“大杂居、小聚居”,多种文化群体共存。在这些多族群共存的地区,关注特定族群公民因其共享文化而享有特定权利的同时,必须注意到其权利的边界以及整体秩序建构的问题。因为,当日常交往无法保证群体互动有序化的时候,一旦法律无法对群体之间的边界问题进行有效回应,由文化冲突而引起的社会纠纷将会对整体的社会秩序产生极为负面的影响。因此,法律如何保证特定个体不会因其特定行为而影响到他人以及社会整体秩序这一问题显得尤为重要。

---

① 参见张明楷:《罪刑法定与刑罚解释》,北京大学出版社2009年版,第51~56页。

② 同上书,第51~54页。

③ 参见杜宇:《当代刑法实践中的习惯法:一种真实而有力的存在》,载《中外法学》2005年第1期。

二、“文化抗辩”在刑事司法审判中的发生

(一)数据概况

为了全面了解文化因素在刑事司法中的现状,我首先通过“中国裁判文书网”分别输入“风俗”“习惯”“习俗”进行全文检索,案由均选择“刑事案由”。发现:在刑事司法裁判文书当中,出现“风俗”“习惯”“习俗”的裁判文书数量并不少,比如含有“习惯”字样的刑事裁判文书数量多达3933份(见表1)。但在分别阅读以后发现,绝大多数相关裁判文书中,这几个关键词往往出现在相关事实陈述当中,大多对案件没有实质影响。比如,最常见的是涉及婚姻案件中所出现的,“已经按照农村的风俗摆了结婚酒,但两人一直都没有到民政部门登记结婚”,交通肇事等案件中提到,“已按当地风俗火化”。另外,还有“其正准备按本地的风俗到村上的祭坛去点茶时……”等论述。然而,对裁判文书进行整理和阅读过程中也发现,大部分与“文化抗辩”相关的案件主要出现在少数民族地区,因此,我又借此线索,对检索词进行了进一步的限缩。通过“民族风俗”“民族习惯”“民族习俗”“传统风俗”“传统习惯”“传统习俗”等进行“刑事案由”的检索,检索出了一些案件。其中大部分与“文化抗辩”有较为直接的关系(见表1)。

表1

案由	检索词	数量(份)	检索词	数量(份)	检索词	数量(份)
刑事案由	风 俗	931	民族风俗	21	传统风俗	9
	习 惯	3933	民族习惯	13	传统习惯	14
	习 俗	550	民族习俗	12	传统习俗	14

通过进一步分析和整理(包括排除重复的文书),共确定有29个案件中实质性地包含“文化抗辩”,涉及20个罪名(见表2)。在这些案件中,有些案件法院采纳了被告人及其辩护人提出的“文化抗辩”,有些未

被采纳,有些则是通过裁判文书不能看出其是否被采纳。这些情况均在表2中列出。

表2

序号	罪　　名	案件数(件)		
		采纳	未采纳	未知
1	非法持有枪支罪	3	1	1
2	非法制造、买卖、储存枪支、爆炸物罪	1	—	—
3	非法制造枪支罪	—	—	1
4	非法持有弹药罪	1	—	—
5	非法储存爆炸物罪	3	—	—
6	非法采伐国家重点保护植物罪	1	—	—
7	非法猎捕珍贵、濒危野生动物罪	1	—	—
8	非法猎捕、杀害珍贵、濒危野生动物罪	—	1	—
9	非法收购珍贵、濒危野生动物、珍贵、濒危野生动物制品罪	—	1	—
10	故意杀人罪	—	1	—
11	强制猥亵妇女、儿童罪	—	1	—
12	寻衅滋事罪	—	1	—
13	盗窃罪	—	1	—
14	强制猥亵、侮辱妇女罪	—	1	—
15	故意毁坏财物罪	1	—	—
16	聚众斗殴罪	—	1	—
17	聚众哄抢罪	—	—	1
18	私分国有资产罪	—	—	1
19	单位行贿罪	—	1	—
20	受贿罪	—	4	—

通过具体的数据,发现其中有着一些规律性问题。

第一,此类案件具有较强的地域性。在所有案件中,云南 8 件、四川 4 件、贵州 3 件、湖南 2 件、广东 2 件,其他省份各 1 件。可以看出,案件较多地发生在了云贵川等多民族地区。

第二,在这些案件中,“文化抗辩”被采纳的有 11 件,未被采纳的有 14 件,从裁判文书中看不出来(或者说法官在裁判文书中没有对当事人所提出的“文化抗辩”予以回应)是否被采纳的有 4 件。这说明,法官对是否采纳“文化抗辩”的问题是有一个系统的考察过程和复杂的判断过程的。

第三,在对裁判文书的整理过程中还发现,“文化抗辩”是否被采纳,与量刑轻重有较强的相关性。[①]从表 3 可以看出,“文化抗辩”被采纳的案件中,被告人基本上都得到了较轻的惩罚(大部分是缓刑),而“文化抗辩”未被采纳的案件中,对被告人的惩罚普遍相对较重(甚至有 8 个案件的被告人被判处了 5 年以上有期徒刑或死刑)。

表 3

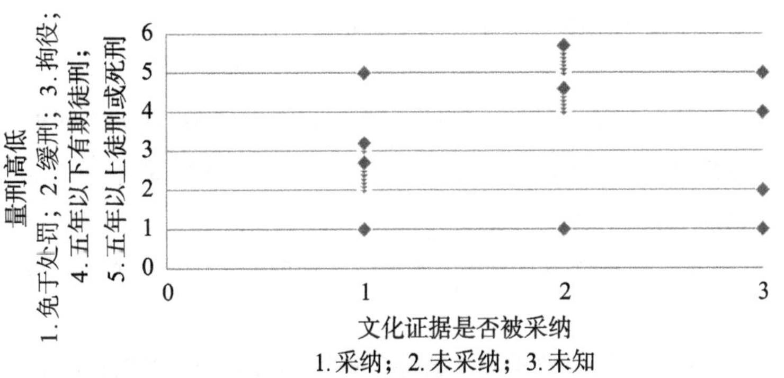

第四,与过往研究只关注到——特定个体按照他们社群自己的文化模式行事,继而提出“文化抗辩”——这一种“文化抗辩”模式不同。在序号为 15 ~ 17 的案件中我们还看到了另外一种“文化抗辩”模式,那就是:特定个体为了守护他们自己的社群文化免受侵害而为特定行为,该行为根据现行刑法已构成犯罪。在被提起诉讼之时,被告人及其辩护人

① 在所有的案件中,出现了 1 件“文化证据”对定罪的影响。参见“魏某犯非法经营罪一审刑事判决书”。其他则都是对量刑的影响。

会提出抗辩,以声明被告人守护社群文化的理由乃是基于先前的被害人过错,继而向法院提出无罪或从轻判罚请求的一种抗辩模式。①前一种"文化抗辩"模式聚焦于被告人及其行为(可以称为"因循型文化抗辩");后一种则聚焦于被害人是否有过错(可以称为"守护型文化抗辩")。当然,两种模式有一定的差异和侧重点,但都是基于文化而提起的抗辩。

(二)"文化抗辩"的发生机制

以上的数据分析可以让我们在面上对"文化抗辩"在刑事司法审判中的呈现有一定了解。但要更为直观地了解"文化抗辩"在刑事司法审判中的提出、讨论、是否被采纳等问题,就必须回到司法审判的真实案例中。接下来我将通过一个具体的案例来呈现这种"文化抗辩"的具体发生过程。

> N县人民检察院指控:2010年下半年,被告人谢某准备为其母亲过世后办丧事,便购买"铳药"15.1千克……经鉴定,该批"铳药"系黑火药。
>
> 对上述事实,公诉机关列举了……该院认为,被告人谢某非法储存爆炸物……应当以非法储存爆炸物罪追究其刑事责任。
>
> 被告人谢某……辩称:该铳药是其准备为其母亲过世后办丧事所用。
>
> 被告人谢某的指定辩护人……辩称:1.被告人谢某储存的黑火药是准备用于其老母亲百年之后办理丧事所用,办理丧事用黑火药响铳是本县的风俗习惯……
>
> 经审理查明:……
>
> 上述事实,有下列经庭审质证且审查属实的证据予以证明,本院予以确认:

---

① 法院系统在量刑时已明确要求将被害人过错,特别是因民间矛盾激化引发的犯罪中的被害人过错作为从宽量刑情节,并在适用范围上从死刑案件扩展到普通刑事案件。黄冬阳:《被害人过错对引发犯罪的认定有多大影响?》,载《检察日报》2011年7月20日,第3版。

(5)N县人民法院对欧某彪的调查笔录,欧某彪系N县大成桥镇玉新村支部书记,其证实谢某留存“铳药”是为其母亲过世办丧事之用,符合当地风俗,谢某平时一贯表现良好。

上述证据确实、充分,且能形成证据锁链,足以证明本案的全部犯罪事实。

本院认为,被告人谢某违反国家爆炸物品管理法规,非法储存爆炸物,其行为已构成非法储存爆炸物罪。N县人民检察院对被告人谢某的指控成立,本院予以支持。被告人谢某非法储存爆炸物的数量虽然达到“情节严重”标准,但系因沿袭当地风俗,为正常生活需要,未实际投入使用,并确有悔罪表现,故依法可以不认定为情节严重。①

从这一案例可以看出,“文化抗辩”在刑事司法审判中发生主要通过这样几个程序:检察院起诉→被告人及其辩护人提出“文化抗辩”→法院对该“文化抗辩”的真实性和合法性进行审查→法院决定是否采纳这一“文化抗辩”。虽然在其他案例中,程序的细节之处有一定差异,但基本都是在这一大的框架下展开的。

三、对“文化抗辩”之定性

上文已经谈到过,《民法总则》中确定了“习惯”在我们国家民事法律体系中的次级法源地位。也就是说,依据法律规定,法院可以在司法审判中对习惯予以“适用”。那么,在刑事法律实践中,诸如“习惯”“风俗”“习俗”的地位又是什么呢?这一问题是法官在应对“文化抗辩”时候的基础性问题,必须予以明确。否则(有如我在导论部分讨论过的),将会出现在刑事法律实践中武断地按照民事法律实践的方式去应对相

① 谢某非法储存爆炸物案一审刑事判决书。来源于:中国裁判文书网。(http://wenshu.curt.gov.cn/),最后访问日期:2018年3月20日。本文所提到的裁判文书,如无特别说明,均来自此网站,访问日期亦相同。

关问题的现象,势必会忽视掉刑事法律实践的特殊性,给刑事诉讼实践造成更多的混乱。

从学者的研究来看,关于这个问题有三种基本的观点:①第一,基于“法律多元主义”的立场,习惯是一种可以与国家法律平等适用的法源。第二,习惯是一种次顺位的补充法源。在国家法律有规定的时候适用国家法律,在国家法律没有规定的时候才能适用习惯。第三,习惯是一种事实,且是一种待证的事实,需要在法官查明以后才能作为证据使用。

关于第一种观点,习惯是一种可以与国家法律平等适用的法源,主要是基于“法律多元”(legal pluralism)或“混合法制”(mixed legal system)的理论基础而提出的。比如Hooker就认为,“法律多元”是指在一个国家范围内,有若干法律制度并存的现象。②这一观点及其实践主要存在于普通法系国家。采取普通法系的联邦国家,惯于在地方分权与因此而生之州际或省际规范之冲突下,适用不同法域的普通法,面对如分权法域之普通法般的原住民传统惯习,并不会发生太大的困难。③而此种观点实际上也可以在联合国《土著民族权利宣言》(以下简称《宣言》)的框架中得到解释。该《宣言》第27条规定:“各国应与有关的土著人民一起,在适当承认土著人民的法律、传统、习俗和土地所有权制度的情况下,制定和采用公平、独立、公正、公开和透明的程序,以确认和裁定土著人民对其土地、领土和资源,包括对他们传统上拥有或以其他方式占有或使用的土地、领土和资源的权利。土著人民应有权参与这一程序。”第34条还规定:“土著人民有权根据国际人权标准,促进发展和保持其机构构架及其独特的习俗、精神观、传统、程序、做法,以及原有的(如果有的话)司法制度或习惯。”很显然,《宣言》正是基于一种“法律多元”的理论基础,倡导将少数民族传统习惯作为一种与国家法律基本平

① 为了讨论的方便,接下来的讨论中将以“习惯”代表“习惯”“风俗”“习俗”等文化因素。

② See M. B. Hooker, *Legal Pluralism: An Introduction to Colonial and Neo - colonial Laws*, Oxford, Clarendon Press, 1975.

③ 参见黄居正:《适用原住民族传统惯习作为法院民事裁判之准据法》,载《台湾原住民族法学》2016年第1期。

行的法源。

关于第二种观点,习惯是一种次顺位的补充法源(或称"间接法源")的观点,在法学研究领域占据着较大的影响。从民事法律领域来说,过去,在习惯没有被纳入民事立法的时候,民间实际上有较多的实践。[①]除此之外,民事法律"意思自治"的基本原则也给了习惯以较大的存在空间。后来,习惯被民事法律所正式采纳,并作为可以"适用"的法源。[②]但在刑事领域则不同,由于"罪刑法定"原则的主导性,习惯在案件发生的过程中即便有影响,法官也不可能以"适用"习惯的方式来作出决定,而既有的法律规定也没有给习惯留下必要的空间。虽然《刑法》第90条规定,民族自治地方可以"制定变通或者补充的规定",然而,根据该条款之规定,要适用"变通或补充规定"也必须是当地习惯、风俗等被国家立法采纳,上升为国家法以后才有可能。而《民族区域自治法》则更为明确的作出规定:"坚持实行民族区域自治,必须切实保障民族自治地方根据本地实际情况贯彻执行国家的法律和政策"(序言)、"民族自治地方的自治机关必须维护国家的统一,保证宪法和法律在本地方的遵守和执行"(第5条)。基于此,习惯是一种次顺位的补充法源的观点似乎在实践中是很难得到证成的。

正如陈兴良在为杜宇《重拾一种被放逐的知识传统》一书所作的序言中所说的:"我认为,罪刑法定之排斥习惯法,是指不得以习惯法作为入罪的根据。基于罪刑法定的理念,对一个公民定罪,在任何情况下都必须遵循成文法。"这实际上即可以看作对上述两种观点的一种概括。但是,陈兴良紧接着还说道:"然而,以习惯法作为出罪根据,罪刑法定是并不排斥的。换言之,习惯法在吸纳某些社会道德观念,消解成文法的僵硬性,使一个案件的处理更加合乎情理方面所起的作用,主要是一种出罪功能,这是不可否认的。"[③]这实际上也就是我接下来要讨论的第三

① 参见高其才主编:《当代中国民事习惯法研究》,法律出版社2011年版。

② 参见高其才主编:《当代中国法律对习惯的认可研究》,法律出版社2013年版。

③ 杜宇:《重拾一种被放逐的知识传统——刑法视域中"习惯法"的初步考察》,北京大学出版社2005年版,序言第3页。

种观点。

在英美普通法司法实践中,被告的文化、亚文化、个性特征,以及一系列被称作“生活事件”的因素在确定被告是否实施了所争议的行为,以及被告在实施此行为时是否具有法律所要求的精神状态(比如动机)上,起到了一定的作用。美国学者莫纳什和沃克将这些因素定义为“为确认事实提供背景的社会科学”。并提出,对于此类因素的评估“应当由精神科学医生或心理学家这类专家进行,并且最终由陪审团在这种专家的证言的协助下进行认定①。”从这一论述可以看出,某种文化因素并不是一种规则,而是一种事实,一种与犯罪行为相关的作为犯罪行为发生的背景的事实,而且是需要相关的程序证明以后才能成立的。杜宇在其研究中也指出:“在习惯法之于国家实体法的相对意义上,习惯法的确是作为一种‘裁判对象’而存在的”“习惯法作为一种刑事诉讼上的‘待证事实’”。②

通过比较可以明确,“文化抗辩”的具体内容,无论是“习惯”“风俗”,还是“习俗”,从根本上乃是一种“待证的事实”,而非“法律多元”意义上的“法”。

四、法官对“文化抗辩”采纳与否的标准和原则

从第二部分的数据分析中可看出:有些案件中,法官对“文化抗辩”予以了采纳;有些案件中,法官并没有采纳“文化抗辩”;而还有少部分的案件,裁判文书中并未看出法官是否采纳了“文化抗辩”。这说明,法官是否采纳“文化抗辩”是有特定的条件和标准的。

关于这一问题,在美国法上主要有三个考量的基本要件。分别是:

---

① [美]约翰·莫纳什、劳伦斯·沃克:《法律中的社会科学》(第6版),何美欢等译,法律出版社2007年版,第450页。

② 杜宇:《重拾一种被放逐的知识传统——刑法视域中“习惯法”的初步考察》,北京大学出版社2005年版,第243页。

第一,被告是否为特定文化族群的一分子？第二,该文化族群是否具有特殊传统？第三,被告犯罪时是否受到该特殊文化传统之影响？[①]而美国缅因州的法律中则规定:如果被告人的行为被证明有以下情形,法院可以驳回对被告的起诉:是在习俗所允许或容忍的范围内的,权利受到侵害的人并没有明确表示反对,且与法律规定的犯罪的目的并不矛盾;或事实上没有造成或威胁到法律规定犯罪时所希望防止的损害,或仅仅造成轻微损害而不应予以谴责或定罪;或酌情考虑其他因素后,认为这种行为不能被合理地认为是立法者在定义此罪时所希望包括的。[②]应该来说,这些来自美国法律规定层面的经验基本概括了法官是否采纳“文化抗辩”的标准和要件。但是,基于中国社会现实,法官所采用的标准和原则还是有一些不同之处的。接下来我将回到具体的案例中来看实践层面法官们所确立的采纳或不采纳的标准。

案例1:

杨某上诉称……苗族有在丧礼上使用枪支的风俗,上诉人不是非法持有枪支,请求二审法院撤销不符合事实、不合法的原审判决。

本院认为……杨某上诉称其持枪是基于少数民族风俗没有证据证明,也不能对抗法律规定。[③]

该二审裁定书中所说“没有证据证明”,实际上说明的是“基于少数民族风俗”这一作为待证事实的“文化抗辩”最终没有被证明,因此也就无法被法院采纳。很显然,对于法院来说,判定“文化抗辩”是否为真,乃是先决性的。如果连其真实性都无法证明,那么后续所要讨论的是否存在危害性等问题也就无需展开讨论。而这一案例实际上也引申出了判定“文化抗辩”是否应该采纳的第一个原则:“文化抗辩”的内容必须

---

① 参见王皇玉:《原住民犯罪的文化抗辩及其实践》,载《台湾原住民族法学》2016 年第 1 期。

② 参见[美]约翰·莫纳什、劳伦斯·沃克:《法律中的社会科学》(第 6 版),何美欢等译,法律出版社 2007 年版,第 458 页。

③ 杨某滥伐林木、非法持有枪支案二审刑事裁定书。

是真实存在的。

案例2:

S自治县人民法院根据上述事实和证据认为:被告人毕某等(14～18岁)假借民族"拖小姑娘"风俗的借口,预谋后聚众由村庄骑摩托窜至县城,在街道上公然强行将路过的妇女、儿童拖回村庄,实施强行搂抱、乱摸等行为,五被告人的行为已构成强制猥亵妇女、儿童罪。

据报道:在法庭上,毕某称,"我们'拖小姑娘',不知道是犯罪!我只是想认识她们一下。"至于哪些人能拖,什么情况下才能拖,没有人告诉过他。本案判决后,几名被告人的家长认为法院判得太重了,孩子们对民俗不了解,他们没有恶意。该案的主审法官表示,他们犯罪的后果很严重,那位13岁的小姑娘,成绩一下子从前十名变成后十名,"甚至可能留下一生的阴影"。同时还表示,拖小姑娘的民族风俗与法律并不冲突,民俗也有民俗的规矩,"拖小姑娘",姑娘愿意是一个重要的前提。而小毕等人是到县城大街抢人,"说风俗纯属借口"。据民俗专家介绍,以前,"拖小姑娘"主要在他们聚居的地区流行。①

该案例表明:在有具体的被害人的情况下,双方是否共享同一种文化和行为模式至关重要。否则被告人的行为就是对被害人的强迫,对被害人自由和权利的侵犯。而这一"文化抗辩"自然就无法得到法院的认可(原则二)。而事实上,这也涉及一个谁来解释"文化"的问题。稍不注意,法官对民族风俗的理解可能就会受到影响,进而影响到法官的决定。

案例3:

本院认为,上诉人(原审被告人)阿山、阿哈伙同家支成员强行将铁

① 毕某等强制猥亵妇女、儿童案刑事判决书。来源于:北大法宝数据库(http://www.pkulaw.cn/case),最后访问日期为2018年3月20日。参见储皖中:《五小伙强"拖小姑娘"进"公房"触刑法》,载《法制日报》2008年9月10日,第5版。

某尸体抬往纳甲家中焚烧，并将纳甲、纳乙、纳丙家的房屋砸毁，致财物损失人民币20,036元，情节严重，其行为已触犯刑律，构成寻衅滋事罪。上诉人阿山、阿哈提出其是按照彝族风俗要求赔偿“命价”，纳甲不赔偿，才实施了损毁房子、烧尸体的行为。另外，案发后上诉人积极赔偿了纳甲的财产损失，并取得对方谅解，请求二审法院改判拘役或者管制。经查，阿山、阿哈任意毁损公私财物，情节严重，已触犯了《中华人民共和国刑法》关于寻衅滋事罪的规定，其行为是否符合彝族风俗不属于法定的从轻、减轻情节。①

该案中，首先，被告人作出的“文化抗辩”——“按照彝族风俗要求赔偿‘命价’”——是一个在当地真实存在的风俗习惯。其次，被告人和被害人因为都是彝族，他们之间共享着同一种文化和行为模式。关于这两点，从二审裁定书中的记录以及相关研究均可以看出。②也就是说，上文案例1和案例2所提示的两个原则，该案中被告人的抗辩都已具备。然而，为什么法官依然没有采纳此“文化抗辩”呢？从被告被判处寻衅滋事罪，以及二审法院所说的“其行为是否符合彝族风俗不属于法定的从轻、减轻情节”可以看出，法院要表明的是，被告的行为在这个时候显然超越了以“命价”的风俗来解决纠纷的范围，直接对他人、对社会秩序产生了较大影响。被告人所要承当的不利后果主要是基于其对社会秩序的破坏。也因此，该案例提示了法院是否采纳“文化抗辩”的第三条标准或原则：行为不至于对他人，对更大范围的整体社会结构和社会秩序产生影响。

① 被告人阿山、阿哈犯寻衅滋事案刑事裁定书。

② 关于这两点，从案发之前他们之间进行过有关赔偿的协商可以看出。二审裁定书中载明：“当日18时许，在双方中间人协商未果的情况下，被告人阿山、阿哈便与铁某妻子吉某商议决定，将铁某尸体抬到纳甲家中，以迫使对方答应其提出的赔偿要求。”同时可参见张古哈：《我国少数民族习惯法中“赔命价”的特色与启示——以藏族、彝族和瑶族为样本》，载《西南民族大学学报》（人文社会科学版）2013年第10期。

案例4:

公诉机关指控,M小学建盖养殖房。因建养殖房的地点系当地彝族群众进行民族宗教祭祀活动的场所,村民反映强烈,不让建养殖房。之后,被告人周某甲等四人为阻止M小学继续建养殖房,用语言煽动并指挥现场村民将M小学在建养殖房的三面墙体强行推倒。

辩护人提出:1. M小学不尊重当地彝族群众民族风俗,被害人存在重大过错,应当减轻被告人周某甲刑事责任;

本院认为……本案被害人虽具有建盖养殖房土地的土地使用权,但建盖养殖房过程中未与当地群众进行充分有效的沟通,未充分尊重当地少数民族风俗习惯,对于本案的发生有一定影响。①

案例1、案例2、案例3主要涉及笔者在上文中所说的"因循型文化抗辩"。而案例4则不同,属于上文中所说的"守护型文化抗辩"。在案例4中,法院对该"文化抗辩"予以了积极地关注,表明法官已经意识到,被告人之所以这么做可能有一定的"事出有因"成分。因此,法官在对被告做出刑事处罚的同时,其实也在一定程度上表明了对"被害人"行为相对否定的态度(正文判决书中所写的:"未与当地群众进行充分有效的沟通,未充分尊重当地少数民族风俗习惯,对于本案的发生有一定影响")。更深一层来讲,该判决实际上隐含了法官对族群良性互动之恢复的一种考虑。②这完全可以成为法院是否采纳"文化抗辩"的又一重要原则,我们可以将这一原则概括为:须有利于加强各民族交往交流交融(原则四)。③

案例5:

本院认为……Y县系民族自治县,当地民族有持枪打猎的风俗,鉴

① 周某甲等故意毁坏财物案一审刑事判决书。

② 关于族群良性互动相关讨论,可参见张剑源:《群体良性互动的秩序建构与社会和谐》,载《重庆社会科学》2017年第12期。

③ 十九大报告中提出:"深化民族团结进步教育,铸牢中华民族共同体意识,加强各民族交往交流交融,促进各民族像石榴籽一样紧紧抱在一起。"

于被告人盘X所持有的枪支未对社会造成严重危害后果，可对其适用缓刑，不致产生危害社会的后果。①

案例6：

本院认为……被告人无犯罪前科，为防备家中老人过世时，按照居住地风俗习惯鸣放铁炮，而非法储存爆炸物，没有造成严重社会危害，归案后能如实供述犯罪事实，具有悔罪表现，经考察宣告缓刑对其所居住的区域没有重大不良影响，没有再犯罪的危险，可依法宣告缓刑。②

案例7：

本院认为，被告人张某、龙某非法猎捕国家重点保护野生动物白腹锦鸡两只，其行为已构成非法猎捕珍贵、濒危野生动物罪。……二被告人系苗族，猎捕一直是民族习惯，主观恶性不大，归案后，能如实供述自己的犯罪事实，积极主动配合公安机关，所猎捕野生动物已回归大自然，避免了损失的发生。③

这三个案例是法院采纳了被告人及其辩护人提出的“文化抗辩”的典型案例。从这三个案例可以看出，法院采纳被告人及其辩护人的“文化抗辩”所要遵循的基本上就是上述四条基本原则。这四条基本原则基本上可以对法院是否采纳被告人的“文化抗辩”作出积极指引。现将这四条原则完整表述如下：

第一，“文化抗辩”的内容必须真实存在；

第二，被告人的行为须符合所属族群共享的文化和行为模式；

第三，被告人的行为不至于对他人，对更大范围的整体社会结构、社会秩序产生影响；

第四，法院须考虑判决是否有利于加强各民族交往交流交融。

---

① 盘X非法持有枪支案一审判决书。

② 黄某非法储存爆炸物案一审刑事判决书。

③ 张某、龙某非法猎捕珍贵、濒危野生动物案一审刑事判决书。

五、"文化抗辩"的边界与限度

即便有了具体的原则,但是在现实中,还存在一些案件,由于对法益的侵害性非常严重,或行为性质在整个案件过程中发生了变化,或"文化抗辩"有被滥用的可能。这些案件的复杂性使得法官在审理这些案件的时候,除了需要考虑以上四条原则外,可能还需要从"文化抗辩"的边界和限度、采纳"文化抗辩"可能会产生的后果等方面综合考量,以确定采纳与否。

案例8:

本院认为,原审被告人吉某(少数民族)在酒后与被害人毛某(少数民族)发生口角和争执中用石块连续击打被害人毛某面部,致被害人毛某死亡的行为已构成故意杀人罪。鉴于本案的具体情况,对被告人吉某依法应判处死刑,但可不立即执行。原审被告人吉某的指定辩护人提出吉某系偶犯、初犯,本案的发生和民族习惯、地域文化、陈规陋习等因素有一定关联的辩护意见本院已经注意,但改判吉某为无期徒刑的意见缺乏法律依据,与罪刑相适应原则不符,本院不予采纳。①

在本案中,辩护人提出"文化抗辩"以请求减轻对被告人的处罚(请求二审法院改判吉某为无期徒刑)。法院表示对此辩护意见"已经注意",也就是法院已经对此抗辩予以了考虑。然而,由于法院似乎已经意识到了"适用其他制裁方法不足以抑制这种行为,不足以保护法益",②所以法院的决定是"改判吉某为无期徒刑的意见缺乏法律依据,与罪刑相适应原则不符",并决定不予采纳。

---

① 吉某故意杀人案二审刑事裁定书。

② 张明楷:《罪刑法定与刑罚解释》,北京大学出版社2009年版,第54页。

案例9：

梁某辩护人李某的主要辩护意见为：……梁某随身佩戴刀具系壮族习俗，不应认定携带凶器盗窃，不能作为量刑时的加重情节。

……

梁某在第一起盗窃被发现后，持刀威胁目击证人后逃跑，故对三被告人及辩护人辩称随身佩戴刀具是民族习俗非携带凶器盗窃应从轻处罚的辩护意见不予采纳。①

本案中，即便“佩戴刀具系壮族习俗”为真。然而，法官已经注意到，这一“习俗”在案件发生过程中实际上已经发生了转化。被告人的行为实际上已经脱离了“习俗”本身，转化为了一个实际意义上的犯罪行为。因此，法官对此“文化抗辩”不予采纳。对于此类案件，法官需要准确把握在不同犯罪阶段“民族习俗”的不同性质。即便在预备阶段，“佩带刀具”还属于一项“民族习俗”，但是如果在实行阶段，被告人的行为表现为了“持刀威胁目击证人后逃跑”。在这个时候，其行为中已经几乎不包含有“民族习俗”的成分了，所谓“文化抗辩”理应被排除。

案例10：

上诉人杨某上诉称：其摸罗某屁股是和她开玩笑，没使用暴力，按其当地少数民族风俗没有违法，请求公正判处。

……

本院认为，上诉人杨某无视国家法律，强行猥亵妇女，其行为已构成强制猥亵妇女罪。对于上诉人杨某提出的上诉意见，经查，被害人罗某的陈述及证人钟某甲的证言证实上诉人杨某实施了抱摸被害人的行为，上诉人杨某对其摸了被害人屁股的事实亦予以供认，上述证据相互印证，足以证实上诉人杨某实施了强行猥亵妇女的行为，其行为依法已构成强制猥亵妇女罪，故其上诉意见不能成立，本院不予采纳。②

---

① 梁某等盗窃案一审刑事判决书。

② 杨某强制猥亵、侮辱妇女案二审刑事裁定书。

就如上文中的很多案例所显示的，“文化抗辩”会要求对被告人那些在普通大众看来或许难以理解的抗辩理由予以关注或尊重。然而，在那些“难以理解”的抗辩理由中，依然隐藏着一些“荒诞不羁”的抗辩。比如案例10，被告以摸异性的屁股作为“文化抗辩”当属一例。Charmaine M. Wong曾针对在加拿大曾经发生过的一起相类似案件中的“文化抗辩”问题，将这种所谓的“文化抗辩”称为“文化盾牌”（cultural shields），并表明“这将带来对女性更多的歧视和更不利的地位，甚至带来父权制的延续，以及殖民主义不平等的延续①”。

案例11：

被告人张某当庭辩解……起诉书指控其受贿额中有一部分是逢年过节期间朋友看望他和红白喜事之间的人情来往，没有明确的请托事项，以上部分不应认定为受贿额。

……

上述行贿人除在办事时向张某行贿外，按照中国传统风俗，逢年过节期间的探望以及红白喜事来往只是给他们行贿提供一个合理借口，且行贿数额明显高于普通朋友之间互相探望和来往所能承受的数额。故对被告人张某及其辩护人对上述部分行贿额性质的辩解、辩护意见，本院不予采信。②

案例11中的“文化抗辩”，代表的是一种更具迷惑性的“文化抗辩”类型。因为，就被告人所说的“逢年过节期间朋友看望他和红白喜事之间的人情来往”这一抗辩理由，当我们以上一部分所确定的四条原则来进行判定，似乎都无法得出对此抗辩不予采纳的结论。因为春节期间看

① Charmaine M. Wong, Good Intentions, Troublesome Applications: The Cultural Defence and Other Uses of Cultural Evidence in Canada, *Criminal Law Quarterly*, Vol. 42, 1999, pp. 367 – 396.

② 张某受贿案一审刑事判决书。

望朋友和红白喜事之间的人情往来,这一风俗习惯的确在中国社会是真实存在的(符合原则一),也是绝大部分中国人所共享的一种风俗(符合原则二),而且在一般情况下也不会对社会造成什么伤害(符合原则三),甚至还会起到促进社会和谐和民族间交往交流交融的作用(符合原则四)。但是,法官说了,这"只是给他们行贿提供一个合理借口"。也就是说,对于"文化抗辩",其是否会被采纳,还得要看它存在的具体位置。如果并不是"因循于文化",也不是为了"守护文化"(关于这两种类型,在第二部分中有过讨论),而只是想借文化之名求不轨之目的,那么,实际上将会构成对"文化抗辩"的滥用。这个时候法官理应对此"文化抗辩"予以排除,否则极有可能会带来更为负面的影响。

综上所述,法官在司法实践中,必须从形式、实质、结果等方面细致考察,准确把握"文化抗辩"的边界与限度,以避免其负面影响的发生。在是否采纳"文化抗辩"的问题上,当符合以下三种情况下,应优先选择对"文化抗辩"予以排除:

第一,从结果上看,产生了较为严重的不良后果(比如案例8、案例9,以及之前讨论过的案例2、案例3);

第二,从形式上看,具有较强的伪装性,往往以风俗之名掩盖自己的违法意图(比如案例9和案例11);

第三,从实质上看,该风俗习惯与较大社会范围共享的价值有较大冲突,缺乏基本的合法性和合理性,甚至无法得到证成(比如案例10)。

六、讨论:"文化抗辩"背后的法院与司法

从众多案例中可以看出,虽然"文化抗辩"并不是一个法院在刑事审判时候单独讨论的要件。大多数时候,"文化抗辩"只不过是法官在整体社会后果考量过程中的一个具体考量变量。然而,"文化抗辩"依然不失其在司法审判之实质层面上的存在意义。因为我们看到,"文化抗辩",特别是那些在民族地区法院中发生的"文化抗辩",还是或多或

少会对案件的走向产生着影响,特别是对于那些“文化抗辩”被采纳了的案件来说更是如此。表3所显示的“文化抗辩”采纳情况与量刑之间的相关性就是一个重要的例证。另一方面,虽然不是需要“单独讨论的要件”,但是法官的关注和积极回应已充分说明,对此问题采取“漠视”的态度可能并不会是一个理性的决定。案例8中二审法院裁定书中所说“原审被告人吉某的指定辩护人提出……本案的发生和民族习惯、地域文化、陈规陋习等因素有一定关联的辩护意见本院已经注意,但……”一句乃是最具体的样本。它表明:在当事人提出“文化抗辩”以后,无论结果如何,作为一个应当予以关注的事实,法院都不应视而不见。否则,法院极有可能会在“漠视”中失去对案件更为合理的解决。

这是一个值得继续深入探讨的问题。特别是,当我们将这一问题置于中国司法以及法治建设的整体结构中加以观察的时候,会发现一些具有共性的问题,比如中国基层法院对司法审判之社会效果的密切相关。但同时,透过这类案件,我们也会发现,基层,特别是民族地区基层法院在关注社会效果的同时,实际上还有一层——对参与落实国家宏观政策的积极关注。比如案例5,法院在判决书中阐明:“当地民族有持枪打猎的风俗”,进而形成了对被告人较为客观的量刑;再比如案例4,法院在判决书中阐明:“本案被害人……未充分尊重当地少数民族风俗习惯,对于本案的发生有一定影响”。这表明,人民法院在坚持国家法治统一的基础上,司法审判充分尊重各民族风俗习惯,保证各民族群众实质意义上平等的实现,而并非教条地通过“一刀切”来解决问题。这更加突出地反映出人民法院积极参与落实民族区域自治制度、落实国家民族政策的一种具体实践。因为,“坚决贯彻党的民族理论和民族方针政策”,“不断提高民族地区审判工作水平,为民族地区经济社会发展提供有力的司法服务和保障”等①可以说,一直以来都是人民司法“为中心工作服

① 在2016年民族法制文化与司法实践研讨会上,周强强调要“坚决贯彻党的民族理论和民族方针政策,深化民族法制理论研究,促进民族法制文化繁荣发展,不断提高民族地区审判工作水平,为民族地区经济社会发展提供有力的司法服务和保障。”参见罗书臻:《加强民族法制文化研究 不断提高民族地区审判工作水平》,载《人民法院报》2016年8月25日,第1版。

务”在民族地区的一个重要体现。[1]也因此具有了更为重要的现实意义和实践意义。

最后我还想说的是，正如上文谈到过的，此类案件具有一定的地域性。因此，对于少数民族聚居地方的法院来说，在刑事司法实践中，对“文化抗辩”这一变量尤其需要予以关注。然而，对于其他地方的法院来说，切不可用“隔岸观火”之态度来看待这一问题。随着全球化程度日益加深、中国城乡社会结构变迁、人口快速流动等深刻变化，由文化差异而引发的纠纷和矛盾可能会在更广的范围内发生。[2]各级人民法院应该未雨绸缪，积极进行研判，并在理论和实践上予以认真对待。

① 参见高其才、左炬：《“为中心工作服务”：基层司法机关“专政工具”角色的确立与强化——1949 年至 1956 年华县人民法院实证研究》(上)，载《清华法学》2009 年第 2 期。

② 在美国、加拿大等国，“文化抗辩”实际上大多出现在有关移民群体的案件中。See Charmaine M. Wong, Good Intentions, Troublesome Applications: The Cultural Defence and Other Uses of Cultural Evidence in Canada, *Criminal Law Quarterly*, Vol. 42, 1999, pp. 367 - 396.

《法律和社会科学》(2018)
第17卷第2辑,第170~194页

群众路线与公安派出所的变革

——一个"互动性权力"的解释

吴秋菊　林辉煌*

摘要:公安派出所的变革实践表明,基础性权力并非国家社会控制的决定性因素,更为重要的是国家与社会主动合作所形成的互动性权力。在治安领域,互动性权力主要体现在群众路线的运作上。集体时代的公安系统虽然基础性权力不足,但是由于群众路线的有效运作,警察的社会控制依然取得较好的成效。改革开放以来,国家基础性权力不断扩张,而互动性权力则日益式微,取而代之的是技术路线的兴起,结果导致社会治安工作陷入困境之中。加强新时代的治安工作,需重建国家互动性权力,以此实现良性的社会控制。

关键词:公安派出所　群众路线　互动性权力　基础性权力　社会控制

---

* 吴秋菊,华南理工大学公共管理学院讲师,负责具体的材料收集和撰写工作;林辉煌,华南理工大学公共政策研究院副研究员,社会组织与治理创新研究中心副主任,负责理论框架的设定。本文为教育部哲学社会科学研究重大课题攻关项目"我国社会治理体系构建及其运行机制研究"(项目编号:16JZD026)的阶段性成果。感谢郑永年、祁冬涛、刘骥、德新建、吴铭、光磊、黄佩华、张静等师友的修改建议。文责自负。

一、问题与进路

2018年3月28日，中央全面深化改革委员会第一次会议审议通过了《公安机关执法勤务警员职务序列改革方案（试行）》《公安机关警务技术职务序列改革方案（试行）》等方案。会议强调，在试点基础上全面推开公安机关执法勤务警员和警务技术职务序列改革，要根据公安机关性质任务和人民警察职业特点，尊重警务技术人才成长发展规律，完善公安机关执法勤务警员职务序列，建立警务技术职务序列，拓展民警职业发展空间。改革方案突出了警务活动作为“专业工作”的特征，这一思路实际上从改革开放以来就得到不断强化。

然而，从改革开放以来的实践经验来看，作为国家强制体系的最末端，公安派出所在进行社会控制的过程中却遇到了一个巨大的困境：随着基层警务的专业化、科层化和文牍化，警察的社会控制能力不仅没有得到提升，反而日益弱化。既有的研究认为，国家基础性权力（infrastructural power）或基础性能力（infrastructural capability）的提升（科层制度的有效运作是其中一个重要的环节）有助于强化国家的社会控制。然而，公安派出所的变革及其治理实践表明，基础性权力并非国家社会控制的决定性因素，更为重要的是勾连国家与社会的互动性权力。在治安领域，互动性权力主要体现在群众路线的运作上。因此，群众路线的实践直接影响到公安机关的社会控制能力。

在研究国家权力时，社会学家迈克尔·曼（Michael Mann）区分了“专制性权力”（despotic power）和“基础性权力”。[①] 所谓专制性权力，即针对市民社会的国家个别权力，它源自国家精英的一系列运作，而这些运作不需要与市民社会群体做例行公事式的协商，比如国家的征兵行为。基础性权力是指国家能实际穿透市民社会并依靠后勤支持其在

① 参见[英]迈克尔·曼：《社会权力的来源》（第2卷），陈海宏等译，上海人民出版社2007年版，第68～69页。

统治的疆域内实施政治决策的能力,本质上是指国家贯彻其政策意志的可能性。一般来说,基层社会的科层制建设(国家基层政权建设)是影响基础性权力的主要因素,只有当国家行政官僚的触角遍地覆盖,其政策意志才有可能自上而下得到迅速推行。随着国家的现代化和科层化,专制性权力逐渐式微,而基础性权力则日益获得发展,国家通过其庞大的“基础权力机构”来实现对社会的控制。

问题是,随着基础性权力(基层社会科层化)的增强,国家是否可以减少与社会的合作而实现较好的社会控制?换言之,基础性权力的强化是否必然提升国家的社会控制能力?答案是否定的。实际上,即使在基础性权力较强的现代国家中,只有当国家庞大的“基础权力机构”与基层社会形成良性的互动关系时,社会控制才能有效实现。基础权力机构通过与基层社会建构互动关系来实现社会控制的能力,即为互动性权力(interactive power)。换言之,专制性权力是国家(主要指中央)对社会的直接控制,基础性权力是国家通过基础权力机构对社会的直接控制,而互动性权力则是国家通过基础权力机构与社会的合作所形成的社会控制(见图1)。无论是专制性权力还是基础性权力,在本质上都属于支配权力,社会是作为被控制的客体而存在的。互动性权力源于国家与社会的交往关系,社会既是被控制的客体,也是实施控制的主体。比如,中央政府直接派军队镇压地方暴动的能力,属于专制性权力,公安派出所通过侦查技术直接抓获犯罪嫌疑人的能力,属于基础性权力,公安派出所通过群防群治的手段抓获犯罪嫌疑人的能力,则属于互动性权力。通过对公安派出所这一“基础权力机构”的深入考察,可以发现,“互动性权力”在很大程度上决定了“国家—社会”关系,

图1 国家权力的类型

是社会控制的核心变量。在互动性权力式微(国家与社会相脱离)的背景下,即使国家基础性权力得以强化,社会控制水平也可能弱化。

在日常化的社会控制中,最为关键的两种国家权力是基础性权力和互动性权力,尤其是在现代国家中,专制性权力往往被有意识地隐匿起来,而基础性权力则不断扩张。利用基础性权力和互动性权力这一对变量,我们可以更为准确地分析中国社会控制的变迁逻辑(见表1)。整体而言,从“前集体时代”(1949年前)到“集体时代”(1949~1978年)再到“后集体时代”(1978年后),中国的基础性权力(尤其是在公安系统)不断强化。在前集体时代,国家基础性权力很弱,甚至出现了“社会吸纳国家”的现象,较强的社会内生力量与较弱的国家基础结构达成某种治理联盟,从而实现基层社会控制。这种治理联盟实际上体现了一种“逆向互动性权力”,即社会占优的互动性权力。黄宗智在研究传统中华帝国的社会控制时发现,基础性权力不足的历史条件使基层治理形成一种“集权的简约治理”模式,即寓于半正式行政的治理方法、准官员的使用以及政府机构仅在纠纷发生时才介入的方法。① “集权的简约治理”印证了迈克尔·曼对于中华帝国的判断,即较强的专制性权力和较弱的基础性权力。②

表1 不同时期的“国家—社会”结构

	前集体时代(1949年前)	集体时代(1949~1978年)	后集体时代(1978年以后)
基础性权力	弱	较强	更强
互动性权力	逆向互动性权力	强	弱
基层治理模式	集权的简约治理	群众路线	技术路线
国家—社会关系	社会吸纳国家	国家吸纳社会	国家与社会相分离

① 参见黄宗智:《集权的简约治理——中国以准官员和纠纷解决为主的半正式基层行政》,载《开放时代》2008年第2期。

② 参见[英]迈克尔·曼:《社会权力的来源》(第2卷),陈海宏等译,上海人民出版社2007年版,第70页。

在集体时代,国家基础权力不断增强,而互动性权力随着群众路线(强调“群防群治”的重要性)的践行也得到迅速强化。通过与人民群众主动建立治理联盟,国家在一定程度上实现了对社会的改造与吸纳。① 需要指出的是,社会在深受国家影响的同时也对国家(尤其是国家基础结构)造成了深刻的影响。② 到了后集体时代,国家基础权力进一步增强,然而随着群众路线的式微和技术路线(强调以“侦查技术”取代“群防群治”)的兴起,国家互动性权力迅速弱化,国家与社会逐渐分离,导致社会控制陷于困境之中。③

对于前集体时代的社会控制模式,黄宗智等人已进行了深入的研究,本文将围绕群众路线,重点阐述集体时代和后集体时代的社会控制。本文通过考察公安派出所的历史变迁,将揭示“基础性权力”和“互动性权力”对于公安派出所社会控制模式和效能的影响机制,从而展现治安工作中的群众路线和权力过程,并尝试回答当前社会控制陷入困境的根源所在。

二、公安派出所的社会控制

从总体上讲,可以将社会控制体系分为三大类,一是“社会化控制体系”,二是“组织化控制体系”,三是“专门化控制体系”。社会化控制体系的基本单位包含家庭、家族和社区,这些社会控制单位的共同特点是都具有较强的内生性,即它们所提供的社会控制基本上不受国家的干

① 这一时期的“国家—社会”关系常常被学者冠以“全能主义”的名号。参见邹谠:《二十世纪中国政治》,牛津大学出版社1994年版;俞可平、Arif Dirlik主编:《中国学者论民主与法治》,重庆出版社2008年版。

② 参见林辉煌等:《双结构治理与国家政权建设》,载《中国农业大学学报》(社会科学版)2012年第1期。

③ 参见赵晓峰等:《从“嵌入式控制”到“脱嵌化治理”》,载《学习与实践》2012年第11期。

预,而是在长期的生活互动中所形成的自我规训。[①] 与社会化控制不同的是,组织化控制的运作是在国家的推动之下建立起来的,具有相应的外在强制力。另外,组织化控制单位与专门化的控制单位不同,前者还包含有政治、经济、社会等方面的具体职能,社会控制是其附带性的职能。构成组织化控制体系的单位包括村组、乡镇等政府机构和基层党组织。[②] 这两类都可以视为非专门化的社会控制体系,其社会控制的任务往往是附带的。而专门化控制体系,包括警察部门、司法部门等,其存在的主要目标就在于实现社会控制。[③]

就社会的发展变迁而言,"社会化控制体系"在人口频繁流动的现代社会中显得力不从心,[④]而社会结构的原子化也使基层组织的社会控制能力不断弱化。[⑤] 因此,专门化的社会控制体系显得日益重要,因为它能够提供相对稳定的行为规则,使社会控制本身成为一项可以预期和控制的工程。需要指出的是,强调"专门化控制体系"对于现代社会的适应性,并没有完全否定"社会化的"和"组织化的"社会控制的意义,只

① "社会化控制"类似于其他学者所谓的"非正式社会控制"和"非专门社会控制"。参见王启梁:《正式社会控制为何失败?——对云南平县拐卖妇女现象的田野调查》,载《中国农业大学学报》(社会科学版)2007 年第 2 期;程竹汝:《社会控制:关于司法与社会最一般关系的理论分析》,载《文史哲》2003 年第 5 期。本文之所以不采用"非正式社会控制"的概念,是因为在社会控制体系中,并非只有"正式"和"非正式"两种,还有一种介于两者之间的社会控制方式,即"组织化控制"。

② 参见贺雪峰:《组织起来:取消农业税后农村基层组织建设研究》,山东人民出版社 2012 年版;唐皇凤:《社会转型与组织化调控》,武汉大学出版社 2008 年版;欧阳静:《策略主义:桔镇运作的逻辑》,中国政法大学出版社 2011 年版;林辉煌:《村民小组的社区性和国家性》,载《社会科学报》2011 年 8 月 18 日,第 2 版;林辉煌:《农村党建的困境与出路》,载《改革内参》2011 年第 23 期。

③ 参见苏力:《送法下乡:中国基层司法制度研究》,中国政法大学出版社 2000 年版;董磊明等:《结构混乱与迎法下乡——河南宋村法律实践的解读》,载《中国社会科学》2008 年第 5 期;左卫民、马静华:《论派出所解决纠纷的机制——以一个城市派出所为例的研究》,载《法学》2004 年第 9 期。

④ 参见董磊明等:《结构混乱与迎法下乡——河南宋村法律实践的解读》,载《中国社会科学》2008 年第 5 期。

⑤ 参见贺雪峰:《组织起来:取消农业税后农村基层组织建设研究》,山东人民出版社 2012 年版。

是相对于后两者而言,法律的控制正逐渐占据主导地位。①

在专门化的控制体系中,公安派出所作为基础性的治安单位承担了大量的社会控制任务。相较于法院和检察院,公安派出所处在各种社会矛盾的最前沿,充当着国家控制体系的先锋部队。其主要职责包括信息工作(如收集、掌握、报告影响社会政治稳定和治安稳定的情报信息,管理辖区内的实有人口)、安保工作(如管理辖区内的重点行业、公共娱乐场所和枪支、弹药、爆炸、剧毒等危险物品)、治安工作(如办理治安案件,调解治安纠纷)、刑事工作(如办理辖区内发生的因果关系明显、案情简单、一般无需专业侦查手段和跨县、市进行侦查的刑事案件)等。对于公安派出所而言,也许最为基础的一项工作是"群众工作",包括指导、监督辖区内的机关、团体、企业、事业单位的内部治安保卫工作,宣传、发动、组织、指导群众开展安全防范工作,接受群众报警、求助,为群众提供服务等。上述职责几乎涵盖了社会控制的方方面面。

经过多年的努力,中国制度化的治安力量已经覆盖绝大多数的基层社会,基本上能确保一个乡镇(街道)配套一个公安派出所。1990年以来,基层公安派出所的数量上升了近40%,由1990年的不到4万个发展到2005年底的5.2万个,②"只要有人民群众的地方,就有派出所的工作延伸"。③不少地区甚至在公安派出所下面还设置了更低一级的警务室。另外,警察的数量也不断增加,从1986年的60万人发展到2004年的143万人(见表2)。然而,经验和数据显示,近年来警察的社会控制能力正日益弱化。

---

① 庞德指出,在西方"从16世纪以来,法律已成为社会控制的首要工具"和发达社会中控制社会的"最终有效工具"。参见[美]罗斯科·庞德:《通过法律的社会控制——法律的任务》,沈宗灵、董世忠译,商务印书馆1984年版,第12~89页。

② 参见樊鹏等:《改革时期的公安分权与集权》,载《研究报告》2008年第7期。

③ 派出所确定八大项职责,载http://www.legaldaily.com.cn/misc/2006-02/08/content_261350.htm,最后访问日期:2018年5月20日。

表2　我国专项编制职业制民警数量(1978～2004年)①

单位:万人

年份	1986	1987	1988	1989	1990	1991	1996	2003	2004
数量	60	60	76	76.9	82.5	85.4	86.3	100	143

对于公安机关而言,社会控制能力的弱化不仅仅指社会矛盾或者警民冲突不断增加的客观事实,更主要的是指通过警察进行社会治理的效能不断下降。以刑事破案率为例,从1996年开始,我国的刑事破案率呈明显的下降趋势,2000年之后基本维持在50%以下,2001年开展第三次全国性"严打",但当年破案率仍维持在42.9%的极低水平,到2011年更是下降到38.51%(见图2)。②

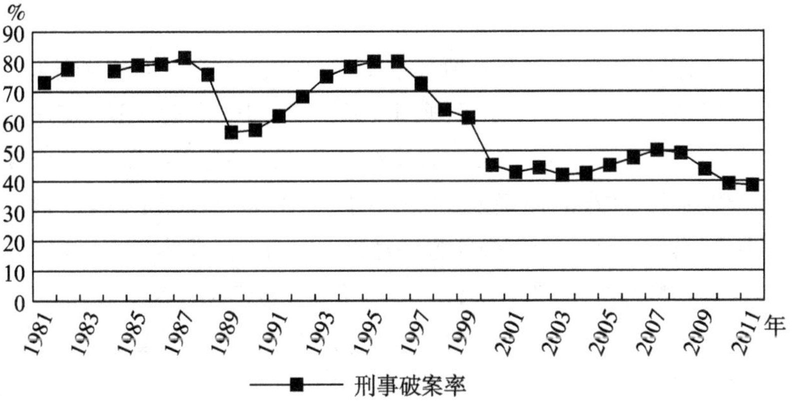

图2　我国的刑事破案率(1981～2011年)③

除了刑事破案率不断下降之外,公安机关社会控制能力弱化还体现

① 樊鹏等:《中国国家强制能力建设的轨迹与逻辑》,载《经济社会体制比较》2009年第5期。

② 需要进一步考虑的是,近年来城镇化率的提升是否在客观上导致了刑事破案率的降低?因为城镇化率的提升往往意味着犯罪率的提升,而犯罪率的提升有可能加大了刑事破案的压力。但是考虑到真实城镇化率并不高(35%左右),以及公安派出所数量的增加(40%左右)和警察数量的增加(2倍多),刑事破案率的降低可以认为主要是警察社会控制能力弱化的结果。

③ 数据来源:根据《中国法律年鉴》历年数据整理,1983年的数据缺失。

在警察执法的权威性正日益丧失,不仅难以化解矛盾,甚至造成新的社会矛盾。为了避免矛盾,尤其是减少被投诉信访的风险,基层警察普遍陷入消极执法的困境,甚至出现“无原则妥协”和“花钱买平安”的现象。①

公安机关实施社会控制的过程,从本质上讲就是国家与社会互动的过程。人们一般将公安派出所视为国家公权力(国家强制权力)在基层的代表,即使算不上是完全称职的代表(公安派出所也有自己的利益偏好)。从现代国家政权建设的角度来看,近年来基层警务的专业化、科层化和文牍化体现了国家权力向基层社会渗透的努力。这一过程,在某种程度上讲,就是韦伯所谓的“官僚化/理性化进程”。② 国家政权建设的要旨在于强化中央政府对于地方社会的统辖能力,尤其是对于强制资源的垄断。③ 垄断强制资源并且进行有效的社会控制,这被认为是国家能力建设的关键。④

进行国家政权建设、强化国家能力从而完成韦伯意义上的官僚化一般要经历两个阶段。第一阶段,通过在赋税征收中实行营利型经纪制和卖官鬻爵,从而加强专制王权对封建贵族的控制;在第二阶段,彻底击毁封建结构,而且摧毁阻碍国家政权进一步扩展的营利型经纪阶层。然而并不是所有的专制王权都会在这一过程(第二阶段)取得成功,在民国年间,国家努力推进的政权建设就陷入了“内卷化”的困境。⑤

与民国时期的政权建设不同,中国共产党在革命建国过程中形成的“群众路线”试图确立一种互动性权力,通过发动群众来实现国家的政

---

① 参见林辉煌:《涉警上访与转型中国的法治困境》,载《法制与社会发展》2014年第2期。

② 在韦伯看来,科层官僚制不仅是一种现代性的必需品,也是一种现代进步的标识。他说,“正如自从中世纪以来,所谓的迈向资本主义的进步是经济现代化唯一的尺度一样,迈向官僚体制的官员制度的进步是国家现代化的同样是明白无误的尺度……”参见[德]韦伯:《经济与社会》,林荣远译,商务印书馆1998年版,第736页。

③ [美]查尔斯·蒂利:《强制、资本和欧洲国家:公元990—1992年》,魏洪钟译,上海人民出版社2007年版,第22页。

④ 参见王绍光:《安邦之道:国家转型的目标与途径》,生活·读书·新知三联书店2007年版,第5页。

⑤ 参见[美]杜赞奇:《文化、权力与国家:1900—1942年的华北农村》,王福明译,江苏人民出版社1996年版,第67、242~243页。

权建设。如果说前者是因为国家能力有限而不得不依赖于地方社会的辅助(保护型经纪或营利型经纪)。[①] 则后者更多地体现了共产党主动动员群众参与革命和国家建设的政治努力,这种政治努力甚至成了党和国家的基本路线。此外,群众路线也区别于纯粹由国家发动的针对社会的单向性控制。1943 年,毛泽东在为中共中央所写的题为《关于领导方法的若干问题》的决定中,对群众路线的领导方法做了总结,“在我党的一切实际工作中,凡属正确的领导,必须是从群众中来,到群众中去”。[②] 中国共产党之所以能够完成革命建国的使命,其根本原因是借助大众主义和民族主义的政治动员路线。[③] 群众路线是一种向群众开放的具有反映民意和修错机制的民主决策方式,是与共产党长期以来一贯反对的官僚主义、命令主义、主观主义相对的工作方法。[④] 从这个意义上讲,“党的历史就是党和人民群众逐步建立和深化血肉联系、形成和完善群众路线的历史”。[⑤]

通过考察群众路线在公安派出所的运作机制,我们可以发现,要实现良好的社会控制,不仅仅需要具备相应的国家基础性权力,更需要国家与社会主动合作所形成的互动性权力。从公安系统来看,甚至在国家基础性权力不足的情况下,强大的互动性权力也能够实现较好的社会控制(例如大集体时代的治安工作),而即使国家基础性权力不断强化,缺乏有效的互动性权力,社会控制也可能陷入困境(例如后集体时代的治安工作)。当然,如果基础性权力和互动性权力都不充足,则社会控制几乎不可能实现(例如在建警初期的社会治安工作),除非社会内生的秩序能力足够强大。

---

① 参见[美]杜赞奇:《文化、权力与国家:1900—1942 年的华北农村》,王福明译,江苏人民出版社 1996 年版。

② 《毛泽东选集》第 3 卷,人民出版社 1991 年版,第 899 页。

③ 参见郭为桂:《群众路线与现代中国的国家建构——纪念中国共产党成立九十周年》,载《东南学术》2011 年第 4 期。

④ 参见刘智峰:《论群众路线与群众参与》,载《开放时代》1998 年第 2 期。

⑤ 卫建林:《党的历史是形成和完善群众路线的历史》,载《中国社会科学》2011 年第 4 期。

三、群众路线的践行

在中国的社会控制史中,由国家提供的专门化控制体系到很晚近才出现。传统时期,社会治安主要依靠社会化控制来实现,当然,半正式的组织化控制也发挥了一定的作用,例如保甲制度。保甲制度之所以不是专门化的社会控制体系,是因为它的有效性主要建立在社区的认同之上。脱离了社区的支持,保甲制度就成了无源之水。只有在警察组织及其基层单位——公安派出所出现之后,基层社会才有了专门化的社会控制体系。从这个意义上讲,公安派出所的出现在基层治安的历史中具有变革性的意义。一方面,国家在创建公安派出所的过程中不断推进基层政权的建设;另一方面,通过与公安派出所的互动,基层社会的结构也得到了进一步的改造。然而,公安派出所组织从理念到常规化,前后却经历近80年的实践摸索。

清朝末年,在内忧外患的社会背景下,一批学者和官员为了救亡图存而奔走呼号,他们认为,只有实行"新政",学习和引进西方先进的制度才能够改变中国落后的面貌。其中非常重要的一项改革即为"建警",包括设置基层的公安派出所。然而,从清末到民国时期,公安派出所的性质主要是作为警察轮班休息的场所,还没有成为一个基本的治安实体单位。另一方面,当时的公安派出所主要设立在相对繁华的城区,警力分布严重不平衡。[①] 可以认为,这个阶段的公安派出所尚处于发展的初期,国家基础性权力非常弱小,警察力量主要用于社会镇压,根本不可能出现互动性权力。国家试图通过建警推动基层政权建设、提高社会控制能力,但是这一目标远远没有达成。

新中国成立初期,虽然解放战争已在大陆上基本结束,各级地方人民政府已先后成立。但在某些地区特别是有些新解放地区,残余的敌对

---

① 参见夏菲:《论我国警察权控制模式的完善》,载《河南警察学院学报》2011年第6期;李哲宇:《我国公安派出所的发展与改革》,载《公安研究》2007年第11期。

势力仍在进行武装暴乱和潜伏暗害等各种活动，破坏社会治安。因此，“积极领导人民坚决肃清一切公开的与暗藏的反革命分子，迅速建立与巩固革命秩序，保障人民民主权利并顺利进行生产建设及各项必要的社会改革，成为当时各级人民政府的重要任务之一”。① 在这种背景下，新中国的警察组织承担着“半军事化”的任务，打击反革命成为当时工作的重心。

如果说新中国成立初期的公安工作是以打击反革命为中心，那么从1951年7月《城市户口管理暂行条例》颁布后一直到大集体瓦解，公安派出所工作则以户口管理和日常社会治安为中心。1954年出台的《公安派出所组织条例》规定，为了加强社会治安，维护公共秩序，市、县公安局可以在辖区内设立公安派出所。公安派出所是市、县公安局管理治安工作的派出机关，在市、县公安局或者公安分局的直接领导下进行工作。1951年的《城市户口管理暂行条例》，把“维护社会治安，保障人民安全及居住，迁徙自由”规定为当时户口管理的任务，凡在城市居住的中外居民，均需进行户口登记。1955年国务院发布了《关于建立经常户口登记制度的指示》，明确要求由城市到广大农村普遍建立户口登记管理制度。1954年的《公安派出所组织条例》赋予公安派出所打击犯罪的职能，1962年的《公安派出所工作细则（试行）》补充了刑嫌和反革命嫌疑分子的调查、敌社情调查等职权，另外还规定了公安派出所有权协助上级公安机关查破案件。

实际上，当时的公安派出所主要集中在城市，农村很少设立公安派出所，一般都是一个乡镇下派一个公安员。虽然基层公安派出所和警察数量极少，但是在大集体时代，警察的执法权威很高，②通过警察的社会控制取得了较好的效果。在国家基础性权力不足（主要指公安机关的科层体系不健全）的情况下，警察的社会控制之所以有效，与当时群众路线的全面贯彻紧密相关，形成了“专门机关与广大群众的防奸运动相结

① 《政务院、最高人民法院关于镇压反革命活动的指示》。

② 当然，集体时代的不同阶段也有所不同，“文革”时期就曾出现“砸烂公检法”的运动。

合”的治安体系。群众路线的形成,“是经过了同它的对立面——垂直领导、孤立主义和神秘主义的严重斗争而形成的;把公安工作置于党中央和各级党委的绝对领导之下,并在工作中实行放手动员群众、大胆依靠群众的路线,这是共产党在长期革命实践中一个独特的创造”。[①]“党委的绝对领导”体现了公安权力科层化建设的努力,而“放手发动群众、大胆依靠群众”则体现了发展互动性权力的诉求。

群众路线是中国革命与建设的重要法宝,作为一种指导思想,它在中国共产党的发展进程中起着重要的作用。群众路线首先是一项政治原则,它规定了党和国家的一切决策必须源于群众并最终服务于群众。以群众的利益为根本利益,以群众的需求为基本目标,这是国家政权的合法性来源。其次,群众路线也是一项组织原则,它规定了各种社会事务的治理必须以发动广大群众的参与为基础。人民群众当家作主不仅仅是一句政治口号,而要落实到具体的参与过程之中。社会的治理不是个别领导的私人事务,而要引导广大人民积极参与进来。再次,群众路线还是一项重要的教育原则,它要求任何人、任何行为的是非对错都必须由广大人民群众来评判。一方面,管理者必须时时受到群众的监督,他必须生活在群众之中,在与群众的接触中实现自我改造;另一方面,每个个体都要接受群众的教育,通过日常化的规训,不断实现社会主义新人的改造,从而强化整个社会的整合。最后,群众路线还是一项基本的领导原则,强调国家政权组织在动员群众参与的过程中所应当起到的积极作用,而不是寄期望于群众的自我动员。

作为社会主义政权和人民利益的保卫者,公安部门从一开始就将群众路线作为自己的指导原则。集体时代的群众路线在公安工作中发挥了根本性的作用。具体来讲,包括四个方面:首先是“警力藏于民”,依靠群众来打击违法犯罪行为。相较于西方各国,中国的警察比例是非常低的,[②]但正是以如此低水平的警察比例,中国在集体时代却创造了史

---

① 罗瑞卿:《公安工作必须进一步地贯彻群众路线》,群众出版社1958年版,第1~2页。

② 参见樊鹏等:《改革时期的公安分权与集权》,载《研究报告》2008年第7期。

无前例的社会安全网。一个非常重要的原因,是因为公安部门对群众路线的贯彻执行。广大人民群众被发动起来,参与到打击犯罪的事业中,从而弥补了低水平警察比例的不足。其次是"惩戒藏于民",对于有些案件,直接交由人民群众处理,往往能够起到更好的效果。当时办案的指导思想是,"按照政策法律,该捕的要捕,该判的要判;凡是可以不捕,群众自己能够改造的,则不捕;凡是可捕可不捕的,则坚持不捕,并组织群众监督改造他们"。① 再次是"规训藏于民",从某种意义上讲,群众路线最重要的意义还不在于对既有犯罪的打击,而在于对潜在犯罪的预防。通过群众的宣传教育,形成一道严密的治安防控体系,从而将违法犯罪行为扼杀在摇篮之中。"不论是该捕该判的,或是不捕不判的,都一定要在事前、事后或处理过程当中,发动和组织群众对他们进行必要的辩论和批判,充分利用这些人做反面教员,教育群众",②使公共规则逐渐内化为每个人的行为准则。最后是"监督藏于民",公安工作要时刻接受人民群众的监督,确保案件处理的准确性。公安派出所须密切联系群众,"认真处理人民来信,接待人民来访,并且在居民会议或者居民委员会会议上报告工作,听取人民的批评和建议"。③

在集体时代,公安派出所工作的群众路线具有坚实的组织基础,即以治保会为核心的群防群治体系。为发动群众,协助人民政府防奸、防谍、防盗、防火,肃清反革命活动,以保卫国家和公众治安,全国各城市于镇压反革命运动开展后、农村于土地改革完成后,普遍建立了治安保卫委员会(简称治保会)。治保会是群众性的治安保卫组织,在基层政府和公安保卫机关领导下进行工作。城市街道的治保会,受公安派出所领导,有居民委员会者受公安派出所及居民委员会双重领导;郊区无公安派出所者受公安分局、区公安助理员领导;农村行政村的治保会,受行政村和村公安员的领导。④ 从某种程度上讲,治保会是公安派出所工作进

---

① 《最高人民法院、最高人民检察院、公安部关于必须及时地有力地打击现行犯的通知》。

② 同上。

③ 《公安派出所组织条例》。

④ 《治安保卫委员会暂行组织条例》。

一步扎根于群众的触角。在公安派出所的指导下,治保会发挥着日常的治安管理作用,及时调解民间的纠纷,防止不稳定因素的激化。另外,在公安派出所打击违法犯罪的过程中,可以通过治保会获得充分的信息与协助。在对越轨者进行改造的时候,治保会的作用是将这种规训落实到日常的生活之中,使越轨者能够充分认识自己的过错,从而强化改造的效果。治保会之所以有这些功能,是因为它真正源于群众。它的职责之一就是"定期向当地群众报告工作,征求群众的意见,接受群众的批评"。①

与其他政府组织不同的是,公安派出所作为一个安全保卫机构具有较强的专业性。特别是在处理违法犯罪案件,要求民警必须具备一定的侦查能力。从这个意义上讲,公安派出所工作是一项专门工作。群众路线强调将对越轨的规训置于日常化的社会控制网络之中,通过群众的批评教育来实现对越轨者的改造;而专门工作则强调通过提升侦查技术、严格依照法律政策的规定来惩戒越轨者,这样一种惩戒是可以在脱离群众的背景下实现的。在集体时代,群众路线因为占据话语主导权,专门工作被强有力地整合进群众路线的框架之中。至少,公安机关的专门工作不能脱离群众路线的约束。1951年元旦,罗瑞卿部长在部署全年公安工作时强调,"进一步密切与人民群众的联系,确切地做到公开工作与秘密工作相结合,专门机关与广大群众的防奸运动相结合。"②实践证明,正是在群众路线的基础之上,公安派出所的专门工作才能够顺利得以开展,社会治安防控体系才能够以低成本的代价获得实现。

从某种程度上讲,以群众路线为基础的公安派出所工作采取的是一种半正式治理的模式。这种半正式治理模式与黄宗智所谓的"简约治理"有一定的重合之处,但是却带有更强烈的国家权力建构色彩,亦即"群众参与"是在"科层权力"的发动与组织之下形成的;相反,"简约治理"则是在国家能力不足的情况下所形成的一种消极策略。从工作场所

---

① 《治安保卫委员会暂行组织条例》。

② 罗瑞卿:《罗瑞卿同志论人民公安工作》,群众出版社1994年版,第42页。

来看,公安派出所民警需要融入辖区的群众生活之中,在具体的生活场景中展开面对面的工作,这实际上正是国家权力下渗的过程。此外,在贯彻群众路线的公安派出所工作中,地方社会也在一定程度上分享了公安权力。正是通过公安权力与社会的互动,形成了群众积极参与其中的社会防控体系。

四、技术路线的兴起

随着集体时代的远去,中国的改革开放不断深入,国家的政治、经济、社会形势发生了深刻变化。国家不断推动公安权力的科层化和专业化,将公安派出机构尽可能延伸覆盖基层社会,同时提高基层警察的比例,以此强化国家基础性权力。另一方面,群众路线逐渐式微,取而代之的是技术路线的兴起,其结果是警察与群众的关系日益疏远。

改革开放初期,社会治安作为"专门工作"还不具有较强的职业性和技术性,因此具体工作中还沿袭着群众路线的思路。进入 20 世纪 90 年代之后,基层政府越来越难以动员群众维持乡村秩序,群众路线逐渐丧失了实践的可能性。[①] 公安派出所工作越来越强调专门性和技术性对于社会控制尤其是犯罪打击的重要意义。这种技术主义路线不强调原来群众路线所倡导的"面对面的工作"和"半正式的治理",认为后者不仅无效率,而且往往游离于法律政策的边缘。改革者认为,在现代社会高度开放、交通和通讯较为发达的情况下,群众在家、在受侵害现场都可以及时向"110"报案,公安机关也能利用现代交通工具快速出警。[②]

---

① 参见陈柏峰:《群众路线三十年(1978—2008)——以乡村治安工作为中心》,载《北大法律评论》2010 年第 1 期。

② 参见曹力伟:《大庆市公安警务改革的实践与思考》,载《公安研究》2008 年第 1 期。

技术路线的兴起首先表现在公安派出所工作的刑警化,即原来以治安防范、群防群治为核心工作的公安派出所被赋予犯罪打击的职能,并且该职能日益得到强化最终成为公安派出所的核心工作。改革开放之后,治安形势的恶化使各地在公安工作中都将公安派出所置于犯罪打击的前沿。在1988年,公安派出所在辖区内侦破的刑事案件已占整个破案数的百分之六七十,还破获了不少重大案件,许多地方公安机关在侦破刑事案件中,实际上已给予公安派出所现场勘查、询问证人、审查嫌疑对象等部分侦查权,还给予公安派出所发展和使用耳目的权限。① 公安部虽然肯定了公安派出所侦破案件有人熟、地利和反应快速的条件,但并不主张将公安派出所变成"刑侦小分队",公安派出所只能负责侦破涉及辖区内发生的一般刑事案件,协助侦破其他重大案件。显然这种要求并不能满足地方公安工作对于打击犯罪的需求,多数地方公安机关依然将犯罪打击作为衡量公安派出所工作的关键指标。然而事实上,公安派出所工作的刑警化不但没能有力地促进刑侦工作,反而由于基础工作的撂荒,使公安派出所民警在老百姓的心目中只留下了严厉执法者的形象,警民关系疏远,加大了案件侦破工作的难度。②

其次,专业化的诉求进一步强化了公安派出所的技术路线。当前的公安派出所工作越来越重视民警的专业素养在办案过程中的价值,专业素养的匮乏被认为是造成冤假错案的罪魁祸首。其中一个主要的原因是由于缺乏有效的规范和监管,非正规警力在办案过程中所出现的负面效应日益受到人们的关注。为了解决警力不足的困境,改革开放之后各地自发招收了大量的合同民警。因为该做法在某种程度上加重了农民的负担,公安部从1990年开始对其进行整治,拉开了警务主体规范化的

① 《关于改革城市公安公安派出所工作若干问题的意见》。

② 参见梅坤、万勇斌:《派出所性质认识的历史变迁》,载《江西公安专科学校学报》2004年第6期。

序幕。[①] 2004 年,公安部发布了《关于 2004—2008 年全国公安队伍正规化建设纲要》,提出建立完善公安民警执法资格考试制度,继续清理整顿非执法主体人员,按照“只出不进、逐年减少、彻底取消”的原则,从 2005 ~ 2007 年年底将治安员从公安机关分流出去,严禁非执法主体人员参与执法。[②] 包括合同民警、治安员等在内的非执法主体,实际上是非常重要的辅助警力,正是他们的存在,使中国能够形成一个廉价而高效(当然,也不乏问题)的治安防控体系。从宽泛的意义上讲,辅助警力还包括保安公司、联防队、治保会等国家正式警察以外的各种辅助性警力。辅助警力在西方一般达到正式警察的 2.5 倍,而在中国甚至高达 11 倍。[③]

最后,技术路线的兴起还体现在对执法程序化的日益推崇。为了规范民警办理行政案件的程序,公安部于 2003 年 8 月 26 日发布了《公安机关办理行政案件程序规定》,引起广泛的反响。时任公安部法制局局

---

① 1984 年,江苏省常熟市公安机关,针对当地经济发展迅速、警力严重不足的情况,在公安派出所试行了从农民中招聘合同民警的办法。随后,一些地方公安机关也仿效他们的做法,陆续招聘合同民警。1985 年 5 月,公安部就此发出了《关于吸收合同民警应注意几个问题的通知》(公信传〔85〕363 号),指出招聘合同民警要严格控制,可在经济发达,乡镇财政状况较好的地方选择少数单位进行试点,不要增加农民负担。实践证明,招聘合同民警在解决公安机关警力不足问题上起了一定作用。部分合同民警也表现出较高的工作热情,做了大量工作。但是也暴露出许多问题。有的地方没有按照公安部的要求严格执行,未经试点取得经验,就一哄而起,大量招聘合同民警,经费靠向农民摊派,或从各种收费、罚没款中解决,违反了党中央、国务院禁止加重农民负担,禁止乱收费乱罚款的规定。合同民警没有列入国家公安行政编制,没有经组织、人事部门办理录用手续,不具备国家公务人员身份。随着法制的健全,国家陆续颁布实施了《人民警察法》《国家公务员暂行条例》等法律法规,对人民警察队伍建设提出了更高的要求,合同民警不具备国家公务人员合法身份,不符合公安机关执法要求。国家对人民警察队伍管理的方针、政策,在合同民警身上难以落实。1990 年 1 月,公安部《关于停止招收合同民警的通知》(公发电〔1990〕170 号)下发后,各地陆续开展了合同民警的清退工作,合同民警总人数已从十几万人下降到 1994 年年底的 3.7 万人。但清退工作进展不够平衡,到 1994 年年底,江苏等 8 个省、自治区、直辖市,全部清退了合同民警,1995 年湖北等省也完成清退任务。但有些地方工作进展不大,个别地方甚至仍在以各种名义招收合同民警。为此,公安部于 1996 年再次发布了有关清退合同民警的通知。参见《公安部关于做好清退合同民警收尾工作的通知》。

② 《关于 2004—2008 年全国公安队伍正规化建设纲要》。

③ 参见王大伟:《从枏石桥模式到世界警务改革大趋势——中西警务改革比较:第三部分 辅助警力的比较》,载《公安大学学报》2000 年第 4 期。

长的李忠信表示,至此,公安机关办理行政案件、刑事案件和行政复议案件有了完整的办案程序体系。这套严厉的体系规定了公安机关扣押财物的期限、获取证据的合法渠道、讯问查证违法犯罪嫌疑人的时限、收缴罚款的具体要求——执法程序被事无巨细地规定。① 2004年,公安部颁布了《关于2004—2008年全国公安队伍正规化建设纲要》,要求民警严格执行各项法律政策规定,公安部承诺将针对每一种执法行为、每一项执法措施和每一个执法环节,细化制定明确、严密、标准和具有较强可操作性的规定,进一步加强公安执法制度建设。② 在这样的背景下,每个民警都必须认真掌握有关执法的各项技术规定,而留给他们自由裁定的空间则越来越小。

为什么在后集体时代,技术路线而非群众路线主导了整个公安派出所的日常工作?为什么群众路线呈现式微的趋势?可能的原因包括以下几个方面:

第一,社会流动加速,个体的时空分布越来越不稳定,在客观上增加了群众工作的难度。随着商品经济迅猛发展,城乡人、财、物大量流动,③公共娱乐场所、各种行业大量增加,人们的生活方式逐步改变,群众的民主与法制观念日益增强,这些方面的变化,给当前的社会治安管理和公安派出所工作提出了新的挑战。社会的日益开放和复杂化,使公

① 参见金焱、朱文轶:《中国司法改革——探究警察权力底线》,载《当代文萃》2003年第10期。

② 《关于2004—2008年全国公安队伍正规化建设纲要》。

③ 虽然在八九十年代的中国,对于人口的流动尤其是农村人口的流动依然有所限制,然而这并没有阻碍人口流动的频繁发生。1989年,甘肃省人民政府向国务院报告称,自三月初国务院办公厅要求各地严格控制民工外出的紧急通知发出以来,四川、江苏、浙江,河南、山东等省的民工,每天仍约有5000余人乘177、203、147、121、445、601等西行客车,经兰州中转去新疆等地做工。其中,来自四川省的约占70%。但兰州站只有501、243次(隔日开)两列客车西去,只能运送2000余人,每天有3000左右的民工滞留在兰州站,总数已近两万人,而且还有增长的势头。西流民工的不断增加,已使兰州站无法承受,并已影响了兰州市的社会秩序、工作秩序和生活秩序。为此,甘肃省要求国务院转告四川、江苏、山东、浙江、河南省政府,继续做好本省外流民工的劝阻工作。国务院接到甘肃省人民政府紧急报告后,指示民政部和公安部处理此事,通知各地人民政府要坚决贯彻国务院办公厅关于严格控制民工盲目外出的紧急通知精神,采取有效措施严格控制当地民工盲目外出。参见《民政部、公安部关于进一步做好控制民工盲目外流的通知》。

安工作中的群众路线显得有些不适应。集体时代的群众路线之所以能够得到有效践行,与当时相对稳定的社会结构不无相关。

第二,治安形势的恶化对公安工作的专业化提出更高的要求。改革开放初期,基层社会的混乱现象层出不穷。1979 年,中央宣传部等 8 个部门共同发布了《关于提请全党重视解决青少年违法犯罪问题的报告》,指出青少年违法犯罪已经成为一个严重的社会问题。新中国成立初期,我国政府明令取缔娼妓,把旧社会遗留下来的一大批娼妓改造成为自食其力的新人,禁绝了卖淫活动。但是到了 20 世纪 70 年代末期,在部分大中城市、工矿地区和流动人口较多的城镇,又出现了卖淫活动,有的地方相当严重,而且有日益发展的趋势。[①] 另外,全国城乡赌博活动越来越普遍,以 1985 年为例,1 ~5 月全国查获赌博案件 60,100 起,比 1984 年同期上升 76%。赌博活动发展蔓延,败坏社会风气,造成许多家庭不和,甚至倾家荡产、妻离子散。更严重的是赌博活动诱发犯罪,危害社会治安,由赌博引起的盗窃、抢劫、伤害、杀人等犯罪案件逐渐增多。1985 年,天津市 1 ~4 月因赌博引起的盗窃案 80 起,比 1984 年同期上升 83%,黑龙江省绥化地区捕获的重大抢劫、盗窃案犯中,有 26 人是因赌博输钱而作案的,占此类案犯的 34.8%。[②] 与此同时,反动会道门复辟活动日益突出。在一些地方,特别是农村,一些曾被打击处理过的反动会道门道首和骨干,又秘密串联,恢复组织,发展道徒。还有少数地区出现了一些新的反动会道门组织。这些反动会道门组织发展快,活动范围广,受欺骗的群众较多。他们有的进行反革命破坏活动,有的进行诈骗钱财、奸淫妇女、残害人命等其他刑事犯罪活动,严重破坏社会治安。[③] 而在学校内部,甚至出现了侮辱、殴打、伤害教师的邪风。[④]

正是在这种社会治安每况愈下的情况下,国家发起了一次又一次的

---

① 《公安部关于坚决制止卖淫活动的通知》。

② 《最高人民法院、最高人民检察院、公安部关于严格查禁赌博活动的通知》。

③ 《最高人民法院、最高人民检察院、公安部、司法部关于处理反动会道门工作中有关问题的通知》。

④ 《教育部、公安部、司法部、最高人民法院、最高人民检察院关于坚决刹住侮辱、殴打、伤害教师邪风的紧急通知》。

“严打”行动。而公安派出所作为社会控制的基层单位也日益得到重视,在城乡范围内设立的公安派出所越来越多。随着刑事犯罪发案率的大幅上升,各地在没有人民代表大会授权的情况下自发地把公安派出所推到侦查破案的第一线,加大对刑事犯罪的打击力度。为了明确公安派出所的职能,规范公安派出所的工作,公安部三局在1988年制定了《关于改革城市公安派出所工作若干问题的意见》,指出“派出所工作应当以治安管理为中心,以户口管理为基础,改变过去以户口管理为主的职能”。1989年公安部转发了《关于解决城市公安派出所工作改革中几个问题的意见》,明确提出“以治安管理为中心,以户口管理为基础”作为公安派出所的工作方针。虽然公安派出所具有了打击、防范、管理、建设、教育等方面的系统功能,但是各地仍把侦查破案、打击刑事犯罪作为公安派出所的一项最主要任务,客观上削弱了公安派出所的基础工作,使以治安管理为中心的职能变成了事实上的以侦查破案为中心。①

第三,基层组织的弱化使群众路线的开展变得日益艰难。在后集体时代,尤其是2003年税费改革之后,基层组织日益科层化;另一方面,随着经济资源和治理资源的丧失,大量的基层组织处于消极无为的状态,缺乏动力去开展群众工作。以农村为例,长期以来,农村治保会作为维护农村治安的一支重要群众力量,在维护农村社会秩序,宣传组织群众落实各项安全防范措施,教育挽救失足青少年,协助调解处理民事纠纷及打击违法犯罪等方面发挥了重要作用,为保持农村社会治安的稳定做出了重要贡献。然而,20世纪90年代以来,有相当一部分的农村治保会处于瘫痪半瘫痪状态,治保人员量少质弱,年龄老化,后继无人,治保经费得不到保障,治保人员补贴难以解决。这种状况,严重削弱了农村治安工作的基础,是当前部分农村地区治安形势严峻的重要原因之一。虽然国家也意识到群众路线的重要性,也做出了不少相关的倡议,但是收效甚微。也许是作为一种弥补,治安耳目被视为新的“群众基础”,成为公安派出所与社会进行互动的媒介。基层民警被要求通过物建治安耳

① 参见李小强:《论公安派出所的职能演变及定位》,载《江西公安专科学校学报》2004年第3期。

目、信息员,获取涉及社会政治稳定、社会治安方面的情报信息。[①] 由于治安耳目主要源于容易犯事的黑灰势力,公安派出所与其密切接触而不是通过广大群众来实现社会防控,反而弱化了民警在群众心目中的地位。

第四,群众路线的式微,从根本上讲,与国家(尤其是国家基层组织)对群众的惧怕和疏离有关。对“文化大革命”的反思,使人们对群众工作产生了某种忧虑的情绪,特别是考虑到群众工作可能转化为群众运动。[②] 因此,在后集体时代,国家对群众工作虽然表面提倡,实际上却多有限制。这集中体现在精英主义的社会思潮中,即认为“不是群众的创造性,而是精英的选拔、任命、流动、控制与激励,决定了一个国家的政治未来和人民生活的质量”。[③] 对群众的淡漠、疏离,以及对市场经济规律、科学技术进步的推崇,使群众路线逐渐走向式微。

改革开放以来的公安派出所工作日益强调公安权力的科层化和专业化,至于如何动员和组织群众、如何利用和依靠群众力量来建立群防群治的社会控制网络则逐渐淡出决策者的视野。因此,虽然公安部门始终都强调群众路线是其开展工作的基本原则,然而当前所谓的群众路线实际上已经严重式微,群众根本没有被动员和组织起来,国家互动性权力迅速弱化。近年来国家基础性权力不断扩张,但是因为互动性权力的弱化,国家权力与社会相互隔离,不仅导致低成本高效率的社会控制体系无法建立起来,而且无法对“权力科层化”的消极作用形成有效的制约。结果,通过公安派出所的社会控制日益陷入困境之中。

---

① 《公安派出所执法执勤工作规范》。林乡派出所的民警陈良宝告诉我,早些年,上级给他们下达的任务就包括物建治安耳目,每个民警至少要有3个耳目。参见林辉煌:《林乡公安派出所调研日志:访谈陈良宝》2011年12月14日。

② 参见刘智峰:《论群众路线与群众参与》,载《开放时代》1998年第2期。

③ 殷冬水:《群众路线:中国国家治理的一种实践形式——当代中国群众路线两种观念的实践困境与应对路径》,载《南京社会科学》2014年第5期。

五、重建互动性权力

客观而言,群众路线的式微与改革开放以来中国政治、经济、社会结构的快速变化有关,群众动员工作变得日益困难。同时,由于公安权力的科层化和专业化,使地方政府相信即使仅仅依靠警察本身也足以完成社会控制的目标。然而问题在于,即使传统意义上的群众路线已经无法适应当前的社会需求,但是其背后所隐含的命题却依然有效,即社会控制需要通过国家—社会的有效互动来获得实现。这一点在现代社会依然适用,国家与社会的脱嵌,正是社会失控的重要原因。因此,重建互动性权力,更好处理国家与社会的关系,具有重大的现实意义。

随着互动性权力的式微,公安权力日益科层化而群众参与越来越稀缺。第一,公安派出所民警越来越少到群众中去了解民情社情,一般只有在发生案件之后才会与老百姓有所接触,警民关系日益淡薄。第二,公安工作的机关化越来越严重,大量的警察都坐在办公室里,而直接接触案件的基层民警所占比例不高,从而导致警力配置的"倒挂"。① 第三,警察的官架子越来越大,老百姓越来越觉得公安派出所的门难进,警察的脸难看。对于老百姓的合理诉求,公安派出所常常以各种理由进行刁难。第四,形式主义盛行,会议多、文书多、检查多,而这些基本上都是空架子,极大地挤占了实质工作的开展。第五,教条主义盛行,企图按照统一的法律程式来办理案件而不顾现实生活的复杂性,最终只能削足适履,不仅无法化解既有的矛盾,反而引发新的纷争。第六,领导个人的权威在很大程度上支配着公安工作的开展,领导的意见往往比法律政策的

① 对于机关与基层警力倒挂的现象,河南省公安厅"社会管理创新与警务改革"课题组成员、河南警察学院治安系主任王龙天向《中国新闻周刊》记者分析说:一般公安分局机关科室队所约有三十几个人,其中科室人数在2~10人不等。如此算来,一个公安分局机关有上百名民警坐班,而一线公安派出所民警平均也就七八个人。参见王全宝:《河南力推"警察上街" 专家称重在改革执法理念》,载 http://www.chinanews.com/gn/2010/11-18/2664273.shtml,最后访问日期:2018年5月20日。

规定更重要。通过对千余名公安派出所所长的问卷调查数据统计,可以发现“上级布置工作导向”是影响公安派出所工作重心转移的一个关键原因。①

互动性权力的式微使得改革开放以来的公安工作陷入双重困境:一方面,公安派出所日益强调治安工作的格式化和规范化,与人民群众的距离越来越远,警察丧失了社会控制的群众基础;另一方面,公安“权力科层化”由于缺乏有效制衡,呈现日益膨胀的趋势,失去群众监督的权力对制度规范造成严重的破坏,使民警执法更容易偏离既有的规则秩序。

从这个意义上讲,广泛的群众参与和群众监督有利于弥补官僚制度的缺陷,它在本质是一种互动性权力,是对权力科层化的社会接应。公安派出所的变革经验证明,缺乏有效的互动性权力,社会治安工作将事倍功半。过度追求执法主体和过程的规范化,极大地削弱了非正式的辅警力量,公安干警的工作压力越来越大。脱离群众,使公安工作丧失了牢靠的社会基础,民警不仅难以从群众中获得支持,甚至警民之间也常常发生冲突。公安工作的机关化,严重压缩了基层民警的比例。面对广阔的管辖区域和千头万绪的工作,公安派出所对社会的控制能力不断弱化。公安机关在追求自身利益最大化的过程中,往往进行选择性执法,对自身有好处的事情就积极去做,对自身没有好处的则敷衍了事。然而,对于警察没有好处的事情,往往都是与群众利益攸关的大事。个人权威的干预,尤其是各级领导的干预,容易导致基层执法工作的混乱。当前的公安工作对于规则的援引常常是不得要领和自相矛盾的,在需要根据社会基本公平观念进行变通时往往不进行变通,而应该严格按照既有规则办事的时候反而常常突破规则的限定。虽然两者看起来很矛盾,实质上却是同一个问题的两个方面,缺乏有效地互动性权力,不以群众利益为根本的指导理念,公安工作必然被“利益集团”所绑架,无论这些私利是指向官僚系统内部还是外部。

在日益复杂的现代社会中,包括公安机关在内的国家专门机关所承

---

① 参见王舒娜、皮华英:《对1164名公安派出所所长的问卷调查》,载《公安研究》2002年第11期。

载的社会控制压力与日俱增,而人们对于社会秩序和安全的诉求也越来越强烈。在这种形势下,发展互动性权力、坚持和完善群众路线不仅必要而且紧急。虽然政治、经济、社会结构已经发生改变,但是如何处理国家与社会的关系却是不变的主题。西方发达国家的警务改革在历经专业化、技术化的阶段之后,发现犯罪率不降反升,因而在最新一轮的改革中提出社区警务战略,通过"邻里守望"等制度加强警察与群众的合作,充分利用社区资源共同预防犯罪。① 中国公安部在2002年的全国公安派出所工作会议上,也明确要求全国大中城市公安机关在2004年之前全面实施社区警务战略,并提出2005年年底在农村推行社区警务的构想。2006年,公安部颁布了《关于实施社区和农村警务战略的决定》,再次要求公安机关推行社区警务。② 从本质上讲,社区警务战略就是新时期群众路线在治安工作中的应用。虽然目前的社区警务依然处于起步阶段,然而作为警务改革的全球趋势,它将成为发展国家互动性权力的新载体。

总而言之,一方面,包括强制能力建设在内的国家基础性权力建设依然需要继续推进;另一方面,更为重要的是动员和组织群众参与到整体的社会控制体系之中,推动互动性权力的发展。只有这样,国家权力自上而下的渗透与动员才能得到社会自下而上的接应和监控。从这个意义上讲,我们要警惕过度的技术治国路线,通过重新发现群众、修复群众路线,重建国家互动性权力,从而实现良性的社会控制。从国家层面来看,应当在意识形态上摒弃"防民、惧民"的心态,通过制度设计,让更多的社会力量参与到社会秩序的建设工程上来。在培育互动性权力的过程中,强化国家与社会的合作能力。这意味着国家需要对基层权力单位进行更多的赋权,使其拥有足够的权威和资源来进行社会互动。当前正在开展的"简政放权"改革,一个重要的目的就在于提升基层单位的治理能力,从而更好地回应社会需求。利用这一契机,国家可以实现与社会的更好互动,以此推进协商治理机制的形成。

---

① 参见马亚雄主编:《世界警察导论》,中国人民公安大学出版社2003年版,第182~183页。

② 参见李健和主编:《公安工作改革开放30年》,群众出版社2008年版,第78页。

《法律和社会科学》(2018)
第17卷第2辑,第195~211页

超越直觉正义？
——有关正义的实证研究评述

袁小玉　吴　乐*

摘要:刑事司法与民意的关系问题无论在我国还是在西方国家都有探讨。刑事司法活动可能无法忽视或者回避社会大众的正义需求。社会大众对正义的感受与评价,也直接影响其对法律制度和程序的遵从。国外在此方面的研究,尤其是"直觉正义"和"程序正义"的两位代表人物——罗宾逊和泰勒的实证研究,可能为我国对此问题的探讨提供一些借鉴。事实上,国内近年来社科法学的发展,也在借鉴西方理论框架的基础上产生了一些实证研究。本文试图就罗宾逊和泰勒两位重要学者的研究进行梳理,并结合国内在此领域内已产生的一些实证研究。在此基础上,本文也将讨论究竟这些理论点和相关实证发现,对于我国刑事司法领域的研究和实践有哪些启示。

关键词:直觉正义　程序正义　社会正义

* 袁小玉,上海政法学院刑事司法学院讲师,上海交通大学法学院在站博士后;吴乐,华东政法大学博士研究生。本研究得到上海市哲学社会科学规划青年课题资助,项目号(2017EFX006)。

引 言

刑事司法与民众的关系问题无论在我国还是在西方国家都有探讨。尽管各国的政治文化环境不同,但如何更好地让法律制度贴合民众的需求,一直也是各国的司法实践无法回避的问题。在西方民主国家,民众情绪和观点映射到刑事司法领域的突出表现形式之一便是刑事民粹主义(penal populism),它是西方民主政体下的立法者或者政策制定者为迎合选民的需要而表现出对犯罪的强硬姿态的产物。① 在我国,司法实践一直强调法律效果和社会效果的统一。所谓社会效果,其根本之意在于,就是要让判决结果"取得公众的信任、化解社会矛盾和纠纷并满足社会对实质正义的需求"。② 其实,在现代社会中处于社会转型大环境下和媒体舆论监视的法律制度,也几乎不可能在其司法过程中完全与民意绝缘。那么究竟如何摆正刑事司法与民意的关系?

通常认为,民众对于法律社会事件都会有自己的道德观念。所谓社会舆论,往往是个人或者群体的道德感的诉求方式。前不久平息的于欢案便是一个很好的注解。此案中一个甚嚣尘上的话题便是:如果法律对一个人面对自己母亲被凌辱而奋起反抗的行为都进行惩罚,那么法律究竟保护的是什么价值?虽然无法确定究竟二审的改判是否是"民意"的结果,但在二审判决书中也看到了这样的陈述:

> "本院还查明,本案系由吴某等人催逼高息借贷引发,苏某多次报警后,吴某等人的不法逼债行为并未收敛。案发当日被害人杜某2曾当着于欢之面以裸露下体的方式侮辱其母亲苏某,虽然距于欢实施防卫行为已间隔约二十分钟,但于欢捅刺杜某2等人时难免不带有报复杜某2辱母的情绪,在刑

① See John Pratt, *Penal Populism*, New York, Routledge, 2007.

② 何静:《理性对待刑事司法过程中的民意》,载《中国刑事法杂志》2010年第6期。

罚裁量上应当作为对于欢有利的情节重点考虑。杜某2的辱母行为严重违法、亵渎人伦,应当受到惩罚和谴责……”①

有趣的是,这里的判决书中对于“辱母行为”进行了这样的(法律和道德的)评价:“严重违法、亵渎人伦,应当受到惩罚和谴责”。这也许是二审法院在判决书中对公众质疑做出回应的有力证据。

近十年来,我国法学界对正义(包括司法制度)与民意的讨论一直没有间断。② 周安平曾通过分析十大经典涉诉舆论案件指出,民众的舆论虽然针对司法,但发泄的其实是对社会问题的不满情绪。③ 在舆论风起云涌的于欢案中,我们也再次看到了民众的愤怒情绪。按照努斯鲍姆的说法,愤怒包含了人们的价值判断,即联想到某种行为所造成的破坏(damage)以及行为的恶性(wrongfulness)。④ 那么究竟民众的善恶观与刑事司法体制所要彰显的正义是否有一致之处?多大程度上不一致?刑事司法是否应当认真考量民众观点,又应当在多大程度上给予后者考虑?对于这些问题,应然性(normative)讨论很多,但实证研究(empirical research)由于其实际操作的难度并非常见。然而,两位美国的学界泰斗——保罗·H.罗宾逊和汤姆·R.泰勒,分别从“直觉正义”和“程序正义”两个维度对这些问题进行了探索。他们的研究也

---

① 参见 http://wenshu.court.gov.cn/content/content? DocID = 604fe188 - e24e - 4a03 - a825 - a79b00dc7821&KeyWord = % E4% BA% 8E% E6% AC% A2,最后访问日期:2018年5月22日。

② 参见孙笑侠:《判决与民意——兼比较考察中美法官如何对待民意》,载《政法论坛》2005年第5期;苏力:《法条主义、民意与难办案件》,载《中外法学》2009年第1期;褚国建:《法院如何回应民意:一种法学方法论上的解决方案》,载《浙江社会科学》2010年第3期;梁迎修:《论民意的司法考量——基于方法论的分析》,载《法学杂志》2014年第3期;丰旭泽、朱立恒:《我国法院裁判与民意冲突解决的新视角——现代社会冲突理论的启示》,载《法学杂志》2014年第11期。

③ 参见周安平:《涉诉舆论的面相与本相:十大经典案例分析》,载《中国法学》2013年第1期。

④ Martha C. Nussbaum, *Hiding from Humanity: Disgust, Shame, and the Law*, Princeton and Oxford, Princeton University Press, 2004.

日渐引起我国学者的兴趣和关注。[①] 笔者认为,对于两位学者的研究做一番梳理很有必要,并且以此为对照,也能更恰当地审视我国目前刑事司法所面临的困境和研究不足。这些将是下文探讨的主要内容。

一、保罗·H.罗宾逊的"直觉正义"

"直觉正义"(intuitions of justice)应当说是大量社会科学研究发现的产物。自20世纪70年代以来,有关决策的心理学研究越来越多地揭示"启发式和偏见"(heuristics and biases)伴随人们的认知判断。[②] Tversky和Kahneman认为,人们依赖所谓的启发式——认知的捷径——而使判断更为简便。[③] 这种依赖捷径或直觉的快速认知过程被称之为系统一(system 1),而与之形成对比的,慢速而深思熟虑的认知过程被称为系统二(system 2)。[④] 这一研究发现被广泛地运用到经济学、法律决策等领域。尽管人们并不能完全意识到,但实际上人们的判断和决策大量依赖于直觉,甚至在包含了道德判断的场合中。就进化心理学的角度而言,直觉是经验法则,源于进化后的大脑和环境,直觉是为恰当的环境选择恰当的经验法则。[⑤]

关于人们认知过程的研究也越来越多地表明,严重的不法行为(wrongdoing)应受惩罚这一信念以及关于不同行为的相对可谴责性的

---

① 参见[美]汤姆·R.泰勒:《人们为什么遵守法律》,黄永译,中国法制出版社2015年版;保罗·H.罗宾逊:《正义的直觉》,谢杰等译,上海人民出版社2018年版。

② See Paul H. Robinson and John M. Darley, "Intuitions of Justice: Implications for Criminal Law and Justice Policy", *Southern California Law Review*, Vol. 81, 2007, pp. 1 – 67.

③ 参见[美]凯瑟琳·加洛蒂:《认知心理学》,吴国宏等译,机械工业出版社2016年版,第202页。

④ See Daniel Kahneman, *Thinking, Fast and Slow*, New York, Farrar, Straus and Giroux, 2011.

⑤ 参见[德]格尔德·吉仁泽:《直觉:我们为什么无从推理,却能决策》,余莉译,北京联合出版公司2016年版。

判断，其实是直觉性的而非推理。[1] 所谓“直觉正义”，便是指人们对于什么样的行为应受惩罚以及不同行为的应受谴责的程度这样的判断，很多时候是出于直觉而非进行推理(reasoned)。[2] 然而，“直觉正义”这个命题并不是能为所有人信服。首先，很多人认为这个概念非常模糊且充满争议；其次，它似乎同时为功利主义(utilitarian)和报应主义(deserts—based)的刑罚观所不容。在功利主义刑罚观看来，刑罚的轻重以能否预防将来犯罪为尺度。而报应论者认为，刑罚的轻重应当与行为的可责刑相适应。在二者看来，将刑罚建立在社会大众的观点基础上，既不道德，也会造成刑罚的预防犯罪功能的浪费从而对社会有害。[3] 然而在罗宾逊及其研究者看来，大众的观点其实与这两种刑罚观是不相冲突的。第一，大众的观点也是“应得报应”的来源之一，即便认为“报应”是源于公平与善的原则，但也可能无法排除大众观点在其中的作用。第二，对于功利主义刑罚观而言，道德谴责是威慑的有力武器。[4]

为揭示“直觉正义”与刑事领域的规则之间的关系，罗宾逊及其研究者们在1990～1991年进行了20组不同的实验。这些实验主要围绕美国刑法上的正当防卫、共谋、不作为的责任等规则，在入罪、正当性、有责性、辩解、行为轻重等几个刑事议题方面展开。研究人员邀请被试者就一些事先设计好的场景(scenario)进行刑事责任的判断。所用的量表(scale)包括无刑事责任(N)、有刑事责任但无刑罚(0)、刑罚(监禁)从1～11程度不等。这些研究揭示，美国刑法上的一系列具体刑事规则与受试者所代表的民众观点(community views)之间有严重的不一致。[5] 除了在每一章中对这些实验进行报告外，并

---

① See Paul H. Robinson and John M. Darley, “Intuitions of Justice: Implications for Criminal Law and Justice Policy”, *Southern California Law Review*, Vol. 81, 2007, pp. 1－67.

② See Paul H. Robinson and John M. Darley, “Intuitions of Justice: Implications for Criminal Law and Justice Policy”, *Southern California Law Review*, Vol. 81, 2007, pp. 1－67.

③ Paul H. Robinson and John M. Darley, *Justice, Liability, and Blame: Community Views and the Criminal Law*, Boulder, Westview Press, 1995.

④ Ibid.

⑤ Ibid.

就研究结果对刑法典修改或刑事程序调整做出建议外,作者也指出研究的不足之处。作者也再次重申,这些研究无非是开启法律与社会科学在刑事责任领域的互动的讨论,以此说明社会科学家们应当在相关问题上给法学界和立法者提供重要的信息,并进一步引发对这些问题的实证和哲学层面的探讨。作者尤为指出的是,法典与大众观点(或大众标准)的矛盾之处,并不必然指向这些法典就要朝着大众的方向修改。对这些矛盾的发现,只是说明这些不一致的地方值得我们去研究。①

常识通常认为民众对于可责性(blameworthiness)的判断是主观的、复杂的、依附于具体价值的,但恰恰相反,罗宾逊的实证研究发现,在暴力以及掠夺性财产(nonconsensual takings)犯罪中,民众对不同案件的相对可责性的判断表现出惊人的一致。这种一致性跨越了被试者的收入、教育、种族、政治取向、婚姻状态、宗教、性别等人口统计特征。换句话说,在可责性的判断方面,不同社会群体、不同背景人群皆呈现一致性。作者也进而指出,这种直觉正义是任何制度设计者或者改革者都需要特别关注的。比如,在与民众沟通,需要进行说服教育的时候。另外,对民众的这种判断倾向性的把握也有助于在设计具体项目的时候提高其有效性。②

在笔者看来,罗宾逊及其研究者们从直觉正义的角度揭示民众观点与刑事规则的出入,固然向读者展示了一幅不一样的图景,尤其是对于这方面研究严重匮乏的刑法学界而言。但这些研究的落脚点,恐怕还是回归到如何让法律制度得到民众的遵从。罗宾逊自己也提到,与民众的正义直觉相冲突的责任或刑罚规则会削弱刑法的道德可信度(moral credibility),进而削弱民众遵守和支持这些规则的意愿。更严重的后果是,如果这些违背民众正义直觉的规则得到持续使用,那么会

① Paul H. Robinson and John M. Darley, *Justice, Liability, and Blame: Community Views and the Criminal Law*, Boulder, Westview Press, 1995.

② Paul H. Robinson, *Intuitions of Justice and the Utility of Desert*, New York, Oxford University Press, 2013.

引起民众对刑事司法体制的反抗和抵制,当局者甚至无法再用刑法去塑造或引导民众或使其内化为人们的行事准则。① 这一论断又回到了汤姆·R.泰勒的"程序正义"。

二、汤姆·R.泰勒的"程序正义"

如果说"直觉正义"的一个重要方面是关乎"直觉",那么"程序正义"顾名思义便是关乎程序。但在二者那里,正义皆被视作一种社会观念,是建构的概念。一个群体怎样认知或认同某种社会正义观,既影响着这个群体的共同生活,也左右着矛盾和纠纷的解决方式,并进而决定着纠纷裁决者的权威和被认同度。② 民众的公正感受,往往比公正的客观标准更有实际意义。这是因为,社会心理对法律制度是否正义的感受与评价,将影响人们对法律制度和程序做出什么样的行为反映,特别是服从还是不服从、自愿服从还是被迫服从。③ 对法律的规范性忠诚,是以人们的个人道德义务感,或者是以他们对法律当局合法性的认同为基础的。④

西方学界目前在研究法律的遵从方面主要有两种理论视角。第一种是基于实际利益的工具性视角(instrumental perspective),以威慑论为基础,考量行为带来的收益和损失。第二种则是基于内在价值的规范性视角(normative perspective),关注人们内心准则和对正义与义务的看法,⑤即人们关注的往往是他们获得的处理结果是否是通过公平

---

① Paul H. Robinson, *Intuitions of Justice and the Utility of Desert*, New York, Oxford University Press, 2013.

② 苏新建:《程序正义对司法信任的影响——基于主观程序正义的实证研究》,载《环球法律评论》2014 年第 5 期。

③ 侯猛:《程序正义更能让人主动服从法律》,载《北京日报》2016 年 9 月 26 日,第 17 版。

④ 参见[美]汤姆·R.泰勒:《人们为什么遵守法律》,黄永译,中国法制出版社 2015 年版,第 4 页。

⑤ 同上书,第 6 页。

的程序做出的，而不仅仅是对结果的满意与否。①

第一种视角的代表人物——蒂波特和沃克，则以控制论为基础，从工具主义的角度提出了程序正义。他们认为，人们在界定什么是公正的程序时，会认为那些在裁决做出前能够给予他们机会让他们陈述自己意见的程序时公正的程序，人们的目标是获得公正的结果，法律要建立公正的程序就是为了要获得公正的处理结果。②

与第一种视角不同，汤姆·R.泰勒则从社会心理学的角度检验了评价程序公正时的心理学基础。他建构了一个法律服从的分析框架，在这个框架中，工具性的要素包括受惩罚的风险（risk of punishment）和同僚的评价（peer opinion），这是属于外在的要素。内在价值取向包括个人的道德观，即个人关于某种行为和事物的是非判断。另一方面是合法性观念，即个人对法律和法律权威的认同、拥护和责任感。合法性观念进一步分为：一是意识到的责任（perceived obligation），即个人主观上对法律的责任感，亦即是否把守法视为自己应尽的义务；二是对法律权威的拥护，即人们对有关司法机构的尊重、爱戴或忠诚。③ 泰勒进一步区分了这种拥护是基于程序正义（procedural justice）的还是基于分配正义（distributive justice）的。

根据其建构的分析框架，所谓的分配正义是一种基于结果的正义观，判断法律行为正义与否的依据，是该法律行为所带来的后果。如果该法律行为所带来的后果是公平的、平等的，符合人们需要的，那么该法律行为就是正义的，反之则认为是不正义的。程序正义是一种基于法律过程的正义，判断正义与否的依据是法律行为所依循的程序或实施的过程是否前后一致，是否对所有人都一视同仁，在伦理上是否得体。如果是，则是正义的，反之则否。至于该过程的最终后果是否符合

① 参见［美］汤姆·R.泰勒：《人们为什么遵守法律》，黄永译，中国法制出版社2015年版，第8页。

② 同上书，第405页。

③ 参见郭星华、陆益龙：《法律与社会：社会学和法学的视角》，中国人民大学出版社2004年版，第159～160页。

期望，则不构成判断正义与否的尺度。① 概括性的来说，结果正义包括与公正无关的标准和分配正义标准。与公正无关的标准主要包括达到绝对意义上的结果、违背期望的程度。分配正义标准包括公平、平等、需求。作为方式的程序正义包括效率、速度等与公正无关的标准，一致性、无偏见、道德适当性等程序正义标准。②

在泰勒等学者看来，影响公正判断的一个重要因素就是社会化。也就是说，一个社会或者组织是通过社会化的方法在其群体内部交流，并形成关于"公正"程序和"公正"结果的共同信念。③ 这种公正所体现出来的正义性是以个人社会价值观为基础，依靠正义的直觉进行判断，决定了他们对正确和适当事物的认知，决定了对权威机构的看法，决定了采取的行动的性质。一个人的社会价值观，也就是他们认为什么是正确的，什么是适当的，决定了他们对当局的看法，也决定了他们如何行动。④

泰勒根据建构的模型，在芝加哥进行了一项实证研究，认为人们如何理解公正的含义和他们如何评价自己的个人经验与法律服从有一定的关系，人们是从非工具主义的角度来认识正义的。⑤ 法律当局在两种情形下可能获得裁判的权威，一是人们早先对法律当局看法就有很肯定的情况，二是法律当局使用了公正的程序的情况。⑥ 国外关于程序正义的研究已经广泛地证实了对于司法机关做出的决策和行使权力的方式是否公正，人们会做出自己的评价，他们的看法不仅会对他们是否会遵守法律产生影响，也会对他们在日常生活中是否会遵守法律产生影响。⑦

---

① 参见郭星华、陆益龙：《法律与社会：社会学和法学的视角》，中国人民大学出版社2004年版，第171～172页。

② 参见[美]汤姆·R. 泰勒：《人们为什么遵守法律》，黄永译，中国法制出版社2015年版，第124页。

③ 参见程波：《程序正义的社会心理学及在纠纷解决中的运用》，载《北方法学》2016年第10期。

④ 参见[美]汤姆·R. 泰勒：《人们为什么遵守法律》，黄永译，中国法制出版社2015年版，第306页。

⑤ 同上书，第284页。

⑥ 同上书，第189页。

⑦ 同上书，第401页。

三、从罗宾逊到泰勒:共通之处

“直觉正义”和“程序正义”的共同贡献在于从民众的视角来审视国家行使刑罚权的可信度和合法性。在某种程度上,两者皆超越了传统刑罚观。在传统的工具主义视角下,国家通过惩罚或惩罚的威胁(威慑)来规制民众的行为。民众是趋利避害的“理性人”,在惩罚的棍棒下会自觉使自己的行为选择符合国家法律的要求。然而,民众不仅是理性人,也是道德主体(moral agent),拥有价值判断能力和正义倾向。罗宾逊和泰勒的研究皆跳出法条主义以及工具主义刑罚观,而关注社会成员的道德判断以及他们对刑罚的内心遵从和行为守法,而这可能关乎任何一个文明社会的秩序与稳定。

根据泰勒的关于程序正义的研究,人们感知到的程序正义是其遵守法律的重要来源,而非传统意义上所认为的刑罚威慑的力量。用传统的社会控制的模式来规制社会,既成本高昂也异常困难。就我国社会而言,动用大量的人力、物力和财力进行维稳是近些年显而易见的社会规制模式。警察无疑是维稳战线上的首当其冲的力量。然而,最新的一项研究表明,程序正义——警察的处理程序是否得当,对于中国民众而言同样是影响其遵守法律与否以及警察的合法性的重要来源。[①] 虽然此研究是针对警察,但其启示意义是不言而喻的。那就是,一项政策或法律要获得民众的支持和自觉遵守,那么它必须建立在民众同意的基础之上,而不是通过刑罚的威慑或其他强制力量。[②] 刑事司法在最广泛意义上是一项宣示或证明其合法性来源的活动。法院的量刑(包括定罪)活动时刻接受公众的审查,因而,公众可感知的合法性是

---

① See Ivan Y. Sun, Yuning Wu, Rong Hu, Ashley K Farmer, “Procedural Justice, Legitimacy, and Public Cooperation with Police”, *Journal of Research in Crime and Delinquency*, Vol. 54, 2017.

② See Jeremy A. Blumenthal, “Who decides? Privileging public sentiment about justice and the substantive law”, *UMKC L. Rev*, 2003.

法院与社会的纽带。在此意义上,符合民众的“直觉正义”的程序和结果无疑增加了公众感知到的合法性(perceived legitimacy)。

那么是否意味着刑事司法体制在任何情况下都应当迎合民众的正义直觉?如果感知到的程序正义是民众守法的前提,那么又如何确保精心设计的程序能在实践层面得到很好的贯彻?从罗宾逊到泰勒,他们的研究对于我国目前刑事司法领域的研究和实践究竟又有哪些启示?在回答这些问题之前,有必要审视一下我国刑事领域目前在此方面的相关研究。

四、“直觉正义”和“程序正义”:我国学界的探讨

我国刑法学界同样不乏对民众观点(标准)与司法的关系的论证。多数观点认为,民意、舆论与司法的良性互动是司法公正的应有之义,[①]刑事司法过程既要独立于民意也要倾听、引导和回应民意。[②] 学者们也提出理性对待民意的具体措施,例如完善公众参与机制、完善信息公开机制、完善民意发现机制,又或规范媒体的报道行为和提高公众整体法律素质,或者完善人民陪审员制度将民意引入司法。[③] 然而,似乎直到目前为止,在刑事领域仍然没有任何实证研究对所谓的民意进行揭示。不论立法者还是学者,可能无法像罗宾逊研究的受众者一样,知晓某个具体刑事规则,包括正当防卫,究竟如何为公众所解释;相反,却总是被扑面而来的“舆论”所遮盖,在论证法律或一项判决时不得不去推测或考量所谓的“民意”是什么。尤其近些年来我国的司法实践也呈现出在特定个案中回应网络民意的特点,即便无法证明这些民意是否会对定罪量刑结果产生影响,但恐怕也会影响到正在办理案件的

① 参见刘宪权:《民意、舆论与司法公正》,载《解放日报》2012年1月8日,第8版。

② 参见何静:《理性对待刑事司法过程中的民意》,载《中国刑事法杂志》2010年第6期。

③ 参见刘宪权:《民意、舆论与司法公正》,载《解放日报》2012年1月8日,第8版;何静:《理性对待刑事司法过程中的民意》,载《中国刑事法杂志》2010年第6期。

检察官、法官。这种迎合短期期待的做法恰恰对刑事法律系统是有害的,因为损害其长远的制度信赖。①

另外,我国学者也探讨主观程序正义对公平感、正义感所产生的重要作用。一般来说,民众正是基于其自身的正义感知来对个别的司法行为乃至整个司法体系进行评估,这些评估影响到甚至构建了民众和司法之间的关系,并影响到司法的存在方式。② 2001年在北京的调研中发现,北京市民对分配正义的要求明显高于对程序正义的要求,比较强调法律活动的功利性,重视法律行为所带来的实际利益。③ 苏新建通过2013年在全国3个省市的实证调研和数据分析认为民众对程序的认知和评估反映了他们的主观所愿和对正义的期待,发现程序性因素明显地影响着人们对司法的信任,并影响着司法决定能否顺利地被执行。民众的正义感获得满足是司法信任存在的重要条件也是社会和平永续的基础。④ 陈睿的研究也证实了公众对司法的接受程度处于一个偏低的状态,这主要受某些主观程序正义因素的影响。⑤ 陈金木的研究认为中国法官在审判过程中不仅非常重视依法审判,而且比较重视考虑判决结果是否让判决受众满意,而这即是近年来判决可接受性比较强的主要原因。⑥ 这说明随着社会的发展,虽然传统的"重实体轻程序"的法律观念仍然存在部分影响,但程序正义越来越为人们所看重,反映了民众对感知到的正义的重视。因此主观程序正义的建构要使得民众能够体验到参与感和控制感,要能使民意得到倾听和尊重,要

---

① [美]保罗·H. 罗宾逊:《民意与刑法:社会观念在定罪量刑实践种的合理定位》,谢杰、祖琼译,载《中国刑事法杂志》2017年第1期。

② 参见苏新建:《主观程序正义对司法的意义》,载《政法论坛》2014年第4期。

③ 参见郭星华、陆益龙:《法律与社会:社会学和法学的视角》,中国人民大学出版社2004年版,第176页。

④ 参见苏新建:《程序正义对司法信任的影响——基于主观程序正义的实证研究》,载《环球法律评论》2014年第5期。

⑤ 参见陈睿:《基于主观程序正义的司法可接受性研究》,浙江工商大学2017年硕士学位论文。

⑥ 参见陈金木:《判决可接受性的实证研究》,中国政法大学2006年博士学位论文。

有感知主观程序正义的能力。[①]

五、对待"直觉正义"和"程序正义":往哪里去?

应当说,实定法以及追求体系精美、形式理性的规范法学已经不再是用来定罪量刑的唯一根据,而更宏观的社会环境及其影响因素已经越来越多地成为刑罚适用的实际参照物。[②] 民众意见也在刑事司法政策的发展过程中起到日渐重要的作用。在一些发达的西方国家,政治体制对大多数社会政策领域的"专家"的依赖日益减少,而对普通公众的意见日益敏感。[③] 法官的定罪量刑活动已几乎不可能不考虑社会环境的影响。那么,鉴于国内外已有的研究,我国的刑事司法究竟如何对待直觉正义?如何增进刑事司法体制在民众中的道德可信度,树立司法权威?

应当承认,我国目前受报应主义主导的刑事司法体制有其固有的弊端。它过于关注对被告人的惩罚,而未能有效平衡被告人和被害人双方的利益和需求,更对与犯罪相关的社会问题相对无力。现行的刑事司法体制也未能弥合国家的刑事逻辑与社会成员的价值理念之间的隔阂。[④] 这大大削弱了法院对于社会现实的回应性。如果法院对于犯罪只做基于报应或功利的处罚,而对其他社会问题置之不理,那么其控制功能必然面临减弱,而事实上,一个良好的刑事政策应当能够很好地

---

① 参见郭春镇.:《感知的程序正义——主观程序正义及其建构》,载《法制与社会发展》2017 年第 2 期。

② 参见白建军:《从中国犯罪率数据看罪因、罪行与刑罚的关系》,载《中国社会科学》2010 年第 2 期。

③ [英]朱利安·罗伯茨、麦克·豪夫:《解读社会公众对刑事司法的态度》,李明琪等译,中国人民公安大学出版社 2009 年版,第 195 页。

④ See Ralph Henham,"Evaluating the contribution of sentencing to social justice: some conceptual problems",*International Criminal Law Review*,Vol. 12,2012,pp. 361 - 374.

满足社会各群体和社区的正义需求。[①]

近年来我国司法活动中追求法律效果与社会效果相统一,似乎在一定程度上克服上述弊端以回应民众的正义诉求,通过随时调整并纠正法律判决中不为民众所接受的部分,来提高判决为民众(当事人)的接纳度。然而,在个案中追求社会效果,一味考量民众观点,有可能会造成更大的不公平和不平等,损害民众的公平对待的诉求而招致更大的愤怒。换句话说,在个案中引入民众观点,其实是违背民众的程序正义感的。

另外,个案中的民意有很多含混不清的地方。首先,媒体的影响是重要方面。在当今社会,恐怕不受媒体"污染"的舆论是不存在的。在这样的情况下,如何判断"直觉正义"究竟是民众的,还是经过媒体中介调节(mediated)后的?这给法官去理解并掌握"直觉正义"造成了极大的困扰,并且法官本身也极容易受到媒体的声音的误导。在极端情况下,这样得来的"直觉正义"会将法官的定罪量刑活动带向不可控的局面,从而背离刑事正义的标杆越来越远。其次,在个案中,究竟谁是"民众",谁来界定"民众"?在西方,民众既可以是政治家眼中的选民,也可以是民意调查之中的样本所代表的大众。然而在现实和媒体社会里,"民众"恐怕并不总具有同质性,它可以是不同阶层、不同群体的"联合体"。如果群体的利益存在极大的分化,那么哪一个群体才是"民众"呢?

一个看似行之有效的做法,是将社会共同体及其所秉持的正义理念建构在我国的刑法规范中。一旦民意纳入了刑事法律制度,那么这些规则就必须对所有案件、所有被告人统一适用。[②] 这里,实践难题与理论障碍皆有之。就笔者有限的了解,在国内刑事领域对于民众所持正义理念的实证研究几乎空白。作为美国《十二罗汉》翻版的《十二公

---

① See Mark Findlay, "The challenge for Asian jurisdictions in the development of international criminal justice", *Sydney Law Review*, Vol. 32, 2010, pp. 215 – 236.

② 参见保罗·H. 罗宾逊:《民意与刑法:社会观念在定罪量刑实践种的合理定位》,谢杰、祖琼译,载《中国刑事法杂志》2017年第1期。

民》，对于同样情节的疑似杀父案，究竟犯罪嫌疑人有没有罪又或给予什么样的惩罚，上演了完全不同于美国却原汁原味并接中国社会地气的争执和讨论。在中国当下的社会、文化、政治和法律背景下，民众的正义理念无疑值得探索。但在研究操作上，如何选取最广泛的民众代表，恐怕不是在高校随机选取一些学生就能达到的。另外，在保证研究实施的有效性方面也是一大挑战。

在拥有陪审团制度的美国，罗宾逊的研究却不是直接对陪审团进行，所以并不清楚陪审团这部分民众的直觉正义是否直接影响到他们对被告人是否有罪的判断。我国没有陪审团但有人民陪审员制度。鉴于人民陪审员在目前的庭审环节中摆设作用多于实际功能，[①]探讨人民陪审员能否代表广泛的民众的意见，似乎还为之尚早。但这并不等于，研究民众的直觉正义就没有意义。在当前个人信息和财产保护的需求明显增强的背景下，对民众直觉正义的把握能够帮助制定出更有效的信息和财产保护的法律措施。但同时，即便直觉正义来源于人类的进化机制，如何避免“直觉正义”被随意解释或滥用恐怕是刑事司法体制要解决的问题。归根结底，一个更公平和更正义的刑事程序无疑符合社会大众的正义需求，保障每个人的利益和安全。

比起民众的正义直觉，笔者认为针对刑事程序中的具体问题进行研究更有必要。“努力让人民群众在每一个司法案件中都能感受到公平正义”“让人民群众对公平正义有更多获得感”[②]其实与程序正义的落脚点——使民众信服刑事法律并遵从——不谋而合。在刑事程序的具体实施过程中，依然有很多值得关注的地方。近年来，刑事诉讼法不断面临一些修改，如 2012 年引入刑事和解等一些特别程序、已进入最新修正草案的认罪认罚从宽制度和速裁程序。[③] 纵有很多研究探讨这

① 何进平：《司法潜规则：人民陪审员制度司法功能的运行障碍》，载《法学》2013 年第 9 期。

② 周强 2018 年最高人民法院工作报告，载 http://www.xinhuanet.com/politics/2018lh/2018-03/09/c_137027500.htm，最后访问日期：2018 年 5 月 28 日。

③ http://rmfyb.chinacourt.org/paper/html/2018-04/26/content_138279.htm?div=-1，最后访问日期：2018 年 5 月 28 日。

些程序如何节省司法成本、提高办案效率、降低上诉申诉率,但非常少的研究探寻过程,即究竟当事人如何经历这些刑事程序,他们对于过程是否满意,他们对于案件处理结果又有怎样的期待。无论是办案效率还是上诉申诉率,其实都是站在刑事司法系统的行动者(actor)一方来审视问题,而切换视角,从民众这一方展开的调查或许能获得不一样的解释和对正义的理解。换句话说,我国同样需要对"民意"进行具体化的操作,但它必须与我国的刑事领域状况相结合。

另外,我们也无法忽视法官在刑事程序中的作用。作为刑事正义的最后一道守护线,法官承载着社会大众对正义的诉求和期待。以庭审为中心的改革更重视实质性的审判过程,并推进公开透明。但另一方面,深受大陆法系的传统影响,我国法官并不具有英美法上"造法"的功能,而只能按照刑事法律条文的规定进行审判。那么,由此引出的问题便是法律效果与社会效果如何在刑事司法过程中得到统一。这也导致有必要进一步追寻法官的实际审判和量刑过程,或者说法官与当事人之间的互动过程。比起媒体舆论中那些隐而不见的"民意"和幕后"民众",真正与法官群体接触的当事人也不应当排除在民众之外。在国外,当事人情况(包括悔罪情况、要求或主张)通常借由律师、专门机构做出的量刑前报告或庭审过程中的被害人陈述来传达给法官。但在我国,法官在审判前后往往花费大量的时间和精力对当事人的背景情况进行调查,或与当事人沟通协商。其实,如何更好地让民众感受到程序公正,让民众更接纳处理结果,往往在于这些日常个案中的沟通过程。

结 语

我国的司法实践领域提供了大量的素材以检验"直觉正义"或者"程序正义"。从江苏南京的"彭宇案"到山东聊城的"于欢案",大众质疑的背后是这些裁判内容与民众的"直觉正义"严重背离。"彭宇案”以二审的保密调解协议结案遭致诟病，[①]判决书所折射的与民众道德价值观的巨大隔阂，让社会公众无所适从。而在“于欢案”中，二审法院的判决也不得不回应公众的道德感。对照美国两位学者的研究，可以看到我国虽多有学理探讨，但还相当缺乏相关方面的实证研究，而这恐怕需要跨学科的知识领域，需要法律与社会科学的进一步融合、沟通与协作。

我国当前的社会背景也亟待解决社会正义的一系列问题。社会正义问题本质上是一个社会的权利、自由和利益的分配问题。[②] 当代中国的社会正义是要秉持权利、自由、平等、公正与和谐等核心价值，是要建立以权利公平、机会公平、规则公平为主要内容的社会公平保障制度。[③] 在这样一个宏观话语体系下，可能需要切实把握民众对于正义的评价和感受。如果一个社会无法保障公民的平等价值、自尊和满足基本需求，那么也将无法激发公民遵守法律和相信法律，从这个意义上说，刑事司法与社会正义是无法分离的。[④] 罗宾逊和泰勒的研究也向我们展示了，迎合民众的正义需求并不是想当然地阐释民意是什么，而是在立法和刑事程序中通过科学严谨的调查方法去呈现民众的期待和诉求。我们需要尊重的，不是时常弥漫网络的民意，而是每一个可能或正在与刑事司法体制打交道的个人。

---

① 蔡小雪：《一审判决文书表述不清，二审处理不公开透明》，载《中国法律评论》公众号，最后访问日期：2017 年 6 月 16 日。

② 参见魏治勋：《“中国梦”与中国的社会正义论》，载《法学论坛》2013 年第 4 期。

③ 同上。

④ See Dee Cook, *Criminal and Social Justice*, London, SAGE Publications Ltd, 2006.

《法律和社会科学》(2018)
第17卷第2辑,第212~229页

绩效考评对刑事程序失灵的影响

姜金良　江厚良*

摘要:司法绩效考评广泛存在且对刑事程序运行具有不可忽略的负面影响。检察业务绩效考评使得无罪判决率一降再降,却也导致以撤回公诉代替无罪判决成为刑事司法"潜规则"。审判绩效考评中为降低"改发率",形成了案件请示制度,使"二审终审"异化"一审终审"。绩效考评导致刑事程序架构失衡、刑事程序异化和刑事程序倒流,造成了刑事程序失灵。绩效考评将裁判结果与法官、检察官个人利益相关联,扩大了公检法"流水作业"的负面作用,使"审级监督"异化为"审级领导",加剧了司法惯性。要避免绩效考评的负面影响,必须从摆脱对绩效考评的盲从、区别对待法院与检察院的考评制度、将考评的内容和对象转向外部以及剥离纠纷解决者的利益等方面改造绩效考评制度。

* 姜金良,南京大学法学院博士研究生,扬州市中级人民法院研究室副主任。江厚良,法学硕士,扬州市中级人民法院审判委员会委员、民三庭庭长。在写作分工方面,姜金良执笔完成引言、第一部分(一)(二)、第三部分(一)(二),江厚良执笔完成第二部分、第三部分(三)(四)。本文系江苏省社会科学基金青年研究项目"司法公正视阈下法官绩效考评制度研究"(17FXC004)阶段性成果。

关键词：绩效考核　程序失灵　程序倒流

引　言

法律的生命不在于制定而在于实施。1996 年《刑事诉讼法》修改时，立法者所设计的证人出庭作证、疑罪从无等法定程序曾被寄予厚望。然而，制度实践背离了制度设计——一些程序在实践中遭遇了规避、搁置、空转乃至违反，[①]诸如疑罪从轻、二审终审制的虚置、上诉制度的架空等现象饱受诟病。这些现象被称作"刑事程序失灵"。这不仅违背最低限度的程序正义，侵害公民合法权益，而且易造成冤假错案。更重要的是易引发司法不公、司法腐败，导致司法公信力和司法权威的丧失，甚至可能导致《刑事诉讼法》的名存实亡。2012 年再修改后，《刑事诉讼法》虽然对上述问题进行了立法的弥补，但面对之前的刑事司法实践和现有的刑事司法环境，随着司法实践和时间的检验，单纯的法律修改并未完全有效弥合"行动中的法"与"纸面上的法"的"缝隙"。事实上，《刑事诉讼法》再修改所解决的只是制度设计层面的问题，而司法过程中的问题仍未得到解决。由于司法实践的惯性作用和影响，很多法外制度成为诉讼法规则之外的潜规则，但对于制度失灵的背后动因没有探寻，其中，各地、各级法院、检察院推行的办案绩效考评对刑事程序运行的负面影响即是其中之一，虽然在研究中有所涉及，但在制度设置中其影响被忽略和淡视了。绩效考评对提高法官、检察官的积极性，提升办案质效以及推动司法公正起到了积极作用。然而，这种将个案的裁判结果与法官、检察官的个人利益（包括法院、检察院部门利益）相关联的考评机制，扭曲了诉讼构造和审级结构，必然会导致刑事程序的失灵。因此在当前以审判为中心改革如火如荼进行过程中，程序失灵已经成为制约改革的因素之一，但发现问题是改革的起点，只有探索背后的动因才能理解，何以公、检、法三机关间在长期的互

---

① 参见李奋飞：《失灵：中国刑事程序的当代命运》，上海三联出版社 2009 年版。

动中逐步形成的与正式制度相脱离、旨在得到相互认同与支持的行动策略和规则的“共议格局”。①

一、现状考察:司法过程的另一面——失灵的刑事程序

“要想改进,第一步就是要看看摆在面前的事实”。②因此,认知和分析刑事程序运行的真实现状就成为寻找制度改良的进路、破解刑事程序失灵难题的基础和前提。

(一)检察业务绩效考评对刑事程序的影响——以无罪判决为例

1. 越发苛刻的考核政策。在检察机关的绩效考评体系中,③无罪判决率一直是反映公诉质量的重要指标,甚至将无罪判决案件作为错案并追究办案人员的责任。从表1来看,最高人民检察对无罪判决的考核政策呈现出逐渐严格的趋势。虽然早在1988年检察机关就规定“使无罪的人受到刑事追究,应当追究责任”,但该规定可操作性不强。此后,检察机关对无罪判决案件的政策逐渐“收紧”,形成了一个可量化的评价体系,甚至规定无罪判决率不超过0.2%。2009年后检察机关绩效考核制度进入了的全面发展阶段。最高人民检察院虽然没有出台相应规定,各省级院、市级院分别出台考核方案进行考核。无罪判决率、撤诉率在指标设计中被认为是起诉质量方面的重要考量。此二项指标是不可突破的

① 参见徐清:《刑事诉讼中公检法三机关间的“共议格局”———一种组织社会学解读》,载《山东大学学报》(哲学社科版)2017年第3期。

② Oliver Wendell Holmes, *Law and Social Reform*, *in the Mind and Faith of Justice*, *Holmes*, *His Speeches*, *Essays*, *Letters and Judicial Opinions*, ed. By Max Lerner, The Modern Library, 1943, p. 401.

③ 2002年,最高人民检察院颁布的《人民检察院基层建设纲要》对绩效考评作了原则性规定。此后,又制定了《检察机关办理公诉案件考评办法(试行)》等规定。随着2009年《最高人民检察院考核评价各省、自治区、直辖市检察业务工作项目及计分细则》等规定的出台,形成了一个较为完善的绩效考评体系。

底线。[1] 在此导向下，控制无罪判决率成为检察机关提升办案质量的重中之重，甚至出现了盲目追求零无罪判决率的现象，许多检察机关考核中将无罪判决作为一票否决的事项。有的检察机关将没有无罪判决或无罪判决的零纪录作为“政绩”进行宣传。[2]

表1　最高人民检察院有关无罪判决考评政策的变迁

年份	政策文件	政策内容
1988	人民检察院错案追究条例(试行)	第8条规定，玩忽职守，造成错案，使无罪的人受到刑事追究，应当追究责任。
2001	人民检察院办理起诉案件质量标准(试行)	将“法院作出无罪判决，经审查确认法院判决正确的”定性为“起诉 错误”。
2003	关于加强案件管理的规定	对无罪判决案件，“省级人民检察院要向最高人民检察院报告办理进展情况或结果”。
2004	检察机关公诉部门实行办案质量预警机制的规定(试行)	第7条设定无罪判决案件的预警指标，并要上报分析报告。该规定第19条要求就此对下级检察院公诉部门予以扣分。
2005	检察机关办理公诉案件考评办法(试行)	无罪判决率不超过0.2%，撤回起诉率不超过0.8%。
2007	关于公诉案件撤回起诉若干问题的指导意见	第4条规定，对于人民法院建议人民检察院撤回起诉或拟作无罪 判决的，人民检察院应当认真审查并与人民法院交换意见。
2009	最高人民检察院考核评价各省、自治区、直辖 市检察业务工作项目及 计分细则(试行)	起诉后法院判决无罪率(最高评价分45分)，每个百分点计－1分。

---

① 参见禹付水：《关于检察机关绩效考核制度的调查报告》，载《中国刑事法杂志》2015年第2期。员额制度改革后，各地对于无罪判决的考核也一直存在，例如江苏省人民检察院2017年年底出台的《江苏省检察机关检察官办案绩效考核量化规则(试行)》中规定：“司法办案评价是对办案数量、质量、效率、效果、安全、规范等情况进行评价”。各地在具体细化的考核指标中仍将无罪判决作为考核指标，例如某市检察院考核指标设定中规定，非因法律、司法解释变动发生无罪判决的，每1件扣6分。

② 如《岳麓检察连续11年无罪判决零记录》，载《法制日报》2014年7月19日，第5版。

2.一降再降的无罪判决率。从表2来看,1997年至2015年的无罪判决率均保持1%以下,且下降趋势明显,从峰值1.03%(1998年)降至谷值0.062%(2010年)且近5年来一直较低,保持在0.1%以下,宣告无罪人数从最高6617人(2000年)降至最低727人(2012年)。有统计表明,大陆法系国家无罪判决率低于5%,其中,日本甚至可以达到1%以下。① 而美国、加拿大等国家的无罪判决率达到30%。② 显然,我们不能据此认为大陆法系国家的办案质量高于英美法系国家。同理,如果我们仅以公安机关、检察机关办案质量的提高来解释无罪判决率的持续下降,很难让人信服。事实上,多种因素的叠加影响,导致了无罪判决率持续下降。比如,检察机关对宣告无罪案件层层汇报、严格把关导致法院不轻易宣告无罪,甚至以建议撤回公诉或轻刑判决代替无罪判决。而且,检察机关可能不会向法院提交被告人无罪或罪轻的证据,以避免出现无罪判决。我们担心,过分追求低无罪判决率和公安机关追求高破案率一样,可能会造成冤假错案。

表2　1997~2015年刑事案件裁判情况统计③

年份	一审结案(件)	二审结案(件)	上诉率(%)	二审更正率(%)	一审裁判错误率(%)	宣告无罪人数(人)	无罪判决率(%)
1997	440557	64548	14.7	25.8	3.8	3476	0.66
1998	480374	70767	14.6	25.2	3.7	5494	1.03
1999	539335	78803	14.6	23.9	3.5	5878	0.97
2000	560111	86619	15.5	23.4	3.6	6617	1.02

① 比如,1996年,日本法院终局处理人员为1,087,071人,其中无罪的为54人,无罪判决率仅为0.12%。参见刘晴、段明学:《日本精密司法评述》,载《西南师范大学学报》(人文社会科学版)2006年第5期。

② 参见张建伟:《刑事司法:多元价值与制度配置》,人民法院出版社2003年版,第178页。

③ 本表个别指标的计算标准与现行统计标准略有不同。无罪判决率是指宣告无罪人数与生效判决人数的比值,上诉率是指刑事二审收案数与一审结案的比值,二审更正率是指二审结案中的改判、发回重审和调解结案之和与二审结案数的比值,一审裁判错误率是二审结案中的改判、发回重审和调解结案之和与一审结案数的比值。

续表

年份	一审结案(件)	二审结案(件)	上诉率(%)	二审更正率(%)	一审裁判错误率(%)	宣告无罪人数(人)	无罪判决率(%)
2001	623792	98157	15.9	21.0	3.3	6597	0.88
2002	628549	89440	14.4	21.0	3.0	4935	0.70
2003	634953	96797	15.4	20.4	3.1	4835	0.65
2004	644248	96204	14.9	20.3	3.0	3365	0.44
2005	683997	96776	14.3	20.8	2.9	2162	0.26
2006	701379	94092	13.4	21.4	2.9	1713	0.19
2007	720666	92364	12.7	22.0	2.8	1417	0.15
2008	768130	95831	12.5	21.5	2.7	1373	0.14
2009	766746	100398	13.1	21.4	2.8	1206	0.12
2010	779641	102370	13.1	21.3	2.8	999	0.09
2011	839973	98919	11.8	20.50	2.4	891	0.084
2012	986392	108096	11.0	18.94	2.1	727	0.062
2013	953976	102991	10.8	20.7	2.2	825	0.07
2014	1023017	118915	11.6	18.4	2.1	778	0.067
2015	1099205	141155	12.8	17.9	2.3	1039	0.094

资料来源:《中国法律年鉴》1996~2016年各卷。

3. 以撤诉代替无罪判决。以撤回公诉代替无罪判决是法检之间心照不宣的“潜规则”,其结果是撤回公诉案件数和人数超过无罪判决案件数和人数。有人统计,仅2001年至2005年5年,共有7112件刑事公诉案件被作撤诉处理,相继有10余万人曾经不合法或不合理地送法庭接受审判而后又撤回起诉,①而同期的无罪判决人数仅为21,894人。对

① 参见郝银钟:《“撤回起诉”现象应予废止》,载《法制日报》2006年9月28日,第9版。

此,一些地方司法机关的统计数据可以印证。①需要说明的是,上述数据为《关于公诉案件撤回起诉若干问题的指导意见》发布前的数据。那么,政策调整后的情况呢?从个别地区的统计数据来看,2007年以后的撤回公诉案件数仍多于无罪判决数。比如,重庆法院2008年、2009年的公诉案件无罪判决人数均为0,而同期撤回公诉数分别为11件和9件。②江苏法院2009年至2011年审结的刑事一审案件中,检察机关撤回公诉案件数分别为131件、103件、118件和160件,而宣告无罪的人数分别为24人、19人、23人和16人。由此,不能简单地将无罪判决率的骤降归因于办案质量的提升。在其背后,存在以撤诉乃至轻刑判决代替无罪判决的现象。

(二)审判业务绩效考评对刑事程序的影响——以改判发回重审案件为例

1.减少甚至避免"改发"案件的政策导向。改判和发回重审是诉讼案件二审或再审后的两种重要的裁判方式,意味着案件的裁判结果存在瑕疵甚至错误。在法院绩效考评体系中,改判发回重审为权数较大的负向评价指标,直接影响和决定着考评结果。在《人民法院案件质量评估指标体系》中,"生效案件改判发回重审率"和"一审判决案件改判发回重审率"权重分别达到了21%和19%,权重指数列31项指标前两位。在江苏、上海、四川等省市法院的考评体系中,③尽管具体名称、计算方法等有所不同,但是,改发案件都属于极为重要的负向指标。所以,降低"改发率"甚至零改发率成为提升审判绩效的重要一环。④为此,一方面,

① 比如,广州检察院2000年至2002年11月,撤诉案件302件,无罪判决24件。参见广州市人民检察院课题组:《关于撤诉案件和无罪判决案件的调查报告》,载《中国刑事法杂志》2003年第5期。

② 参见夏伟、王周瑜:《存异难:检察权与审判权关系之忧——以近十年判决无罪人数走势为视角》,载《全国法院第22届学术讨论会论文集》,人民法院出版社2010年版,第64页。

③ 从2003年开始,四川、上海、江苏高院相继建立了审判绩效考评体系。2008年,最高人民法院出台《人民法院案件质量评估指标体系(试行)》,并于2011年进行了修订。

④ 根据考评指向的不同,对发回重审和改判案件有不同的计算标准,且有不同的名称。此处为讨论方便,统称为"改发率"。

加大处罚力度,对改发案件实行"一票否决",取消各种评优评先资格,并对承办法官予以相应的经济和纪律处罚,①甚至将其界定为"错案",②进而追究法官的错案责任;另一方面,构建案件请示制度、改发案件沟通机制、分析研讨及反馈机制等预防性机制,③试图从源头上防止、杜绝改发案件的出现。

2. "稳中有降"的改发案件指标数据。考核一审案件审判质量的指标名称及其计算方法几经更迭,比如上诉率、一审发回重审率、改判率等。修订后的《人民法院案件质量评估体系》取消上诉率,并将上诉改判率、上诉发回重审率等合并为一审判决案件改判发回重审率(错误)。同时,新增了"二审改判发回重审率(错误)"等3个对上级法院的正向公正指标。新修订的指标如何影响刑事司法的走向尚不可知。但是,运用新指标体系回溯此前的刑事司法过程,我们会发现,无论是上诉率,还是二审更正率或一审裁判错误率,2010年的指标数据均低1997年的数值,且均在一定数值内小幅度上下浮动(见表2)。如前所述,审判质量的提升不是解释此现象的唯一"正解"。事实上,在"上诉不加刑"原则之下,法官只能在控辩之间求得平衡和妥协,以避免案件上诉(抗诉)。可以预见,随着新考评体系对上诉率指标的取消,上诉率必然有所上升。届时,我们不能说审判质量下降了。更为重要的是,在绩效考评和错案责任追究制的导引下,改判发回重审成为一审法官的"紧箍咒"。案件一旦上诉,一审法官就会密切关注案件的裁判动向,并尽其所能地对二审裁判施加影响。就二审法官而言,虽然对瑕疵或错误案件改判或发回重审是其纠错职责所在,但由于改发案件事关一审法官的绩效考评甚至错案责任,因此,不得不慎之又慎。在这些因素共同作用下,一系列与改发案件相关的指标数据,十多年来一直保持着"稳中有降"格局。不过,增设二审改发率等正向指标,可以在一定程度上稀释一审改发率等指标

---

① 参见平讯:《平阴法院刑事审判办铁案20年无改判无发回重审和"两超"案件》,载《人民法院报》2005年5月7日,第8版。

② 比如,《江西省司法机关错案责任追究条例》第8条。

③ 比如,浙江高院《关于健全二审改判、发回重审案件沟通机制的意见》(浙高法〔2011〕42号)。此外,山东省菏泽中院、辽宁省大连中院等也建立了类似的机制。

的负面影响,改发案件数将来会维持在上下级法院均可接受的合理区间。

(三)刑事程序失灵的类型化①

1.刑事程序架构失衡。理想的刑事程序架构应是控辩平等、审判居中,且诉审关系与辩审关系等距的等腰三角形。但是,"检察院对不起诉率、撤诉率和无罪判决率的控制,使得检察官倾向于和法官频繁联系,无论是用软化还是强硬手段"。②比如,以协商撤诉代替无罪判决、以抗诉对抗无罪判决。由于抗诉等硬手段不符合法官与检察官之间"司法同僚"的职业定位,也不符合法院、检察院的"分工配合"职能定位。因此,互相配合的诉审关系更为普遍。如2010年制定的《关于人民检察院检察长列席人民法院审判委员会会议的实施意见》规定,对于"可能判处被告人无罪的公诉案件",同级人民检察院检察长可以列席审委会。姑且不论检察机关的这种介入是否妥当,但足以颠覆控辩平等、审判居中的程序架构。这种"和谐"的诉审关系"组合成线形的司法结构,以强大的司法组合阵势凌驾于被告人之上,对其构成凌厉的进攻阵型……"③易言之,"制约不足而配合有余"的诉审关系,破坏了呈等腰三角形的控辩审架构,甚至在检察监督权之下,异化为控审主导、辩方居底的程序架构。

2.刑事程序异化。程序异化是指应然程序的自我否定,走向自己的对立面,背离程序的本质和价值,演化为与程序自身相异的外在力量。通常表现为法定程序在司法实践中被滥用、规避、架空与虚置等,即"纸面上的法"在司法活动中无法转化为实践的程序。比如,在考核改判率的压力下,一审法官为压降改判率而设法寻求上级法院法官对裁判结果的明示或暗示——正式请示或非正式咨询。其结果都是二审法官提前

---

① 这里的刑事程序失灵作广义理解,即一切与刑事诉讼有关的法律规范(主要是指刑事诉讼法,不包括司法机关相关司法解释)在经由"纸面上的法律"转向"行动中的法律"过程中失去效用或未产生应有作用的异常法律现象。

② 朱桐辉:《绩效考核与司法环境之辩》,载陈兴良主编:《刑事法评论》(第21卷),北京大学出版社2007年版。

③ 左卫民:《刑事审判模式比较研究》,载《现代法学》1993年第6期。

进入一审程序,使二审形同虚设。而且,一旦请示案件进入二审,即便案件裁判可能“未审先定”,但是相关程序仍然继续,导致程序空转。更进一步来说,在绩效考评,特别是错案追究制的挤压下,立法所规定的上下级法院之间的“审级监督”关系异化为“审级领导”。这不仅消解了诉讼当事人的上诉权(抗诉权),而且消弭了二审终局性和权威性裁判所衍生的统一法制和规则之治的功能。此外,由于绩效考评尤其是错案责任通常具体到法官个体,加剧“形合实独”的现象,①导致合议制在多数案件中处于名存实亡的状态。

3.刑事程序倒流。程序倒流是指在诉讼过程中,公、检、法三机关为补救或规避错误将案件倒回至前一个诉讼阶段并进行相应的诉讼行为。有学者基于功能和目的的不同将其分为程序补救型、实体补救型和规避错误型。②前两者为法律明文规定的程序倒流方式,而后者为法无明文规定却常见于司法实践的“隐形程序”,如撤回公诉。如前文所述,在被告人可能宣告无罪的情况下,法院一般会建议检察院撤诉或是检察院了解实情后主动撤诉,以避免可能出现的无罪判决。检察院为其自身部门利益而采取的撤诉行为,使案件倒流到前一阶段,不仅浪费了司法资源、破坏了案件处理的终局性,更重要的是损害被告人的合法权益、削弱了司法的权威性和公信力。事实上,撤回公诉并非严格意义的法定程序,只是司法解释所规定的程序,且再修改后《刑事诉讼法》未就此做出规定。此外,在司法实践中,二审法官为转移考核压力或规避潜在的错案风险,对疑难复杂案件或敏感案件,随意甚至滥用发回重审程序,直接导致程序倒流。

---

① 参见左卫民、吴卫军:《“形合实独”:中国合议制度的困境与出路》,载《法制与社会发展》2002年第2期。

② 参见汪海燕:《论刑事程序倒流》,载《法学研究》2008年第5期。

二、原因分析:绩效考评何以导致刑事程序失灵?

刑事程序失灵的原因在于法律实施机制的不完善、程序不经济、法律实施与实施者利益相关联、法律传统的博弈以及体制保障的缺乏等。①如前所述,现行的审判、检察业务绩效考评过于行政化、理想化,且部分考评指标设置违背了司法规律,这些"不合适的指标或不平衡的一组指标可能会在实践中导致目标转化,造成管理行为从提高绩效的方面走向它的反面",②在客观上导致某些刑事程序的失灵。

(一)绩效考评将裁判结果与法官、检察官的个人利益相关联

依社会学观点,无论是个体的理性选择,还是公共主体的公共选择,支配其行动选择的核心因素或动力都是利益。"人们总是理性地最大化其满足度,一切人在他们的一切涉及实际选择的活动中均如此③"。对法官、检察官来说,绩效考评所带来不只是"胡萝卜"——职位升迁、表彰奖励等,更重要的是可能带来"大棒"——因差错案件被追究责任、连续两年考核不称职而被强行辞退等。④ 此外,领导印象、个人声誉等都属于法官、检察官的效用函数的变量。⑤这些变量共同构成了法官、检察官最大化偏好,进而影响或决定着其行动选择。

虽然绩效考评的直接对象是具体案件,但是,其实质是对法官、检察官业务能力和工作绩效的评价,且考评的结果既及于法官、检察官,也及于法院、检察院。如此一来,绩效考评将法官、检察官个人利益(包括法检的部门利益)与案件裁判结果相关联,增加了法官、检察官个人利益与

---

① 参见陈瑞华:《刑事程序失灵问题的初步研究》,载《中国法学》2007年第6期。

② [美]西奥多·H.波伊斯特:《公共与非营利组织绩效考评:方法与运用》,肖鸣政等译,中国人民大学出版社2005年版,第4~5页。

③ [美]理查德·A.波斯纳:《法理学问题》,苏力译,中国政法大学出版社2002年版,第442页。

④ 《法官法》第40条第1款,《检察官法》第43条第1款。

⑤ 参见艾佳慧:《中国法官最大化什么》,载苏力主编:《法律和社会科学》(第3卷),法律出版社2008年版,第98~151页。

当事人利益以及司法公正之间的张力,甚至使法官、检察官变成了“数字的奴隶”。讨论司法过程中法官、检察官的最大化偏好,并非否定其对司法公正与效率等价值的追求。但是,面对这些深文大义的价值目标,深嵌于错案责任追求、绩效考评等正式制度或非正式制度的法官、检察官,会变得更为现实。易言之,当法官、检察官或正当、或非法的个人利益与当事人利益以及司法公正发生冲突时,仅依靠个体的道德自觉来抵制诱惑、维护法律实效并不现实,更多的时候案件的裁判会指向法官、检察官利益最大化方向。由此,我们就不难理解检察官和法官面对无罪判决和改发案件时的行动选择。在此过程中,刑事程序不可避免会失灵。

(二)绩效考评扩大了公检法“流水作业”的负面作用

在布迪厄看来,法律场域的特定逻辑由两个要素决定的,一方面是特定的权力关系,另一方面是司法运作的内在逻辑。①相较于司法运作的内在逻辑,“特定的权力关系”更有助于理解绩效考评与程序失灵的关联性。这里的“权力”可以理解为各种无形社会关系的合成。②在刑事司法场域,公检法是构成权力关系的重要因子,其相互关系影响和决定着裁判结果的走向。在现行的刑事诉讼构造内,公检法之间的关系是“分工负责,互相配合,互相制约”。有人称其为公安机关“做饭”、检察机关“端饭”、审判机关“品饭”。③在这种“流水作业”中,④公检法的三道工序存在着互为条件的承继关系,前一道工序为后一道工序奠定基础,而后一机构对刑事案件所做的处理决定,直接决定了前一机构决定的正确性。在这一过程中,公检法关系看似相互制约。事实上,绩效考评和错案责任追究所产生的压力,迫使彼此之间“重配合、轻制约”,以避免出现不起诉、无罪判决、抗诉等问题。其结果,不仅是部分刑事程序的名

---

① 参见[法]布迪厄:《法律的力量:迈向司法场域的社会学》,强世功译,载《北大法律评论》第2辑。

② 参见[美]杜赞奇:《文化、权力与国家》,王福明译,江苏人民出版社2006年版,第3页。

③ 参见左卫民、周长军编著:《刑事诉讼的理念》,法律出版社1999年版,第16~78页。

④ 参见陈瑞华:《从“流水作业”走向“以裁判为中心”对中国刑事司法改革的一种思考》,载《法学》2000年第3期。

存实亡,被告人的主体地位和合法权益也受到侵害。对法官、检察官来说,相互配合、相安无事地结案最为重要,而权力制衡就显得无关紧要。而且,绩效考评固化了法官与检察官之间"司法同僚"关系。在这种同僚意识的支配下,法官、检察官之间身份认同都趋向于代表国家权力,合作胜于制约。

(三)绩效考评催生了审级之间的压制与联袂

在上下级法院之间,上级法院对具体刑事案件所做的终局裁决,决定了下级法院裁判的正确性,继而影响下级法院的绩效考评。为了取得更好的绩效,一方面,下级法院以避免负面评价为目标制定各类"土政策",加强对案件的监督、管理,甚至是数据造假,在访谈中有的基层法院刑事法官就反应,因为"上诉案件越多,案件被发改的可能性就越大,因此在量刑中法官倾向于在法定刑幅度内从轻,以此换取被告人不上诉"。另一方面,下级法院法官为获取二审法官的明示或暗示而产生请示的冲动。其结果都可能危及刑事程序的有效实施。从这个角度来说,绩效考评不仅导致了上下级法院之间关系的异化,而且使得下级法院不得不遵循甚至是取悦于上级法院的"司法威权压制"。①由于我国四级审级制度,考核还容易导致司法地方化,由于考核制度中,上下级法院的隐性联合,导致下级法官在考虑到考核以及案件可能被上诉撤销时,"这样下级法官考虑的是如何与上级法院保持一致,所依赖的是上级法院的判例,而不是最高级法院的判例"。②绩效考评还具有明显的"一体化"倾向,即上级法院对下一级法院绩效考核是以其辖区所有的案件为对象,这就使压降负向指标数据成为上下级法院的共同目标。对于最高人民法院来说,虽无自上而下的考核压力,但仍有来自权力机关以及社会公众的压力——执法办案的质量要让人民群众满意。因此,这种上下级法院"捆绑"考核方式使全国四级法院都有"以绩效论英雄"的政策冲动,在审级

① 参见朱道坤:《司法的威权压制——一种发生在上下级法院之间的"潜规则"》,载《中山大学法律评论》2011年第2期。

② [法]米歇尔·托贝:《法律哲学:一种现实主义的理论》,张平、崔文倩译,中国政法大学出版社2012年版,第121页。

之间形成了“一损俱损、一荣俱荣”的联袂关系。

（四）绩效考评放任了司法惯性

应然的刑事程序运行如同机车之运行，当动则动、当停则停。但是，在某些情形下，刑事程序一旦启动，往往具有一定的惯性。它“……就如一台失修而调节不灵的机车，即不能有效启动，又难以适时终止，它漠不关心地按照自己的惯性驶向终点”。[1]司法惯性的消极影响在于，一旦刑事程序启动，在其惯性作用下，即便存在错误或瑕疵，程序仍继续前行。这是因为一旦程序终止，就意味已进行的程序存在错误。这不仅影响司法者或司法机关的办案绩效，还可能引发错案责任追究。因此，实践中，不乏司法机关“将错就错、一错到底”的冤假错案。司法的惯性源于司法制度的异化、司法者的思维惯性以及对其自身利益的维护，但是，绩效考评某些不合理指标的设置放任甚至激化了司法惯性，进而影响司法者的行动选择。针对无罪案件的处理，法官个人在处理中也存在担忧，“一旦法院要判决无罪，就直接决定着从公安到起诉整个过程都是错的，不仅是对侦查人员、检察院工作的直接否定，也会使公安、检察院部门在年终考核中面临垫底甚至不合格的危险，这种案件肯定是会有公安机关、检察院的领导过来多次协调，个人也承担着巨大的压力”。一旦这种惯性上升为正式制度或非正式制度，那么任何扭转或改变惯性的努力都徒劳无功。

三、解决之道：寻求制度设计与行动者的统一

解决程序失灵问题是一项系统性工程，涉及立法、司法等环节，绩效考评只是其中一环。绩效考评在个体理性选择的作用下偏离了资源有效配置的目标，并违背个人追求最大化福利的初衷，是一项“事与愿违的制度”。改造的方向则是尽可能接近“适宜制度”状态，即个人

① 龙宗智：《上帝怎样审判》，中国法制出版社2000年版，第169页。

的最大化行为既与其预期净收益相吻合,又同整个社会的资源有效配置并行不悖。①这种改造,至少应当包括以下几个方面:

(一)摆脱对绩效考评的盲从

实行绩效考评的出发点之一在于实现法官、检察官的个体理性和法院、检察院集体理性的"激励相容"。②但是,"两院"不同于企业组织和行政性组织,司法既是基于经验的判断过程,又是利益衡量和自由裁量的过程。同时,法官、检察官的办案需要大量的"实践理性"知识且具有被动性。由此,即便是完美的绩效考评体系也不可能有效解决法院管理者与法官之间以及上下级法院之间事后信息不对称的问题,更不可能"有效测试法官的廉洁度、努力度和司法能力"。③波斯纳在分析美国联邦法官管理时指出,"由于以统计数据评价法官的工作可能带来负面的激励效果,而且除非对法官进行侵入性监督,就可能发生法官操纵此类统计数据的危险"。④事实上,前文的分析印证了简单地套用适用于行政性组织或企业的绩效考评不仅不能有效地激励法官、检察官,反而导致程序失灵。因此,在绩效管理的适用上存在诸多争议。但从务实的角度上来看,绩效管理绝非是中国司法中昙花一现的现象。2014年12月23日,最高人民法院党组研究决定:取消对全国各高级人民法院的考核排名;各高级人民法院要按照最高人民法院的要求,取消本地区不合理的考核指标。此项规定中对绩效考核并未采取绝对排除的态度。在当前进行的司法责任制改革中完善法官、检察官的绩效考核仍然被认为落实司法责任制改革重要内容之一,中央政法委2017年印发的《关于严格执行法官、检察官遴选标准和程序的通知》规定必须建立常态

---

① 参见张宇燕:《个人理性与"制度悖论"——对国家兴衰的尝试性探索》,载《经济研究》1993年第4期。

② 激励相容是指在每个理性人都会有自利的一面,其个人行为会按自利的规则行为行动。如果能有一种制度安排,使行为人追求个人利益的行为,正好与集体或社会价值最大化的目标相吻合,这一制度安排就是激励相容。参见艾佳慧:《中国法院绩效考评制度研究》,载《法制与社会发展》2008年第5期。

③ 艾佳慧:《中国法院绩效考评制度研究》,载《法制与社会发展》2008年第5期。

④ [美]理查德·波斯纳:《联邦法院》,邓海平译,中国政法大学出版社2002年版,第237页。

化的绩效考核机制及与其直接挂钩的员额退出办法。最高人民法院也制定发布了《关于加强各级人民法院院庭长办理案件工作的意见(试行)》等指导性文件,规定对入额满一年的法官进行办案绩效考核,办案质量效率达不到考核标准的,应当于退出员额。因此绩效管理在我国还将长期存在,短时间内废除是不现实的。从事司法改革的最高人民法院法官也提出各级人民法院应当设立法官考评委员会,建立法官业绩评价体系和业绩档案。对于业绩考核采取的态度是完善科学合理的绩效考核体系。①因此在对待绩效考评制度上,应采用谨慎的态度,应摆脱对绩效考评制度的盲从,不能把绩效考评结果作为法官、检察官的考核结果,更不能依此对法官、检察官予以奖惩,而应回归到司法权本质层面,重新审视对法官、检察官的考核与激励。

(二)区别对待法院与检察院的绩效考评制度

检察权具有双重属性,且检察机关有着和行政机关相类似的上令下从和垂直领导的组织架构。这与现行的"上对下"绩效考评模式相契合。与之相反,法院之间的审级关系不同于行政系统的分级负责制。虽然二审终审制意味着上级法院裁判的终局性和权威性,但是,"各级法院之间没有决定过程中的命令服从关系,而只存在裁判之后的重新审理关系"。② 因此,检察业务绩效考评,在优化指标设置、减少"负效应"的前提下予以保留。从长远来看,应当是抛弃对审判活动的精细化考核,"案件指标当仅作司法统计之用,不能以此衡量法院或法官的业绩",至于"司法问责须有自身的标准和惩戒程序"。③具体来说,法院只公布案件的收结案数、裁判结果以及裁判文书等,至于案件的裁判质量如何则交由研究机构和社会公众来评价。

(三)绩效考评的内容和对象转向外部

现行的绩效考评均是自上而下、闭门操作、自我评估,公众参与度

---

① 参见何帆:《完善绩效考核办法实现员额"有进有出"》,载《人民法院报》2017 年 5 月 26 日,第 2 版。

② 蒋惠岭:《上下级法院关系改革的思路》,载《法制资讯》2009 年第 5 期。

③ 徐昕:《法院应强调业绩考核吗》,载《南方周末》2012 年 4 月 12 日,第 27 版。

不强,甚至出现了自我评价与社会评价相背离的现象。改造的路径是将绩效考评转向外部——增加对司法裁判社会效果的考评。不仅要考评法院、检察院纠纷解决的过程以及结果,更要考察、评估司法裁判的实际社会效果,即社会和社会公众等因司法裁判而在多大程度上发生了良性变化。虽然法院的绩效考评体系设有公众满意度指标,但过于笼统、模糊,缺乏实际意义,应增加考评司法的可接近性、便利性、有效参与性的指标。此外,适时摒弃自上而下的审判绩效考评模式,借鉴当前司法改革评估、基本解决执行难等评估方式尝试由第三方独立机构根据统计数据或裁判文书来评价审判质效,确保考评主体与考评结果不存在利害关系,而且考评结果的运用以不干扰审判独立为限。

(四)剥离纠纷解决者的利益

依自然正义的要求,纠纷结果中不应包含有解决者的个人利益。[①]因此,一方面,将案件裁判结果与办案绩效考评相剥离,即由结果考核转向过程和效果考核,取消无罪判决率等结果导向的指标,增加对司法者执行刑事程序情况的考核。另一方面,将绩效考评与法官、检察官的最大化目标相剥离,即不把绩效考评的结果作为评定等次、职位升迁等依据,只作为对既往司法过程的评价以及确定法官、检察官需改进和努力的方向。

此外,需要进一步丰富绩效考评的方式方法,比如增加调查问卷、实地考察、抽样分析、群众访谈等,而不能仅依靠司法统计数据来评估法官、检察官的能力和业绩。

四、结　语

“立法者大笔一挥,条文就可以修改或废止,但法律条文背后的一些根本因素却不是他所左右的,因为它是同一个国家的文明和思想方式密

① 参见[美]戈尔丁:《法律哲学》,齐海滨译,生活·读书·新知三联书店1987年版,第240页。

切地联系着”。①公检法三机关所推行的绩效考评体现着我国特有的司法传统和思想方式。因此,必须正面审视公检法办案绩效考评对《刑事诉讼法》有效实施的负面影响,并对其进行大刀阔斧的改革,以避免重蹈程序失灵的覆辙。

① 黄维智:《业务考评制度与刑事法治》,载《社会科学研究》2006年第2期。

《法律和社会科学》(2018)
第 17 卷第 2 辑,第 230 ~253 页

犯罪嫌疑人“如实回答”制度是如何异化的

熊德禄*

摘要:立足于侦讯实践的博弈分析表明,如实回答的制度功能是一种教义学想象。如实回答制度设计没有系统斟酌制度运行的社会生活环境,制度实践的结果背离了制度设计的初衷,呈现出与制度预期的属性反向。如实回答并不具备推进刑事诉讼活动效率的实践功能,反而异化成了强迫取证的制度根源。实践导向的司法改革进路应当从制度功能的视角,而不是法律教义学视角,反思如实回答制度的司法价值,不必强调如实回答是应当履行的义务,而应该着重于激励犯罪嫌疑人自愿供述犯罪事实的制度建设。

关键词:犯罪嫌疑人　如实回答　制度异化

没有一种制度可能建立在爱之上。

——尼采①

* 四川大学法学院博士研究生,四川理工学院法学院讲师。本文初稿曾提交法律和社会科学 2017 年会暨“规制与治理”多学科对话会,感谢冯象、刘忠等老师的建议与批评。

① Friedrich Nietzsche, *The Will to Power*, trans. by Walter Kaufmann and R. J. Hollingdale, ed. by Walter Kaufmann, Vintage Books, 1967, n. 732, p. 387.

“返青的杂树仿佛是要占据尽可能多的空间,枝叶横斜,浅伸暗长,不顾姿势地蔓开,躲开其他同类,但是在自己独自到达的角落里忽然发现已经重复了其他同类都服从的统一安排,每棵树都长出尽可能多的枝叶尽可能多地收拾起傍晚慢慢移动、渐渐收敛的日光。”①所有绿色植物都要尽可能获得更多的太阳光热,这决定了每一物种的生长策略。从个体植物的视角来看(如果可以的话),如何生长,总是伴随与其他物种争取能量的博弈过程。作为这一博弈过程的行动者,对于生物世界最后长成的样貌,它们是无法事先想象、设计和掌控的。假如这些物种具有反思能力的话,大概对此也只会感觉无能为力,只有在结果呈现的时候,无奈地叩谢命运的眷顾。好在它们没有反思能力,至少在我们看来它们没有对生物世界的反思能力。然而,当我们反思人类社会制度发生、发展、变化逻辑的时候,对于身处历史语境中的行动者来说,也会有“某种无能为力甚至荒谬之感”,因为“制度的发生、形成和确立都在时间流逝中完成,在无数人的历史活动中形成”。② 因此,制度往往是行动经验的结果,而不是精心设计的结果。③

“如实回答”是我国一项刑事司法制度,要求“犯罪嫌疑人对侦查人员的提问应当如实回答”。④ 如实回答的制度设计预期主要是为了保障刑事诉讼活动的顺利进行。且不说刑事诉讼的顺利开展是否真的与犯罪嫌疑人如实回答有实质性相关,如实回答制度实践呈现的后果却是口供中心主义。也就是说,要求犯罪嫌疑人如实回答侦查人员的提问以获取口供,并且围绕口供侦破案件是刑事侦查的基本模式。就当下中国的刑事司法实践而言,一个办结的刑事案件,特别是“铁证如山”的刑事案件,没有犯罪嫌疑人的供述是难以想象的。获取口供成为中

---

① 冯唐:《不二》,天地图书有限公司2015年版,第11页。

② 参见苏力:《制度是如何形成的》,北京大学出版社2007年版,第53~56页。

③ 波普尔认为制度是“这种行动的间接的、无意识的和经常是不必要的副产品”,“只有很少一部分社会制度是有意识设计出来的”。参见[英]波普尔:《开放社会及其敌人》(第2卷),郑一明等译,中国社会科学出版社1999年版,第163页;苏力:《法律与文学:以中国传统戏剧为材料》,生活·读书·新知三联书店2006年版,第54~60页。

④ 参见2012年《刑事诉讼法》第118条。后文提到《刑事诉讼法》,如未特别说明,均指2012年修正的《刑事诉讼法》。

心,演变为了一种侦查信念,几乎颠覆了侦查手段与侦查目的的关系。

实际上,刑事侦查的经验分析表明,如实回答的制度功能是一种教义学想象。如实回答的制度实践并没有展现出推进刑事诉讼活动的效率,反而演化成了强迫取证的制度根源。强迫取证与如实回答的制度勾连,就是制度异化。

一项制度设计能不能实现制度的想象,不完全取决于制度本身,更取决于制度运行的社会环境。① 制度运行环境构成了制度实践的条件,实际上制约了制度实践,甚至决定了制度实践。如果制度设计没有系统斟酌制度运行的社会生活环境,制度实践的结果就完全可能背离制度设计的初衷,呈现出与制度预期的属性反向,这就是制度的异化。“一个规则的意义,并不完全由规则本身所提供,规则从来都不是完全不证自明的”。② 实际上,规则或者制度的意义只能通过付诸实践才能显现,而无法事先人为确定。

立足于真实的刑事司法,从法律现实主义的进路考察如实回答的制度实践,可以透视其制度基础的想象虚假,制度信念的肤浅谬误,制度运行的粗暴傲慢,制度功能的悖离异化。犯罪嫌疑人如实回答的制度实践完全可以作为制度是如何异化的解剖样本。

一、“如实回答”制度内涵的知识考古

《刑事诉讼法》加大了犯罪嫌疑人的诉讼权利保障,明确规定“不得强迫任何人证明自己有罪”(第50条),但仍然保留了“犯罪嫌疑人对侦查人员的提问,应当如实回答。但是对与本案无关的问题,有拒绝回答的权利(第118条)”。“应当如实回答”和“不得强迫任何人证实自己有

---

① 参见易棉阳:《目标扭曲、政府控制与制度异化——国民政府时期农村合作运动失败原因解读》,载《云南财经大学学报》2014年第2期。

② [意]D.奈尔肯、[德]J.菲斯特:《法律移植与法律文化》,高鸿钧译,清华大学出版社2006年版,第79页。

罪”同时规定在《刑事诉讼法》中，造成了很大争议。

面对侦查人员的提问，犯罪嫌疑人有没有是否回答侦查人员提问的选择权？犯罪嫌疑人拒绝回答权利是如何实现的？应当如实回答作为一种义务对犯罪嫌疑人的约束边界在哪里？如果无法确定义务边界或者说义务边界只不过是一种修辞，那么犯罪嫌疑人是否说话以及如何说话还是权利吗？

全国人民代表大会常务委员会法工委负责人就《刑事诉讼法》修改回答中外记者提问时谈到，不得强迫任何人“自证其罪”与“如实回答讯问”不矛盾。为进一步遏制和消除刑讯逼供现象，这次《刑事诉讼法》修改明确规定不得强迫任何人证实自己有罪。这样的规定对司法机关是一个刚性的、严格的要求。“至于犯罪嫌疑人应当如实回答，是从另外一个层面，另外一个角度规定的”，法工委负责人说，“我国《刑法》规定，如果犯罪嫌疑人如实回答了问题，交代了自己的罪行，可以得到从宽处理。《刑事诉讼法》作为一部程序法，要落实这一规定。犯罪嫌疑人要回答问题的话，就应当如实回答。如实回答，就会得到从宽处理。这是从两个角度来规定的，并不矛盾”。[①] 尽管有些隐约，还是可以看出，法工委负责人认为犯罪嫌疑人对侦查人员的提问享有是否回答的选择权，即要么不回答要么回答，如果回答就应当如实回答，但是回答与否的选择权不受强迫，不受约束。

法工委负责人在回答记者提问时的谈话是否可以作为“如实回答”内涵的界定基础？如果忽略关于不得强迫任何人“自证其罪”与“如实回答讯问”不矛盾的解说在逻辑上存在的不能自洽，权且认定这就是关于“如实回答”原意的权威说法，这也并没有消除关于“如实回答”在制度实践中发生异化现象的解释学疑难。

众多讨论从“沉默权”的教义学信念展开，卷帙浩繁，但大抵不过是漠视真实社会现实的臆想演绎，除了看上去人多势众以外，几乎都是与

---

① 陈菲、崔清新、徐硙：《推进民主法制进步的重大举措——全国人大常委会法工委负责人就刑诉法修改回答中外记者提问》，载中国人大网：http://www.npc.gov.cn/npc/dbdhhy/11_5/2012-03/09/content_1705919_2.htm，最后访问日期：2017 年 1 月 1 日。

知识生产无关的花拳绣腿。本文立足于刑事司法实践从后果主义[①]的视角对犯罪嫌疑人在侦查阶段"说话的权利与义务"进行经验分析,从实然的制度功效来解读侦讯行为博弈,追求经验知识对于刑事司法的法律力量。[②]

(一)"如实回答"义务是一种法律实践

福柯在谈到人类知识话语的梳理时说,"不应该把话语推回到起源的遥远出场,而是应该在审视它的游戏中探讨它"。[③] 在知识谱系学意义上,通过审视如实回答的制度实践,包括话语出场迄今的制度实践,我们可以更好地把握它的话语内涵。"一些研究的结果已经隐含地或部分地表明,实践中的法律解释是一个制度的产物,即一个权力结构的产物,是一个集体活动的产物,而不是纯粹个人性的智识探讨的结果"。[④]

1979年《刑事诉讼法》没有区分犯罪嫌疑人和被告人,对所有被追究刑事责任的人均称作被告人。这一历史时期,阶级意识形态仍然属于刑事司法主流意识形态,[⑤]《刑事诉讼法》把犯罪嫌疑人视为"敌人",作为诉讼客体,有义务配合侦查活动顺利进行,诉讼权利受到极大的限制。

---

① 这里的后果主义主要是指刑事司法的系统性后果,强调维护法律的稳定性、可预测性、可执行性,而不是短视地只关注司法个案后果。参见[美]波斯纳:《法律经济学与法律实用主义》,载《北大法律评论》(第14卷第1辑),北京大学出版社2013年版,第4~12页;[美]波斯纳:《法官如何思考》,苏力译,北京大学出版社2009年版,第217页。

② 参见苏力:《知识在法律中的力量》,载[美]波斯纳:《反托拉斯法》,孙秋宁译,中国政法大学出版社2002年版,第1~17页。

③ [法]米歇尔·福柯:《知识考古学》,谢强、马月译,生活·读书·新知三联书店2003年版,第25~26页。

④ 苏力:《解释的难题:对几种法律文本解释方法的追问》,载《中国社会科学》1997年第4期。

⑤ 1979年《刑事诉讼法》第1条明确规定"中华人民共和国刑事诉讼法,以马克思列宁主义毛泽东思想为指针,以宪法为根据,结合我国各族人民实行无产阶级领导的、工农联盟为基础的人民民主专政即无产阶级专政的具体经验和打击敌人、保护人民的实际需要制定。"这一指导思想带有鲜明的阶级意识形态历史印记。1979年9月9日,《中共中央关于坚决保证刑法、刑事诉讼法切实实施的指示》(中发〔1979〕64号)指明了通过实施《刑法》《刑事诉讼法》"进一步巩固无产阶级专政"的价值和功能。参见武延平、刘根菊等编:《刑事诉讼法学参考资料汇编》(中册),北京大学出版社2005年版,第936、954页。

对于侦查人员的提问,被追诉人应当回答,而且应当如实回答。① 很难想象被追诉人享有是否回答问题的选择权,可以保持沉默,不理睬侦查人员的提问。1996 年《刑事诉讼法》确定了被追诉人在侦查阶段是“犯罪嫌疑人”,在诉讼理念上将犯罪嫌疑人视为诉讼主体,一方面强调其应有的诉讼权利,但同时继续保留了如实回答义务。② 2012 年《刑事诉讼法》规定的犯罪嫌疑人如实回答义务与 1979 年和 1996 年《刑事诉讼法》条文几乎完全一致,只是增加了一款激励犯罪嫌疑人供述罪行的内容,即“侦查人员在讯问犯罪嫌疑人的时候,应当告知犯罪嫌疑人如实供述自己罪行可以从宽处理的法律规定(第 118 条)”。从 1979 年、1996 年到 2012 年,犯罪嫌疑人如实回答义务作为保障刑事诉讼活动顺利进行的一项基本制度,条文语词和基本内涵一脉相承,并没有发生实质性的变化,事实上就是限制甚至剥夺犯罪嫌疑人“说话的权利”。

如实回答义务的内涵应当由法律实践来界定,或者说法律实践最终塑造了什么是如实回答义务。因此,在话语阐释学意义上,不应该纠缠于语词,拘泥于语词的原意(其实并不存在永恒不变的原意),③而应当立足于真实的司法实践,才能更清楚看见(而不仅仅是看)我们正在看的问题。犯罪嫌疑人“应当如实回答”实质上是“以供述义务(法律上的强制)为基础的自愿供述制度”。④ 亦即让犯罪嫌疑人自愿履行如实回答的法律义务,禁止强迫取供,在这个意义上,“不得强迫任何人证实自己有罪”与“应当如实回答”并不矛盾。然而,犯罪嫌疑人可以“自愿”吗? 在什么意义上能够“自愿”?⑤

---

① 1979 年《刑事诉讼法》第 64 条规定,“被告人对侦查人员的提问,应当如实回答。但是对与本案无关的问题,有拒绝回答的权利”。

② 1996 年《刑事诉讼法》第 93 条规定,“犯罪嫌疑人对侦查人员的提问,应当如实回答。但是对与本案无关的问题,有拒绝回答的权利”。

③ 参见苏力:《解释的难题:对几种法律文本解释方法的追问》,载《中国社会科学》1997 年第 4 期。

④ 闫召华:《口供中心主义研究》,法律出版社 2013 年版,第 355 页。

⑤ 后文分析将表明,如实回答义务构成了强迫取证的制度根源,对侦查实践的制度功效而言无足轻重。

(二)“拒绝回答”权利是一种教义符号

应当注意到,《刑事诉讼法》条文(第118条)同时确认了犯罪嫌疑人说话的选择权,即“对与本案无关的问题,有拒绝回答的权利”,①但这是一种法律教义上的权利,是一种符号权利,甚至仅仅只是一种符号。

制度实践的讨论必须立足于微观经验的细致梳理,高谈阔论总是容易出错。犯罪嫌疑人在侦查阶段是否享有“说话权”,必须通过侦查活动进行经验深描。侦查人员对犯罪嫌疑人提出的问题可以分成两类,其一是与本案有关的问题,其二是与本案无关的问题。依照《刑事诉讼法》的规定,犯罪嫌疑人有如实回答与本案有关问题的义务,也有拒绝回答与本案无关问题的权利,看起来权利义务统一,非常符合法理学教义。但是,这一完美的教义却只能是脱离刑事司法实践经验的想象。

一个问题是否与案件有关,这是一个判断,有判断就可能有是非,那么谁来决定这个是非?包括什么问题是与案件有关或者无关的问题?如何判断问题与案件的关联性?谁有权判断问题与案件的关联性?如果立足于刑事司法的经验,没有人会否认,这一问题的界定权属于侦查人员。刑事司法实践经验表明,如果侦查人员希望得到一个问题的答案的话,这个问题就是与案件有关联的问题,②对于犯罪嫌疑人几乎就不存在任何拒绝回答的可能。在侦查机关垄断侦查博弈裁判权的前提下,犯罪嫌疑人没有实质意义上的“拒绝回答”权利,只有“如实回答”义务。

《刑事诉讼法》从1979年、1996年到2012年,均规定了被追诉人(犯罪嫌疑人)“对与本案无关的问题,有拒绝回答的权利”。然而近40年的刑事司法实践经验表明,这一规定的主要价值是赋予了法律条文一种形式上的法理教义美感,如实回答义务与拒绝回答权利相统一,但这

---

① 1979年《刑事诉讼法》第64条和1996年《刑事诉讼法》第93条也有相同的规定。

② 很难相信一个侦查人员会提出与案件本身八竿子打不着的问题。即便假定有素质低下的侦查人员提出了与案件毫无关联的问题,犯罪嫌疑人对此也拒绝回答了,实现了权利,这也不具有什么制度意义,与犯罪嫌疑人的“说话权”几乎没有关系,因为它对保障犯罪嫌疑人诉讼利益没有实在价值,何况拒绝回答的权利能否实现还完全取决于侦查人员。

只能是脱离冷酷现实的"善良条文"。真实生活的冷酷不会因为法律条文的善良而变得温暖。温暖社会当然也不会因为法律逻辑演绎而产生。"法律的生命从来不是逻辑而是经验"。①

任何权利都只能在真实的社会生活实践中通过具体的行为来实现,因为权利是实践的结果而不是规定的结果。一种看上去理所当然,天经地义的权利背后其实是长期复杂的社会生活博弈实践。② 如果一种权利仅仅是基于某些善良人而忽视真实社会生活实践的美好想象,即便写入法条,也不会有什么实在用处,虽然拥有了权利的符号,那也只能是停留在纸上的符号。犯罪嫌疑人拒绝回答侦查人员与本案无关问题的说话权就是这样的纸上符号。这种权利仅仅是从想象的教义逻辑展开的制度设计,而不是立足于侦查实践的经验权衡,更没有对制度付诸实践的后果做充分的经验总结,就其制度运行功效而言,也不可能得到司法经验的验证支持。

二、口供中心主义司法信念的祛魅

"拒绝回答"仅仅是一种符号权利,对于犯罪嫌疑人而言没有实践意义,因为如实回答是一种必须履行的义务。为什么侦查活动如此看重犯罪嫌疑人的如实回答,看重通过如实回答获取对犯罪事实的供述呢?这就涉及了如实回答的制度信念问题:口供中心主义。围绕口供侦破案件是以如实回答作为制度支撑的。这种侦查信念在我国刑事司法实践中具有强大的制度惯性。口供中心主义的信念祛魅,实际上就是对通过犯罪嫌疑人如实回答从而获取口供的制度价值的消解。

这里有必要事先对刑事案件做一个简单的分类,事实清楚、证据充

① "The life of the law has not been logic; it has been experience." Oliver Wendell Holmes, Jr., *The Common Law*, Little, Brown and Company, 1948, p. 1.

② 然而我们往往看不见,或者说视而不见,这一世俗、琐碎、并因此而神圣的生活实践,"因为它已融入历史,成为人们日常生活的背景"。参见苏力:《大国宪制:历史中国的制度构成》,北京大学出版社2018年版,第65页。

分的常规案件和事实不清、证据不足的疑难案件。① 分别考察如实回答在常规案件与疑难案件中的制度实践,有助于祛除口供对于刑事侦查的炫目光环,有助于洞察如实回答的制度功效。事实上口供成为中心在常规案件中是一种"搭便车"效应,而在复杂案件中,口供根本无法成为中心。

(一)常规案件的口供无须成为中心

整体而言,进入刑事诉讼程序的案件绝大多数是常规案件,这些案件并不存在疑难复杂的诉讼问题。就常规案件而言,侦查活动基本上围绕犯罪嫌疑人的供述(口供),查明事实,解决问题,也的确解决了问题。请注意,常规案件围绕口供推进侦查,这只是一个表象描述。如何理解这个表象,并不是一个简单的问题,不同的人、不同的视角,可以得出不一样的结论。人们看的是同一个东西,然而看到的未见得是同一个东西,甚至是截然不同的东西。②

从博弈论的视角,常规案件由于事实清楚,证据明晰,犯罪嫌疑人就犯罪事实的供述对于案件的侦破不具有决定性意义,认罪与否都不会影响最后的定罪结论。因此,口供实际上不具有博弈价值,不能成为有效博弈筹码,用以同侦查机关讨价还价。在常规案件中保守犯罪事实信息,对于犯罪嫌疑人而言没有什么收益;相反,如实供述犯罪事实,还可能获得从宽处罚的优待。

在常规案件的侦查过程中,犯罪嫌疑人常常自然地、自愿地、自主地如实供述自己的犯罪事实。由于犯罪供述是可信的,根据可信的供述来

① 这里的常规案件包括两种情形:其一是案件自始就事实清楚,证据充分,比如人赃俱获的现行犯罪;其二是案情脉络清晰,通过低成本的常规侦查行为收集证据即可查清案件事实。疑难案件指证据不足,难以查清案件事实,或者查清案件事实成本高昂的情况。经验研究表明绝大多数刑事案件归属于常规范围,真正难以查清或者查清成本高昂的疑难案件在比重上是少数。参见[美]波斯纳:《各行其是:法学与司法》,苏力、邱遥堃译,中国政法大学出版社2017年版,第86、87、172页;[美]波斯纳:《波斯纳法官反思录》,苏力译,北京大学出版社2014年版,第194页;[美]波斯纳:《法官如何思考》,苏力译,北京大学出版社2009年版,第212、224页;[美]波斯纳:《法理学问题》,苏力译,中国政法大学出版社2001年版,第168、169、569、573页;苏力:《法条主义、民意与难办案件》,载《中外法学》2009年第1期。

② 参见苏力:《法学人遇上"麻雀"——关于个案研究的一点反思》,载《法律和社会科学》(第14卷第2辑),法律出版社2015年版,第172~193页。

推进侦破活动当然有很大的便利，因此，侦查工作总是伴随口供进行，甚至是在口供的指引下进行。如果不加分析地看，侦查活动就有了围绕口供运转的表象，甚至是一种基本表象。

实际上，侦查便利对口供的制度性地位产生了重要的反塑作用。因为侦查活动总是借助于口供的便利，以致逐渐形成了对口供的依赖。口供依赖的绝对数量优势就可能实质性地影响刑事司法实践，进而决定性地扭曲了刑事司法实践。一开始是追求便利的依赖行为，慢慢地形成了依赖习惯，最后演变成依赖信念。

对事实清楚证据明晰的常规案件而言，口供本不具有决定性作用，仅仅是给予侦查活动极大便利。但是过于依赖口供便利会使获取口供看上去是侦查工作的中心，进而形成围绕口供处理案件的思维惯习、制度惯性，以致对案件性质不加斟酌，一概“无供不录案”“由供到证”“罪从供定”，这就是“搭便车”效应。可以说，“搭便车”效应在某种程度上塑造了口供中心主义。

当口供中心主义成为一种意识形态、一种信念、一项制度原则，就会蒙蔽侦查思维，就会制约制度实践。“真理最危险的对头并非谎言，而是信念”。① 口供中心主义信念忽略了这样一个事实：在事实明晰的常规案件中，口供仅仅提供了并非不可或缺的侦查便利而已。

（二）疑难案件的口供无法成为中心

口供中心主义更大的危险是不区分常规案件和疑难案件，笼统地把获取口供置于侦查活动的中枢地位。口供中心主义分享这样的生活常理，对于一个纠纷，如果当事人自己认错，事情的原委曲直自然就清楚了，一个刑事案件的犯罪嫌疑人，如实供述自己的罪行，犯罪事实就可以真相大白。口供中心主义看重犯罪嫌疑人如实供述犯罪事实对于侦查工作的决定性意义，因此给予了侦查人员获取口供的制度保障，要求“犯罪嫌疑人对侦查人员的提问，应当如实回答”。

如果说常规案件的刑事侦查，口供无须成为中心，那么疑难案件的

---

① ［美］波斯纳：《波斯纳法官反思录》，苏力译，北京大学出版社2014年版，第14页。

刑事侦查,口供也无法成为中心。博弈论分析表明,一个有罪的犯罪嫌疑人是否供述犯罪事实取决于利益得失权衡。“显然,只有得大于失的行为才是人们所欲求的”。[①] 有别于常规案件,疑难案件的犯罪嫌疑人的博弈策略更可能是拒绝供述犯罪事实甚至说谎。这里并不否认有犯罪嫌疑人自愿供述犯罪事实,但是制度设定不能期望犯罪嫌疑人都会做自愿供述,甚至以他们自愿供述作为制度的出发点。

司法实践中,疑难案件锁定的犯罪嫌疑人还有可能是没有实施犯罪行为的无辜者,这种情形根本就不存在有效的犯罪口供。一个被错误质疑的没有实施犯罪行为的无辜者做无罪辩解,拒绝承认实施了犯罪行为,侦查人员如何认定其言词的真假?一个客观上实施了犯罪行为的枉行者拒绝供述犯罪事实,怎么推进口供中心主义?怎么通过口供中心主义判断一个犯罪嫌疑人是无辜者还是枉行者?

当口供中心主义付诸于疑难案件,如实回答制度就无法有效应对侦查实践。后文分析将表明,如实回答制度正是出于对犯罪嫌疑人(无论是枉行者还是无辜者)自愿供述的善良奢望进而导致了强迫取证的异化。这就开启了潘多拉宝盒的邪恶魔咒,可能造就许多“神探”,也可能让许多人蒙冤。[②]

三、犯罪嫌疑人何以“如实回答”:枉行者的抉择博弈

如实回答作为一种制度在侦查实践中是如何实行的?其制度功效怎样?通过博弈论进路考察侦讯双方的博弈策略,可以洞悉犯罪嫌疑人在面对侦查人员的提问时如何进行博弈决策,从而揭示如实回答并不具有制度设计预期的功效,反而演化成为强迫取证的制度根源。为了分析

---

① “It would clearly be desirable if the only actions performed were those in which what was gained was worth more than what was lost.” R. H. Coase, “The Problem of Social Cost”, *Journal of Law & Economics*, Nov2013, Vol. 56 Issue 4, pp. 837 – 877.

② 参见闫召华:《口供中心主义评析》,载《证据科学》2013年第4期。

的便利,这里把犯罪嫌疑人分为两类:枉行者(真正实施了犯罪行为的犯罪嫌疑人)和无辜者(没有实施犯罪行为的犯罪嫌疑人)。枉行者的如实回答博弈分析集中体现了制度运行的逻辑与功效问题,而无辜者的如实回答问题与强迫取证密切相关,是一个无效率制度的进一步异化,故放在后面讨论。

有效的侦讯博弈发生在疑难案件中,这是一个信息不对称的博弈。就疑难案件而言,在侦查初始阶段,案件事实不确定,侦查进程不确定,侦查结果不确定,给予犯罪嫌疑人的刑事处罚不确定。正是由于这些不确定因素的存在,是否要如实回答侦查人员的提问才成一个具有博弈价值的问题,犯罪嫌疑人无疑要斟酌回答策略以追求量刑最轻甚至免除处罚的结果。

在疑难案件中,一个真正实施了犯罪行为的枉行者面对侦查人员的提问有三种博弈策略,即沉默、说谎或者坦白。侦查人员在讯问时掌握了合理判断枉行者有罪的初步证据,并以此为基础建立和巩固侦查博弈优势。枉行者不清楚侦查人员掌握的证据情况以及随后的博弈策略,在决策时面临信息不对称的劣势。通过侦讯双方的博弈策略抉择的思想实验可以看出,枉行者任何一种决策都可能使陷入被动,这就是首动困境(first-move trilemma)。①

首动困境就是从侦查讯问经验世界提炼概括出来的关于真正实施了犯罪行为的枉行者面对侦查讯问如何决策的思想实验。思想实验作为一种思考方法,虽然不是直接的经验分析,但是往往"从鲜活的经验世界中直接汲取灵感",因此在某种意义上是更纯粹的经验分析,于是"理性就可以不被经验所局限,密涅瓦的猫头鹰就可以不必等到黄昏再起飞"。②

① Daniel J. Seidmann and Alex Stein, "The Right to Silence Helps the Innocent: A Game-Theoretic Analysis of the Fifth Amendment Privilege", 〔2000〕114, *Harvard Law Review*, pp. 451 - 452.

② 参见凌斌:《思想实验及其法学启迪》,载《法学》2008年第1期。凌斌把思想实验看做有别于经验分析和逻辑演绎的思想方法,并将其分为三类:"前事实"思想实验,"反事实"思想实验和"理想型"思想实验。前两类思想实验实际上是更浓缩、更精致、更纯粹的经验分析,因此有可能超越具体经验的局限。

面对侦查人员的提问,枉行者必须先行决策,即便每一种策略都可能呈现消极后果也必须抉择。在信息不对称的侦查博弈中,无论是沉默、说谎还是坦白,都将可能强化侦查人员的博弈优势,对于枉行者来说似乎都是晦暗不利的。

(一)枉行者的沉默

沉默是枉行者面对侦查讯问的一种消极应对策略。这里的沉默,指的是枉行者的博弈策略,是枉行者趋利避害的利益权衡行为,与教义学意义上的沉默权无关。

因为已经拥有部分有罪的证据,侦查人员对沉默的犯罪嫌疑人倾向于做有罪推断,这是侦查实践的主导性思维。在蛛丝马迹的线索中发现犯罪嫌疑人,有罪推定不仅是侦查实践中普遍存在的分析思维,也是经验方法。一开始就按照无罪推定的严格标准,务必要求证据体系达到排除合理怀疑的程度才能开展实质性的侦查行动,侦查程序几乎就无法进行下去。

基于常理,一个人如果没有实施犯罪行为,当然会积极地为自己辩解,而不是沉默。枉行者沉默的消极态度常常无形中对侦查人员获取证据的能力构成质疑和挑战,这会刺激侦查机关投入更多的警力资源收集有罪证据。侦破案件成本耗费的增加无疑将对枉行者定罪量刑造成不利。

侦查阶段的沉默也不利于枉行者在随后的诉讼程序中进行无罪辩解。检察官、法官会产生合理的疑问,即如果没有犯罪,侦查过程中犯罪嫌疑人为什么不进行辩解?迟延的无罪辩解难以形成圆融的逻辑,除非犯罪嫌疑人提出有说服力的证据来证明他的无辜和拒不辩解的沉默缘由。这几乎是一种不可能发生的假定。

然而,许多枉行者仍然选择沉默,尽管沉默策略存在显著的不利后果。这意味着沉默策略有收益,而且可能是一种潜在的巨大收益,即案件事实不清,证据不足,最后做出犯罪不成立的判决,理论上存在这一可能。如果没有其他可以替代的,有更确定、更丰厚博弈收益的策略,就无法阻止枉行者追求这一可能,追求保持沉默的策略收益。

(二)枉行者的说谎

说谎是枉行者常见的一种首动策略。不加斟酌的谎言很容易出现漏洞，而具有迷惑性的谎言则需要精心准备和构建。由于侦查讯问过程的信息不对称，枉行者无法根据侦查人员掌握证据的情况来编造“故事情节”，很难创作出周全的谎言以掩饰犯罪。

从侦查技术上来看，谎言也容易被识破。大多数枉行者缺乏侦查博弈经验，基本上不会伪装、掩饰说谎时的下意识表征。一个犯罪行为发生后总会留下丰富的证据信息，在现代科技的辅助下，通过物证鉴证技术，这些信息越来越容易获取。随着案件侦查进展，证据不断完善，一个看起来圆满的谎言也可能露出破绽，成功的弥天大谎基本上只有文学叙事的可能。而被识破谎言的枉行者可能被认为主观恶性更强、社会危害性更重而受到更严厉的惩罚。

虽然说谎存在巨大风险，但是收益并非绝对没有，而且还可能一样巨大，通过说谎使侦查活动陷入混乱，从而使案件事实无法查清，逃脱刑事处罚。这就是疑难案件中总会有枉行者尝试说谎，期望一种可能性很小但是回报很大的收益。

与之相较，坦白会是更好的策略吗？事实上坦白并不是一个更好的博弈替代，这才是枉行者孤注一掷与侦查人员对抗的深层原因。

（三）枉行者的坦白

坦白，即如实回答侦查人员的提问，如实供述自己的犯罪事实，作为枉行者的一个决策，这必然是一个博弈分析的结果。无论是下意识的还是自觉的，枉行者肯定都会进行利益权衡。如果枉行者坦白自己的罪行即意味着确定的刑事处罚后果，没有从轻减轻处罚的量刑收益，那么，为什么还要坦白？如果不坦白，侦查机关有可能无法获取确实、充分的证据，犯罪嫌疑人就有机会逃脱刑事处罚。这里存在一种“抗拒”的边际收益。刑事司法实践表明，在疑难案件中，更多的枉行者不会首选坦白策略，只要有机会，都会尝试逃避惩罚。“对于任何一个人来说，最近的存在物就是他自己”，①利己是人的本能反应。刑罚的严重后果无疑会阻碍枉行者的坦白抉择，除非面对无可辩驳的证据或者侦查人员提出诱

① 《马克思恩格斯全集》（第2卷），人民出版社1972年版，第127页。

人的认罪交易条件。未经审讯的触动,没有确定的从宽量刑的激励,期待枉行者因为良心的折磨而在侦查过程中如实回答侦查人员的提问,供述自己的罪行,这样的想法是不切实际的。

实际上,我国刑事司法对于枉行者的"坦白"是有"从宽"的制度激励的。"坦白从宽"就是刑事司法实践长期奉行的政策,并且刑事实体法、程序法均做出了犯罪嫌疑人如实供述自己罪行可以从宽处理的法律规定,那为什么还存在枉行者是否"如实回答"的决策困境呢?

(四)认罪认罚的制度激励

为了避免犯罪嫌疑人选择对抗策略从而增加刑事司法成本,"坦白从宽,抗拒从严" 作为一种刑事司法政策,帮助枉行者与侦查机关合作,如实供述自己罪行,从而获取从宽的处罚。然而民间社会对这项刑事司法政策的解读却是"坦白从宽,牢底坐穿;抗拒从严,回家过年"。话语的转换反映了犯罪嫌疑人对"坦白从宽"政策的不信任,抵销了"坦白从宽"政策所具有的促进侦查讯问双方双赢博弈的制度价值。

因为"坦白从宽"只是刑事司法政策,不是法定的量刑依据,这意味着从宽量刑只是一种可能性,可以"自由裁量",如果司法机关拒绝给予枉行者从轻、减轻处罚并不必然违背《刑法》。这样,"坦白"首先意味着确定的刑罚,"从宽"只是虚无缥缈的许诺,没有制度保障的许诺。

虽然刑事实体法和程序法分别将"坦白从宽"的刑事司法政策确定为"可以从轻或者减轻处罚"的法定量刑情节和明确"犯罪嫌疑人如实供述自己罪行可以从宽处理"的程序规定,然而枉行者对坦白决策的量刑收益仍旧心存悬疑,因为"可以"从轻或者减轻处罚,依然意味着司法自由裁量的不确定性。对于枉行者的罪行坦白,审判阶段的裁量者可以给予从轻或者减轻处罚,也可以否定坦白行为的司法价值。因为无法确定裁判者是否会给予从宽处罚而使枉行者难以抉择是否坦白。如果枉行者对坦白的收益毫无把握,那他就会更倾向于沉默甚至说谎。在枉行者看来,万一案件事实最后不能查清楚,还有机会逃出生天。"权利供给的制度许诺未得兑现会损害制度的信誉和司法的权威,进而从整体上损害制度在规范和实践上的有效性"。[①] 在没有确定的制度收益保障的情况下,如实回答侦查人员的提问,无法成为疑难案件中枉行者的优势策略。

因此,消除从宽处罚制度收益的不确定性,以确定的量刑收益作为激励,才有可能使枉行者选择坦白作为博弈策略。目前正在进行的认罪认罚从宽制度试点改革,应当给予认罪认罚的枉行者以合理的、可信的、制度化的量刑承诺,[②]才有可能促成侦讯双方合作博弈的纳什均衡。[③]否则,坦白从宽就会失去制度激励意义。这是一个需要丰富司法经验并充满司法智慧的博弈实践过程。[④]

四、强迫取证:"如实回答"制度实践的异化

博弈分析表明如实回答制度付诸于枉行者并没有促进侦查效率,而当无辜者被错误确定为犯罪嫌疑人,如实回答制度就会与强迫取证发生勾连,并通过长时间的司法实践演化为制度根源。

疑难案件的犯罪嫌疑人完全可能是没有实施犯罪行为的无辜者。面对侦查人员的提问,无辜者的如实回答自然就是无罪辩解,陈述没有犯罪的事实。无辜者不存在枉行者的"首动困境"。如果诉讼程序是正

---

① 左卫民:《认罪认罚何以从宽:误区与正解》,载《法学研究》2017 年第 3 期。

② 同上,虽然最高人民法院在 2013 年和 2017 年先后施行了《关于常见犯罪的量刑指导意见》,但是在司法实践中,对于认罪坦白的量刑回报,选择性适用情形普遍存在。

③ 在行为方案与信念系统相互支持下,纳什均衡"就是一个自我实施(self-enforcing)的行动方案,或者说是关于博弈如何进行的一个自我实现(self-fulfilling)的预见"。参见[美]拜尔等:《法律的博弈分析》,严旭阳译,法律出版社 1999 年版,第 6 页。

④ 中国人大网于 2018 年 5 月 9 日公布的征求社会公众意见的《刑事诉讼法(修正草案)》将认罪认罚从宽制度试点的成果比较系统地写入刑事诉讼法,有助于枉行者如实供述罪行的定罪量刑回报确定化。http://www.npc.gov.cn/COBRS_LFYJNEW/user/UserIndex.jsp? ID=9085689,最后访问日期:2018 年 5 月 15 日。

义、完美的,无辜者绝对不会承认自己没有做过的犯罪。① 但是,司法实践中却常常出现无辜者做出有罪供述的情况,导致错案的发生,比如杜培武案、赵作海案、张氏叔侄案、念斌案、呼格吉勒图案、聂树斌案。抱得美人归,美人却成了巫婆,为什么?

(一)侦查博弈的裁判者

这里存在一个容易被人们忽略的问题,谁是侦查博弈的裁判者?如果博弈是公平的,当博弈出现争议的时候,应该有一个第三方的中立裁判者。如果没有中立的裁判者,对争议的解释权归属于单方博弈者,博弈的结果就可能异化。犯罪嫌疑人回答侦查人员的提问是不是如实回答就会出现争议,而解释权仅仅归属于侦查机关一方,侦讯博弈制度就可能异化。在疑难案件中无辜者陈述没有犯罪行为的情况下,侦查博弈制度几乎必然异化。

无辜者做出没有实施犯罪行为的陈述,这本来是理所当然。问题是侦查人员何以知道陈述没有犯罪行为的是一个无辜者?特别是疑难案件中,当犯罪嫌疑人陈述没有犯罪行为,侦查人员如何判断他是否如实回答?

无辜者不会无缘无故地进入侦查视野而成为犯罪嫌疑人,他总是多多少少与案件有勾连,这些勾连在特定的语境中就会成为可能实施犯罪的证据。② 在疑难案件中,侦查人员会更倾向于以这些证据做有罪推断。这里存在一个案件侦破的机会成本问题:放弃这些证据另起炉灶开展侦破活动,会产生巨大侦查成本,并且机会渺茫;立足于这些证据,至少把握了一个侦破可能性。事实上,当只有这一个侦破可能性的时候,侦查活动会不断强化这个侦破可能性。其中重要的制度因素就是侦查机关垄断了侦查博弈裁判权。

无辜者没有实施犯罪行为的辩解是不是如实回答、是不是扯谎,由

---

① 参见[美]亚当·班福拉多:《不平等的审判》,尧嘉宁译,台北,脸谱出版 2016 年版,第 68 页。

② 参见林喜芬、秦裕林、葛岩:《无辜者何以被怀疑——警察辨别真伪陈述能力的认知—行为研究述评》,载《上海交通大学学报》(哲学社会科学版)2015 年第 4 期。

侦查人员来判断。这个判断是侦查活动的组成部分,是侦查权的权属,关于这个问题的判断决定着侦查活动的走向。

(二)对无辜者的策略

作为一个制度角色,侦查人员很可能判断陈述没有犯罪行为的无辜者是在说谎,特别是无辜者的辩解没有说服力的时候。在疑难案件中无辜者的辩解常常是没有说服力的,因为无法提出有力的证据(如果有确凿的证据证明无辜者的无辜,这种情形归属于常规案件)。比如,公安机关从案发现场提取念斌食杂店通往陈炎娇厨房天井门的门把,经检测,“倾向于认定门把上的残留物含有氟乙酸盐毒物”,这时念斌如何辩解自己没有投毒?① 张驴儿在窦娥做的汤中下毒,本想毒死蔡婆婆却不料毒死了自己的父亲,于是恶人先告状要求治罪窦娥,这时窦娥如何辩解自己没有投毒?② 一个良善的人为什么要时时刻刻为自己收集准备好无罪的证据呢?一个良善的人又如何时时刻刻为自己收集准备好无罪的证据?其实这样的准备活动成本巨大,无辜者即便有这个心也没这个力,所以从诉讼经济的视角证实犯罪的责任应该归属于追诉一方。然而制度角色决定角色思维,在初步证据的基础上进行有罪推断,然后巩固完善证据系统,就是一种基本的侦查思维。

如果侦查人员判断无辜者否认犯罪的辩解是说谎,那么无辜者就没有履行如实回答义务。在侦查人员看来,对于一个不老实履行如实回答义务的犯罪嫌疑人,有理由要求他、帮助他认真履行说实话的义务。第一,收集获取的足够充分的有罪证据,在证据面前,犯罪嫌疑人只能承认犯罪事实。显然,如果侦查取证活动是合法、有效的,收集的充分证据必然证明无辜者无罪,而不是有罪。然而疑难案件也可能出现或者说更可能出现不能查清案件事实的情况。侦查机关因此就以事实不清,证据不足,疑罪从无,撤销案件吗?这里不是还存在许多有罪的证据吗?这里

---

① 参见福建省福州市中级人民法院刑事附带民事判决书(2007)榕刑初字第84号;张燕生:《福建念斌案:毒物专家指案发现场从未出现过氟乙酸盐》,载 http://blog.sina.com.cn/s/blog_52f113450101cdqk.html,最后访问日期:2016年10月28日。

② 参见苏力:《窦娥的悲剧——传统司法中的证据问题》,载《中国社会科学》2005年第2期。

存在有罪的合理怀疑,因此侦查人员必须想办法继续侦破案件。请注意,在侦查人员看来,这是在犯罪嫌疑人“没有履行如实回答法定义务”的情形下,想办法侦破案件,那还能有什么办法呢?必须以各种方式帮助犯罪嫌疑人供述犯罪事实,包括强迫取供。第二,强迫取证甚至暴力取证,帮助犯罪嫌疑人履行如实回答义务,供述犯罪事实。如果一个人的行为是为了他人,为了公益,而不是私利,即使存在不道德甚至违法行为,也很容易合理化、正当化自己的行为,并获得正义感。[①] 侦查人员暴力取证行为看上去似乎水到渠成,不会纠结于内心的愧疚。特别是在穷尽了其他侦查办法仍然不能有效推进案件的侦破的情况下,暴力获取口供几乎就会成为必然的侦查策略。

这种情况下,错案几乎就必然会发生。在平和的文明年代,没有哪一个人能够承受住肉体和精神的摧残。当疑难案件在侦查阶段错误地锁定了无辜者作为犯罪嫌疑人,“如实回答”就成了推动冤假错案的一种制度。

(三)对枉行者的策略

在疑难案件中,真正实施了犯罪行为的枉行者的博弈策略常常是沉默甚至说谎。怎样帮助一个不说话或者不说实话的枉行者履行如实回答义务呢?几乎所有疑难案件的侦破报告都会提到这样一些策略和技术:思想教育、政策攻心、斗智斗勇等。这样的侦破报告如今已经没有什么说服力了,因为现在的人更理性,更有基本的司法经验和常识,也看到过更多的冤假错案的来龙去脉。不否认侦查人员一般做了说服教育的工作,但这些工作对于改变枉行者的博弈策略的作用微乎其微。理性人决策的基本逻辑就是关乎成本收益的利益权衡,如果没有诉讼收益,再华丽的说服教育对于枉行者而言都是苍白的。毫无疑问,能够实施复杂刑事犯罪的枉行者更可能是善于博弈长于权衡的人。

因此,在没有确定的诉讼收益的前提下,侦查人员让一个沉默或者说谎的枉行者如实供述自己罪行,也只有两种策略。第一,收集获取的

---

① 参见[美]亚当·班福拉多:《不平等的审判》,尧嘉宁译,台北,脸谱出版社2016年版,第114、320、328页。

新证据足够充分,在证据面前,枉行者缴械投降,如实供述犯罪事实。这也就让枉行者的如实回答变得无足轻重,枉行者在证据面前常常也无话可说。因此如实回答义务作为一种制度对于帮助侦破案件其实没有多大意义。第二,强迫取证甚至暴力取证,要求枉行者供述犯罪事实。强迫取证在惩罚犯罪方面具有某种程度的收益,似乎是一种必要的恶,似乎具有必要的正当性。如果因为强迫取证片面的正当性而不遏制甚至放任,就会放任心灵与社会的幽暗,就会缓缓哺育一只巨兽、一只邪恶的利维坦,①最终导致对社会利益的严重侵害。

强迫取证是刑事司法领域普遍存在的经验事实,几乎没有人否认,如果有人否定也是自欺欺人。当下暴力取证普遍发生的制度逻辑根源几乎可以归结于犯罪嫌疑人的如实回答制度。

五、"如实回答"制度基础的善与爱

从如实回答的制度内涵及其制度运行的分析,都可以感受到制度背后存在的善与爱,一种虚假的理论想象。正如尼采所言,"没有一种制度可能建立在爱之上"。如实回答制度对人性善与爱的想象是其制度功能虚化和异化的理论根源。

(一)一种人性善的理想图景

如实回答制度有效率运转,假定其他条件不变,仅从参与侦讯博弈的主体而言,需要满足如下设定:第一,枉行者如实供述自己的犯罪事实;第二,无辜者实事求是地做无罪的辩解;第三,侦查人员尊重犯罪嫌疑人的有罪供述和无罪辩解,勤勉地调查取证,在证据的基础上认定案件事实,不搞强迫取证。枉行者、无辜者各得其所,最后一片和谐,公平正义在每一个案件中得以实现。这是从人性善的进路对如实回答制度规划的理想图景。

---

① 参见[英]霍布斯:《利维坦》,黎思复、黎廷弼译,商务印书馆1985年版,第132页。

然而,这是一种对刑事司法实践缺乏经验研究的纯粹书斋想象,是一厢情愿的对阴暗人性的粉饰和思想撒娇。因为枉行者,特别是实施疑难犯罪的枉行者更可能是人性恶的,更可能趋利避害地否认自己的犯罪行为。面对疑难案件,侦查行为遵循的是侦破案件的制度逻辑,凡是有助于破案的、具有语境合理性的措施都可能付诸实施,这里包括了对"不履行"如实回答义务的犯罪嫌疑人采取的暴力取证。以人性善为理论基础的如实回答制度无法有效地应对疑难案件中枉行者否认犯罪、无辜者无罪辩解(但是侦查人员不认同)和衍生的侦查暴力问题。坦率地说,如实回答制度自始就没有斟酌权衡这些基础性问题。

这里并没有完全否认如实回答制度的理想图景,即枉行者、无辜者、侦查人员在查明犯罪的侦查过程中展现善与爱,可能促进了案件侦查。侦查过程中充满了善与爱,当然会促进侦查活动。问题是这种把善与爱作为基础的制度与理论的想象是天真甚至荒谬的。如果侦查过程充满了善与爱,枉行者就应该主导忏悔罪行,没有必要对其做如实回答的制度要求;如果侦查过程充满了善与爱,不必费心思侦查,案件自然就真相大白,也就没有必要把如实回答作为义务要求犯罪嫌疑人必须履行;如果只有善与爱,罪孽就应该自动惭愧、消遁,无须侦查制度,甚至无需法律。

(二)强迫取证的正当性问题

然而在刑事侦查的视野,恶是显而易见的。让人遗憾的是,从善与爱出发的如实回答制度,无法应对侦讯过程中必然的恶,包括枉行者的邪恶和侦查人员的强迫取证。实际上,正是如实回答制度支撑了强迫取证。

如实回答义务意味着枉行者必须说话而不能沉默。当枉行者沉默甚至说谎,就是拒绝履行如实回答的法定义务,这会强化侦查人员关于其主观恶性大的判断。用俗话讲,这人是一个坏人,一个顽劣的坏人。对于一个顽劣的坏人,给予适当惩罚理所当然,具有道德上的正当性。仁慈不是不可以,但是在这里仁慈就是对坏人继续违法的放纵。对于要查清案件真相的侦查人员而言,选择仁慈就一无所获,选择惩罚坏人就可能有所获，而惩罚坏人是正当的。一个人实施具有道德正当性的惩罚行为，不会有心理障碍，给坏人一记耳光，是很正义的。在这里，道德正当性诱发了人性恶，同时掩盖了人性恶。

一个无辜者的如实回答就是无罪的辩解，说明自己没有实施犯罪行为。然而疑难案件中，无辜者的辩解更容易被界定为说谎，一个“坏人”的说谎。这样，犯罪嫌疑人（无辜者）就没有履行如实回答义务。如果随即发生侦查人员“正义的惩罚”，逻辑上与枉行者情形是一致的。

可见，如实回答义务构成了强迫取证的正当性基础。请注意，这里不是说如实回答义务必然会导致侦查人员的强迫取证，甚至暴力取证行为，而是说如实回答义务在这里建构了一种道德正当化，可能诱发暴力取证，并且粉饰暴力取证。对于缺乏有效证据，只能依赖犯罪嫌疑人的供述才能查明案件事实的疑难案件，如果侦查人员占据了道德正当性，强迫取证就不是一件让人纠结的事情，侦查暴力看起来也很自然，很有正义感。

（三）人性恶的制度功能

“人之性恶，其善者伪也”。[①] 荀子通过对人的需求与欲望的发生与满足的经验分析，认为性恶是人的本性，而善是人为的，更多是习得的，是一个人趋利避害的权衡。如果说荀子提出人性恶，仅仅是一种敏锐的经验观察的话，那么现代生物科学则以基因图谱对人性恶做出了实证的解读。“基因要复制自己，就要行为自私，更何况基因是自私行为的基本单位，而自私行为又是进化的原动力。不自私，就难以度过自然选择进化这一关口”。[②] 人的种族繁衍乃至整个生物世界的演变，本质上都是基因的自私行为结果，伴随基因无情的竞争、淘汰。“凡是经过选择进化而产生的任何个体，都不是因为利他而成功的”。[③]

当人们提出人性本善的时候，这是提出了一种伟大的思想；当人们

---

① 章诗同：《荀子简注》，上海人民出版社1974年版，第258页。

② 孙宪铎：《基因与人性——生命科学与社会学理论的分析》，载《文史哲》2004年第4期。

③ 同上。

提出人性本恶的时候,这就提出了一种伟大得多的思想。[①] 恩格斯对黑格尔关于人性论思想的概括,指明了真正的人类历史充满了征服、奴役、劫掠、杀戮,绝不是一首悠扬的田园诗。“没有人性非常糟糕,若无兽性一切全无”。[②] 恶是人类文明史背后的黑暗能量,具有惊人的破坏力,也有强大的建设力。只有正视人性恶的基础制度性功能,才能建构基础功能性制度。

从人性论的视角来看,以人性善作为理论基础的如实回答制度欠缺对人性善恶的深刻把握,不关心哲学,也拒绝常识,没有直面真实的刑事司法实践,不具备促进侦查活动的制度功能,因此无法应对当下刑事侦查实践需求,导致了不良善甚至邪恶的强迫取证,这就是制度的异化。如实回答的制度异化表明,制度的建构不应该以善与爱作为基础。“没有爱心当然糟糕,但光有爱心同样可能糟糕,甚至更糟糕”。[③]

六、结语:面对刑事司法的真实问题

制度的正当性取决于它的社会实践功能。考察犯罪嫌疑人如实回答的制度正当性问题,就应当立足于真实司法实践对其作为制度运行的后果做细致的经验分析。如果坚持一种以事实为中心、看重经验和系统

---

① “在黑格尔那里,恶是历史发展的动力借以表现出来的形式。”恩格斯:《路德维希·费尔巴哈和德国古典哲学的终结》,载《马克思恩格斯选集》(第4卷),人民出版社1972年版,第233页。

② 陈柏峰等:《对话苏力:什么是你的贡献》,载《法律和社会科学》(第13卷第1辑),法律出版社2014年版。这是苏力在对话中的说法,并指出这句话出自小说《三体》。其实刘慈欣的原文是“失去人性,失去很多;失去兽性,失去一切。”参见刘慈欣:《三体Ⅲ·死神永生》,重庆出版社2010年版,第382页。刘慈欣的文字是让人遗憾的,特别是用以描绘“三体”宇宙的瑰丽想象时更让人遗憾。苏力在谈到《三体》对人性的洞察的时候,有意无意地对刘慈欣的文字进行了再加工,即便是随意的加工,也令人击节。由于认可了《三体》洞察人性的深刻,苏力忽略了其承载文字的粗疏,这也是一种出于爱心引起的印象误差。因此,受到爱心影响的下意识判断以及逻辑分析常常是不可靠的。

③ 苏力:《“法治中国何以可能”背后:伪假定VS真命题》,载《探索与争鸣》2016年第10期。

性后果的法律现实主义的视角而不是法律形式主义的视角，①可以很容易发现，作为制度的“如实回答”并不具备促进侦查运作的制度功能，反而演化成为强迫取证甚至刑讯逼供的制度根源。

几乎所有将无辜者作为犯罪嫌疑人的错案都存在严重甚至残酷的刑讯逼供，比如杜培武案、赵作海案、张氏叔侄案、念斌案、呼格吉勒图案、聂树斌案。如果说1996年的呼格吉勒图案可以将历史条件局限作为错案的一个说辞的话，为什么2006年还会发生毫无侦查技术含量，赤裸野蛮刑讯逼供的念斌案？错案的发生固然存在许多复杂因素，但犯罪嫌疑人的如实回答义务是我们必须重视的一个制度因素。

不是从沉默权的教义学视角，而是从制度功能的视角，我们应该深刻反思如实回答制度的司法价值，并做出适当的立法调整，不再强调如实回答作为犯罪嫌疑人必须履行的义务，而着重于激励自愿供述犯罪事实的制度建设。②

因为如实回答的制度功能是法理教义的逻辑想象，没有关注和分析制度实践的系统后果，因此无法解决司法实践中的真实问题。以问题为中心而不是以主义或者信念为中心，我们才能建构符合刑事司法实践需要的制度。无论是立法者还是司法者都应当直面真实司法现实，发现问题、分析问题、解决问题，而不能只是基于某种信念来应对司法，说穿了其实是应付司法，甚至对造成错案冤案这样的严峻后果视而不见。毕竟再虔诚的信念也不能变成包治百病的灵丹妙药。实际上，信念越虔诚，越反映了应对司法真实问题的能力欠缺。信念不过是能力贫乏者的鸦片。

---

① 参见[美]波斯纳：《各行其是：法学与司法》，苏力、邱遥堃译，中国政法大学出版社2017年版，第92页。

② 2018年3月20日公布施行的《监察法》第20条第2款规定，“对涉嫌贪污贿赂、失职渎职等职务犯罪的被调查人，监察机关可以进行讯问，要求其如实供述涉嫌犯罪的情况”。与《刑事诉讼法》第118条相比较，“如实供述”的规定强调的是监察机关的讯问权力，而不是被调查人的供述义务，特别是《监察法》条文中没有规定“被调查人对监察机关的讯问应当如实回答”。

《法律和社会科学》(2018)
第17卷第2辑,第254~274页

宗嗣、香火与中国人的死刑观

尚海明*

摘要:祖先崇拜是中国古代文化的一个显著特征,也是中国古代的主要宗教形式。在祖先崇拜观念影响下,中国人并不将个人视为独立的个体,而认为个人是家族生命潮流中的一环,并形成了通过生育子孙实现家族延续的香火观念。对香火延续的追求深刻影响了中国人的思维方式以及传统中国的法律制度设计,无论是在传统中国的婚姻家庭立法中,还是在"杀一家三人""存留承祀"等死刑立法中,都可看到古人对香火的关注与保护。不仅如此,对药家鑫案、黄洋案的分析表明,香火观念仍存在于当下中国,并影响着部分民众对杀人与死刑的理解。然而,在倡导科学与平等的现代中国,香火因被认为是封建宗族思想的遗留而越来越不为人所认可。与此同时,以个体权利为核心的现代法律体系已不能理解中国人的家庭主义生命观,亦不再关注民众的香火问题。

* 西南政法大学人权研究院讲师。本文为"国家人权教育与培训基地西南政法大学人权研究院2017年度人权专项课题"研究成果,亦受2016年重庆市社科规划博士和培训项目(2016BS041)、西南政法大学2017年度校级科研项目资助。

关键词：祖先崇拜　香火　家庭主义生命观　死刑观

一、问题的提出

在《秋菊的困惑和山杠爷的悲剧》一文中，苏力教授以《秋菊打官司》这一电影作品为例对中国法治建设中的法律移植现象进行了反思。① 苏力教授指出，电影主人公秋菊因村长踢了其丈夫的下体而试图向国家寻求一个说法，但根据西方普世观念构建的中国法律更为重视对身体健康权的侵害，而没有将秋菊们所关心的说法纳入其中。这导致的结果是，秋菊努力地想从正式法律体系中获取一个说法，正式的法律制度却始终无法理解并回应秋菊的说法。在苏力看来，秋菊的困惑说明了西方法治的非普世性，中国的法治建设应当破除对法律移植的迷信，理解和认真对待秋菊的困惑。在此之后，《秋菊打官司》成为中国法学界极为关注的一部电影，众多学者围绕秋菊问题展开了讨论。② 然而，如岳林博士所言，秋菊在当代法学研究中似乎已经成为一个符号，她被视为中国民间法的代言人，一定意义上还被认为是众多有待启蒙的"法盲"之代表，却很少有人去真正回应秋菊的困惑，即便苏力自己也没有展开对秋菊说法本身的讨论。③

基于这一疑问，赵晓力从香火的角度对秋菊的说法进行了分析。④ 赵晓力指出，"如果说秋菊是一个维权先锋，那么她要维护的，并不是什么她或她丈夫的个人权利，而是一种普遍的生育的权利，一种对于生

---

① 参见苏力：《法治及其本土资源》，北京大学出版社2015年版，第27页。

② 参见陈颀：《秋菊二十年——反思"法律与文学"》，载《读书》2016年第9期。

③ 参见岳林：《村庄的宪法》，载《法律和社会科学》（第10卷），法律出版社2012年版，第299页。

④ 在中国文化中，香火原指在宗教活动中用于祭祀祖先神佛的香和烛火，后被引申为祭祀祖先的人，意指子孙后裔。所谓香火延续，是指一个家庭的子孙延续，香火断绝则是指一个家庭断宗绝嗣。

殖的古老信仰:破坏生殖是最大的犯罪"。[①] 在电影开始,村长之所以踢了秋菊丈夫庆来的下身,并不是因为庆来违规盖辣子楼,而是因为他骂了本就没有儿子的村长断子绝孙这样的狠话。对此,秋菊承认庆来的言论是极不得体的,甚至认为村长可以因此踢其丈夫几下。但秋菊认为,村长不能因为庆来断子绝孙的辱骂,便真的要让秋菊一家断子绝孙。在乡土社会之中,踢别人下身的行为是非常过分的,尤其是对尚无子嗣的庆来而言,这威胁到了庆来家的香火延续。在秋菊看来,村长没有把握好这其中的尺度,他应当对其过分行为负责。而两家的纠纷之所以最终化解,则是因为在村长的帮助下,秋菊保住了孩子,庆来家实现了香火延续。

笔者认为,赵晓力指出了秋菊问题的关键,但其对香火本身的理解并不充分,将香火理解为一种难以描述且难以理解的生育本能事实上低估了香火在中国文化中的重要意义。与西方基督教信仰不同,祖先崇拜是传统中国人的主要宗教形式。[②] 在祖先崇拜观念影响下,中国人并不将个人视为独立的个体,而认为个人是家族生命潮流中的一环,并形成了通过生育子孙实现家族延续的香火观念。中国人的香火观念背后隐含的是中国人对生命与生命意义的独特思考,这样一种对香火延续的追求深刻影响了中国人的思维方式以及传统中国的法律制度设计。理解了香火概念,不仅能帮助我们理解秋菊的说法,同样有助于我们理解中国人的思想世界与中国社会的法律制度设计。[③] 对此,本文

---

① 赵晓力:《要命的地方:〈秋菊打官司〉再解读》,载《北大法律评论》(第6卷),北京大学出版社2005年版,第715页。

② 参见许烺光:《祖荫下:中国乡村的亲属、人格与社会流动》,南山书局有限公司2001年版;杨庆堃:《中国社会中的宗教》,范丽珠等译,上海人民出版社2007年版;桂华:《礼与生命价值——家庭生活的道德、宗教与法律》,商务印书馆2014年版;陈柏峰:《基督教传播与中国宗教再认识——从鄂南农村经验切入》,载《中国乡村研究》(第9辑),福建教育出版社2012年版,第147页。

③ 苏力教授曾以药家鑫案为例分析了香火观念所导致的刑罚殃及效应问题,其指出,在药家鑫案中,对药家鑫判处极刑不仅是对药家鑫生命的剥夺,实际上还导致了药家鑫父母断子绝孙,死刑对药家鑫父母来说是毁灭性的,现代法律应当充分考虑这一问题。受苏力教授启发,笔者以死刑为例,尝试说明香火观念对中国法律制度设计所可能产生的影响。参见苏力:《从药家鑫案看刑罚的殃及效果和罪责自负》,载《法学》2011年第6期。

首先对中国人香火观之形成机理，以及这种香火观念影响下中国人的家庭主义生命观予以阐释，进而以死刑为例，尝试说明中国人的家庭主义生命观如何影响了中国人的法律观念与法律制度设计。

二、中国人的祖先崇拜与香火观

（一）中国人的祖先崇拜与家庭主义生命观

在不同的文化中，社会对人有不同的理解。如许烺光所言，中国的人性观并不把人看作一个固定的实体，他必须与其关系网内的其他人保持一种动态的平衡关系。① 中国人不会将自己看作世界的中心，而是认为个人被嵌置于社会网络之中。这其中，家庭是中国人最为重要的关系网络。对信奉祖先崇拜的中国人而言，家庭不仅是一个血缘组织、事业组织，还是人的超越之所，其能够在家庭之中获得生命的超越性价值体验。

长久以来，中国人没有宗教信仰似乎已成为一个基本共识。如胡适便提出，“中国是一个没有宗教的国家，中国人是个不迷信宗教的民族。——这是近年来几个学者的结论”。② 事实上，祖先崇拜是中国古代文化的一个显著特征，也是中国古代的主要宗教形式。③ 早在商周时期，祖先崇拜便已非常发达。商人认为，祖先的灵魂与上帝及其他自

① Francis L. K. Hsu, “The Self in Cross-culture Perspectives”, in Culture and Self: Asian and Western Perspectives, ed. by Anthony J. Marsella, George Devos, Francis L. K. Hsu, Taristock, 1985, pp. 24 – 55.

② ［美］杨庆堃：《中国社会中的宗教》，范丽珠等译，上海人民出版社2007年版，第23页。

③ 祖先崇拜并非中国所独有，在基督教产生之前的欧洲社会，祖先崇拜也是普遍存在的。希腊人、拉丁人与萨宾人都存在着对自己祖先的崇拜，他们将自己死去的祖先视作神灵，为自己的祖先制作坟墓，并定期祭祀祖先。参见［法］菲斯泰尔·德·古朗士：《古代城市：希腊、罗马宗教、法律及制度研究》，吴晓群译，上海人民出版社2012年版。

然神共同存在于一个空间中。[1] 徐复观指出,“殷人的宗教生活,主要是受祖先神的支配,他们与天、帝的关系,都是通过自己的祖宗作中介人”。[2] 在商人的观念中,“祖先既能致福,又能降祸,几乎掌握当时商人生活的一切。同时,在商人的心目中,祖先死后可在帝左右,成为商人与帝的中介者,又具有帝之神能,所以商人崇拜祖先,向祖先求年、求雨、求致福勿降祸”。[3] 到周朝时,祖先崇拜仍旧非常繁,周人同样认为自己的祖先在上帝的左右,并以祖宗作为上帝与人王之间的中介者。自汉代以来,儒家建构了一套以郊祀与天子宗庙为代表的儒家祭祀体系,天子祭祀昊天大帝,普通百姓则祭祀自己的祖先。如王充所言,“世信祭祀……谓死者有知,鬼神饮食,犹相宾客,宾客悦喜,报主人恩矣”。[4]到宋代时,祭祀权的下移让祖先崇拜日趋兴盛。[5] 祖先崇拜构成了传统中国人生活的基本精神背景,构成了他们生活的基本准则。

受祖先崇拜观念影响,传统中国人相信人具有魂魄,人死之后魂魄会转化为祖先。也就是说,正常死亡并不是一种真正的死亡,因为正常死亡的人灵魂会转化为祖先,而“一个死者丧礼的全过程实质上是他由人转化为祖先的演变过程”。[6] 肉体生命的结束并不意味着人格的消失,而作为祖先的灵魂需要接受后代定时的祭祀,否则祖先就会变成饿鬼,乃至成为阴间的乞丐、强盗。[7] 在此观念影响下,祭祀祖先成为中国人最为重要的宗教性活动,而家庭中的男性后代则将定时祭祀祖

---

① 参见洪修平:《殷周人文转向与儒学的宗教性》,载《中国社会科学》2014年第9期。

② 徐复观:《中国人性论史·先秦篇》,九州出版社2014年版,第16页。

③ 秦照芬:《商周时期的祖先崇拜》,台湾兰台出版社2003年版,第215页。

④ 《论衡·祀义篇》。

⑤ 参见冯尔康:《中国宗族制度与谱牒编纂》,天津古籍出版社2011年版,第66页。

⑥ 张铭远:《生殖崇拜与死亡抗拒》,中国华侨出版社1991年版,第268页。

⑦ 滋贺秀三指出,如果没有给自己祭祀的人,鬼就会馁,被认为成了不祀之鬼的事情是人的最应悲哀的不幸的命运。参见[日]滋贺秀三:《中国家族法原理》,张建国、李力译,商务印书馆2013年版,第121页。

先视为一项重要职责。① 祭祀的持续性则要求必须能够传宗接代。只有生育子孙,通过子又生孙,孙又生子的传宗接代才能实现血脉的延续,一个家族的香火才能得以保存。这便是为什么中国人会以"子孙满堂""四世同堂"作为人生之大乐事,而"断子绝孙"就成了中国人言语冲突中最恶毒的语言。因为只有个人为家庭生育了儿子,个人才能够在家族绵延中超越死亡,获得不朽的价值和意义。在此,中国人形成了一种非个体主义生命观,一种基于家庭的生命观与死亡观。

中国人的家庭主义生命观首先表现在生命来源问题上。在现代人权理论看来,坚持生命权的天赋性质是自然正当的,无论是认为生命来自于父母,还是来自于国家,都是一种人格不成熟、不自立的表现。而中国人从家庭的角度来理解生死,认为个体之生命来源于祖先父母。在中国人看来,生命并非始于个人,止于个人,而是如同流水一般,从祖先处向下流淌,流经自己,继续向未来的子子孙孙流去。这其中,个人只是家族生命潮流中的一环,只是家庭这棵大树的一个枝杈。滋贺秀三便指出,"父亲和儿子既是在现象上的分开的个体,又是在本源上的一个生命的连续,祖先的生命在子孙之中继续生存、继续扩大的情况是事情的本质性的实体"。② "身也者,父母之遗体也"。③ "身体发肤,受之父母"在中国人看来是再明白不过的常识;相反,认为生命权是与生俱来,而与自己的父母祖先无关的言论是绝难让人接受的。④

中国人的家庭主义生命观还表现在对自身生命的决定上。与西方

① 中国人一直相信,除了自己的男性后代,亡灵无法享受其他人提供的祭品。古人用"气"来解释祭祀问题,认为同类之气可以互相感应。在祭祀中,这就表现为子孙的气可以感应已故祖先的气来歆享祭祀。朱熹曾说:"子孙既是祖宗相传一气下来,气类固已感格,而其语言饮食,若其祖考之在焉,则有以慰其孝子顺孙之思,而非恍惚无形想象不及之可比矣!"参见《朱子语类》卷九十。

② [日]滋贺秀三:《中国家族法原理》,张建国、李力译,商务印书馆2013年版,第121页。

③ 《礼记·祭义》。

④ 余英时曾指出,在中国人看来,禽兽不记得自己的父母祖先,只有人类才能意识到先祖是自己生命的直接来源,这是人之所以异于禽兽之所在。参见余英时:《中国思想传统及其现代变迁》,广西师范大学出版社2014年版,第34页。

文化强调生命的个体性不同,在中国人看来,“身体发肤,受之父母,不敢毁伤”,①“为人子者……不登高,不临深,不苟訾,不苟笑。孝子不服暗,不登危,惧辱亲也。父母存,不许友以死”。② 既然生命来源于父母祖先,就需要承担对父母祖先的伦理责任。这其中,最为重要的三项责任是生养儿子、为儿子娶媳妇并为父母养老送终。③ 生养儿子与为儿子娶妻是为了实现家族生命的继续传承,为父母养老送终则是为了保障父母顺利回归祖先行列,这些伦理责任都是围绕香火延续而展开。在这种伦理责任观念影响下,一个人就不能自主地处理自己的生命。如不能选择自杀或将自己置于危险之中,轻率的自杀或冒险行为会被认为是没有责任感、不成熟的表现。中国人生命观的非个体主义性质在家庭医疗决定中表现得尤为明显。在西方社会,自主性原则认为病人有最终的权威来作出医疗决定,尊重有行为能力的病人的自我决定权是非常重要的。而在中国,“如果一个病人因认为自身的生命已无价值而拒绝接受治疗,而他的亲属认为这与客观的善的观念不符,这时病人的意愿将不被遵从,不管他是否是有行为能力的人”。④ 在个人主义观念看来,生命与死亡这些重要问题不应当由别人决定,即便是自己的家属。但在中国人看来,正是由于这些问题非常重要,才不能交由个人自我决定。

中国人的家庭主义生命观亦表现在死亡后果的非个体性中。现在的农村仍然有“全乎人”这样一种说法,所谓全乎人,是指身体健康,没病没灾,父母、公婆、丈夫、孩子都健在的妇女。⑤ “全乎人”这一称呼非常形象地体现了中国人对“父母俱存,兄弟无故”这一人生乐事的追求,也体现了中国人对“人”的基本理解,即将人置于社会关系网络之中予以理解。相反,家庭内部成员的非正常死亡,不仅会影响到自身伦

---

① 《孝经·开宗明义》。

② 《礼记·曲礼上》。

③ 参见桂华:《礼与生命价值——家庭生活的道德、宗教与法律》,商务印书馆2014年版,第156~157页。

④ 范瑞平:《当代儒家生命伦理学》,北京大学出版社2011年版,第35~36页。

⑤ 参见吴飞:《浮生取义》,中国人民大学出版社2009年版,第40页。

理责任的实现，还会影响家庭中其他人的生命价值体验。如果父母过早死亡，就可能会出现“子欲养而亲不待”的情况。不仅父母未尽到抚养子女成人的责任，子女的伦理责任也是无法充分实现，而让儿女产生强烈的悔恨感。如果子女先于父母死亡，就会出现我们常说的“白发人送黑发人”的人生悲剧。之所以认为这是悲剧，是因为对子女而言，“死后的祭祀和生前的奉养、死亡时的丧葬一起构成了对父母的义务即‘孝’的三样态之一”。① 无法给父母养老送终，更不能祭祀父母，子女的人生将会因伦理责任未实现而不完满。② 相比之下，子女的过早死亡可能会给父母带来“生无所养、死无所葬、亡无所祭”的后果。这其中，断宗绝嗣是这样一种家庭主义生命观所可能带来的最严重后果，其将会导致某一家族的祖先无人祭祀，成为无人供养、四处乞食的孤魂野鬼。③

（二）香火观与中国传统法律之建构

贺雪峰教授将人的行动理由或行为意义区分为本体性价值、社会性价值与基础性价值三个不同层次。本体性价值即关于人的生命意义的思考。在贺雪峰看来，对农民而言，构成安身立命的基础是传宗接代，也就是通过繁衍子孙来延续个体有限生命的意义。社会性价值是关于人与人之间关系、个人在群体中获致的位置及评价，个人如何从社会获取有意义的价值理念。在乡土社会中，这表现为在遵守社会多数人的共识体系的前提下，通过个体的努力获得社会的荣誉与声望。基

---

① ［日］滋贺秀三：《中国家族法原理》，张建国、李力译，商务印书馆2013年版，第121页。

② 在祖先崇拜观念影响之下，每个人都要承担自身的伦理责任。只有实现了人伦责任，才会“有脸去见列祖列宗”。中国人这种强烈的伦理责任感会影响塑造人的生命观。当中国人面临死亡的可能时，便会对自己的人伦责任产生强烈的焦虑感。参见卢建荣：《北魏唐宋死亡文化史》，麦田出版社2006年版，第143～155页。

③ 刘燕舞调查发现，即便是在现代中国，在农村地区同样有很多人因为完不成传宗接代的人生任务而绝望自杀。从价值角度来看，没有儿子延续香火意味着看不到自己生命的延续性，如此活着，在农民那里无异于已经死亡。没有儿子让人失去了活着的合法性，这潜在地决定了自杀随时有可能到来。参见刘燕舞：《自杀问题研究》，社会科学文献出版社2014年版，第247～261页。

础性价值是指人作为生命体延续所必需的物质条件,它所体现的是人与自然的关系。这其中,本体性价值具有根本的意义,其对社会性价值和基础性价值具有规范和指导的作用。①

就生活于乡土社会中的传统中国人而言,生活中存在面子竞争,但面子竞争属于社会性价值层面的竞争,社会性价值要服务于人的本体性价值。物质积累是重要的,但生命价值的实现并不是依赖于物质财产的积累。如许烺光所言,"家无后嗣的父亲无法使自己有权有势。他越是权力大,越是富有,他就越是成为别人嫉妒和同情的对象,而他自己也越觉得左邻右舍都在嘲笑他。就是别人讥笑他,他也毫无办法,因为他自己很清楚这一点,一个没有儿子的父亲就好比一棵没有根的树"。② 与基督教信仰不同,中国人的本体性价值以世俗社会生活为基础,却又超越个体生命的界限,将自己生命融入"祖祖辈辈而来,子子孙孙而去"的香火绵延之中。对于中国人来说,只有传宗接代才能使生活具有意义,通过香火延续,个人才能够在家族绵延中超越死亡,获得不朽的价值和意义。③ 相反,一个人如果没有结婚便死亡,或结婚后没有儿子,便没有完成祖先所期待的伦理责任,当他死后,便会面临无法转化为祖先的困境。

香火观是中国人家庭主义生命观的最核心部分,对香火延续的追求深刻影响了中国人的思维方式以及传统中国的法律制度设计。例如,传统中国的婚姻家庭制度便将实现香火延续视为最重要的目的。在古人看来,"昏(婚)礼者,将合二姓之好,上以事宗庙,而下以继后世

① 参见贺雪峰:《农民价值观的类型及相互关系——对当前中国农村严重伦理危机的讨论》,载《开放时代》2008年第2期。

② 许烺光:《祖荫下:中国乡村的亲属、人格与社会流动》,南山书局有限公司2001年版,第66页。

③ 李银河对中国农村的调查指出,中国农民从一降生人世就落入了"生存繁衍原则"的生活逻辑之中,一生的主要目的就是为了家庭的传宗接代和兴旺发达,在"家"面前,"个人"是微不足道的,个人的享乐是无足轻重的。于是他们才能为了后代牺牲自己的利益,牺牲自己晚年的富裕与舒适。参见李银河、陈俊杰:《个人本位、家本位与生育观念》,载《社会学研究》1993年第2期。

也,故君子重之”。[1] 与现代人将婚姻视为爱情的延续不同,古人将婚姻视为将已逝的祖先和未来的后人联结起来的不可或缺的一环,它通过两个家族的联姻来实现传宗接代的目的。[2] 在家庭成立之后,每个家庭都尽可能生育多个儿子。在此,“多子多福”观念成为传宗接代观念的一种自然延伸。为了保障香火延续,在传统中国的法律制度中,“无子”成为丈夫出妻的法定事由之一。而如果已婚男性一直未能生育儿子,则需要从同姓血缘近亲中过继他人之子为己子,嗣子可以取代嗣父母缺失的“儿子”的地位,让家族香火得以延续。事实上,中国人的家庭主义生命观不仅影响了传统中国的婚姻家庭制度,同样影响了中国人的死刑观念与国家的死刑制度设计。

三、传统中国人的香火观与死刑观

在强调祖先崇拜的传统中国,实现香火延续是一个家庭最为重要的任务。香火延续对中国人而言是极为重要的利益诉求,也是古代法律所关注并着力保护的重要法益。

(一)香火与“杀一家三人”

基于中国人的家庭主义生命观,杀人不仅仅是对个体生命的剥夺,同样会对家庭造成严重伤害,甚至可能会危及整个家庭的本体性价值。在古代中国的刑法中,有关“杀一家三人”的法律规定最能体现这样一种对香火的保护。[3] 自唐至清律法中都规定了“十恶”之罪,十恶之罪是古人看来恶性极大的十类刑事犯罪。这其中,谋反、谋大逆、谋叛、大不敬是指向侵犯皇权和国家安全的犯罪,恶逆、不孝、不睦、不义、内乱则是指卑者侵犯尊者的犯罪,只有杀一家非死罪三人及肢解人这两种

① 《礼记·昏义》。

② 参见金眉:《婚姻家庭立法的同一性原则》,载《法学研究》2017 年第 4 期。

③ 所谓杀一家三人罪,是指杀害一家无辜三人及以上的犯罪行为。只要杀害一家人数达到三人,即构成此罪。唐律将家的范围限制为同籍或期亲,指同一户籍,或期亲以上的家属,到清朝时,对家的界定发生了变化,奴婢、雇工也可算在一家人之内。

犯罪是因为犯罪行为极其残忍而被列入“十恶”。卜正民教授指出，之所以认为杀一家三人极其残忍，是因为在中国人的观念中，祭祀祖先是极为重要的事情，此类仇杀有可能会毁灭一个家族致使其祖先得不到后辈的祭祀。① 闵冬芳副教授亦指出，与一般的杀死多人相比，杀害一家三人及三人以上的结果很可能使被害之家宗嗣永绝，这在敬祖崇宗、注重血脉传承的中国古人看来，其性质和后果比杀死非一家多人更为严重，所以才特立罪名予以严惩。② 笔者认为，通过考察清代杀一家三人罪的立法变迁，便能发现，立法者会通过加强对此类犯罪的惩罚对民众的香火利益予以保护，而香火同样也能够成为法律剥夺的对象。

唐律规定，杀一家非死罪三人，及肢解人者，皆斩，妻、子流两千里。之后，宋律沿袭了唐律规定。及至明朝，出现了凌迟刑，规定杀一家三人之首犯凌迟处死，财产断付死者之家，妻、子流两千里。之后，清朝继承了明朝有关杀一家三人的规定，与此同时，清代创制了“杀一家四命以上”“杀一家三四命阉割”等新例，进一步加重了对犯罪人及其家庭的惩罚。按清律“杀一家三人”条，凡杀一家非死罪三人，首犯凌迟处死，财产断付死者之家，妻、子流两千里。在王之彬杀人案中，乾隆皇帝针对杀一家三人以上的情形，进一步提高了对犯罪人家庭的惩罚力度。

> 王之彬因挟董长海、王三麻子挑拨微嫌，辄持刀将董长海及王三麻子夫妇子女同时扎死，连毙六命。凶恶惨毒，实属从来所罕有。然按律不过凌迟处死，实觉罪浮于法。至伊妻刘氏、子王小雨虽据该抚从重拟发伊犁给与种地兵丁为奴，尚不足以蔽其辜。夫王三麻子全家俱被杀害，而凶犯之子尚得幸生人世以延其后，岂为情法之平？若云王小雨年仅十岁，则该犯所杀之王四妮、王五妮皆孩稚无知，尚未至十岁，一旦尽遭惨死，何独凶犯之子转因其幼而矜原之乎？且此等凶恶之徒为戾气所钟，不应复留余孽，即伊四岁之幼女王三姐亦不宜轻

---

① 参见[加]卜正民：《杀千刀：中西视野下的凌迟处死》，张光润等译，商务印书馆2013年版，第2页。

② 参见闵冬芳：《清代的故意杀人罪》，北京大学出版社2015年版，第134页。

宥。如查明被杀之家尚有子嗣,即将凶犯妻刘氏及伊幼女一并赏给死者家为奴;若现已无人,即发往伊犁给与厄鲁特为奴。此案即着行在刑部速行核拟具奏。至刑部律例所载惟及“杀一家非死罪三人”而甚至全家被杀多人之犯作何加,未经议及。此等凶徒明知法止其身,或自拚一死,逞其残忍,杀害过多,以绝人之嗣,而其妻子仍得幸免,于天理人情实未允协。……其应如何增改律例,并着刑部另行妥议具奏。①

乾隆皇帝认为,在这一案件中,王之彬因为细微之事便连杀六人,尤其是王三麻子一家五口均被杀害,实在是凶恶狠毒。然而,对于犯下如此恶行的犯罪人,根据刑律规定,不过是对主犯王之彬凌迟处死,将其妻儿发配伊犁为奴。在乾隆皇帝看来,在王之彬连杀六人且造成被害人家庭断宗绝嗣的情况下,仅对王之彬施以凌迟而其妻儿仍有为犯罪人延续香火的可能,着实有违公平。进而认为,现行法律仅对杀一家三人的情形有所规定,对于杀害三人以上之情形,却没有具体规定。这导致的结果是,穷凶极恶的凶犯在明知只对其自身适用死刑的情况下,或自拼一死而侵害他人,在断绝他人宗嗣的情况下,其自家香火却能得以延续,实在有违天理人情。因此乾隆帝着刑部讨论修改这一规定。此后,刑部创制了“杀一家四命以上”新例,对杀一家四命以上的情形予以了规定:

谋、故杀一家非死罪四命以上,致令绝嗣者,凶犯拟以凌迟处死。凶犯之子无论年岁大小,概拟斩立决。妻、女改发伊犁给厄鲁特为奴。若死者尚有子嗣,即将凶犯之子俱拟斩监候,妻、女给死者之家为奴。如本家不能管养,不愿收领者,亦改发伊犁给厄鲁特为奴。②

---

① (清)全士潮、张道源等纂辑:《驳案汇编》,何勤华等点校,法律出版社2009年版,第280页。

② 马建石、杨育棠主编:《大清律例通考校注》,中国政法大学出版社1992年版,第791页。

根据此规定,如凶犯杀一家四人或以上且造成被害人家庭绝嗣,则在凌迟凶犯的基础上,判处凶犯之子斩立决,而凶犯的妻子与女儿仍旧流放为奴,如果被害人家庭并未绝嗣,则可以将凶犯之子判处斩监候,凶犯之妻、女流放为奴。在此,被害人家庭是否绝嗣极大地影响了犯罪人可能遭受的刑罚处罚。如出现被害人家庭绝嗣情况,就要让犯罪人家庭同样绝嗣;如未造成被害人家庭绝嗣,则犯罪人之子仅被判处斩监候,根据当时的司法实践,便很有可能不被执行死刑。在杀死一家四人且造成绝嗣的情况下,之所以要处死儿子,而不处死妻子与女儿,是因为只有儿子才能实现家族香火的延续。

在之后的"邝细祥杀死一家非死罪三人"一案中,司法系统遵循了同样一种审判逻辑。根据杀一家三人律,首犯邝细祥应凌迟处死,其妻子廖氏、儿子邝善书流两千里。但在此案中,邝细祥杀害了三人,其中包括邝聚芳父子二人,令其绝嗣。针对此案,军机大臣指出,邝细祥杀死一家三命,凶残至极,如仅将其幼子邝善书发配伊犁为奴,将来邝善书仍可娶妻生子,让绝人后嗣之人有后,不合情理,因此决定将其子交刑部监禁,待十岁后再行阉割。乾隆五十四年,在"张文义杀死范守用之子等范狗等一家三命并砍伤范造"一案中,进一步发展出了"杀一家三四命阉割"新例。

针对张文义杀伤一家四人的残暴行为,乾隆皇帝指出:

> 向来杀死一家三命以上之案,将其子嗣俱照例分别办理。今彼既杀其三子,俱绝嗣,其一仅存者生死且未可定,而亦无嗣,此等凶残之犯既绝人之嗣,不可复令其有嗣,自当不留遗孽,方足蔽辜。嗣后凡杀死一家三四命以上者,不拘死者之家是否绝嗣,其凶犯之子无论年岁大小,俱著送交内务府一体阉割,以示惩创。所有张文义一案即著照此办理。①

徐忠明教授指出,"中国古代法律中的'量刑'具有数字化与可计

① (清)全士潮、张道源等纂辑:《驳案汇编》,何勤华等点校,法律出版社2009年版,第297页。

算的特征，而且‘罪与罚’之间保持一一对应的特点。在这个意义上，法律乃是一架天平，有多重的罪行，就有多重的刑罚，否则，天平就会倾斜。就会产生不公和不平，亦即怨抑的现象”。[①] 在杀一家三人的立法中，对犯罪人妻、子所施加的流放之刑本就有让犯罪人家庭妻离子散、阻断犯罪人家庭香火延续之目的。但在具体实施过程中，却可能会出现被害人家庭宗嗣断绝，而犯罪人家庭之香火仍能继续延续的问题。正是基于罪刑平衡的考量，乾隆皇帝才会多次创设“杀一家三人”罪新例，试图实现罪刑平衡。而从“杀一家三人”罪条文的反复变更中，我们能够发现，古人对香火问题的重视，以及对侵犯香火犯罪的厌恶。

（二）香火与“存留承祀”

中国古代法律对香火的关注不仅体现在对被害人家庭香火的保护，还体现在对犯罪人家庭香火延续的保护。存留养亲是传统中国的一项特殊制度。此制始见于北魏，直到清末刑法改革，存留养亲制度在中国存续了长达一千五百余年。[②] 如《刑案汇览》所载：查犯罪存留养亲，原系法外之仁，非为凶犯开幸免之门，实以慰犯亲衰暮。[③] 在犯罪人的直系尊长因老疾需要照顾而其家庭没有其他成年子女的情况下，对符合条件的犯罪人可免除其死刑刑罚，令其奉养尊长。存留养亲的立法目的主要在于解决犯罪人父母的养老问题，但在犯罪人为唯一子嗣的家庭中，存留养亲客观上便发挥了保护犯罪人家庭香火的作用。不仅如此，在司法实践中，因犯罪人被执行死刑而可能出现的宗嗣断绝问题会被司法官员纳入是否准许留养的考虑之中。

> 翟小良因为人修墙得钱，即买鱼酒，用刀破鱼，欲行饮食。伊父翟玉阶见而气忿，揪住发辫殴打。该犯情急图脱，用刀割辫，不期误将翟玉阶手腕划伤。例无误伤父母作何治罪明文，自应即照子殴父律问拟。应如该抚所题，核其情节，伤由误

---

① 徐忠明：《解读包公故事的罪与罚》，载《现代法学》2002 年第 3 期。

② 《魏书·刑罚志》：“太和十二年诏：犯死罪，若父母、祖父母年老，更无成人子孙，又无期亲者，仰案后列奏以待报，著之令格。”

③ 参见（清）祝庆琪等编：《刑案汇览三编》，北京古籍出版社 2004 年版，第 39 页。

> 划,并非有心干犯,且翟玉阶亦以划伤实出无心,伊弟兄三人,仅此一子具呈,恳留一线以承三祧。今翟小良误伤伊父,现据犯父供称,该犯事亲素孝,并以犯父兄弟三人均已年老,只生该犯一子,具呈恳留承祧。查翟小良之误伤伊父与龚奴才、樊魁情罪相同,而犯父恳留一线以承三祧,则其求绵祖宗嗣续之心较之呈请留养仅为一身者其情更可矜悯。既据该抚于疏内声明,相应叙明情节,并援引成案,应否准其承祧之处恭候钦定,如蒙圣恩,准其承祧,臣部行文该抚,将该犯即照留养例枷责发落,准其存留承祧。①

在翟小良误伤伊父翟玉阶一案中,按照子殴父律应判处翟小良斩立决。但翟小良父亲翟玉阶提出,翟小良对其伤害实属无心,并且翟玉阶兄弟三人只有翟小良一个后代,恳请官府考虑这一点,不执行翟小良的死刑判决,以让翟小良承继祖宗香火。对此,刑部指出,与普通留养案件仅为侍养父母不同,此案中其父亲恳请留翟小川一命是为了承继香火,更值得怜悯,并请皇帝定夺是否准予留养。

针对犯罪人家庭香火延续问题,到雍正皇帝时发展出了存留承祀制度。②

> 雍正四年五月,刑部议覆吕高戳死胞兄吕美一案。奉旨:一家兄弟二人,弟殴兄至死,而父母尚存,则有家无次丁,存留养亲之请。倘父母已故,而弟杀其兄,已无请留养之人,一死一抵,必致绝其祖宗禋祀,此处甚宜留意,若因争夺财产或另有情由,又当别论。吕高殴死其兄,其家中有无承祀之人,交与该部察明具奏。嗣后应如何定例之处,着九卿确议具奏。钦此。③

在处理吕高戳死胞兄吕美案时,雍正皇帝认为,对于弟殴杀兄长的

① 参见(清)祝庆琪等编:《刑案汇览三编》,北京古籍出版社2004年版,第44~45页。

② 所谓存留承祀,是指对部分死刑犯,在父母已故而无法构成存留养亲的情况下,如其为家中唯一可以接续宗祀者,经皇帝批准可免去其死刑,以为其家庭承继香火。

③ 参见(清)祝庆琪等编:《刑案汇览三编》,北京古籍出版社2004年版,第59页。

案件,如犯罪人父母已故,便不能构成存留养亲。但在这类案件中严格执行一死一抵将会导致当事人家族香火断绝,这一问题值得关注,并要求刑部针对该问题讨论如何定例。该案开启了存留承祀的先例,在此基础上,最终发展出了存留承祀制度。

如非争夺财产,并无别情,或系一时争角互殴,将胞兄致死,而父母已故,别无兄弟,又家无承祀之人,应令地方官据实查明,取具邻保,阖族、保长并地方官印甘各结,将该犯情罪于疏内声明、奏请,如准其承祀,将该犯免死,减等枷号3个月,责40板,存留承祀。

夫殴妻致死,并无故杀别情,果系父母已故,家无承祀之人,承审官据实查明,取具邻保,族长甘结并地方官印结。将应行承祀缘由于疏内声明、请旨。如准其承祀,将该犯枷号2个月,责40板,存留承祀。①

基于中国人的家庭主义生命观,对犯罪人个体生命的剥夺便可能威胁到犯罪人家庭的宗嗣问题,死刑刑罚便可能会殃及到其父母祖先。而存留承祀制度的出现体现了香火观念对于刑罚制度的影响,体现了立法者对于宗嗣问题的重视与对刑罚殃及效应的思考。

四、现代中国人的香火观与死刑观

在传统社会,中国人通过"祖先崇拜"与香火传递获取生命超越,祖荫观念形塑了中国人对生命与死亡的认知。进入现代社会,中国人基于家庭与祖先崇拜的生死观念开始发生变化,人的超越性价值呈现弱化趋势。但众多研究表明,家庭主义在现代中国仍然顽强持续,②香

---

① 参见田涛、郑秦点校:《大清律例》,法律出版社1998年版,第101页。

② 参见黄宗智:《中国的现代家庭:来自经济史和法律史的视角》,载《开放时代》2011年第5期;王启梁、高思超:《个体崛起的社会与法律后果:解放、断裂与多元的挑战》,载《思想战线》2013年第5期。

火观念仍然存在于中国社会,并影响着中国人的行为选择。[①] 在此,本文以黄洋案、药家鑫案等为例,对现代社会中的香火观念与死刑观念予以分析。

(一)香火与杀人偿命

在复旦大学投毒案中,被害人父亲黄国强被认为是一个强势而宽容不足的人。有媒体指出,“儿子黄洋被害后,他一直以一个父亲最强势的一面示人。绝不原谅他(林森浩),是他被媒体最常引用的话”。为寻求被害人亲属的谅解,林森浩家属两次前往黄洋老家四川,但黄国强均拒绝见面。案件审理期间,复旦大学177名学子联名请求林森浩免死,建议法院给林森浩一条生路。对于177名学生提出的“让林森浩照顾黄洋父母”说法,黄国强却指出,这怎么可能,你想我们怎么可能在身边养一条毒蛇?黄国强坚持主张,惩凶追责杀人偿命是告慰死去儿子的唯一方式,要还给儿子一个公道。[②]

笔者曾指出,黄洋案中被害人家属的行为选择与其祖先崇拜观念

---

① 贺雪峰教授对中国农村信仰体系的调查发现,在中国不同地区农村中,传统信仰体系的保存情况并不相同。华南和华北的农村还大都存在相当强的传宗接代理念,人们仍然会坚持生儿子。但相比之下,华南村庄的传统伦理力量依然较强,因血缘联结紧密的需要而具备强烈的祖先崇拜色彩。在华北农村,人们虽然仍然有着强大的传宗接代的动力,但传统信仰体系在悄然发生变化。相较而言,川西平原与湖北、东北地区的农民实用理性极其发达,人们的首要考虑是过日子,而不是传宗接代。参见贺雪峰:《农村代际关系论:兼论代际关系的价值基础》,载《社会科学研究》2009年第5期。在此基础上,笔者认为,除地区差异之外,就代际差异而言,不同年龄阶段之人对于传统信仰体系具有不同的态度。相比之下,老年人受传统的影响较多,有关祖先崇拜与传宗接代的信仰保存的更多,而年轻人多不再相信这一观念。就城乡差异而言,城市居民受现代性影响更多,而农村保留了较多的传统因素,祖先崇拜与传宗接代观念更重。

② 参见《自贡荣县的黄洋亲属赶到黄洋墓地 坟前放鞭炮 亲人告慰亡灵》,载《华西都市报》2014年2月19日,第5版;《黄父:我们怎么可能在身边养一条毒蛇》,载《华西都市报》2014年5月9日,第3版;《两个家庭能否走上谅解路?》,载《牡丹晚报》2014年12月9日,第20版;王烨捷、周凯:《黄洋父亲:维持原判我也高兴不起来》,载《中国青年报》2015年1月9日,第2版;《案子了解了,痛苦难结束》,载《新京报》2015年12月12日,第10版。

和鬼魂冤抑想象相关,冤魂难眠意识激励着黄洋父亲寻求以命抵命。① 但在该案中,我们不仅要看到黄洋父母对鬼魂冤抑的想象,更要理解断宗绝嗣对被害人亲属的打击。在黄洋案中,同情黄洋家属的新闻媒体反复提到黄洋家为三代单传。对中国人来讲,三代单传不仅意味着这一家族人丁不旺,更意味着这一支血脉的脆弱与宝贵,意味着杀人给这个家庭所可能带来的巨大伤害。当记者询问黄国强是否动了恻隐之心,试图宽恕林森浩时,黄国强坚定地说:“没有,我是不会原谅他的。旁人不能体会老年丧子的痛! 黄洋是我们家的独子,我们对他抱了很大的希望。黄洋的外公得知孙子离去的消息后,一病不起。我们的后半生也将在丧子的痛苦中度过,以后的日子,也只能慢慢熬了。黄洋的奶奶,7 日才刚刚火化,到死我们都在骗她,说黄洋到美国去了,她临走前眼睛都没闭,就想见黄洋。”而黄洋的母亲杨国华提出,“我觉得我可以活,也可以不活。”黄洋走后,黄洋母亲几次尝试自杀。在黄洋父母看来,林森浩杀人所对家庭带来的伤害是死刑所无法弥补的,死刑判决能够告慰黄洋的亡灵,却不能够给黄洋父母带来更多的安慰。

如果不从中国人的家庭主义生命观角度思考,如果不理解子女在中国人意义体系中的地位,便无法完全理解,为何黄洋的母亲会认为儿子死了,整个家庭便没有了希望并进而试图自杀,便无法理解,为何黄洋的奶奶在临死之时不能瞑目,也无法理解,为何黄洋父亲认为以后的日子只能“慢慢熬”。如黄洋姑姑黄资蓉所言,他们家是三代单传,哪想到会发生这样的事。黄洋父母原本期盼着黄洋早日成家立业,并为黄家生儿育女以延续香火,而林森浩的杀人行为终结了这一切。儿子的死亡让黄洋一家“血脉”断绝,也导致整个大家庭意义世界的坍塌。

---

① 黄洋的父亲多次强调要还给儿子一个公道,黄父反复提到的“公道”便是我们常说的杀人偿命,如果杀人者不死,死去的儿子在另外一个世界便无法安息。在本案中,黄洋虽然已经去世,但他却一直没有离场,而是以冤魂的形式存在于这一案件中。黄洋托梦给他的母亲,让他的家属替他报仇,并时刻关注着这一案件的审理进程,期盼着杀人者早日偿命。从鬼魂冤抑的角度,能够让我们更好地理解这一案件,更好地理解黄洋亲属的行为逻辑。参见尚海明:《善终、凶死与杀人偿命——中国人死刑观念的文化阐释》,载《法学研究》2016 年第 4 期。

吴飞指出,中国人的生命价值是在“过日子”的零碎之中得以展现,在过日子中实现自己的人生,生活虽然琐碎,却有着盼头。① 这其中,过日子是以“人”为中心的,“过日子就是过孩子”,②孩子为过日子提供了价值追求。如果缺失了生活的本体性价值,过日子仅仅表现为柴米油盐酱醋茶,生活也就只能是慢慢熬了。在案件审理过程中,有媒体指出,作为父亲,黄国强在一定程度上应当能够体会林森浩父亲的感受,并尝试宽恕这一个同样陷入苦难之中的家庭。这一观点未考虑到,在中国人看来,让一个三代单传且因儿子被杀而宗嗣断绝的父亲去同情一个有两儿三女的杀人犯父亲过于残忍,过于不合情理!在杀人导致黄洋一家断宗绝嗣的情况下,黄洋家属不但认为对方应当偿命,而且认为林森浩罪无可赦,死有余辜。

(二)香火与死刑和解

从中国人的香火观念出发,可以理解在部分案件中被害人家属为何坚定地要求死刑,同样能够理解,死刑所具有的巨大威慑力,以及犯罪人家属为何努力寻求轻判免死。在药家鑫杀人案中,被害人张妙家中是三姐弟,因此杀人行为并未威胁到被害人家庭的香火延续。然而,犯罪人药家鑫却是家中独子,可能到来的死刑判决对药家的香火延续造成了极大威胁。③ 在案件审理过程中,张妙父亲曾试图与药家和解,在央视采访中,他便指出:“我有三个孩子,你那边是独生子,养活孩子都不容易。我还有两个孩子,有个依靠,药家老人也50多岁了,就这一个,重生也来不及了,留一条命,有个依靠。”张妙父亲张平选反复提到

---

① 参见吴飞:《论“过日子”》,载《社会学研究》2007年第6期。

② 陈辉:《“过日子”与农民的生活逻辑》,载《民俗研究》2011年第4期。

③ 参见葛维樱:《药案三重境界:阶级、现实与情感》,载《三联生活周刊》2011年第37期;老愚:《我们为什么害怕药家鑫不死》,载http://www.ftchinese.com/story/001037920,最后访问日期:2017年8月18日;张显:《致药庆卫先生的一封公开信》,载http://blog.sina.com.cn/s/blog_3e9f92340102e2xj.html,最后访问日期:2017年10月20日;《药家鑫狱中遗书整理者:我一手炮制,讽刺下这社会》,载http://www.mzyfz.com/cms/boke/jingxuanbowen/bowentuijian/html/1283/2011-04-08/content-52835.html,最后访问日期:2017年10月20日;《药庆卫同志的家谱到此结束了,成为历史了!》,载https://tieba.baidu.com/p/1997494081,最后访问日期:2017年10月20日。

药庆卫家是独子的问题,因为他清楚地知道,判处药家鑫死刑不仅意味着药庆卫将无人养老,还意味着药家将会断子绝孙。也正因此,张妙父亲始终难以理解,药家鑫父母为何在儿子杀人后不主动前来道歉并寻求和解,进而认为是药家自恃有能力救自己的儿子而不愿和解。不仅如此,在药家鑫案中,众多网友都指出了死刑可能带来的后果。

为了能够挽救药家鑫,药庆卫一直努力达成死刑和解。药庆卫曾对张显提出:"张老师,你原谅了药家鑫,并不是说他就没罪了。他依然是个罪人,他要在监狱里呆最少二十多年。我五十多岁了,甚至不指望能看到他出狱,留他一条命只是给我夫妻一个念想。"对于药庆卫的恳求,坚持杀人偿命的张显并没有接受。在之后的《致药庆卫先生的一封公开信》中,张显指出:"直白地说,他们认为是我害得你家庭残缺,断子绝孙。可是,你去问问西安中院、陕西高院、最高人民法院的办案法官、审委会成员,有谁看过我的微博、博客?"据药庆卫所言,张妙家人最初曾同意接受和解,但在张显介入案件后,对方不再接受之前的和解条件。在此之后,药庆卫多次联系法院要求与张妙家属达成和解,但在多方压力之下,调解最终没有达成。在中国社会,不仅杀人会造成宗嗣断绝,死刑刑罚会产生同样的后果。药庆卫所极力挽救的,不仅仅是其儿子一人的性命,更是药家的香火延续。

五、结语

在药家鑫案中,苏力教授指出,对药家鑫判处极刑不仅是对药家鑫生命的剥夺,实际上还导致了药家鑫父母断子绝孙,现代法律应当充分考虑这一问题。苏力教授进而提出了"独子"免死的问题,认为基于刑罚的殃及效果,国家应当制定相应的刑事政策与司法规则予以回应。[①] 不过,苏力教授非常清楚,在当下中国,他的这一主张难以实现。因为

① 参见苏力:《从药家鑫案看刑罚的殃及效果和罪责自负》,载《法学》2011年第6期。

在独生子女占杀人者之主要组成部分的今天,一旦独生子女成为免死金牌,既存的公正观念将会受到严重冲击。① 更重要的原因则在于,被传统中国人所珍视的香火观念已不为国家所认可与保障。

自清末以来,尤其是自新文化运动以来,中国的家庭制度遭到了空前激烈的批判。启蒙思想家们热情讴歌个人主义,认为"西方之个人主义,犹养成一种独立之人格,自助之能力",②而中国之家庭不仅破坏人的独立人格,窒息个体的意志自由,还剥夺了个体的平等权利。③ 在此,家庭被视为是一个有原罪的、丑陋的所在,而走出家庭被认为是反抗封建礼教、迈向个人独立的第一步。在倡导科学与平等的中国,香火被认为是封建宗族思想的遗留,④认为香火观念存在将妇女工具化的倾向,⑤香火观念衍生出的多子多福观念是导致男女比例失衡及农村贫困的文化根源,⑥等等。在日常生活中,香火已完全成为一个负面词汇,越来越不为人所认可与提及。正是这样一种对香火的否定与批判,这样一种与传统的决裂决定了,当代中国的法律体系与关注《秋菊打官司》的学者难以理解秋菊的困惑,更无法有效回应秋菊的困惑,而以个体权利为核心的现代法律体系亦不再关注命案中的香火问题。

---

① 参见邱兴隆:《就独生子女免死对苏力教授说不》,载《法学》2011年第10期。

② 胡适:《胡适留学日记:一》,台北,远流出版事业股份有限公司1986年版,第227页。

③ 参见陈独秀:《文化的道路》,唐山出版社2001年版,第70~71页。

④ 参见李俊国:《农村在计划生育问题上的心理障碍及其对策》,载《人口研究》1997年第1期。

⑤ 参见范永康:《女性身体的规训、惩罚和消费——莫言小说〈蛙〉的身体社会学解读》,载《马克思主义美学研究》第17卷第1期,中央编译出版社2014年版,第291~297页。

⑥ 参见秦其文:《农村落后思想观念致其家庭贫困的路径分析》,载《湖南农业大学学报》(社会科学版)2007年第5期。

《法律和社会科学》(2018)
第 17 卷第 2 辑,第 275 ~293 页

死刑存废的社会科学研究述评

浦仕通*

摘要:社会科学关于死刑存废争议的研究,既有为传统的讨论路径提供依据,也有另辟蹊径的成果。传统的研究进路里,法律与文学、法律经济学、法律人类学和法律社会学的研究成果为争论的各方用于支持自己的立场,此外,法律人类学和法律认知科学还以其研究成果为废除死刑的主张提供新的理由。综合来看,社会科学更多地作为工具为争议各方采用,而非提出独立的观点。

关键词:死刑　法律社会学　法律经济学　法律人类学

自贝卡利亚在《论犯罪与刑罚》之中提出废除死刑的建言以来,①争论死刑存废的著述已是汗牛充栋。支持者提出"作为最为严重的罪责的抵偿,杀死他人从道义上讲是不能被接受的,因为没有哪

* 北京大学法学院硕士研究生。

① [意]切萨雷·贝卡利亚:《论犯罪与刑罚》,黄风译,北京大学出版社 2013 年版,第 65 页。

个法官有权剥夺他人的生命权”。① 反对者则认为“死刑不是一个永远都不能判处的处罚形式,即便我们不考虑犯罪的情节,犯罪人的性格,以及得出该判决所遵循的程序”。②

近年来,我国平反了多起冤假错案,使国内的死刑存废争议引起了超越法学范围的关注,呈现出纷繁多元的意见和呼声。死刑存废是复杂且艰涩的难题,或许跨学科的社会科学研究进路能有助于解释死刑的现实基础和理论依据,摆脱法学传统讨论路径的窠臼。既有法律的社会科学研究不仅在死刑讨论的传统框架内增添社会科学依据,也尝试着另辟蹊径、超越法学的视界而探寻更深刻的内涵。

传统的死刑废除理论可以大致分为三派:报应论、实证论和宽恕论。③报应论从人权、人道和生命权等价值出发,论证死刑的不正当性;实证论从效益、威慑、民意和冤假错案的角度出发,论证死刑的不合理性;宽恕论从死刑的残酷、血腥出发,论证死刑的落后。死刑保留论也针锋相对地对上述理由提出了批评和质疑。法学的跨学科研究兴起之后,社会科学的研究方法和成果开始被论辩的双方采用以增强自己的观点。本文尝试简要述评法律与文学、法律人类学、法律经济学、法律社会学、法律认知科学等不同研究进路在死刑存废议题里的观点,以求抛砖引玉,增进讨论。

本文分为四部分,第一部分讨论法律与文学针对报应论的批判或是支持,第二部分讨论法律人类学、法律经济学针对实证论的观点,第三部分讨论法律社会学就宽恕论作出的批评,第四部分就法律人类学和法律认知科学提出的主张进行简要评述。

---

① [德]汉斯·海因里希·耶赛克、托马斯·魏根特:《德国刑法教科书》(下册),徐久生译,中国法制出版社2017年版,第1025页。

② *Gregg v. Georgia*,428 U.S. 153,96 S. Ct. 2909,49 L. Ed. 2d 859 (1976).

③ 参见高艳东:《我国死刑改革的理论突破》,载刘仁文主编:《死刑改革与国家治理》,社会科学文献出版社2016年版,第61页。

一、社会科学与报应论

死刑曾经是常见而普遍的刑罚，但是人道主义的兴起使人们开始质疑国家实施死刑的正当性，理由是崇高的生命权不应当被国家权力剥夺，“生命权是绝对不可剥夺的基本人权、死刑因为剥夺基本人权而是残酷的、不人道的刑罚”。[①]卢梭提出“我们没有权利把人处死，哪怕仅仅是以儆效尤，除非是对于那些如果保存下来便不会没有危险的人”，[②]贝卡利亚则直接呼吁废除死刑。据此，支持废除死刑的学者认为“把人道性作为死刑改革的主要根据，才对死刑改革具有根本的意义”。[③]

作为报应论支撑的人道主义思想，也体现在了文学作品之中，成为法律与文学的研究素材，例如托尔斯泰主张废除死刑的文学描述——“我今天早上很愚蠢，冷酷无情，去看看死刑……事实是，国家是一个阴谋，不仅是为了利用，而且最重要的是腐败公民”——成为美国法律与文学研究中批判死刑的重要素材。[④]

着眼于中国的文学，能够发现中国古代的公案小说和戏曲的研究中有着浓厚的报应思想，“在描写‘命案’的故事中，这一特质非常鲜明。所谓‘一命抵一命’的‘抵’字，即是‘罪罚相当’的意思。这是‘天道’观念的体现，也是中国古代‘正义’观念的要义；故而，它是法律必须固守的基本精神”；[⑤]戏曲中展现的浓厚复仇本能以及死刑对于这种本能的满足，可以让人们看到“片面强调轻刑和废除死刑的结果完

---

① 邱兴隆：《从信仰到人权：死刑废止论的起源》，载《法学评论》2002年第5期。

② [法]卢梭：《社会契约论》，何兆武译，商务印书馆2013年版，第44页。

③ 赵秉志：《当代中国死刑改革争议问题论要》，载《法律科学》(西北政法大学学报)2014年第1期。

④ 转引自Jeffrey Meyers, Invitation to A Beheading, *Law & Literature*, Vol. 2013(25), pp. 268－285。

⑤ 徐忠明：《解读包公故事中的罪与罚》，载《现代法学》2002年第3期。

全有可能会使中央集权的(统一的)司法制度功能失调,实际上造就或增加分散化的复仇性制裁”,①张扣扣为母复仇的悲剧,印证了这样的判断。

反对报应论的思想同样可以从文学作品中发现端倪,例如鲁迅先生揭示的死刑的负面影响。在鲁迅看来,死刑是国家控制民众的方式,民众以麻木的旁观者形象出现在刑场旁边,接受暴政的训诫,“死刑自古以来不是民众的要求,而是朝廷的威猛的利器和擅长的试验”。② 麻木的心态,使人们对于同类的死亡漠不关心,这种“于己无关的心态,使得几乎所有的人对于在理论上法律人所津津乐道的死刑抽象的威慑力并无实际的感知,即使有些许感知,也是模糊的,并会瞬间即逝”,③部分法律与文学的研究者据此认为死刑的报应论是缺乏说服力的。

文学作品承载的法律可能是多元、具体的,并因为解读者的不同立场而反映出特定的形态,为解读者的观点提供支持,因此得出了截然不同的结论。需要注意的是,文学作品不仅是对特定时代、特定群体死刑观念的反映,也会影响民众的态度,进而参与塑造法律制度。④ 对于民众态度的研究,需要进入实证论的范畴。

二、社会科学与实证论

实证论试图以死刑的效益低下、威慑力不足、缺乏民意基础和容易酿成冤假错案等现实情况为理由,呼吁废除死刑。但是长期以来这些

---

① 苏力:《法律与文学——以中国传统戏剧为材料》,生活·读书·新知三联书店2017年版,第77页。

② 孙万怀:《民众心态与死刑存由分析——以鲁迅思想为蓝本进行的考察》,载《法学评论》2015年第4期。

③ 参见于志刚:《关于死刑之抽象化威慑力的侧面解读——从寓言“杀鸡儆猴”和小说〈阿Q正传〉说起》,载《吉林公安高等专科学校学报》2008年第1期。

④ John Cyril Barton, “William Gilmore Simms and the Literary Aesthetics of Crime and Capital Punishment”, *Law & Literature*, Vol. 2010(222), pp. 220 – 243.

理由因为缺乏科学数据而无法得到支撑，仅停留在抽象的理论争议阶段。跨学科研究兴起之后，尤其是实证研究方法的引入，使实证论的研究迅速发展，成为死刑废除论的主要论据，同时，死刑保留论者也尝试以类似的方法，为保留死刑提供科学依据。

（一）死刑的效益

相比民法领域丰富的法律经济学研究，刑法领域的法律经济学研究较少，死刑领域则更为有限。原因在于，人们认为刑法规制的领域充斥着暴力、激情和冲动，缺乏理性，法律经济学在此并无用武之地，因此批评者认为死刑的法律经济分析有着致命的缺陷：犯罪人并不会仔细地权衡犯罪的收益与风险，更不会认真考虑威慑力问题。但是波斯纳认为这种否定并不能成立，“日益增长的关于犯罪的经验研究文献已表明罪犯就像他们真是经济模型的理性计算者那样对以下机会成本的变化产生反应：机会成本、查获概率（probability of apprehension）、惩罚严厉性和其他相关变量”。① 在此基础上，产生了针对死刑的众多法律经济学讨论。

波斯纳通过对初民社会的解读，提出国家创建死刑的根源在于“杀人或伤害减少了最高统治者从受害者那里可能征收的税入，因此给最高统治者增加了一种费用”，②于是统治者创建了一系列的刑罚将这些外部性内化，其中即包括死刑在内。

那么，进入现代社会以后，死刑是否仍旧有着充足的效益，因此不可替代？针对人们提出的终身监禁地威慑力足以作为死刑的替代措施，波斯纳批评道，“当犯罪具有极高贴现率时并且对监禁时间长度不敏感时，或由于其他原因而面临很高的死亡风险而降低了寿命预期时，基于威慑的死刑理由就很有力了”，③当然波斯纳承认在现实中死刑的

① ［美］理查德·A. 波斯纳：《法律的经济分析》，蒋兆康译，法律出版社 2012 年版，第 313 页。

② ［美］理查德·A. 波斯纳：《正义/司法的经济学》，苏力译，中国政法大学出版社 2002 年版，第 211 页。

③ ［美］理查德·A. 波斯纳：《法律的经济分析》，蒋兆康译，法律出版社 2012 年版，第 320 页。

威慑力是被司法制度严重削弱的,但是"即使对杀人犯的死刑不具有增量的威慑作用,它也向谋杀受害人的家庭和朋友提供了效用",①这也是不容忽视的理由。桑斯坦批评认为这种经济分析忽略了贴现率的变化,"有相当的证据表明人们的贴现率是明显递减的",②因此终身监禁的威慑力实际上是被高估了的。

死刑的威慑力可以作为其效益部分,那么死刑的成本如何计算?目前美国的法律经济学分析主要集中于高昂的司法成本(考虑到美国的死刑案件必须采用陪审团形式,以及死刑犯的特殊监禁)。国内有特殊的死刑复核程序,但是成本如何衡量仍旧缺乏相关研究。同时,司法成本是否应当归咎于死刑依旧处于讨论之中,例如大卫·弗里德曼认为,死刑案件的司法成本高昂,与其说死刑是原因,不如说是结果。③

国内学者不乏采用经济学方法分析死刑,以作为各自废除或保留死刑的理由。例如刘仁文从程序成本、执行成本、附随成本等方面考察死刑的成本,以支持其废除死刑的主张;④王博阳从政治经济学的角度主张,在现阶段的政治、经济、法律条件下应当慎重考虑废除死刑;⑤艾佳慧同样认为,尽管死刑有着极大的惩罚成本,但是因为缺乏其他有效的威慑措施,死刑依旧是"更好的选择";⑥秦宗文以博弈论方法分析死刑的司法控制,认为不宜过快转变死刑政策。⑦ 诸项分析,不一而足。

(二)死刑威慑力研究

死刑具有什么样的威慑力,是死刑存废讨论中的重要议题。死刑

---

① [美]理查德·A. 波斯纳:《法律的经济分析》,蒋兆康译,法律出版社2012年版,第321页。

② [美]凯斯·R. 桑斯坦编:《行为法律经济学》,涂永前、成凡、康娜译,北京大学出版社2006年版,第58页。

③ [美]大卫·D. 弗里德曼:《经济学语境下的法律规则》,杨欣欣译,龙华编校,法律出版社2004年版,第288页。

④ 刘仁文:《从经济学角度考察死刑的成本》,载《法学杂志》2007年第1期。

⑤ 王博阳:《酷刑的政治经济学》,载《法学》2017年第3期。

⑥ 艾佳慧:《刑罚轻缓化的法经济学考察》,载《法律适用》2012年第6期。

⑦ 秦宗文:《中国控制死刑的博弈论分析——以最高人民法院行使死刑复核权为背景》,载《法商研究》2009年第1期。

废除论的支持者们认为，对于为数众多的冲动犯而言，他们是根本不可能想到刑罚的，因此“死刑极为有限的威慑力并不是其存在理由”。[①]死刑的保留论者，例如斯卡利亚大法官，则是认为死刑具有强大的威慑力并带来了显著的效益，“美国人民已经认定，自死刑的威慑力中获取的好处远胜于其错误造成的风险——尽管大多数的死刑量刑可能超过了那些可怕的罪行应有的惩罚”。[②]

那么，如何评估死刑的威慑力？以下简要介绍社会科学的研究样例。

1.法律人类学的研究

龙勃罗梭将犯罪人划分为天生犯罪人、精神病犯罪人、习惯犯罪人、偶然犯罪人和激情犯罪人五种类型，主张根据不同的类型分别适用刑罚，并且在总体上反对死刑，因为对于偶然犯罪人、激情犯罪人而言，他们自然会忏悔自己的罪行并不再犯罪，习惯犯罪人可以通过监禁改造，精神病犯罪人则应当属于精神病治疗院而非死刑，处置天生犯罪人的刑罚应当是终身监禁而非死刑，“使自然选择的进程重新回到人类社会”。[③]

针对屡教不改，终身监禁也无法阻止其犯罪的犯罪人，龙勃罗梭认为也只好处以死刑，因为“生来就是作恶的天生犯罪人不仅是野蛮人，也是最残忍的食肉动物和啮齿动物的隔世遗传的复制品”，[④]处死他们并非残杀同类。

龙勃罗梭理论的错误在今日看来是显而易见的，但是作为开创者，他确实影响着后续的犯罪人类学研究，因此会有菲利认为死刑无威慑力的结论，“由于包括死刑在内的刑罚的威慑效果对感觉迟钝和缺乏预见的天生犯罪人没有作用，因此靠偶尔执行几次死刑便不能治愈这

---

① 张明楷：《责任刑与预防刑》，北京大学出版社2015年版，第440页。

② *Kansas v. Marsh*, 548 U. S. 163, 199, 126 S. Ct. 2516, 2539, 165 L. Ed. 2d 429 (2006).

③ [意]切萨雷·龙勃罗梭：《天生犯罪人》，王金旋译，江苏人民出版社2017年版，第86页。

④ 同上书，第253页。

种社会疾患”,[1]但是大规模的死刑无异于屠杀,因此只好臣服于死刑废除论。

不过,同样作为犯罪人类学的早期创始人,加罗法洛则是坚定的死刑支持者,他认为“最危险的罪犯几乎总是表现出集体组织中的某种心理生理学的异常”,[2]对于其中那些极端的、无法适应社会的,“只有死刑才适合这些极端的罪犯”。[3]

2. 死刑威慑力的实证研究

仅凭缺乏科学依据支撑的犯罪人类学是很难说明死刑威慑力高低的,刑法学家们承认“对于这种规范(死刑)的威慑力,原本就难以证明;而对于现实的威慑力,该由哪一方证明也是问题”。[4] 并且,研讨死刑在具体社会情景之下的存废问题,首要的是对于所处的特定社会有深刻认知。在此前提之下,死刑存废的争论双方都注意到了实证研究在论证死刑社会效果的重要作用,因此均借助实证研究作为各自主张的依据,探讨死刑的威慑力。

可以肯定的是,实证研究推动了死刑存废争论的科学化,更加关注现实而非抽象的概念。然而,实证研究能否反映真实状况仍是存疑的,并且死刑威慑力未必能成为主张存废死刑的理由。遗憾的是,因为我国死刑数据不公开,实证研究的成果有限,[5]本文主要以美国的死刑实证研究为例,对死刑存废的实证研究予以评价与批判。

学界通常认为,社会学家索尔斯坦·塞林首创死刑威慑效应的实证研究。塞林坚定地认为死刑仅是流传自古代、扎根于人们思想中的报复、复仇观念,并不具备死刑支持者所宣称的威慑犯罪的功能。[6] 为

---

① [意]恩里科·菲利:《犯罪社会学》,郭建安译,商务印书馆2017年版,第190页。

② [意]加罗法洛:《犯罪学》,耿伟、王新译,储槐植校,中国大百科全书出版社1996年版,第7页。

③ 同上书,第332页。

④ [日]川出敏裕、金光旭:《刑事政策》,钱叶六等译,中国政法大学出版社2016年版,第64页。

⑤ 尽管如此,仍旧不乏我国死刑实证研究的优秀作品,例如,吴雨豪:《死刑威慑力实证研究——基于死刑复核权收回前后犯罪率的分析》,载《法商研究》2018年第4期。

⑥ See Thorsten Sellin, *Capital Punishment*, New York, Harper & Row Press, 1967, p. 253.

了验证他的观点,塞林进行了数组实验:①(1)比较相邻的死刑废除州与死刑保留州的谋杀犯罪率,塞林发现死刑的存废并没有显著影响谋杀犯罪率;(2)比较死刑废除州与死刑废除州的警察遇害率,发现死刑并未向警察提供安全保障;(3)比较同一个州死刑废除和恢复前后谋杀犯罪率的差异,塞林发现其间并没有显著差异。塞林据此得出结论,死刑不具有显著的威慑力。他的结论被布伦南大法官引用,作为 Furman v. Georgia 案中谴责死刑的道德依据。②

不过,塞林的研究受到了广泛的批评,学者们批评塞林忽视了各州之间显著的地域差异以及时间选取上的片段化,对此塞林在晚年时予以了回应,通过更充足的数据样本支持自己的观点,死刑的威慑力是有限的。③

3. 死刑威慑力的法律经济学研究

为了更清楚地分析死刑的威慑力,Isaac Ehrlich 首次以微观经济学的方法结合实证分析作了深入研究,他批评以塞林为代表的社会学实证分析过度简化了死刑的政治、社会条件,忽视了法律制度中关于死刑的繁复规定,因此得出了死刑不具有特殊威慑力的错误结论,④并且提出谋杀犯罪的预期成本取决于以下三个变量:犯罪被逮捕的概率(用谋杀犯罪逮捕数除以总立案的谋杀犯罪数衡量)、被证明谋杀犯罪成立的概率(用谋杀犯罪成立数除以谋杀犯罪逮捕数度量),以及罪名成立被执行的概率(用总执行数除以总谋杀罪名成立数衡量),⑤他的成果在 Gregg v. Georgia 案被美国最高法院援引作为保留死刑的依据。

Isaac Ehrlich 的研究招致了众多批评,学者们批评他的数据是经过

---

① See Thorsten Sellin, *Capital Punishment*, NewYork, Harper&Row Press, 1967, pp. 135 – 138, p. 154, p. 122.

② Furman v. Georgia, 408 U. S. 238, 239 – 40, 92 S. Ct. 2726, 2727, 33 L. Ed. 2d 346 (1972).

③ ThorstenSellin, *The Penalty of Death*, Califonia, Sage Publications, 1980, p. 53.

④ Isaac Ehrlich, The Deterrent Effect of Capital Punishment: A Question of Life and Death, *American Economic Review*, Vol. 1975(653), June 1975.

⑤ Isaac Ehrlich, Capital Punishment and Deterrence: Some Further Thoughts and Additional Evidence, *Journal of Political Economy*, Vol. 1977(85.4), pp. 741 – 788.

有意挑选的，不具有代表性。① 但是他的研究开创了多种学科与实证研究结合以讨论死刑存废的路径，包括桑斯坦在内的学者们都尝试着结合实证研究，以多学科方式讨论死刑的威慑力，得出了死刑对于犯罪的威慑确实防止了更多暴行发生的结论。②

实证分析的应用使得死刑存废研究进入了全新的时代，此后死刑的存废双方都尝试着用实证分析为自己的主张建立起扎实的根基，可是始终无法就死刑威慑力的强弱得出完全令人信服的结论。③

实证研究看上去为人们认知社会实际提供了重要的手段，可是为何在同一片土地之内开展的同样主题的实证研究，却在学者们的笔下得出了截然相反的结论？不容忽视的是，量化研究看似客观中立的数字背后，依旧有着主观的色彩，单凭量化是不足以挖掘深层意义的。④因此，美国学术界对于死刑实证研究的反思可以作为中国的借鉴。政治立场可能影响着实证研究的进行，使得死刑实证研究的价值大为降低，⑤如何尽量保持实证研究的科学、客观，仍然是学者们需要注意的问题。

更进一步地讲，或许论辩的双方很多时候并没有站在相同的论战场域之内。死刑的废除方倾向于论证死刑缺乏威慑力，但是死刑的支持方却认为威慑力是无关紧要的，例如民意测验中绝大多数的死刑支持者认为，即便可以很确定地证明死刑不存在威慑效应，他们还是支持

---

① William J., Bowers and Glenn L. Pierce., The Illusion of Deterrence in Isaac Ehrlich's Research on Capital Punishment. *The Yale Law Journal*, Vol. 1975(85.2), pp. 187 – 208.

② Cass R. Sunstein & Adrian Vermeule, Is Capital Punishment Morally Required? Acts, Omissions, and Life-Life Tradeoffs, *Stan ford Law Review*, Vol. 2005(58).

③ 例如，Sandra Schultz Newman et. al., Capital Sentencing: The Effect of Adding Aggravators to Death Penalty Statutes in Pennsylvania, University of Pittsburgh Law Review, Vol. 2004(65), pp. 457, 467, *Rudolph J. Gerber*, *Death Is Not Worth It*, *Arizona State Law Journal*, Vol. 1996(28), p. 335。

④ 参见叶启政：《实证的迷思——重估社会科学经验研究》，生活·读书·新知三联书店2018年版，第132页。

⑤ John J. Donohue & Justin Wolfers, Uses and Abuses of Empirical Evidence in the Death Penalty Debate, *Stanford Law Review*, Vol. 2005(58), pp. 841 – 845.

这种刑罚。① 死刑的威慑力本就是“民不畏死,奈何以死惧之”,②并非死刑支持者的主要动力所在。

(三)民众认同

民众能否接受废除死刑也是刑法学中提出的重要问题,但是这一问题是否成立或许还有待商榷。死刑废除论不可避免地需要面对死刑的民意基础问题,如何在日常研究中发现民意倾向?民意测验与实证研究的结合成为了检验死刑民众认同的重要手段。

广泛的民意调查需要充足的物质基础以及技术支持,因此研究者数量有限,即便如此,研究结论也存在差异。例如贾宇、贺志军的民意调查发现,倾向于保留死刑的人群占据了多数,③然而白建军基于包括讯问“中国每年执行的死刑数量太多了吗”等问题的大样本问卷调查却显示“中国民众的一般刑法偏好大概位于偏好全距中线以下略高于三分之一的水平。根据这个量化描述,中国民众的刑法偏好基本适度,并不属于重法偏好”。④ 结论的差异,或许源自调查群体、问卷设计等因素的差异,这也从侧面反映出民意调查的不稳定性。

民意测验与实证方法的结合在美国的死刑诉讼中同样被律师们用于说明废除或保留死刑的依据,但是最高法院在 Gregg v. Georgia 案中认为,死刑是符合“当代价值”的,其证据为陪审团裁决与各州立法中保留死刑,因此拒绝了被告方辩护律师提交的认为死刑应当废除的民意测验。⑤ 此后,司法诉讼之中不断有律师尝试将民意测验作为死刑存废的论据,却始终为最高法院拒绝,认为民意调查并未显示社会共

---

① Vidmar & Ellsworth,“Public Opinion and the Death Penalty”,*Stanford Law Review*, Vol. 1974(26),p. 1245.

② 《老子·第七十四章》。

③ 参见贾宇:《死刑实证研究之死刑观的调查报告》,载《法学评论》2005 年第 3 期;贺志军:《论我国死刑改革的罪行选择及民意引导——基于死刑民意实证调查数据的分析》,载《中国刑事法杂志》2009 年第 1 期。

④ 白建军:《中国民众刑法偏好研究》,载《中国社会科学》2017 年第 1 期。

⑤ Gregg v. Georgia,428 U. S. 153,96 S. Ct. 2909,49 L. Ed. 2d 859 (1976).

识,尤其是在缺乏立法表达的情况之下;①随着各州立法的调整,最高法院也在调整其死刑政策,但是依旧拒绝民意测验作为证据的效力。②

事实上,学术界也尚未对民意测验的可信度达成共识,学者们或是赞同民意测验的价值并提出改进意见,③或是认为"民意测验结论本身的信度与效度又不可避免地受到各种可控或者不可控的主客观因素的影响"。④ 需要注意的是,民意绝非稳定不变的,而是容易在社会变迁、舆论鼓动之下呈现出变化无常的面貌,即便民意测验能够准确地显示当时民意的倾向,也无法保证公众随后变更立场、改换意见。更何况,统计数据反映的未必是真实的想法,"统计上的普通人(平均人)只是存在于统计数据中,并不是我们所要寻找的人"。⑤

此外,对于大多数人而言,死刑是超脱于自己的生活之外的,因为刑罚的执行权已经被默认为归属于国家,在法律的规训之下人们也会认可国家执行死刑的对象不再属于"人民"的范畴,是需要严肃处理的"敌人"。因此"死刑并不会进入公民生活",⑥直到个案舆论引起了群情激奋。这些个案通常是情节恶劣、背离人伦极端案件,学术理论"往往在公众朴素的'不杀不足以平民愤'的强烈呼吁中瞬间坍塌"。⑦

此外,需要注意的是,刑法学家们屡屡提出通过"启蒙"民众的方式达到废除死刑的目的,可是自贝卡利亚至今,"启蒙"仍未没有完成。为什么刑法学家们推动民众迈向废除死刑之路受挫?或许是因为,布道的"先知"原本就是试图抢占主流话语权的少数群体。他们尝试唤

① Penry v. Lynaugh, 492 U.S. 302, 305, 109 S. Ct. 2934, 2940, 106 L. Ed. 2d 256 (1989).

② Atkins v. Virginia, 536 U.S. 304, 122 S. Ct. 2242, 153 L. Ed. 2d 335 (2002).

③ 参见于志刚、曹晶:《美国的死刑保留政策与新死刑保留主义——当前死刑存废之争的域外答案》,载《政法论坛》2013年第1期。

④ 梁根林:《公众认同、政治抉择与死刑控制》,载《法学研究》2004年第4期。

⑤ [德]冯·李斯特:《论犯罪、刑罚与刑事政策》,徐久生译,北京大学出版社2016年版,第96页。

⑥ [美]富兰克林·E.齐姆林:《美国死刑悖论》,高维俭等译,上海三联出版社2006年版,第176页。

⑦ 于志刚:《死刑存废之争的三重冲突和解决之路》,载《比较法研究》2014年第6期。

醒“沉睡”的民众,却不知或实际上明知自己正在走向“僭主”。因此,在“启蒙”没有奏效时,一些学者迫不及待地脱离了民众。例如法国,废除死刑依靠的是学者出身的司法部长巴丹德强行推动,即便多数民众依旧反对废除死刑。[①] 可是在中国,这条道路显然并不通畅。

(四)冤假错案问题

冤假错案中判处死刑造成错判结果无法挽回,是死刑饱受诟病的重要原因。冤假错案的悲剧使死刑废除论者能够在个案舆论中掌握更多的话语权,[②]其观点是“如果不能有效地防止错杀,死刑制度的正当性必将大打折扣”。[③]

死刑保留论者的观点是,冤假错案的酿成并不能完全归咎于死刑,废除死刑无法杜绝错判的发生,因为“为了达到同样的威慑犯罪的效果,判处徒刑的概率一定要比极刑更大,相应的徒刑犯错误的机会也会比极刑更多”。[④] 波斯纳批评认为,学者们夸大了死刑在冤假错案中的影响,杜绝错判的核心应当是构建运行良好的司法制度而非废除死刑。[⑤] 就中国而言,死刑的冤假错案多发生在特殊的历史时期,随着司法改革的推进,或许确实能够有效避免冤假错案的发生。

三、社会科学与宽恕论

以宽恕论支持废除死刑的学者认为,“只有对社会中的犯罪现象予

① 参见[法]罗贝尔·巴丹德:《为什么要废除死刑》,郭金灿译,新星出版社2017年版。

② 参见张文:《呼格错杀案与死刑废止》,载《中外法学》2015年第3期。

③ 陈兴良:《死刑政策之法理解读》,载《中国人民大学学报》2013年第6期。

④ [美]大卫·D.弗里德曼:《经济学语境下的法律规则》,杨欣欣译,龙华编校,法律出版社2004年版,第287页。

⑤ See Richard Allen Posner, The economics of capital punishment, *The Economists' Voice*, Vol. 2006(3).

以一定的理解与宽容时,方有可能引起整个社会的道德之进化”,①希望通过司法的推动,“为立法废除死刑进行思想和现实的准备”。② 可是这一理由很难成立,因为宽恕超越了法律的范畴,③而且还应当思考,司法是否有权宽恕犯罪人,是否只有受害者才有权宽恕凶手?④

在法律社会学的视野中,死刑与社会的道德净化并无关联。涂尔干认为,刑法的真正目的并非矫正犯罪人或是威慑潜在的犯罪,而是维护社会团结,“通过维护一种充满活力的共同意识来激励维持社会的凝聚力”。⑤ 随着社会的日趋集中,集体责任转变为自主责任,防止罪犯的逃脱成为了首要的问题,这导致刑罚的表现形式发生改变,曾经占据刑罚核心的死刑及其他肉刑逐渐被自由刑取代,“一般来说,最先受到这种退化影响的是那些最严厉的惩罚。也就是说,最严厉的惩罚最先变得逐渐缓和,然后消失掉。首先,得到减缓的是死刑的重罚,直到有一天,这种惩罚被完全查禁为止”。⑥

有别于涂尔干对集体意识的重视和浓厚的道德关怀,福柯将死刑建立在了权力的技术及其应用之上,在福柯看来,“死刑是一种合乎标准的对肉体的操作,是对身体的行为,是一种把权力的烙印铭刻在个人肉体、罪犯的身份上的仪式化的方式,或者至少在旁观者的恐惧中铭刻下对过错的记忆”。⑦ 死刑的正当性在于,惩罚犯罪本质上是社会的内战,是社会向那些挑战权威之人施加惩戒。死刑标志着权力的胜利,

---

① 肖世杰:《法律的公众认同、功能期许与道德承载——对刑法修正案(八)的复眼式解读》,载《法学研究》2011年第4期。

② 孙万怀:《刑事正义的宣谕——宽容》,载《环球法律评论》2012年第5期。

③ Carol S. Steiker Jordan, Let God Sort Them Out? Refining the Individualization Requirement in Capital Sentencing Crossed over: A Murder, A Memoir. by Beverly Lowry, *Yale Law Journal*, Vol. 1992(102), pp. 835,869.

④ 参见张建伟:《谁有权利宽恕凶手》,清华大学出版社2018年版,第119页。

⑤ [法]埃米尔·涂尔干:《社会分工论》,渠东译,生活·读书·新知三联书店2000年版,第70页。

⑥ [法]埃米尔·涂尔干:《刑罚演化的两个规律》,载[法]埃米尔·涂尔干:《乱伦禁忌及其起源》,汲喆、付德根、渠东译,上海人民出版社2006年版,第343页。

⑦ [法]米歇尔·福柯:《惩罚的社会——法兰西学院演讲系列(1972—1973)》,陈雪杰译,上海人民出版社2016年版,第10页。

“断头台只是引人注目的凯旋顶峰，一个高高金字塔的红与黑的尖峰。一切的刑法制度其实都被导向死刑，并由死刑支配”。①

因此，近代以来死刑的限制，并非权力的退缩，恰恰相反，是权力的触角延伸到了灵魂，刑罚“不仅控制犯罪，而且控制个人，不仅控制他们的行为，而且控制他们现在的、将来的、可能的状况”，②死刑的废除并非人道主义的胜利，而是权力更加高明、深入地运用，“死在断头台上的人越来越少了……既然权力的作用就是管理生命，那么导致死刑愈来愈难以执行的原因就不是人道主义情感的产生，而是权力存在的理由及其运作逻辑”。③

四、社会科学与死刑存废的新主张

社会科学的研究，为日渐枯竭的死刑存废争议提供新的研究方法的同时，也提出了新的主张，下文简单以其中法律人类学和法律认知科学的样例作述评。

（一）法律人类学：死刑的替代措施

人类学家的观察中，刑罚向来是重要的领域。马林诺夫斯基观察到，在南太平洋的部落中，死刑是对“当场抓获的通奸行为、侮辱当权者、争吵和小规模冲突行为的惩罚”，④此外还包括血亲复仇和战争。但是，并不是所有的血亲复仇都是必要的，除非部落首领或重要的成年男性被杀，否则血亲复仇可能只是停留在理论层面，而可以通过物质赔偿完成。如果死亡是因为死者自己的过错造成的，那么就彻底没有义

---

① ［法］米歇尔·福柯：《惩罚的社会——法兰西学院演讲系列（1972—1973）》，陈雪杰译，上海人民出版社2016年版，第19页。

② ［法］米歇尔·福柯：《规训与惩罚》，刘北成、杨远婴译，生活·读书·新知三联书店2012年版，第19页。

③ ［法］米歇尔·福柯：《性经验史》（第1卷），余碧平译，上海人民出版社2016年版，第115页。

④ ［英］马林诺夫斯基：《原始社会的犯罪与习俗》，原江译，法律出版社2007年版，第79页。

务了。

与之相类似地,是国内法人类学者对于少数民族地区“赔命价”制度的关注,并且希望以此作为废除死刑的论据。研究者们认为“赔命价可以更切实的解决问题,从根本上化解当事人之间的矛盾,维护当地的社会稳定”,①“与现代刑事法治是契合的”,②其中蕴含的民族法律文化,“应当成为少数民族地区刑法适用解释的重要根据”,③甚至认为“代表了人类社会废除死刑的进步方向,应当说不仅不比现行国家法落后,反而比国家法先进”。④ 应当说,国内学者们有限的研究往往存在将“赔命价”过誉的倾向,或者说为了支持自己废除死刑的主张而刻意宣扬赔命价。

但是“赔命价”可能并非所谓的先进制度。波斯纳从法律经济学的角度分析认为,初民社会受经济基础制约而存在以赔偿替代死刑的传统,因为“罚金是一种更为便宜的惩罚。一项罚金只是一项支付的转移,而监禁则涉及资源净消耗,包括被告在监禁期间放弃的合法生产”。⑤ 这种赔偿制度能够成立依旧需要特定的社会、经济条件,就藏区的“赔命价”制度而言,与藏区自然条件恶劣、生产力受限以及浓厚的宗教氛围相关。我国的西南少数民族地区,例如四川凉山、云南西双版纳等地区历史上都存在赔命价制度,这些地区在历史上向来是中央政府控制薄弱、地方势力强横的羁縻之地,时至今日依旧是国家权力难以延伸的地区。于是,不难理解为何1949年之后,政法部门三令五申,试图禁止“赔命价”。

---

① 杜文忠:《“赔命价”习惯的司法价值及其与现行法律的会通》,载《法学》2012年第1期。

② 苏永生、吴飞飞:《法律边疆地区的刑罚思维方式研究——文化与社会人类学的考察与分析》,载《吉林大学学报》(社会科学版)2015年第1期。

③ 苏永生:《“文化的刑法解释论”之提倡——以“赔命价”习惯法为例》,载《法商研究》2008年第5期。

④ 杨方泉:《民族习惯法回潮的困境及出路——以青海藏区“赔命价”为例》,载《中山大学学报》2004年第4期。

⑤ [美]理查德·A. 波斯纳:《正义/司法的经济学》,苏力译,中国政法大学出版社2002年版,第200页。

或许民族法律文化会是民族地区治理的本土资源,但是并不意味着在社会、经济基础发生变化之后继续坚持落后的文化。对于建设现代国家而言,一些历史遗留可能有着严重的隐患,尤其是藏区延续至今的“赔命价”制度背后,隐约可见宗教干涉世俗政权治理的色彩。就国家基础权力的角度而言,这种分享是对国家权力的削弱。[①] 从更广阔的视野来看,国内法律人类学对于死刑的研究是狭窄的,过于关注边疆少数民族地区的法律文化而忽视了更为复杂的非少数民族区域。或许这不仅是死刑研究中的问题,同时也是法律人类学研究中普遍存在的问题。

(二)法律认知科学:死刑对于特定人群是否有必要?

新兴的认知科学,正在成为人们要求废除或至少限制死刑的重要依据。认知科学与死刑的结合,与美国长期以来坚持对智力障碍者以及青少年处以死刑有关。认知科学的专家们频繁地提交专家意见,尝试运用认知科学的成果说服法官及陪审团相信,触犯死刑的犯罪人缺乏惩罚的必要性,因为他们脑损伤或发育不良削弱了他们的认知能力以及道德责任感,他们更适合终身监禁而非死刑。[②] 虽然我国刑法明确规定,精神病患者和未成年人并非死刑的适用对象,关注美国认知科学的讨论,或许仍旧有着借鉴意义。

法庭是否应当采纳认知科学的证据?美国最高法院在早期的 Penry v. Lynaugh 案中认为,虽然法官在量刑时需要考虑犯罪人的智力状况,但是智力障碍并不能单独构成排斥死刑的理由。[③] 到了 2002 年的 Atkins v. Virginia 案中,最高法院推翻了先例,认为经过认知科学检验的智力低下者,在理解和处理信息、沟通、学习、控制冲动等方面能力

---

① Wang, Shaoguang, Democracy and state effectiveness, ed. by Natalia Dinello, Political Institutions and Development: Failed Expectations and Renewed Hopes, Cheltenham [u. a.]: Elgar, 2007, p. 140.

② Richard L. Frierson & Ryan D. Finkenbine, Psychiatric and Neurological Characteristics of Murder Defendants Referred for Pretrial Evaluation, *Journal of Forensic Sciences*, Vol. 2004 (49), pp. 604, 605.

③ Penry v. Lynaugh, 492 U. S. 302, 109 S. Ct. 2934, 106 L. Ed. 2d 256 (1989).

显著下降,他们的犯罪行为是出于冲动而非预谋,在犯罪组织中他们也不可能成为领导者,因此他们虽然不能免予刑事制裁但是不应当承担完全的刑事责任。①

青少年的死刑问题,同样是美国死刑长期以来饱受诟病的重要因素。最早在 Stanford v. Kentucky 案中,最高法院认为"不能因为少年比成年人缺少认识认识的技能,就很少恐惧死亡,从而不能确定报应的目的",②然而这样的判决遭受了广泛的批评,最高法院不得不在 2005 年的 Roper v. Simmons 案中重新提出,"当一个青少年犯了可憎的罪行,政府可以强制剥夺其最基本的自由,但是不能剥夺他的生命,以及不能剥夺他对自己人性获得一个成熟理解的潜在可能",③并在 2010 年时以未成年人智力尚未充分发育为由,禁止对其处以终身监禁。④

法律认知科学虽然更近似于中立客观的自然科学,但是在法律中的应用还是受到非议。一方面,法律认知科学尝试劝说人们谅解认知能力低下的人们,因为他们无法理解自己的行为,处罚他们不仅过于残忍,并且也缺乏威慑力。⑤ 另一方面,认知科学的证据同样被用于证明那些已经犯下恶行的人无法适应社会,难以认识到自己的罪过,因此有可能再犯,实际上"我们的社会(无论是好是坏)很乐意于对这样的人执行刑罚"。⑥ 可以看出,法律认知科学在死刑存废争论中的作用毕竟

---

① *Atkins v. Virginia*,536 U. S. 304,318,122 S. Ct. 2242,2250 - 51,153 L. Ed. 2d 335 (2002).

② *Stanford v. Kentucky*,492 U. S. 361,109 S. Ct. 2969,106 L. Ed. 2d 306 (1989),译文参考了林维主编:《最高法院如何掌控死刑——美国联邦最高法院死刑判例经典选编》,北京大学出版社 2014 年版,第 394 页。

③ *Roper v. Simmons*,543 U. S. 551,125 S. Ct. 1183,161 L. Ed. 2d 1 (2005),译文参考了林维主编:《最高法院如何掌控死刑——美国联邦最高法院死刑判例经典选编》,北京大学出版社 2014 年版,第 491 页。

④ *Graham v. Fla.*,560 U. S. 48,48,130 S. Ct. 2011,2015,176 L. Ed. 2d 825 (2010),as modified (July 6,2010).

⑤ John M. Fabian,Death Penalty Mitigation and the Role of the Forensic Psychologist, Law and Psychology Reviiew,Vol. 2003(27),pp. 73 - 78.

⑥ O. Carter Snead,Neuroimaging and the "Complexity" of Capital Punishment,New York Unirersity Law Rereiw,Vol. 2007(82),pp. 1337 - 1338.

有限，无法在整体上为死刑存废提供解答。

五、结　语

当前中国的学术讨论中，并不存在绝对的死刑保留论者，其主张通常为暂时不宜废除死刑，而死刑废除论者也未必激进地主张立即废除死刑。但是双方均难以提出令人信服的理由。或许法学本身难以提供充分的理由，社会科学却有着更多的领域有待开发，能够提供更加令人信服的论据，本文仅是略举其中数例，挂一漏万在所难免。

综合来看，社会科学的方法为死刑存废的争议双方采用，作为自己立场的依据，更多地作为工具而非独立的观点。尽管有少数的研究，例如法律人类学和法律认知科学超越了传统的框架，提出的新颖的理由，可是能够适用的范围和影响较为有限，无法在根本上成为死刑存废争论的论据。

《法律和社会科学》(2018)
第 17 卷第 2 辑,第 294～326 页

对话白建军：在乎真相的法律实证

侯　猛　白建军　程金华*

一、法律研究的实证转向："做一些留得下的东西"

侯　猛：欢迎白老师来参加这次对话！您不仅是全国最早在犯罪学、刑法学领域进行实证研究的学者，也是目前国内做法律实证研究最有影响力的学者。通过这次对话，希望能够听到您从事法律实证研究的经历、经验以及展望。

我首先很好奇您的研究转变。您所在学科是刑法学，但您最早学的是犯罪学，后来转向做法律实证分析。这不仅跳出了部门法的界限，在方法上也转向了量化。这其中究竟发生了什么？

白建军：跨学科的确是我的一个特点。现在做刑法的朋友好像不觉得我是做刑法的，但实际上我

---

* 侯猛，中国人民大学法学院教授；白建军，北京大学法学院教授；程金华，上海交通大学凯原法学院教授。本次对话于 2018 年 3 月 19 日在北京大学凯原楼金杜法律俱乐部举行，由北京大学法学院硕士研究生谢可晟同学整理初稿。本稿经三位老师审定。

倒觉得，任何一个部门法的学科都关不住我。我对很多相邻的学科都感兴趣，特别是对学科之间的关联比较感兴趣。

从犯罪学转向了刑法学，我觉得可能中间有一个桥梁就是实证研究。实证研究不是典型的刑法学方法，而是犯罪学的研究方法。犯罪学的研究对象就是犯罪问题，又有实证方法，所以一脚迈进刑法学是很自然的结果。我甚至觉得，实证研究还是整个刑法现象和社会学理论之间的一个桥梁。没有实证研究的刑法社会学和没有社会学理论的纯粹刑法研究，即使可能相互参照，但基本上是隔岸相望。但自从有了实证研究以后，它们之间的界限就有可能打通了。

程金华：您最开始读研究生时候的专业是犯罪学。当时为什么选择这个学科，有没有要做这种学问的想法？我觉得这是同时发生的，就是一方面您有了自己的职业规划，另一方面您在职业规划当中就开始想做实证研究。您在研究生阶段已经基于调查问卷做研究，最开始的动因是什么，是谁跟您讲这个方法的？因为好像北大没有这个基因，至少那个阶段没有这个基因。

白建军：我是杨春洗老师名下第一个以犯罪学为方向的硕士研究生，1984 年的。我是没有本科文凭的北大教授，很多学生都不知道，被我蒙了这么些年。之所以没有本科文凭是因为过了高考年龄。我插队后留在当地，而且提干了，从村书记到大队书记，最后当上了公社党委副书记。

当地有一个很大的工程，就是做一个水电站。我领着 100 多个农民做了两三年水电站，从放线、施工、看图纸、打眼、放炮，都是我带着，我是总指挥。做到半截高考恢复了，但工程不能停。等我工程完了以后，他们告诉我说已经不能参加高考了。是年龄问题，从那一年开始超过 25 岁就不能考了。我已经过了，所以就回到北大旁听 1980 级的全部课程，然后就考研。

侯　猛：但您不是还要当书记吗？

白建军：他们给我停职留薪。县委说你走吧，你愿意上哪儿就上哪儿。我们给你工资，但书记你就别当了。我当时还是归县委组织部管，我考上研究生以后,才回去办的手续,我说你们别给我工资了,我已经有人给发奖学金了。

对于研究生期间的学习,我到现在都觉得是很用心的。用心用在什么地方?刚才金华也提了,我自己编制了一个调查问卷,有30来个问题,铅字排版,印了500份。先到天津监狱做试验性调查,我先做小样本试验,剔除掉那些不敏感的问题,最后做成最精制、最经济的问卷,然后进行大范围调查。具体说就是山东9个监狱,像潍坊、莱阳、淄博等城市,包括当时的威海,那里没有监狱我也去做了调研。那个时候我拉了一个小行李车,放一个行李包还有满满一包问卷,跑到9个监狱去做调研,然后回来做统计分析。然后你再问到为什么这么干?现在研究生有这么干的吗?博士生有这么干的吗?

常常有人问我,进行这样的实证研究觉不觉得孤独。其实我也挺爱热闹,我也是一个爱热闹的人,也是一个“人来疯”。例如,这学期在一个500名学生的教室里,我可以在一次“犯罪通论”课,两个小时里头,引发若干次高潮。学生跟我互动的那个氛围特别好,因为有了一个互动的气场,我的一个语气,任何一个反应,他们都会跟你沟通,特别享受。

我虽然很爱热闹,但是我不怕孤独。我甚至不怕孤立,但是我怕孤寂。寂就是一种内心的那种无趣、无味、无聊,我怕这个。所谓的无趣、无味、无聊,就是没题目,内心没有那种探索的冲动。这个对做研究来说是最可怕的。如果只是论证一个你知道,其实很多人也都知道的东西,这个是很无趣的。我所说的有趣就是你有很多未知,还得通过探索才能知道。

说到为什么做实证,我大概捋了这么几个东西。

首先,我做实证研究很偶然。说白了我是第一个做犯罪学的研究生,我满心以为我留校以后应该开《犯罪学》。但很遗憾,当时领导没有安排我讲主课,而是安排我讲《犯罪学研究方法》。我也不知道出于这次安排的偶然,还是个人特质中就有这种必然性。反正就是偶然促使我自学各种方法,包括所有的社会学方法,按现在说就是实证方法。

侯　猛:犯罪学里还有很多分支领域,比如犯罪社会学,犯罪心理学，很多是定性研究，您为什么偏偏做起了定量？

白建军：这个就再往下一层说了，就是做实证对我来说有趣、好玩。所谓有趣、好玩，就是它有一种发现的乐趣，它不是研究各种理论。当然各种理论之间比较、分析也是很有趣的，但是实证研究这种发现客观逻辑的研究，是一种非常奢侈的享受。

比如说当你把50个国家的刑法典都买齐了，还有50个国家的年鉴数据。然后你会发现这里有刑法现象的各种数据，这里有它们的政治、经济、文化、人口的数据，它们之间有什么关联吗？怎么把它们关联起来？于是我就把50个国家的刑法，分则中13,000多个罪名，一个罪名为一条，然后罪名后边有各种跟着变量，有的有死刑，有的没有死刑；有的是暴力犯罪，有的是财产犯罪等一系列，你就可以一下子，13,000多条个罪名，然后从几百列，几百个维度，几百个视角去观察这背后的关系。①你会觉得，如果你挖掘出来的东西，别人谁都不知道，唯独你发现了。这种乐趣有几人能享受得到？我做到了。而且不是那么难，可能也挺累的，但是太好玩了！

程金华：上课这个原因应该是留校以后吧？但您发问卷做硕士论文本身是在研究生期间做的。

白建军：是，你抓住我一个漏洞，我上课是在研究生之后。还有一个因素，就是我的导师，大杨老师即杨春洗。到现在我认为他带学生，至少对我，给我最大的帮助是什么？就是不大管我。这个导师太好了，因为他刚确定收我当研究生，就去烟台当校长，事无巨细，都得他管。但是，他给了我一个激励，"小白，犯罪学没有人系统地写。你可以利用读研究生期间写一本犯罪学"。我当时意识到我是可以写书的人。我以前总觉得都是大人物才能写书，我也能写书吗？

侯　猛：所以，您在1992年出了一本犯罪学的书？

白建军：对，其实就在他给我自信，给我充分空间的基础之上而完成的。当然再往前追，就是跟我在北大这个院里头，从小在这种氛围里熏

① 参见白建军：《犯罪轻重是如何被定义的》，载《中国法学》2010年第6期。

着有关。我家在中关园,园子里大家云集,黄昆都在我们那个楼上。“文化大革命”时期,我们去现在的老生物楼里看批判资产阶级权威的展览,里面都是理工东西。包括我们班同学的父母,也是理工科教授的多一些。我觉得这些氛围对我很有影响。什么叫“做研究”,“研究”这个词对我来说就特别诱惑。“做研究”就是探索未知的东西,不是整理各种已知的东西。

程金华:这种氛围对以后走学术道路有很大影响。后来选题做监狱的研究有没有受严景耀老师影响,还是当时有特别的因素让您选监狱的选题?

白建军:那时候看了严景耀的书。[①] 但是当时杨殿升老师讲《劳改法》,而且我自学了《教育心理统计学》,我那时候好多基本概念都是从那里来的。我还选了一些课,你们都想不到,我上了《生物实验》《生物学》,我去做蟾蜍解剖。我还选了《心理学》,我还选了胡寿文老师的人类学,那是我们邻居,我们一个楼上的。我还通读了潘光旦和他翻译的《人类的由来》。[②] 你说现在有多少法学硕士还读这个?当时我也不知道我为什么读,我就觉得这个东西肯定跟理解人有关系。犯罪人嘛,杀人放火的都是人,因此要先了解人。也跟专业有关系,龙勃罗梭这些人都是人类学家。所以他们好多人都说我有“理工男”的感觉。后来我确定了自己要做什么,就自己跑到社会学系,那时候有一个姓阮的老师讲 SPSS,我就跟他学了 SPSS。

程金华:那时候就已经有意识去学习这方面的东西了?

白建军:对,就是这个乐趣,我今天特别想强调这个。能在研究当中感受到好玩,感受到这种驱动力是挺不容易的一件事。我有时候真有这种感觉,就是一个好的选题我舍不得写,动了笔就舍不得写完,写完了的那一刻觉得发不发已经不重要了,但就觉得是结束了,特失落,很怀念那种发现过程的乐趣。

我再举一个小例子,比方说我发现一个“剪刀差”,这是一个在《中

① 例如,严景耀:《中国之犯罪问题与社会变迁的关系》,北京大学出版社 1986 年版。
② [英]达尔文:《人类的由来》,潘光旦、胡寿文译,商务印书馆 1983 年版。

国社会科学》发的关于犯罪率的研究。[①]我发现中国的犯罪率在20年间是往上升的，但重刑率，就是5年以上有期徒刑，包括死刑、无期徒刑的适用率其实是在走低。这显得不符合常理，因为看起来你犯罪多了，应当是投入更多的惩戒资源，但另一方面重刑率却走低，而且这是法官群体20年间的集体选择，这背后的理性到底是什么？然后我做了一些分析，就用社会学的理论——芝加哥学派的相对剥夺论，考虑这一段中国的分配机制出现的问题，巨大的基尼系数等。把这些理论也用上了，又发现了实情，我就觉得非常有趣。总之，有兴趣可以说是一个因素。

解释我为什么做实证，更重要的是我们这一代人，至少我们这一代人中的一些人，是被骗大的一代人。我们被告知的很多东西，现在看来都不是真的。而且我们发现，他们其实知道不是真的，却告诉我们这样。有些人的确不知道这些不是真的。包括我们的老师，中学老师、小学老师，他们不知道或者似知道似不知道是真是假，但是就这样告诉我们。

比如1969年，就在咱们东操场这边开一个全校大会。那时候美国登月成功，北大一把手当时有过一个讲话，其中有一句话，"要先搞好地球的事情，才是真马克思主义"。当时我们这些小孩听了简直是热血沸腾，"我们才是马克思主义，你们不是"。现在想，这哪儿跟哪儿啊？首先我觉得，这不是马克思的错。但是这些唱马克思的人，说马克思的人，靠马克思吃饭的人，加了太多自己的东西进去，然后让我们这些人误以为真的。玩弄个别事实去讲一个所谓的"真理"。我觉得我们是被骗大的一代人，特别现在开始意识到了。这样就更加有一种强烈的感觉：我们至少别再骗人去了，我们是大学老师了，我们不能再一代一代骗过去。等他们长大了，他们五六十岁了，会发现我们这时候讲的似是而非的东西，是其实可能我们自己都不相信的东西。这不能重演了。

我觉得我的老师他们很可能知道自己说的东西是错的。后来我发现他们写回忆录，讲他们怎么跑到玉米地里喝白酒，怎么恨那时的工宣队、军宣队。我想，你们都知道啊，你们怎么跟我们讲得头头是道，闹得

① 参见白建军：《从中国犯罪率数据看罪因、罪刑与刑罚的关系》，载《中国社会科学》2010年第2期。

我们热血沸腾的。我就想,我们的学生绝对不能反过来再骂我们,这就是为什么要做实证的一个真实想法。

侯 猛:您觉得做实证的意义,就是要把事实真相给它揭示出来?

白建军:就是不能够轻信任何所谓定论、通说,那些"应然",那些告诉你应当这样那样的说法。现在的很多学生只会"应当这样,应当这样",尤其法学的学生。一整套东西,都是让你感觉到特别的不可质疑,当然正确、理性。我就觉得这样的说法太多了,可能有些需要证实,需要知道"实然",需要至少有一条路去知道,你这个"应然"可不可检验。

所以有两种结果,就是我们这一代人里头,要么就是有人去直接反思。但说老实话,我没那勇气,我做不到,我的专业也不适合反思那些事。所以我选择了另一条路,就是沿着这个大的导向,做好自己的领域。也许我的每一个具体的研究,本身其实很粗糙,甚至是不正确的。但是我走这个路,我就想跟大家说,要去知道"实然",不要轻率地告诉学生什么是"应然"。

我一直有个担心:几十年以后,人们想起来,问问那个时候的北大教授都在干嘛,我们拿什么交代?我想与其继续骗下一代,不如做一些留得下的东西。这是很朴素的一个想法,就是做一点留得下的东西。

所谓"留得下的东西"是什么?反正,像"我认为如何如何"的这种学问,以后肯定很少留得下。与其留不下来,还不如做一点"我发现",就是做一点那种规范的实证数据和分析结果。用规范数据和分析结果固定下来的东西,可能几十年以后还留得下。人家还会翻出来,发现那时的犯罪率分析跟哪些变量有关,前人都用了哪些维度,他们的模型是怎么样的,他们的系数是怎样设定的。这个可能会留得下来。

二、法律研究的实证方法:"体用相合"

侯 猛:这30年间,您做这些"留得下的"研究的过程中,可以分为哪几个阶段？研究领域涉及哪些方面，做过哪些您自己比较得意的题目？

白建军：我想先沿着我自己总结的经验研究的两个经验开始谈起。第一个经验就是四个字：样本可靠。

说实话，我的东西引用率不高，但是为什么还能被发表，还能在法学三大刊上发。一个是因为我做实证。很多人也做实证，但是我这个实证的可靠性、可推论性、规模都还算靠谱。所谓留得住的东西，首先就看样本。实证研究是观察、挖掘、筛选、运用样本的艺术，基本就是点石成金，“石”就是样本。这是用样本说故事的艺术。我的一个信念就是真理藏在大量事件背后，到今天我上课还是讲这一点。

那种人为地、有选择地筛选极端事件、个别事件而造就的所谓“典型”，在我看来其实是非典型事件，然后被用来说故事。比如，外国登月不是真马克思主义，类似这样的事情之所以不可靠，就在于它们不是用真正的大样本去说故事。当然这里头有几个小点，其中一个就是什么是大样本，其实大小也是相对的。当然规模大一点会比较可靠。

有一种质疑就是，像孔飞力的《叫魂》①，像费孝通先生的《江村经济》②，像朱晓阳的《小村故事》③是小样本，但是也都成为经典。我觉得它们实际上也是大数据，这是一个田野点的大数据。④ 这要考虑到这些调查的有多大时间跨度，然后含有多少维度。你想这些研究的资料包括买菜的账本、人口数量等，你把这些东西算进来，你能说这不叫大数据吗？还有一个例子就是乔布斯。因为乔布斯有钱，为了定向给药，他的癌症分析做到了全部基因序列测量，然后有计划更科学地给药。这不是大数据吗？虽然乔布斯是一个个体，但也是大数据。我曾经被学生质疑过，而且以为我没得说了，我就说你知道费先生在英国出这个书有一个故事吗？他说我不知道。当时的英国编辑就让他改名，让他改成《中国

---

① 孔飞力：《叫魂：1768 年中国妖术大恐慌》，陈兼、刘昶译，上海三联书店 2014 年版。

② 费孝通：《江村经济》，上海人民出版社 2013 年版。

③ 朱晓阳：《小村故事：罪过与惩罚(1931—1997)》，法律出版社 2011 年版。

④ 参见白建军：《大数据对法学研究的些许影响》，载《中外法学》2015 年第 1 期。

农村经济》,费先生就坚持不改。这就是实证研究的规则:看到什么说什么,看不见的,想象出来的事,那不是真实的。但是谁能说费先生的这个《江村经济》不具有代表性,不具有可推论性?谁都不会这么说。所以这就是一个很好的例子,是一个对样本规模的解释。这是样本的规模。

第二个就是随机。你得是随机生成的数据,你不一定是全样本,不一定是大数据,但得是随机生成的数据,这个不用多说。

第三个就是要有多维度,用尽可能多的视角去观察这个大样本。而且我的体会就是:维度越多,你能运用的统计分析工具就越多;能运用的统计分析工具越多,你就感觉越能够自由地在研究当中表达你的一些想法,进行信息挖掘。

具体来说,我的样本策略有几个。有的是全样本,像把某国的法条全部收集起来就是全样本。有的是准全样本。像最高人民法院的全部公开的数据、案例收集起来就是准全样本。又如在裁判文书网出现之前,我就把所有的最高人民法院出版发布过的真实案例全都收集起来。难道这不能代表中国法官吗?谁也不好说。还有就是局部全样本。你比如说三峡工程的全部贪腐案件,我都有进行收集和统计。我能算出来这个工程,800亿当中有百分之几涉贪,这个数据中外瞩目。这种样本不是全国范围,但也是一种局部意义上的全样本,而且很有意义。而且中国这种大型移民项目太多了,房地产、修机场、修路都要移民,移民就会有钱分到村里的可能性,就有贪腐的可能性。所以这是这种研究的代表性。

现在我们研究当中有一种对小样本抱有过分自信的倾向,夸大小样本的作用。这样会给学生一种错觉,以为现实世界就是这样的。

侯　猛:虽然您专门强调不要夸大小样本的作用,防止对小样本过分自信的倾向。但另一方面,您也提到,我们用一个点照样也可以找到充分的信息,找到大数据。我感觉这两者之间存在一定的张力,有些矛盾。

白建军:但你别忘了,我刚才提到的那几个点,内部都包含着海量的数据。而在讲教学案例的时候,往往那一个案例只取它一个维度、一个角度，至于它是什么时间、空间一概都不问。

程金华：在某种意义上可能这么讲，您觉得这个定性研究属于深描，是一个不断往下挖的过程，本身就是一个无限信息的挖掘过程。

侯　猛：深描是人类学的强项，不过有些学者就不太看得上人类学的民族志。他会觉得民族志的写法经常絮絮叨叨，事实过于琐碎，反而没思想。

程金华：但好的人类学作品还是能够提炼这些东西。

侯　猛：是的，这就是刚才白老师讲，您这个点能够把很多信息都能够汇集起来，而不是零散的。

白建军：对，而且甚至可以做定量。你看《江村经济》里头，很多都是定量统计。我们现在要是到一个监狱里头，把那个监狱里头所有故事说清楚，那也是很牛的。这里面的故事挖掘出来做定量做定性都足够了，但是很少有人做这种研究。

我有一个判断：好的研究不是定量不定量的问题，不是做不做实证的问题，是在不在乎真的事实，在不在乎真相，是不是真的在乎理论和实践的深度关联。

还有一个，你比如说我们出去随便问三个人：你赞成废除死刑吗？也许有两个赞成的，一个不赞成。回来你把这三个数据输入 SPSS，回归、作图、交互分析照样全能做。但是这个结果你自己信吗？你自己都不信。所以说关键不在量化不量化，不在实证不实证，就是你在乎不在乎真实，在乎不在乎真相。

说到经验研究的第二个经验，可能是更重要一点，就是我管它叫“体用相合”。实证的研究，我觉得它是一种方法，它本身不是理论，它是一种“用”。关键还得有“体”。我说“体用结合”，就是实证研究的方法要融入定性的概念、法律规则、原则以及法学理论，乃至社会学理论，要回答这些实体理论希望回答的问题，至少是有助于回答这些问题。其实这里头有点暗示，就是如果没有实证研究方法，这些理论有的时候回答不了一些问题。

纯理论研究，纯抽象的规范学研究可以没有实证，但实证研究不能没有理论,没有"裸"的实证研究。可以有"裸"的理论研究、定性研究,但没有"裸"的定量研究。实证研究没有理论就没地方待。我举个例子,有人说我的实证研究就是定量,只是算数,但其实这些研究没有定性什么都不是。我的例子就是我的"裸刑均值"研究。①大家上大学这么多年,在教科书里头很难发现有人告诉我们,量刑从重从轻从哪儿开始,从哪儿以上就叫从重,从哪儿以下就叫从轻。法律没有规定,任何教科书也没细说,至少没有说得非常透。

自打有了大数据,我开始用大量的案例来说明这个问题。我把常见犯罪做了一个分析,去掉了一些已经有处理从重从轻情节的案例之后,筛选出那些没有任何量刑情节的只有基本犯罪事实的案例,然后用这些基本犯罪事实案例的平均量刑水平,去说明量刑的从轻从重的参照值。

而且我意外地发现,马普外国与国际刑事法研究所的所长 Albrecht 教授他评教授的那本专著就是研究这个的,叫《重罪量刑》。②他把德国和奥地利的数据做了比较,结论就是法定刑从底线往上走 1/3 处,就是普遍的量刑平均水平,比这个重就叫"从重",比这个轻就叫"从轻"。而我发现的中国常见犯罪裸刑均值在哪儿呢？大部分犯罪都在法定刑中间线以下 10~15 个月不等,基本上跟他的那个发现相吻合。所以我就说,这是一个跨国度、跨法域,超越意识形态的司法官员的集体理性、职业理性、平均理性的证明。

侯　猛:您刚才讲,计算出那个均值的位置,然后往上往下就是从重从轻。但这是一个实然标准,如果我们做规范分析,会讨论符合什么样的条件应该从轻处罚,符合什么条件应该从重处罚,这是一个应然状态。虽然实然上您告诉我在这均值以下是从轻,以上是从重,但您不能推导出规范层面,我们该怎么去理解这个问题？

白建军:这的确是个问题。问题在于学者们所说的从轻从重的基准

① 参见白建军:《裸刑均值的意义》,载《法学研究》2010 年第 6 期。

② 参见[德]汉斯－约格·阿尔布莱希特:《重罪量刑:关于刑量确立与刑量阐释的比较性理论与实证研究》,熊琦等译,法律出版社 2017 年版。

线,如果说不是经验的话,那是什么。好像他们已经有了一个标准,但是不告诉你,不明确规定。所以才有了所谓的"中线说"。后来好多法官跟我说:"这不行,按这个来就麻烦了。"再后来我理解了什么叫"麻烦了",因为我发现的均值都比法定刑低,按照中线说,你就得把所有全国法官判的案子都往上提10~15个月。这个后果不说是灾难性的,也是一个很不合理的结果。无论从司法成本、从公平正义,还是给罪犯家庭带来的负面影响,都很不好。

谢可晟:刚才白老师讲到了德国和奥地利的情况。我注意到最近社会科学界一个比较热门的话题,就是"社会科学本土化""实证研究本土化"的问题。白老师您在做研究的历程当中,对这方面大概是怎么看的?有什么感受?

白建军:我有一个想法叫作"世界的方法,中国的问题"。科学方法是通行的,没有说是中国的R-Square和美国的R-Square。但是问题一定是不一样的,就连美国的今天跟美国的昨天,跟美国的明天问题也不一样。所以只要方法是通用了,任何时空的问题都是它的特定性,仅此而已。

接下来我就想说,其实强调"体用相合"的意思,大概就是强调发现的乐趣。发现实证的方法和社会学理论、刑法学理论、犯罪学理论的融合,这让我至少有这样几个具体的发现。

一个是基于实证研究,我提出"控制社会控制",并写成论文。[①]我发现大家都在说"犯罪控制",其实这个"犯罪控制"首先是应当好好控制的。这个也是我根据各种研究自然推出的逻辑。我记得那时候程金华还没有毕业,我带你去听我的一个金融犯罪的讲座。那时候我那篇文章还没成型,我在车上跟你讨论。我一说出这个话以后,你当时的反应就特别正面,你说这个行。因为我觉得很多问题,其实都是社会控制带来的,都是犯罪控制造成的。像我最近好几篇文章,其实都是这个意思,包

① 参见白建军:《控制社会控制:一种犯罪学范式的分析》,载《中外法学》2000年第2期。

括“司法潜见”,[①]包括“刑法偏好”。[②]都是主体自身的一些东西投射到了客体身上,然后就说客体有毛病。你不去自己检讨自身的问题,还说是其他人的问题。当然这个理论基础来于犯罪定义的主体性,就是犯罪化理论中的主体性。我们经常讲一些电影,像《十二怒汉》,其实都是在强调在裁判过程当中,每个人自己家里的问题都外溢出来,表达到了他对这个当下案件的审理之中。这是一种需要控制的地方。

再一个,我研究了犯罪的经验定义。我举个例子,就是大家都知道当场暴力取财是抢劫。“当场”不是约定明天,就是我当场对你使用暴力,让你给我钱财;而不是让你明天给我,那叫“敲诈勒索”;或者不是让第三人给我钱,那叫“绑架”。我做了一个好玩的研究。好玩在什么地方?我就发现很多案件都是,检察院一开始说这是个抢劫,因为它是当场暴力取财,但这个案件最后——不管是有了好律师,还是法官的因素——反正不定抢劫了。我当时穷尽了所有这一类的案件,一个一个看,最后做出了一种类型化的描述:什么情况下的当场暴力取财不是抢劫。实际上我在说一个什么道理?就是我在三段论当中插进去一个经验定义,并且判断什么经验定义下当场暴力取财是抢劫,什么情况下的当场暴力取财不是抢劫。

自从有了我这个研究以后,律师们说很有用。如果所有罪名你都给我们做一个这样的研究,我们就知道被控某一罪名的情况,其实不是这个罪名,而是另一个罪名。这就让三段论推理变成人们从一只盒子里头拿出来事先放进去的一些东西的过程。我的这个经验定义的方法,它不能告诉你盒子里肯定有什么,因为盒子里头东西在立法的时候大家都知道了,就写“当场暴力取财的是抢劫”。一旦立法完成,这些立法者解散,谁也不知道那个盒子里到底有什么,都是靠猜。法官、检察官、律师都是猜,说那个盒子里当初有这个意思,那时候当初就没这意思。而我的这个方法,如果样本大到一定程度,它至少告诉你,那个盒子里头其实没有什么。

---

① 参见白建军:《司法潜见对定罪过程的影响》,载《中国社会科学》2013年第1期。

② 参见白建军:《中国民众刑法偏好研究》,载《中国社会科学》2017年第1期。

程金华：就等于说把法官积极选择的众数作为你的小前提放进去，起到了填补法律空白的实然效果。

白建军：对，叫不叫小前提，我不知道。或许可以叫半个大前提，或者叫多半个小前提。而且这个发现，你说是理论，这是纯实证吗？这肯定不是纯实证研究、量化研究。这就是强调归纳，多一点归纳，少一点三段论的演绎。这是将实证研究的方法融入了具体的研究当中，这难道不是一种“体用相合”？

还有一条就是我在长期使用实证方法之后产生的信念——公正是可以检验的，也就是公正具有可检验性。①在我看来，从大样本的意义上说，任何审判结果的质量都是可测量、可检验的。这进而还可以推出一个说法，就是任何裁判结果是可预测的。这要说起来，又得说到韦伯的法律机器：这边塞进事实，那边出判决书。其实从大样本意义上说，裁判结果是可预测的。它的原理就在于公正是可检验的。而公正可检验的方法，你说是实证还是理论？在这里也是“体用相合”的。

侯　猛：公正怎么去检验？是通过大样本得出一个数据，比如说通过已有的判决，发现15年是一个均值，是比较合适的刑期，结果你这个案子如果判了20年，这就不公正了，是这样吗？

白建军：不是这个意思，你这个问题很有质量。我简单解释下“公正的可检验性”。如果一个案由所适用的法律明文规定了A、B、C、D、E 5个法定要件。那么我就可以想办法，把这个案由下的裁判文书大样本找来，用A、B、C、D、E作为模型中的自变量，去解释因变量，也就是去解释是否构成这个罪，该判多重的刑。这就是在收集大量的案件的情况下，用法定要件去解释判决结果，而且得出这些法定要件在多大程度上解释了裁判结果。最后是会用一个值来显示的，这个值就是R-Square。这就是多元线性回归的分析方法。这个R-Square通常都是0到1之间，可以换算成一个百分数。如果你说在A省判决的所有这个案由下的案件中，法定要件解释了30%的判决结果；可是B省，还是这5个要件，出来

① 参见白建军：《基于法官集体经验的量刑预测研究》，载《法学研究》2016年第6期。

的R-Square假如说是0.5,也就是B省的这个案由下的法定要件解释了50%的裁判结果,也就可以说它的合法性程度是50%。你说哪个省的合法性水平高?

你合法性都有这样那样的差异,公正就更有讨论空间了。这就涉及我最近一篇论文,发表在《探索与争鸣》上。①那是在讨论A、B、C、D、E以外,其实也有合理因素,就是案外因素。案外因素在多大程度上解释了裁判结果,也是可以分析的,但是分析前提就是合法性程度得高。合法性程度如果不高的话,案外因素无论公正不公正都没什么好说。简单说,合法性水平在大样本视野当中是可量化的。

既然是可量化,就是可比的,既然具有可比性,那就是管理裁判、审判的一种新的思路。这是我一直想说服最高人民法院采用的方法,去对31个省市的刑事案件,或者常见犯罪案件的审判质量管理。但是这个很难跟法官们说清楚,特别是如果对回归分析的基本原理不了解的话。

侯　猛:这一套方法把这个案件审判质量计算出来之后,作为法官,他如何进行策略调整?通过您的这个结果,能不能给出一个可以进行调整的方案?

白建军:这个跟大学排名一样,我就想办法提高法定要素对案件裁判结果的影响,尽量挤压案外因素的空间。我绝没有说案外因素是不对的,但我是说,案外因素越多,你这个案件的法官承担的论证成本就越高,你就更得说清楚为什么。各省各级法院都可以用这个方法。如果就用这个方法,每个法官判的几百个案件,几千个案件统计下来,你不能今天这么判,明天那么判,判决的稳定性可以掌握。

而且法官根据这个调整起来是有方法的。因为凡是应该被调整的那些案例,一定是在均值以外偏差比较大的案件,那些离散值或者标准差比较大的案件。那些案件你单拎出来,看看你法定要件决定因素是多少,剩下的就是案外因素,这些都可以看得见。只不过我们没办法分清案外因素哪个是有积极作用的,哪个是有消极作用的。

---

① 参见白建军:《法律大数据时代裁判预测的可能与限度》,载《探索与争鸣》2017年第10期。

程金华：在一个公式里面的确可以同时做的。因为我们可以同时把法定因素和案外因素作为自变量放进去，如果同时显著就可以了。还可以做进阶模型，比如说假如先把 6 个法定要件放进去，发现解释了 30%。你猜测其他可能发生影响的案外因素是什么，然后放进去。如果 R-Square 提高到了 50%，就说明这些案外因素的影响很大。

白建军：这是好玩的事，可以大范围影响法官的行为，也是利国利民的事。

侯　猛：最高人民法院对于审判管理案件评估体系也做了好多指标，有 30 多个指标，每个指标都加上权重系数。最高人民法院还专门制定司法文件，出版理解与适用的参考书，将这一套指标体系在全国法院推广。

白建军：我知道。这种东西无非是两大套路，一大套路就是人为拟定一些系数，但这是很主观的方法。刚才我们讨论这套方法，是一个一个用真实案例归纳出来的结论，用科学中的实验式的方法，这就是我说的真相。你不能够用一些貌似的实证的方法去评估，甚至可能还进一步把一些不真实的东西放了进去。总之，还是得用科学方法找到真相，然后想办法怎么能把这个东西变成法院的行为，撬动法官们合法判决的积极性。

程金华：我还真没从这个角度想过这个问题。虽然这个事可以做，但关键是把这个法定因素和非法定因素能够抓准了。最大的问题是，可能法律因素相对容易标准化。

白建军：司法解释写得清楚极了。你逃逸的，没逃逸的，你酒驾的，你没酒驾的，这些都进去了，才解释 30% 的裁判结果，我就问你那 70% 去哪儿了，离得也太大了。

程金华：剩下的 70% 很难标准化，甚至你找不到这些信息。这些信息在卷宗里面。

白建军：对，得看卷宗给不给你，再看看审判委员会谁投了赞成票，谁在哪儿有纪录没有，有没有领导批示。这些东西如果都进去，我跟你说就热闹了。

程金华:能够解释百分之六七十就不错了。

白建军:至少是具有可比性,这个人们还是相信的。回到刚才那个话题,就“体用相合”,到底哪个“合/和”好?

程金华:我觉得还是用“人一口”。

白建军:我写的也是这个。

程金华:那个“和”,反过来是不和。“和”的话你可能就说“和而不同”,这是一个更低层次的要求。那个“合”实际上是……

白建军:融合。

程金华:对。你有三种状态,一种是“冲”的状态,如果不冲突的话就是谐和的和。谐和里面有两种:一种是彼此间我不冲突,也没有融合;另一种“合”应该是“融合”的“合”,是更高层次的。

三、法律研究的实证培养:“体系化”与“通识化”

白建军:如果大概回顾一下,从实证研究的发现,我觉得三个概念值得一提:一是“控制犯罪控制”,二是“公正的可检验性”,三是“犯罪的经验定义”。这些东西我都觉得是挺好玩的发现。不过我今天说句心里话,它们没什么影响。我觉得不是我捏造出来的东西,是真正客观发现的东西,怎么没有什么后续的跟进?肯定毛病是出在我这儿,是什么毛病?

程金华:您的研究得往前跨一步,跨到跟程序、跟管理相关的东西,变成一个工作的抓手,而不是一个纯粹的学术研究。因为这些研究现在还基本上在“实验室”里,到产业还有一个过程,需要把它机制化。现在人家可能会觉得这是个有趣的刑法个案的研究,跟他们的审判管理和司法改革还是有距离,这个知识还要转化为他们在实用中的改革策略。

白建军:还不如做教义学。通过研究一个个的个案研究,马上就会产生影响。那天我一个学生批评我说,“白老师您没培养出来话语环境”。

侯　猛：您的很多结论其实是有普遍解释力的。我上《法律和社会科学》这门课，就把“司法潜见”[①]那篇文章，以及“刑法偏好”[②]那篇文章当作我的第一讲和第二讲的阅读材料。因为我第一讲和第二讲就讲的是“事实认定与社会科学”和“法律适用与社会科学”，而您的文章其实都有一些归纳性的东西在里面。

您的学术工作如果再往前推进，应该再写教科书。这样把过去的东西，比如“控制社会控制”[③]“犯罪的经验定义”[④]给体系化。因为之前我看您的文章，比如“司法潜见”，都是归纳的逻辑。我们现在要把它变成演绎的东西，用体系化来解释。大概就能知道如何按照这样一个东西重建我对于法律现象的理解。对于一个学生来讲，一开始需要接受的就是这样的体系，等于说把您的东西变成教义。一旦把它体系化以后，上课就不是一个举个案的过程，而是在告诉大家，我整个体系里面有这么几个重要的点，让大家带着这样一个问题去看周围的事情。

程金华：像法经济学或者经济学解释很多都是这样的。我一直觉得经济学的一些分析其实都是很像教义学的，用成本收益分析，还有一些非常成形的理论体系，它就是个教义。

白建军：是嘛，可经济法的老师们都不怎么觉得自己是在做教义学。

侯　猛：所以他们就没有理论化。包括我自己在内，都没有提升到一个体系层面，还只是概念层面的研究。尤其是我看您的“司法潜见”，包括“刑法偏好”，就是您已经有的一些重要结论，而且结论是有一般性的，是有解释力的。还有一些比较重要的概念，这些概念也许不是你单独提出来的，但是非常重要，包括“弹性刑法”[⑤]也是。这些概念都是作为您实证研究的分析工具，但没有把它体系化。您可以重新把您以前的

---

① 参见白建军：《司法潜见对定罪过程的影响》，载《中国社会科学》2013 年第 1 期。

② 参见白建军：《中国民众刑法偏好研究》，载《中国社会科学》2017 年第 1 期。

③ 参见白建军：《控制社会控制：一种犯罪学范式的分析》，载《中外法学》2000 年第 2 期。

④ 参见白建军：《中国民众刑法偏好研究》，载《中国社会科学》2017 年第 1 期。

⑤ 参见白建军：《坚硬的理论，弹性的规则——罪刑法定研究》，载《北京大学学报》(社会科学版)2008 年第 6 期。

那些结论体系化、一体化，把这样一个东西写成教科书，实际上是对您的理论进行归纳或者总结。这样大家可能更明白，至少从教学的角度还是更方便一些。您这几个概念，包括“公正可检验性”“犯罪经验定义”，还有“控制社会控制”，我觉得都可以成为抓手，再重新去做。

白建军：而且还不是特别空的东西，而是放到一个逻辑关系、逻辑体系当中。但是这个逻辑体系是什么还要进一步探索，但这个追求绝对是一个特有诱惑的追求。这就说到教学了。

侯　猛：还有一个问题，在您的这么多研究里面，有一些重要的概念是频繁在用，包括你自己的成名作就是“罪刑均衡”。① 我会发现您后来的研究，基本上就是在围绕着“罪刑均衡”来展开，要么就是罪，要么就是刑。“罪刑均衡”“刑罚轻重”“犯罪圈”“弹性刑法”，还有“刑法偏好”“司法潜见”，基本上这些概念是您主要的分析工具。一般刑法学的老师好像不会用这些概念，您为什么会比较偏好使用这些概念？或者您对这些概念是不是有一些提炼？

白建军：先说刑法，在刑法学里头这些概念大部分都是它的基本概念。比方说，“罪刑均衡”是刑法三大原则之一，还有“罪刑法定”“法律面前人人平等”。这些基本概念其实都不是我杜撰的，也不是学科外边来的，是刑法里边当然的东西。只不过我可能更多地用实证的方法和犯罪学的一些思维去解读刑法现象。

侯　猛：这些概念比如说“刑法偏好”“司法潜见”，对于司法工作人员来讲有什么意义？比如说当我在判一个案子的时候，我可能会看，白老师讲这个“刑法偏好”里面有一些分析，包括“司法潜见”里面有一些重要的分析，就是对实务工作来讲的？

白建军：这几个词至少不是刑法教义学的概念。教义学里面确实没有“刑法偏见”“刑法偏好”这样一些词。这些词怎么来的呢？我跟你说一个小故事。先说“司法潜见”，这让我挺感动的。我的编辑说，“吃着饭都在讨论，白老师到底用什么好”。原来他们在帮我想，总觉得“司法

---

① 参见白建军：《刑罚轻重的量化分析》，载《中国社会科学》2001年第6期；亦参见白建军：《犯罪轻重的量化分析》，载《中国社会科学》2003年第6期。

潜见”是不是就是“前见”，而且前见和潜见真的是有很大的重合部分。但是我为了更精准，还是跟他们讨论，我说还是有一个潜在的东西，在司法官员内心当中的某种东西，和他们的同事、同行的实践过程当中未言明的东西。所以好像光用“前见”又不是特准确。

用这个小例子，我想说明我的东西，确实很多是逻辑走到那儿，找不到一个更好的词，一个现成的词或者范畴去精准地概括它。这种体会其实挺难受的。我在怀疑我自己是不是在为了用新的东西去抓眼球。假如我要是这样的话，那肯定是我自己所不齿的，我也不喜欢采取这种方法做研究的人。但是真的没办法，就是我觉得现有的任何范畴都解释不了某个发现，所以哪怕有人会说你为了抓眼球、造新词，我不惜有这个误解，我也得用这些新概念。所以这就是有时候实证研究你就会发现一些新的东西，这些新的东西你只能用一些别人没有用的东西去概括它。

侯　猛：从实务层面来讲，就会讨论法官如何思考的问题，刑法教义学可能给出法官一些固定的逻辑步骤、推理方法以及概念。但像您做这个东西，用概念归纳出来之后，也可以针对实务中不同的问题。这也会让法官们用起来比较清晰。包括“刑法偏好”“司法潜见”“影子刑法”“弹性刑法”“均衡”“犯罪圈”，其实都是他们在办案过程中都会思考的问题。

白建军：我的体会是，这些概念一旦用实际司法实践的例子讲出来，那些法官、律师一听就通了，这个我有体会。他们很快就理解。相反就是学生听不懂。对学生来说，词是新的，然后事情他们又没经历过，所以比较费劲。

侯　猛：因为这个体系化主要不是面向学生，主要是怎样影响实践。这些经验事实，法官们有过体会，但是原有的刑法教科书没有给他们一个很清晰的认识，需要您最后再重新归纳和提炼。所以这些东西，当您告诉这些实务的律师和法官的时候，他们一点就通了。

白建军：对，这个我真有体会，他们一听就知道了，有的时候甚至都帮助我完善这个概念。

程金华:当时看过邹碧华那本《要件审判九步法》[1],也是在做这个工作。他实际上就把它教义化,把三段论扩大成九段论。您可以参考一下他的形式。

四、法律实证的教学与人才培养

侯　猛:您最早是上《犯罪学研究方法》,后来慢慢一直到现在的《法律实证分析》。这个课是怎么一个开法?怎么换名字?

白建军:你们都是老师,我说点我的体会。其实在大学当老师很不容易,我先说一个小段。外面传得挺多的我的开学致词。我当时说了5则故事,今天再说一下第2则故事。

这个故事的主人公我叫不上名,时间是20世纪60年代末,地点是北大校园。大太阳底下,一个戴眼镜的老者,挥动着一把比他还长的铁锹在挖地。汗水湿透了他的白背心,全贴在后背。一群人围着,大声训斥着,还有人用柳条抽打白背心。每抽一下,那瘦的身体就哆嗦一下。虽然躬着腰,没抬头,他还是可着劲儿地侧过脸来。我一看那张脸上,明明是挂出了一种笑,一种极力表示配合的笑。我当时是小孩,在附小读五年级,不上课了,特高兴。我就问:"这谁?怎么回事?"然后人家说这被打的叫"学术权威",那是我第一次听说什么叫"学术权威"。那挥着柳条的是"权威"昔日的学生和一块共事的青年教师。我猜想,"权威"可能就是"很厉害"的意思,可厉害怎么还被人打,打了还特意的笑?想不明白。

我想用这段开头,我就说做大学老师,真的是要面对很多难处,有几个基本事实。

第一,具体到我而言,大学的课,有的是"国企",有的是"民企",有的是"计划经济",有的是"市场经济"。什么是"计划经济""国企"?就

---

① 邹碧华:《要件审判九步法》,法律出版社2010年版。

是基干课。我的课全都是“市场经济”，没有一个基干课给我讲。所以选不选都在学生了。

第二个基本事实，学生都认字，干嘛来上课？尤其人文社科类的学生，他都认字，法条也就那些，干嘛要来上课？而且学生都是考进来的，老师可不一定。再者，重要的不是听谁讲，重要的是用谁的书考试。所以学生用谁的书考试，就听谁的课。这些都是影响到学生选不选你的课的“市场规则”。

第三就是老师，其实大多没从事过实践，但都得讲实践，好像他们是实践过似的。你说其实很滑稽一件事。而且 PPT 不能和教材重复太多，但你上课又不能天天念 PPT。所以当大学老师不容易，要能够讲得生动的，让学生还老得来，不想翘课，舍不得翘课，你说这得什么本事。而且有的学生是听懂了给你好评，有的同学他是越听不懂，他越觉得你牛。

第四就是大多数课堂知识，说句实在话，一离开校门都没用，你们说是不是？你背托福、GRE，飞机一落地，到美国发现好多美国人都听不懂这个，都不用这个词。但是你得背，你得用它才能考过一百分。而且大学老师所传授的知识也只有很少一部分来自他的老师，你们仔细想想是不是这么回事。意思就是，其实很多东西都得靠自己钻研。而且在一定的专业领域里头，老师是当然正确，无可置疑的，别的专业老师都不能跑过来说你这个讲得不对，谁都不会跨那个界，吃你的饭。

面对所有这些问题，我告诉你们一个最好、最简单的“办法”：就是想办法把学生弄晕。老师把学生弄晕，这在大学来说是最容易的一件事。你想老师至少在这个领域弄了 10 年，学生刚上这课，很容易就觉得“这个老师真厉害”。

其实我想说的是，我的追求是，我要让所有专业背景的人，能够听懂我的专业道理。如果哪天我发现地铁上的人在看我的《罪・恶》，[①]就是

① 参见白建军：《罪・恶》，中国人民大学出版社 2015 年版。

对我最高的褒奖。我朋友的保姆就偷看我的书,后来被她偷拍下来,跟我说:“我那个保姆偷偷看你的书,白老师对不起。”我说太好了,这是对我最高的奖励。

因为我小的时候就被告知,华罗庚上车间讲高数,讲得大家鼓掌,都能听得懂。他就用绳子打比方就可以讲优选法。这才叫真正的大师。还包括我小时候在我那个院子里头,听到那些大家怎么和小孩说话,他们怎么和普通人沟通。这对我影响特别深,也成为我的追求。但是我觉得我现在还做不到,还没做得特别好。总之,我觉得把课讲明白其实就是最重要的。

这里头我就举一个例子,就是用我的“犯罪通论”。《犯罪通论》作为大学通识教育,在我的理解中应该有“四通”:

第一就是“让未知和已知相通”。教育,尤其是高等教育,其实就是唤醒学生们已知的东西。他不知道他已经知道了,你的责任就是激活他,唤醒他。尤其是在人文社科领域,让受教育者发现“其实我知道”,已经很不容易了。

第二就是“典型和不典型相通”。我们通常就是拿着鞋找脚,用一个典型例子找一个脚,“你看我套上这个鞋了”。但这只是一种方法,我们还要拿各种各样的脚去发现什么样的鞋其实不合适。就是“拿着鞋找脚”跟“拿着脚找鞋”不断往返、循环往复的过程。

第三就是“课程跟课程相通”,也就是想打通学科壁垒。在我的通论课程上,学生都特别可爱。他们学什么的都有,经济的、医学的、数学的、哲学的、历史的,因此他们提到的问题常常让我一时想不到答案。我很感谢他们提出的这些问题,要在法学院学生可能根本就提不出这样的问题,甚至法学教授都不会想到。但是你仔细一想,他这个问题还特根本,是在学科内被当成“当然”的问题。但这些“当然”背后有很多东西大家都没有说出来。

第四就是“文科跟理科相通”。我想我的课,我的“犯罪通论”为什么特别受欢迎。今年是930个人选课,最后用了最大的教室,容纳了460个人。好多学生说,你看我这个意愿值那么高,你都给我刷下去了。我有一次在燕南美食那儿吃饭，对面坐一小伙子说“我大四了，我选了你四年没选上”。每年甚至有人用爬虫抢，最后抢不上。我就想，效果为什么这么好，过道、脚底下都是人，跟我的语言特点可能有点关系，也跟课程有意思有关系。还有一个重要原因，就是我面对这些理工学生，我用实证的方法、定量的方法，特别容易被他们接受。相反，我到了法学院，打开这些图表，学生们心里想：“我考的是文科，我怎么又来数学了，怎么搞的？”

侯　猛：理工科的同学，他们会不会特别要求理由，要你说这个理由是什么、根据是什么。不能说我用语言给他解释一下，而是必须得有证据。

白建军：我把那个表一打出来，相关系数一说出来，再往下都不用过多解释，他们一下就懂了。法学院的学生就说“所以呢？那怎么了呢？”面对好多不同学生，这也是挺享受的一件事，你会看懂他们的感觉。

这就说到了《罪·恶》这本书的十二宫格体。[①]这十二宫格体，我认为也是我的一个有趣的发现。在这个宫格体当中，你会发现 12 个板块之间，每一个板块跟别的板块，上下左右都有逻辑关系。横着看是 4 章，竖着看是 3 个学科。我发现刑法学和犯罪学其实还是有界限，尽管我一直在说淡化学科界限。只不过在十二宫格体里头，它们变成互相补充，互相融通的关系。

纵向看，动刑、除刑、量刑、用刑，是刑事法制的四大环节。左边恰好是犯罪学的四大板块，而这四大板块也是有它内在的逻辑关系：是犯罪性决定了动刑，然后犯罪化决定了除刑，犯罪规律决定了量刑的轻重，加害、被害的互动决定了要平衡他们的关系的用刑。所以我把这两个学科粘合在一块儿。

你刚才说到体系，这就是我的体系。其实刚才讲的所有东西，我那几个发现，都可以分别放到这几个板块里头，然后去看到和别的板块之间的关联性。只不过我现在没有这么做，我追求想让“地铁里的

① 参见白建军：《罪·恶》，中国人民大学出版社 2015 年版，自序第 2 页。

人"看,所以就没有像你说的那么学术化,不过也许你提的内容是我下一步的目标。

侯　猛:您上的《犯罪通论》毕竟是全校通选课,但对刑法专业研究生或者法学院的本科生来讲,犯罪学应该是怎么讲法? 或者谁在讲?

白建军:"通论"用的是这本书,现在法学院本科生的犯罪学,也用的是这本。但各自理由不一样:前者就是一种通识教育;而法学院的本科生,我则是突出"刑事一体化",突出要有犯罪学实证研究,所以这个体系他们也是接受的。只不过课时的分量也有点调整,在法学院少讲刑法,多讲犯罪学,但是在通选课上稍微多讲一点刑法案例,同学们也特别爱听。

刑法专业的研究生就可以看我的《关系犯罪学》。①其实《罪·恶》的前身就是《关系犯罪学》。就是因为有"通论"的学生反映,那本《关系犯罪学》他们读不懂,所以我才写了这本《罪·恶》。

在我的课上,特点就是互动。你能想象 500 个人互动起来吗? 两个 50 分钟连起来,总共 100 分钟,有的时候课堂上能引起多达 10 次高潮。高潮是怎么逗起来的? 比如说我问一个问题,然后 A 这么说,B 这么说,他们之间就吵起来了,就争起来了。我特鼓励他们表达各种意见,谁能够把我给问倒就是最好的学生,他们也特别积极。他们也不愿意翘这个课,因为能在这个课上能看到"乐子",能看到别的学生的观点。所以我想说,互动不互动不在人多少,要是人少,三五十个人谁都不说话,多难受。

再有一个,人多了,你的影响就大。我上课的最后一天,在课堂的最后问大家:"你们见过第二天的太阳吗? 谁见过,谁见过明天的太阳?"都说没见过。我说,你们就是我明天的太阳,我是月亮,我专等着反射你们的光芒。有学生当时眼泪就下来了。一个歌星又能怎样,我此生能有这个享受,走到世界各地能找到我的学生。

侯　猛:但如何培养研究生呢? 比如金华就是您的硕士。

① 参见白建军:《关系犯罪学》,中国人民大学出版社 2005 年版。

白建军：金华是一个例外，当然还有很多同学是例外。其实我不是一个好导师，因为我的导师对我比较放松，我就总觉得我得对学生那样。但是我发现有的学生适合这个方法，有的学生不适合，尤其现在越来越不适合这个。很多学生就得要老师告诉我今儿读什么，明儿读什么，然后我今天干什么，明天干什么。我觉得你这样还上研究生干嘛，就得不管，不管才能出成绩。

程金华：白老师很亲近，但管得的确不多。

白建军：因为我的假定就是，你要想做研究生，特别是做到了博士，你一定是自己有想法的，如果你管他是对他的一种束缚。

侯　猛：我感到要学会做实证研究，很难告诉别人你要读哪本书。因为实证是要去训练，是要做实验的。做定性研究的学者可能对读经典的要求多一点。

白建军：我插一句，实证研究真正的秘诀在于想象力。想象力来自阅读那些定性的理论，这样你才能想象它变成数据怎么样，事实是怎么样的。其实脑子里没有想象，没有理论，你都不知道做什么，给你一个千百万的数据你都不知道该怎么办。

说回导师，我就说我不是好导师。我就发现现在有的学生，我管也不是，不管也不是。有的学生，进来我就说三个要求，第一就是要发表，第二就是要发表，第三就是要发表。结果有的博士还没毕业，就在《法学研究》发东西了，但有的不吃这一套，各有各的路数，是我还没摸到门。

侯　猛：本身国内做这种实证分析的人就不多，我们怎么去培养这方面的人才？不能是散养式的，得有规划才行。

白建军：这事真的要跟金华商量商量，你说说怎么好。

程金华：我今年带第一个博士，我自己期待蛮高的。因为他的想法很清楚，就是做法律与金融。我现在的想法就是要想做就要一起做起来，或者等我做好带动他。如果不管的话，我担心会培养不出来。

但现在我也担心这个互动和磨合。首先学生进来的时候，自己想法要清楚，或者尽快弄清楚你要做什么、有什么打算，然后赶快树立题目，别犹豫太长时间。犹豫太长时间，但凡博士二年级你还在找题目，基本上就快完蛋了。

侯　猛:但如果是法科背景的博士生想做实证研究的话,在课程要求上就很难转变。所以实际上,在硕士阶段就应该让学校开一些课程,或者是让学生去选一些课程。伯克利是不是就是这么做的?

白建军:他们耶鲁的博士生统计学好像就是必修课。

程金华:对我来说,白老师启蒙了我,然后我去香港那边强化了这个方面。

侯　猛:所以我们要培养像你这样的学生,要在什么阶段?

程金华:硕士,硕士初期或更早。

侯　猛:对,得有意识地让他修这样的课程才行,然后导师进行引导与合作。

白建军:而且不要指望他对这个重要性有多深的认识。金华是从美国回来才告诉我,“白老师,现在我才理解你那时候为什么给我们讲这个”,也就说明那时候你其实并没有意识到我讲实证研究有多重要。

白建军:当时上的课叫《犯罪学研究方法》。总共6个学生,他们其实并不知道我为什么要开这个课,但是他后来就意识到这个事重要。所以不要认为,凡是上这个课的人,都知道重要性才上,有的时候就得先做事。

程金华:知道重要性是一个阶段,到做又是一个阶段。我是经过了白老师课程的启蒙,才意识到这是一个很重要的方面。比如,我当时发了一篇文章,算是有意识去做,但我自己当时没有觉得一定要做实证研究。我是到香港一段时间以后,才真正开始做这些事情。这是因为后来发现有这方面数据,我跟吴晓刚老师合作的时候,我才开始真正去做。

这个过程实际上蛮漫长的,并不是那么快。但是白老师这边上课,肯定是有启蒙,而且这个很重要。这种启蒙到后面还需要一个过程,自己才会感觉要去做这方面的研究。我现在回到教学,普遍问题一方面是导师怎么指导学生,另一方面就是整个学院的研究型学生的培养课程体系。

我看不少大学都不成功。理论上,相关课程不能等到博士生才上,但如果连硕士也没有上过这个课的话,博士必须得补。现在这种“补”

是没有的。这是全中国的法学院在研究型学生培养中普遍存在的问题，就是你的基本课程，包括对比较基本的经典、文献、基本理论的阅读，以及对基本方法的培训是没有的。这也是我个人现在一个很大的困惑，也希望上海交大法学院能够在这块有所突破。这是个很大的问题，也是一个普遍性问题。现在我也只能从自己能做的方面做起。

白建军：这种事情也不是那么容易。可能得有一个判断，就实证研究还是比较小众的，是非主流。我一直这么说自己是非著名教授讲非主流学问。千万不能要求每个人都去当一个必修的东西，这个我觉得有点过。我觉得法律主要还是规范，关键是实证最好要越来越多。

程金华：学生培养上，我觉得香港科技大学在这一块比较成功。科大的博士回到国内，基本上都在国内的一流高校任教。这种成功很大程度上在于在读书上手把手教选题、数据共享，一起合作写东西、去发表，老师帮着修改。如果没有老师手把手带的话，毕业后独立去做研究很难。量化研究理论上应该是一个很好的共赢的东西，有人做数据收集，有人去做信息，有人去做理论。应该是这样的。

侯　猛：说不定可以单独设一个法律实证这样一个方向去培养学生。你不能附着在某一个部门法专业下面，附着在法理专业下面也不行。我觉得法社会学或者法律与社会，应该从法理学慢慢独立出来，这样对于跨学科研究是有好处的。虽然法理学是很大的领域，但说到底还不是一路的，现在只是硬捏在一起。

五、法律研究的实证未来："撬动这个社会对法治的追求"

侯　猛：可以慢慢来。法律实证研究也20多年，北大从您这边慢慢开启，但是最近10年，特别最近5年火起来了，您怎么去评价整个变化？是因为什么导致的？您觉得它以后会以一个什么样的姿态发展下去？

白建军：最早一开始咱们做实证研究的时候，没有什么影响。我也就没想闹出什么大的影响来。去收集案例很难，法官白眼，要请他吃饭，

"石油换食品"这类故事也讲了很多次了。2000年左右,我的理念就已经是做案例,做大样本,做大量样本的收集,然后做实证研究。我当时还写了一篇文章,叫《案例是法制的细胞》,[①]但其实我的同事、同行给我的建议,都告诉我说,"老白,咱是制定法,咱是成文法,你这种研究最多是找到典型案例做教学,但是不可能用它去做成什么影响司法实践的东西"。

我就不声不响地做了这么多年,没什么影响,也没有人理,哪怕骂骂我,哪怕争论也没有。

可是最近突然许多大学都着手做法律实证研究,你甭管它叫什么,叫"法律大数据",叫"现代法学""未来法学""数据法学",甭管叫什么,其实都差不多。这要说原因,很显然的原因就是资本的力量在起作用,就是钱多了。资金如水,水满则溢,溢出来就找洼地。哪儿是洼地?大数据最后一块阵地就是法律。

我那时候跟金华上课都提过这个。那个时候我就设想,法院门口咱们能不能弄一个触摸屏,把案例都输进去。然后输入具体案情,就算出来判多少年。这样就能够让律师、法官减少了寻租空间。现在他们突然都在干这个,当然他们不是在法院面前做触摸屏,而它做到了手机里头。不信你们现在打开各类法律检索的APP,都是在做裁判预测,原理都是利用大样本进行推算。

对这个势头,我第一个态度当然是欢迎。这是好事,至少是承认"大样本"这个概念。但也有一个担心,就是担心他们打着大样本的旗号,最后出来的其实是小样本。这可以看我在《探索与争鸣》刚发表的那篇文章。我在那篇文章主要担心的,就是他们把上千万案例当中,输入若干个条件以后,找出来那么几十个案例,就认为这个是跟我当下案件最相近的案例。他们现在把这叫"类案检索"。

类案检索埋藏着一个逻辑上的问题:凭什么那个案件那么判,你这个案件跟它很相似,所以你也得这么判?你想过这个问题没有?但是现

① 参见白建军:《案例是法治的细胞》,载《法治论丛》2002年第5期。

在大家都不去想，都觉得通过大数据直接就给他找出来结果，就是同案同判。这里有一个巨大的逻辑空缺是刚才我们谈到的案外因素。

侯　猛：这种在普通法国家都是通过类比推理进行判断，现在直接通过大数据就找出来了。

白建军：而且你输入的条件越多，找出来的结果就越少，就越精确，就越所谓的"相似"。但这里头你没法排除几个风险。特别是那些他没写进判决书的因素，一个是最差的情况下，就是法官收受贿赂，所以这么判，另一个极端就是法官有非常正当的理由，但不愿意写进判决书也是可能的。你怎么就见得你这个案件不是这两个当中的某一种情况？你没有任何根据。所以我就特别担心他们这个所谓"同案同判"的方法。当然这也可以通过一些技术手段解决。

我10年前就写过"同案同判"的文章，甚至上升到宪政的视角。[①] 因为我认为，"同等情况同等对待"是个"人人平等"的权利。但问题在于什么叫"同案"，是不是跟检索出来的那个案件一样就是"同案"，我对此有一点怀疑。在这个问题上，理论上说得最清楚的就是张志铭。他说所谓"同案"那个"同"，是法律基本事实的同，不是所有自然事实的同。[②]

沿着这个基本思想，我从技术上把它给实现了。我怎么实现？就是不限于这个检索出来的几个案例的基本情况，而是把所有样本所有的因素都输进去之后才看他的那个裁判结果。这个在SPSS软件有一个功能，就是你只要把全样本作为尺度的话，任何一个个案，它的实际的判决结果和预测出来的结果是有一个残差。这个残差越大，说明这个个案判决离谱的程度越大；残差越小，说明它越符合法官集体理性、集体选择的结果。而这个集体的基数是什么？不是那个若干个条件输进去以后的那几十个案件，甚至那几个案件，而是所有案件。以所有案件为基数的时候，看残差越小的那个预测才是越准的预测。

---

① 参见白建军：《同案同判的宪政意义及其实证研究》，载《中国法学》2003年第3期。

② 参见张志铭：《中国法院案例指导制度价值功能之认知》，载《学习与探索》2012年第3期。

这是我对“同案同判”的看法,我也想向最高人民法院讲清这个道理。他们现在搞比赛,比谁用技术手段检索出来的那个更准。我老觉得要引导法官们干这个事好像不太对,还是应当以全体样本为基数,这样我认为在理论上才体现出了法官的集体选择。

程金华:您说的全体样本应该是同一个案由下边的吧?

白建军:对的,同一个案由下的全体样本。这里还涉及一个什么理论问题?就是有人会质疑,用检索出来的案例去作为判决根据,这是不是一种韦伯所批判的量刑机器?或者有人会说,不能够大家怎么判我就怎么判,还是要根据法律怎么判,法律怎么说我怎么判。这个说法其实是个假问题。

我的解释是,通过这些大样本下统计得出的结果,既不是法律本身,又不是对某个特定问题的回答本身,而恰恰是大量法官根据法律针对问题做出的回答。所以它已经不是规则本身的机器,它是规则和具体问题的结合,是理论和实践的融合。把这种东西归纳起来、集中起来,数据才能成为人们作为判断的依据。这才是大数据、大样本的精髓。

程金华:我有一个问题,现在更多讲的,以及想到做的还是裁判文书网公布的几千万文书,这肯定是个大样本,也是大量数据。但是我觉得这个离大数据本身还是有差距的。您怎么理解大量数据和大数据之间的关系问题?

白建军:这个问题很有趣,也很有深度。简单说大数据就是全样本。刚才用乔布斯那个案例,乔布斯身上所有的基因的排列组合,对乔布斯来说就是大数据,为什么是大数据?就是全了,所以全样本等于大数据。

实际上咱们拿到的大多数数据都不可能是全样本,只能是大样本,就是你说的“大量数据”。这时候就有几个标准,首先要看他是否具有可推论性,是否可靠,另一个就是看它是怎么来的,是人为挑出来的,还是随机形成的。如果随机抽样得到的大样本达到一定程度,那也是可靠的。

程金华:就是前面这个判断。全样本是大数据本身,这个我觉得有道理。但是这个肯定要取决于你这个观察单位,比如说你以国家为单位,全球就是200多个国家,全样本以国家为单位分析的话,这也是大数据。

白建军:这个就得看研究什么问题,这个还真不能一概而论。如果就是研究国旗的颜色和政体之间的关系,这事我觉得就不太靠谱。但是如果具体到某些问题,还是会有很好玩的研究。比如说储槐植老师曾经有一个猜测,说人口过亿的大国不会废除死刑。然后我就用50个国家做了个验证,发现有死刑的国家平均人口1.7亿,而废除死刑的国家、没有死刑的国家平均人口是2000多万。我证实了导师的说法。我当时讲课的时候,台下有一个听课的日本籍博士生当场就上联合国教科文组织网站,就算这个数。我课还没下他就算出来了,他说,联合国教科文组织的全体会员国的数据也进一步证实了老师您的说法。所谓大不大,就是可信不可信。如果发布出来的东西是可信的,我觉得就可以了。甚至可能有一两个国家没参加统计,但是还是可信的。

关于你刚才说的这个大趋势,最后我还想说一点,就是有一个选题,我曾经提出过,但是至今没有反响。我想做一个北大法治指数。法治指数的基本原理就是刚才说的,相当于大学排名,把法律适用的合法性程度做一个模型——把所有重要的指标做成一个算法,然后去对各地官员行为的合法性程度做出量化评估。

法治指数跟现在所有的法治评估最大的区别在什么地方?这是我要强调的要点。目前所有法治评估,包括我参加的许多国家级的评估都是靠人来打分,基本都是靠专家打分。我不说这种方法不行,但是我认为它的客观性还是很有限。如果完全用刚才所说的案件,用行政官员的行为等这些客观的东西,不用任何人工填报、人工评估的东西作为评价依据,做成指标体系,然后定期公布。

我的想法就是,我想用这个东西去撬动行政官员对合法性的追求,撬动司法官员对合法性的追求。像大学排名这种东西,北大老师都说"我们才不在乎呢",其实偷偷地也看一眼,其他大学就明着看,明着为了满足这个会去做一些事情。我用这个指标,如果合理且大家公认,在一定的条件下反复论证成功的话,这不是在引导或者在影响整个社会的法治程度吗?刚才金华其实已经说出了这一点,别再玩自己的概念,要把概念变成行动,变成撬动这个社会对法治的追求。

我知道这个事难于上青天。首先是刑法以外的指标我不熟。我可以做刑事司法正义指数、北大正义指数,这总比拿着话筒上街问幸福度要好。这能把我们所有的这些理论知识、规范知识变成这种具体的实践。

我要有一个平台、一个团队,团队成员都认同这个事业。我们生产标准而不是产品。这里头有一个障碍,就是人们不相信定量。但其实我们自己也被引证率、成果数量、进账的经费指标、经费数量这些东西牵着鼻子跑圈,那些最不认量化的东西的教授,也被数据牵着鼻子跑圈。那为什么不能把我们一生所学,我们的理论、思想、教义以及我们的规则,变成具体指标,然后对各个地方行政部门法治化程度进行度量,进而撬动官员们的合法性意识,生产人们对合法性的追求?这才是北大应有的格局。

侯猛:今天谈的似乎意犹未尽,但时间不早了。最后再次感谢白老师愿意分享您的法律实证研究心得,也感谢金华一起来参加对话,使这一次对话更为细致和更加深入。

《法律和社会科学》(2018)
第 17 卷第 2 辑,第 327 ~335 页

附录：规范、定性、定量三人行

白建军*

这是我第一次参加社科法学的年会,其实我也没参加过刑法学会的年会。今天想讨论的问题是:规范学研究与实证研究、定性研究与定量研究的关系。

一、一种学术语言

在学术研究不断细化的今天,一种法律现象往往被分别归入"某某学"现象或问题。我今天带来的几个法律现象,好像不被视为规范学问题,不知在这儿能不能算是社科法学问题:

刑法分则中罪刑关系的回归系数为0.28。①

中国20年间犯罪率与重刑率之间的相关系数为-0.836。②

---

* 北京大学法学院教授。本文的初稿是白建军老师在"法律和社会科学"年会(2018)上的发言,之后进行了补充修改。

① 参见白建军:《罪刑均衡实证研究》,法律出版社 2003 年,第 258 页。

② 参见白建军:《从中国犯罪率数据看罪因、罪行和刑罚的关系》,载《中国社会科学》2010 年第 2 期。

《刑法修正案(八)》以前,在交互分析中,生命刑与非生命犯罪相交的行百分比为75%,而生命刑与生命犯罪相交的行百分百为25%。①

交通肇事罪全样本中,合法性系数为0.311。②

在死刑案件中,以死缓还是死刑立即执行为因变量的logistic回归分析中,P值小于0.05的自变量只有用刑问题。③

一份32万样本的调查中,无罪案例的律师辩护率62.3%,而有罪案例的律师辩护率只有26.8%。④

所有案件的委托辩护与自行辩护的比例分别为24%和73%,但在无罪样本库中,委托辩护与自行辩护的比例则调过来,为59.7%和37.7%。⑤

一项4万样本的问卷调查结果显示,中国民众的刑法偏好系数为0.36。⑥

该项调查结果还显示,被害遭遇对刑法偏好的影响,P值高达0.8以上,而对干部的信任程度、对贪腐暗数的估计、对社会保障的满意度等因素对刑法偏好系数的影响,P值却小于0.05。⑦

中国1/4地区法院对抢劫罪量刑的偏重率为17.5%,另有1/4地区法院量刑的偏轻率为13%。⑧

……

好了,炫技到此为止,估计各位几近"愤怒"了。现在我用"人话"

① 参见白建军:《法律实证研究方法》,北京大学出版社2008年版,第29页。

② 参见白建军:《基于法官集体经验的量刑预测研究》,载《法学研究》2016年第6期。

③ 参见白建军:《死刑适用实证研究》,载《中国社会科学》2006年第5期。

④ 参见白建军:《司法潜见对定罪过程的影响》,载《中国社会科学》2013年第1期。

⑤ 同上。

⑥ 参见白建军:《中国民众刑法偏好研究》,载《中国社会科学》2017年第1期。

⑦ 同上。

⑧ 参见白建军:《同案同判的宪政意义及其实证研究》,载《中国法学》2003年第3期。

翻译一下上述发现：

所谓"刑法分则中罪刑关系的回归系数为 0.28"，意思是说，不是说罪多重，刑就该多重，罪刑均衡吗？而实际上，用 400 多个罪名的犯罪严重程度只能解释 28% 的法定刑的严厉性程度——立法上的轻重错配比较普遍。

所谓"犯罪率与重刑率之间的相关系数为 -0.836"，意思是说，按理说，罪为因，刑为果，20 年来中国的犯罪率有时会跑过 GDP，应该加大惩戒资源的投入，可实际上，重刑率并未水涨船高，而是不升反降。

所谓"生命刑与生命犯罪之间的两个行百分比"，是指这样一种现象：理论上，罪刑之间应当相适应，而在实定法中，75% 的生命刑分配给了非生命犯罪，只有 25% 的生命刑分配给了生命犯罪。或者说，绝大部分生命刑不是给取人性命的严重犯罪预备的。

所谓"交通肇事案件的合法性系数为 0.311"，意味着法定的量刑要素只能在 31.1% 的程度上，影响交通肇事罪案件量刑轻重的不同，其余近 70% 的影响因素都是各类案外因素。

所谓"死刑案件的 Logistic 回归分析中，P 值小于 0.05 的自变量只有用刑问题"，这就表明，在最终决定判处死刑的被告人是否立即去死的那一刻，动刑、除刑、量刑等法律要素的规范性考量已经失语或离场，而显著影响法官对此做出判断的，只剩下诸如被害过错、认罪态度等道德、情理、政策这些非制度化因素。

所谓"无罪案件律师辩护率 62.3%，而有罪案件的律师辩护率 26.8%"，或者"一般案件的委托辩护与自行辩护的比例分别为 24% 和 73%，但在无罪样本库中，委托辩护与自行辩护的比例则调过来，为 59.7% 和 37.7%"，其实是在暗示，大量有罪判决的真正原因未必是被告真的有罪，很可能是因为消费不起商业律师，因而法庭上很难出现一个法律含量较高且有利被告的控辩争点。

所谓"中国民众的刑法偏好系数为 0.36"，以及"被害遭遇对刑法偏好的影响，P 值高达 0.8 以上"等，不仅意味着，没有证据证明中国民众普遍偏好较重的刑法，而且证实民众喜欢重法还是轻法，基本上与犯罪本身的轻重无关,而是另有原因。个人生存状态、对干部的信任程度、对贪腐暗数的估计、对社会保障的满意度等因素,才是左右民众对刑法宽严偏好的真正原因。而轻易顺从舆论影响,恰恰可能误读、偏离民意,甚至以民意的名义滥用民意。

所谓"有的地区量刑偏重率为17.5%,有的地区量刑偏轻率为13%",意思是说,同案同判只是一种理想状态,现实世界与之距离甚远。

从这些研究可见,同一件事,同一个意思,可以有各种表达方式。在法学研究中,定性分析、逻辑思辨是最常见的学术表达方式,但量化分析也是各种学术语言中的一种,尽管熟悉它的人不是那么多。其实,量化语言对具体研究者或某个具体选题来说,可用可不用。不过,对整个法学而言,如果一件事或一个意思只能用某种方式表达,不能甚至不许用别的话说出来,那这件事或意思本身到底多有意思就不一定了,进而整体法学也不那么完整了。比如,我们的论文中常用这样一些表达:"一般来说""许多人认为""不大可能""很可能""通说认为""起决定性或主要作用""很显然""……比……更",等等。其实,这些说法也可以替换成"占比""概率""P值""回归系数"等。就算说者其实并不知道这些量值到底是多少,甚至根本不知道这些量化概念的实际意义,并不等于说,那些"可能性""很显然""决定性"背后便不存在相应的概率、显著值或回归系数。不知道可以,但不能因为不知道所以事实就不存在,更不能拿不知道当理说。

二、不只是方法

甭管是人话还是鬼话(上帝是用数学语言缔造世界的——伽利略语),以上描述有几个共性:

其一,它们大都与罪刑关系有关,而罪刑关系不能说不是法律问题吧?但回归、相关系数、P值,又不好说是社科研究所独有。所以,这些研究算不算社科法学问题，我也拿不准。但据我所知，在法学以外的其他人文社科研究中，早就不讨论要不要量化的问题了。我一个学生就用量化分析方法研究过《红楼梦》，用程序将前八十回与后四十回做了区分。除非法学不算社科研究，而且还与科学无关，否则法学就不该排斥量化分析。既如此，罪刑关系的量化分析在法学里边归谁不归谁，有那么重要吗？

其二，它们大都借助事实描述来提出问题，换句话说，这里列示的其实是一个问题清单。比如，为什么某些偷窃、欺骗类犯罪，并无取人性命之可能，国家却要取其罪人之性命？生命可不可以成为手段？死刑的适用会不会意味着对暴力的默许？又如，为什么犯罪的严重性程度无法决定刑罚的严厉性程度？除了犯罪以外，到底是什么决定着惩戒资源的投入？是犯罪定义的对象本身，还是定义者的偏好、局限？也即，是风动，幡动，还是心动？再如，既然法定量刑情节只能解释不到一半儿的量刑轻重的变化，那么，真正影响刑罚裁量的案外因素到底有哪些？为什么拿不到台面上来呢？如果这些案外因素的影响结果，只是自由刑多一两年或少一两年，倒也罢了，要是影响的是生命的去留，为什么规范化程度反而最低呢？你说，这其中的哪个问题不算个问题？哪个问题不够分量？哪个沉甸甸的问题不期待着法学研究的到场呢？

其三，在提出问题的基础上，这些描述大都以一种低调的，近乎冷漠的、貌似客观中立的提问方式，把法律世界中某些现实撕开来给人看。由此看，实证研究是一种优雅的批判，是藏在事实描述和问题挖掘背后的批判，是借助大样本量化分析，揭露现实世界中理论与实际、应然与实然、嘴上说的与实际做的等各种矛盾和距离的批判。我曾说过，多一点我发现，少一点我认为。其实，有时候，只要说出你的发现，少啰嗦你的认为，就已经谁疼谁知道了。很显然，这种说故事的方式不是立场预设，不是拿着鞋找脚，不是玩弄个别事件以求自圆其说，更不是拍大腿骂街，或者靠空话、水话、重话、狠话来刷存在感。

可见，实证研究不只是方法，更不仅仅是数字、数据、图表、技巧。统计图表其实只是实证研究，尤其是大样本量化分析的外观皮毛，而特有的问题意识,质疑精神和理论批判才是实证研究的内核。对实证研究的误解,倒是显露出对批判的误解,以为实证往往是描述的、保守的、证成的,而批判才是摧毁的、揭露的、深刻的。关于批判的误解有两种表现:一种是 1969 年,美国登月成功,学校领导(军代表)讲话说,先把地球的事办好,才是真马克思主义!另一种是常常看到博士论文的套路是系统梳理、介绍国外某某理论、制度,然后中国在这方面如何差劲。这两种批判,别看一个是说国外不好,另一个是说国外的才好,其实都不是从自身的问题出发,而是从别人的结论出发。充其量,自身的问题只是用来骂人或赞美的参照物。这种不从问题出发的所谓批判,我以为算不上什么好的批判。

当然,实证研究在乎的是发现,而被发现的,不都是负面的。我的一个 7 万样本的研究发现,我国常见犯罪的裸刑均值,即平均刑期,大约在法定刑幅度低开高走 1/3 处,低于法定刑中间线大约十几个月甚至更多。这正好与德国马普所阿教授在《重罪量刑》一书中报告的发现相互印证。这背后,隐约可见中德两国法官异曲同工的职业实践,不谋而合的共同选择,让人似乎能触摸到某种超越犯罪论体系、超越意识形态、超越国界的集体理性、实践理性、自然理性。

没错,你可以说,这不还是批判吗?是对"法定刑中线说"的批判。也许吧。的确,批判说理,不一定靠实证数据呈现事实,但不论怎样,不同于优雅的歌咏,或者简单粗暴的批判,或者简单粗暴的歌咏,含在实证数据和检验逻辑中的批判,前提是正视问题。

正视问题,需要勇气,需要批判精神,要有手撕的胆量。否则,正视的不是问题,而是光鲜亮丽。其实,我就胆儿小。所以,才把要说的意思藏在一大堆数据里。代价就是和者无几,引证率不高,拿不到项目,甚至还得接受学界江湖的再教育。

正视问题的另一个前提是丰富的理论资源。没有理论,给他一堆现象也看不出其中的问题。甚至可以说,正视问题,就是用理论把现象重说一遍。于是,理论不同,现象也就变得不同了。

三、规范与实证、定性与定量

正视问题，只靠勇气，大脑，理论还不够。用脑不必睁开眼，而闭着眼就谈不上正视、斜视、平视或俯视。所以，正视问题首先需要视力好，需要健康的感知工具，需要探测客观世界的方法。而大样本，多变量的量化分析，正是能让你延长感官的好帮手。有了这东西，你会觉出自由、快乐和长进。我知道，不要说做规范学的朋友，就连做社科法学的朋友，也未必都能认同此说。有朋友说，你们做实证的，有钱！这话，自然引起一阵哄笑，我也只好跟着傻笑，苦笑。心里说，送你个 30 万样本，几百个变量的现成数据库，行吗？

鲁迅先生说过，回到“正视”问题去，先既不敢，后便不能，再后，就自然不视，不见了。中国人的不敢正视各方面，用瞒和骗造出奇妙的逃路来，而自以为正路。这话，其实我并不全理解。我觉得，大概未必是“先既不敢，后便不能”，而很可能是先是不能，所以不敢，然后便干脆视而不见了。

所谓不能，就是肉眼的局限性。肉眼可以看见象腿、象鼻，以至于大象的外观，但无法透视大象的内在构造和内部病灶所在。遗憾的是，几十年来，我们的法学教育没有给学生提供实证分析能力的训练和量化意识、样本意识。我们教给学生如何望闻问切，却没让他们学会如何使用 CT、核磁等检测手段。以至于他们今天已经走上各级重要岗位，切身体悟到了现实世界中的许多真问题，但做事时仍然跳不出个案决策、小样本思维。对此，我们不觉得愧疚吗？目前，法学教育尚未内省之时，资本倒是大举抢滩各大法学院。试问，到底是法学要做大数据，还是大数据要来做法学？所以，真正需要正视的问题，是我们自己的问题：我们自己知识结构不完整，不仅误了学生，还站在圈外指责、教导一线干活儿的学生们，合适吗？

一直以来，大样本实证研究是在两个朋友的帮助下成长起来的。

一个是规范法学,现在他们叫法教义学。另一个是质的社科研究。前者如德日刑法教义学研究,后者如孔飞力的《叫魂》。这两种研究恰好形成一个夹角,推动了这个坐标系中的实证研究。讨论这两个朋友之间的关系问题,超出了我的能力范围。我能说的只是,实证研究既包括质的个案经验研究,也包括大样本量化研究。

大样本实证研究包括三个基本要素:经验、量化、科学检验。实证研究的灵魂是建立在半知假定和严谨的假设检验程序基础上的科学思维,不断质疑、检验、证否性批判,是实证研究的基本逻辑。按照这种思维逻辑,实证研究是为证伪而非证实而生。在实证研究的眼里,许多既有理论、认知、理所当然的知识,其实都不过是尚未被推翻的假设而已。今天你以为是真理的东西,不定哪天,你以为的就不再是你以为的了。而推动你不断地推翻已有的以为,去发现新的以为的,就是实证研究。

可见,不同于某些定性的规范研究,实证研究不是追求逻辑自洽的理论思辨、体系性建构,也不是基于已有共识进行演绎推理,更不是拿一人一事直接推论总体,甚至把一片树叶的属性强加给所有树叶,而是相信,相对客观逻辑而言,许多理论都是暂时的、残缺的、不自洽的,有待证否的。正是基于这样的信念,实证研究才不得不向自然科学、实验科学学习,发展出各种检测手段、检验逻辑和量化工具。否则,沿用“他认为——你认为——我认为”式的学术研究套路,最终谁的认为是真理,就要看谁嘴大,谁位高,谁人多了。

当然,实证研究与定性的规范研究也是和而不同。这里的“和”就体现在,可以有裸的法教义学研究,没有裸的法律实证研究,可以有裸的定性的社科法学研究,没有裸的定量法律实证研究。像样的大样本量化实证研究,前提都是要有教义学概念或社科理论作为变量设计和检验逻辑的基础。顺便说一下,定性的规范法学理论学说,往往会被实证研究拿来作为有待证否的理论假设,前者的终点恰恰是后者的起点。带着对前者理论学说的质疑,后者通过运用种种方法去发现黑天鹅,尽管有时黑天鹅的数量规模并不是像想象得那么少。往大了说,这种路径正是推动人类认知向前发展的正确道路,往小了说,这其实就是实证研究的选题策略。

况且，作为法教义学和定性研究的一种补充，并非所有教义学问题或社科法学问题都是可实证的，至少现有的实证研究只能证伪部分所谓通说。所以说，所有法律实证研究都是面对法教义学或社科法学问题的，只是目前的法律实证研究尚未进入教义学或社科法学的所有问题。

在这个意义上，三人行，必有吾师。面对法教义学和社科法学，大样本量化实证研究可以这样说：我中一定有你，尽管你中未必有我。如此说，谁包容谁，不言自明。不过，近来听到一种说法：做定性的鄙视做定量的。我猜想，这可能只是评论者的说法，并不代表所有法教义学者或社科法学者都真的鄙视实证研究。相反，此说倒可能抹黑法教义学或社科法学，离间规范、定性、定量三者关系。有这话，我便敢进一步猜想，若真有此种鄙视，便可能有三种情况：

其一，虽然对法学整体而言，实证研究不可或缺，但对具体学者来说，实证研究只是各种选项之一。所以，小看、轻视实证研究是这些学者的个人选择，无可厚非。如前所述，法律实证研究本来就不是卖大力丸的，更何况，法律实证研究是靠着基础法学提供理论资源的，所以，吃着人家的饭，只有人家砸你碗的份儿，没有你砸人家锅的理儿。

其二，有时候，鄙视倒是鄙视者增强自信的一种好法子。的确，本来说好的，做文科，就不想再见数学模型、统计图表了。所以，有的文科生会对量化分析采取选择性绕行。其实，量化分析的要义是严谨的检验逻辑，不该被轻视。而且，量化分析手段的复杂性程度是相对的，并非越复杂就越科学，有时恰恰相反，因而不必被吓到。作为一种学术语言，掌握量化方法怎么说也比掌握一门外语要容易多了。所以，因自卑而起的鄙视他人，不太符合逻辑吧！

最后，还有一种可能，就是鄙视者人多，被鄙视者是少数。人多势众，打群架，才该被人瞧不起啊，实在不是什么优良传统。而受过法学高等教育的人们大都是优秀的，所以，这第三种只是一种理论上的可能性，并无实据。

图书在版编目(CIP)数据

法律和社会科学. 第17卷. 第2辑 / 苏力主编. -- 北京 : 法律出版社, 2019
ISBN 978 -7 -5197 -3441 -1

Ⅰ. ①法… Ⅱ. ①苏… Ⅲ. ①法律－文集 Ⅳ. ①D9 -53

中国版本图书馆 CIP 数据核字(2019)第083291号

法律和社会科学(第17卷第2辑)
FALÜ HE SHEHUI KEXUE
(DI-17 JUAN DI-2 JI)

苏　力 主编

责任编辑 韩满春
装帧设计 马　帅

出版 法律出版社
总发行 中国法律图书有限公司
经销 新华书店
印刷 北京虎彩文化传播有限公司
责任校对 杨锦华
责任印制 陶　松

编辑统筹 学术·对外出版分社
开本 710毫米×1000毫米　1/16
印张 21.5
字数 301千
版本 2019年6月第1版
印次 2019年6月第1次印刷

法律出版社/北京市丰台区莲花池西里7号(100073)
网址/www. lawpress. com. cn
投稿邮箱/info@ lawpress. com. cn
举报维权邮箱/jbwq@ lawpress. com. cn
销售热线/010 -83938336
咨询电话/010 -63939796

中国法律图书有限公司/北京市丰台区莲花池西里7号(100073)
全国各地中法图分、子公司销售电话:
统一销售客服/400 -660 -6393
第一法律书店/010 -83938334/8335
重庆分公司/023 -67453036
深圳分公司/0755 -83072995
西安分公司/029 -85330678
上海分公司/021 -62071639/1636

书号:ISBN 978 -7 -5197 -3441 -1
定价:88.00元
(如有缺页或倒装,中国法律图书有限公司负责退换)

中国法律集刊联盟
ALLIANCE OF CHINESE LAW JOURNALS

独角兽工作室
平 面 设 计

ISBN 978-7-5197-3441-1

法律出版社 · 法学学术出版分社

法学学术

一切为了思想

law academic 学笃定 术专攻

上架建议：法理学 · 法社会学 · 法经济学

定价：88.00元